著者名单：刘润秋　姜力月　吴川北

唐宇娣　陶宇涵　黄志兵

中国农村土地制度
百年探索
（1921—2021）

刘润秋 等◎著

A Century's Exploration of

China's Rural Land System

（1921—2021）

人民出版社

策划编辑:郑海燕
封面设计:牛成成
责任校对:周晓东

图书在版编目(CIP)数据

中国农村土地制度百年探索:1921—2021/刘润秋 等著. —北京:
　人民出版社,2023.9
ISBN 978－7－01－025889－8

Ⅰ.①中⋯　Ⅱ.①刘⋯　Ⅲ.①农村‐土地制度‐研究‐中国‐1921—2021
　Ⅳ.①F321.1

中国国家版本馆 CIP 数据核字(2023)第 156024 号

中国农村土地制度百年探索(1921—2021)
ZHONGGUO NONGCUN TUDI ZHIDU BAINIAN TANSUO(1921‐2021)

刘润秋　等 著

人民出版社 出版发行
(100706 北京市东城区隆福寺街 99 号)

中煤(北京)印务有限公司印刷　新华书店经销

2023 年 9 月第 1 版　2023 年 9 月北京第 1 次印刷
开本:710 毫米×1000 毫米 1/16　印张:23.25
字数:345 千字

ISBN 978－7－01－025889－8　定价:120.00 元

邮购地址 100706　北京市东城区隆福寺街 99 号
人民东方图书销售中心　电话 (010)65250042　65289539

序

　　伟大的中国共产党走过了百年征程,而百年恰是风华正茂。百余年来,中国共产党立志于中华民族千秋伟业,矢志不渝地践行"为中国人民谋幸福、为中华民族谋复兴"的初心使命,领导和团结全国各族人民艰苦奋斗、砥砺前行,筚路蓝缕地开辟广阔道路、建设伟大事业、积累宝贵经验。党带领人民全面建成小康社会、历史性地解决绝对贫困问题,顺利实现第一个百年奋斗目标,创造出中华民族和人类社会发展历史上足以彪炳史册的人间奇迹。

　　"地者政之本也,是故地可以正政也。"土地制度是一个国家政治经济制度的基础性安排,农村土地制度是农村经济社会发展的前提与基础。"意民之情,其所欲者田宅也。"农村土地制度在产权配置、利用形式、管理方式等方面的安排直接关系到农业发展、农村稳定和农民生活,进而牵涉着国家经济社会发展的大格局。作为一个历史悠久的农业大国,如何处理好农民与土地的关系,是维护国家稳定和促进繁荣发展的重要抓手。自古以来,中国历朝历代都在土地制度安排方面展开了政策和实践探索,但未能从根本上解决"富者田连阡陌,贫者无立锥之地"的问题,亦未能真正实现广大农民"耕者有其田"的利益诉求。"谁赢得了农民,谁就会赢得中国""谁能解决土地问题,谁就会赢得农民",中国共产党自成立起就始终秉承为人民谋幸福、为民族谋复兴的初心和使命,始终致力于解决农民土地问题。在中国共产党领导的革命、建设和改革进程中,我国废除了封建剥削的土地制度,逐步构建起农村土地集体所有制的基本框架,并通过家庭承包经营制度的探索、推广与创新,不断地推进农村土地制度的良性变革。

1

　　"度以往事，验之来事，参之平素，可则决之"，回眸历史是映照现实、启迪未来的重要借鉴。回顾中国共产党领导农村土地制度变革的百年历程，在马克思主义理论指导下深入分析和总结党领导农村土地制度变革的内在逻辑和重要经验，有益于坚定中国特色社会主义的道路、理论、制度和文化自信，为深化农村土地制度改革、助力乡村振兴战略目标、推进农业农村现代化提供理论遵循和实践指引。

　　本书聚焦中国共产党成立百年来领导农村土地变革的历史演进，尝试在以下几个方面作出研究突破。一是时间跨度长。当前国内学术界对于党领导农村土地制度变革研究的时间范围主要集中于新中国成立之后，而本书的研究跨度不仅涵盖中国共产党成立百年以来的农村土地制度变革，也回溯了中国共产党成立之前中国农村土地制度的历史变迁，试图在一个较长的时间跨度下对党领导的农村土地制度变革作总体考察。二是阶段梳理细化。由于本书横跨的时间区间较长，故一方面采用"1+1"的形式，分"1840年前"和"1840—1921年"两个阶段对中国共产党成立之前的农村土地制度变迁进行历史回顾。另一方面采用"1+4+N"的形式，在中国共产党成立百年来的一个大进程下，分四个主要的历史时期，对每个历史时期中农村土地制度变革的多个小阶段展开整体探究。三是逻辑挖掘深。本书遵循历史与逻辑相统一的原则，在按照历史发展脉络对党领导的农村土地制度变革进行阶段划分和时序梳理的同时，提炼出党领导农村土地制度百年变革的变革特征，并依托变与不变的辩证方法，对农村土地产权制度及其利用管理制度的坚守与创新展开分析。四是史论相结合。尽管本书对农村土地制度变革做了大量的史料梳理，但同时也对各历史阶段相关理论观点的争鸣展开比较分析，对该阶段实践探索的基本特点及其主要成就作出回顾概括，并系统地对中国共产党领导农村土地制度百年变革的基本经验进行总结提炼。

　　党领导的农村土地制度变革是一个历史厚重、内容丰富的研究主题。本书在农村土地制度这一主题的基础上，分四大版块对中国共产党领导的农村土地制度变革进行阐释。第一个版块为历史回眸。中国共产党领导的农村土地制度变革不是无源之水、无本之木，而是有其特定的历史基础和制度遵循。本书对中国共产党成立之前农村土地制度的理论探索和实践进程进行历史回顾，明确党领导农村土地制度变革的历史起点和逻辑起点。第二个版块为总体考察。中国共产党领导的农村土地制度变革既有其历史方面的阶段性特征，也有其逻辑方面的连续性特点。本书对中国共产党成立之后领导农村土地制度变革的整体进程作总体考察，一方面明确全书展开分析的起点和阶段的划分标准，另一方面明晰全书一以贯之的变革特征和辩证方法。第三个版块为进程梳理。中国共产党领导的农村土地制度变革与党史发展的重要阶段基本契合，基于总体考察部分对全书研究阶段的划分，本书对党在新民主主义革命时期、社会主义革命和建设时期、改革开放和社会主义现代化建设新时期、中国特色社会主义新时代四个大阶段中领导农村土地制度变革的历史进程进行梳理，并对各阶段理论探究和实践探索的基本特点及主要成就进行概括。第四个版块为经验总结。中国共产党领导农村土地制度变革的阶段性特点内蕴着总体的变革特征，而在科学辩证方法的指引下，党也在价值取向、变革导向、理论思维和领导方法等方面积累了丰富经验。因此，本书也在最后一个部分作出总结性概括。本书共分为七章，分别对四大版块的内容展开详细说明。

第一章，中国共产党成立之前农村土地制度的历史溯源。农村土地制度是中国政治经济制度的重要组成部分，废除压迫剥削的农村土地制度、实现"耕者有其田"，是中国农民长久以来的夙愿。本章对中国共产党成立之前的农村土地制度进行历史回眸，并分别对 1840 年前以及 1840—1921 年农村土地制度的理论探索和实践进程展开梳理，以探究党领导农村土地制度变革进程的历史与逻辑。

第二章，中国共产党成立以来农村土地制度变革的总体考察。中国共产党领导的农村土地制度变革呈现出理论与实践相结合、历史与逻辑相统一的鲜明特点。本章对中国共产党成立以来领导农村土地制度变革的阶段划分展开探究，就其主要阶段的历史进程进行梳理，并厘清党领导农村土地制度百年变革的基本特征和辩证方法。

第三章，新民主主义革命时期党领导农村土地制度变革的历史进程。

中国共产党成立之初，中国农村土地制度正逐渐地由封建性质转向半殖民地半封建性质，废除压迫剥削的农村土地制度，真正实现"耕者有其田"是党领导农村土地制度变革的主要任务。本章对党在建党初期和大革命时期、土地革命时期、全民族抗日战争时期以及全国解放战争时期关于农村土地制度变革的政策、理论和实践探索展开梳理，并就各时期党领导农村土地制度变革的基本特点及主要成就进行概括。

第四章，社会主义革命和建设时期党领导农村土地制度变革的历史进程。新中国成立后到改革开放前，在解放和发展生产力的诉求下，党领导农村土地制度经历了从农民所有制向集体所有制的发展转变。本章对党在土地改革时期、农业合作化时期和人民公社时期关于农村土地制度变革的政策、理论和实践探索展开梳理，并就各时期党领导农村土地制度变革的基本特点及主要成就进行概括。

第五章，改革开放和社会主义现代化建设新时期党领导农村土地制度变革的历史进程。改革开放以来，党以处理好农民与土地的关系为主线，依托家庭联产承包责任制的创新拉开农村改革的序幕，并不断完善集体所有、"两权分离"的农村土地制度。本章对党在改革开放初期、社会主义市场经济体制的建立及其完善时期关于农村承包地、集体建设用地改革的政策、理论和实践探索展开梳理，并就各时期党领导农村土地制度变革的基本特点及主要成就进行概括。

第六章，中国特色社会主义新时代党领导的农村土地制度变革。中国特色社会主义进入新时代，面对工业化城镇化趋势下农民的转移就业与内部分化现象，党继续将处理好农民和土地的关系作为深化农村改革的主线，进一步探索集体所有、"三权分置"的农村土地制度。本章对中国特色社会主义新时代以来党在农村承包地"三权分置"改革、农村土地征收制度改革、农村集体经营性建设用地制度改革以及农村宅基地制度改革的政策、理论和实践探索展开梳理，并就这一阶段党领导农村土地制度变革的基本特点及主要成就进行概括。

第七章，中国共产党领导农村土地制度百年变革的基本经验。尽管百年探索中不乏曲折困难和反复挫折，但党领导农村土地制度变革所取得的宝贵成果,也为下一步农村土地制度的深化改革提供了重要借鉴。本章对中国共产党成立以来领导农村土地制度变革的重要经验进行梳理,并总结为党始终坚持以人民为中心的价值取向,坚持基于社会主要矛盾的变革导向,贯彻马克思主义理论的科学指导,持续加强和改进党对农村土地工作的领导等几个方面。

　　课题组从20世纪90年代末开始关注农村土地问题,至今已积累近30年的研究经验。刘润秋主持了全书内容的设计、组织和统筹工作,姜力月参与了书稿内容的写作和统稿工作,吴川北、唐宇娣、陶宇涵、黄志兵参与了部分章节的写作和修订工作。同时,本书在编撰过程中得到了四川大学公共管理学院、经济学院、马克思主义学院,以及人民出版社的支持和帮助,在此谨致谢意。中国共产党领导农村土地制度百年变革的历程之广、体系之大,难以一册之体量完成全面细致的研究,因此本书对于该主题的回眸与探索难免存在不足之处,还望广大学者批评指正。团队也将一如既往地关注和研究农村土地相关问题,争取在中国特色社会主义新时代推动乡村全面振兴和农业农村现代化的进程中,不断沉淀出更加丰富的研究成果。

　　赓续红色血脉,回望百年风华。党领导农村土地制度变革的百年历史,既是中国农民从穷困贫弱到丰衣足食的历史,也是中国农业从传统落后的小农经济逐渐转向规模化现代化农业的历史,更是中国农村从贫穷凋散走向全面振兴的历史。谨以本书献给百年来为中国农村土地制度变革而艰苦奋斗的中国共产党及中国共产党人,献给百年来为中国农村土地制度变革而刻苦钻研的广大学者,献给百年来为中国农村土地制度变革而勠力探索的无数实践者,献给百年来在这片土地上繁衍生息默默耕耘的广大农民,正是你们无私奉献、创新进取的奋进伟力,才铸就出中国农村土地制度探索的百年辉煌!

本书编写组

2022 年 7 月

目　　录

第一章　中国共产党成立之前农村土地制度的历史回眸

"地者政之本也,是故地可以正政也。地不平均和调,则政不可正也;政不正,则事不可理也。"[1]

——《管子·乘马》

"诸侯之宝三:土地、人民、政事。"[2]

——《孟子·尽心下》

"生产资料所有制是生产关系的核心"[3],马克思在分析资本主义以前的各种生产关系形式时也强调"土地财产和农业构成经济制度的基础"[4]。土地制度作为一个国家基本经济制度,是影响王朝兴衰、政权更迭,关系社会稳定和经济发展的重要因素。奴隶社会时期,公有共耕的土地经营形式是相对原始的农村土地制度安排;夏商周三代时期,井田制是我国国有土地制度的最初形式;秦汉时期,秦国商鞅变法"废井田、开阡陌",建立起农村土地私有制度,土地交易买卖逐渐兴盛。在随后的两千多年里,我国对土地制度的理论和实践探索从未停滞,农村土地制度一直在"公有共耕""公私兼顾""封建地主私有""自耕农私有"的产权制度安

---

[1] (唐)房玄龄注,(明)刘绩补注,刘晓艺校点:《管子》,上海古籍出版社2015年版,第22页。

[2] (战国)孟轲著,杨伯峻、杨逢彬注译:《孟子》,岳麓书社2000年版,第256页。

[3] 习近平:《论把握新发展阶段、贯彻新发展理念、构建新发展格局》,中央文献出版社2021年版,第62页。

[4] 《马克思恩格斯选集》(第2卷),人民出版社2012年版,第736页。

排之间不断徘徊。中国共产党成立之前我国农村土地制度的理论探索和实践进程,也奠定了党领导农村土地制度百年变革的历史基点与逻辑起点。

第一节　中国共产党成立之前农村土地制度的理论探索

由于土地在农业生产中的基础性作用,土地制度始终处于古代经济社会关系的支配地位。历朝历代的思想家和政治家,都在思考和规划社会生产关系时表现出对农村土地制度的关切,并在政治决策以及理论探讨中,针对土地制度安排进行了大量论证。近代以来,封闭的国门被敲开,内外部环境急剧动荡,社会形式发生重大变化。在积累古代中国土地制度理论探讨,以及吸取国外土地制度相关思想经验的基础上,众多学者开始对中国土地制度安排进行反思,并取得一系列理论成果。由此,中国共产党成立之前关于农村土地制度的理论探索,可按照 1840 年以前的古代土地制度探索和 1840 年以后的近代土地制度探索展开梳理。

一、1840 年前农村土地制度的理论探索

奴隶及封建时期农村土地制度的理论探索呈现出百家争鸣、上下同议的特点,各个历史阶段都有大量的理论成果。这一时期的土地制度理论思想可以分为两大类:一类是直接作用于或是影响中央政府政策的土地制度方案,如政治家的各种改革思想和理论,主要反映出统治阶级的土地思想倾向;另一类是"流于空想"或"限于理论"的土地制度探索,如诸多思想家关于土地占有和农村生产形式的美好想象,主要反映出被统治阶级的土地思想倾向。在内容上,"确立新兴土地生产关系""调节封建土地占有状况""促进土地开发利用"等则占据着土地理论探索的主要地位。

（一）先秦时期农村土地制度的理论探索

上古时期,人们对土地制度的认识随着农业生产形式的出现而逐渐

深化。在早期奴隶制社会,就已经出现了比较朦胧的土地制度思想,如夏朝时期人们已认识到"土无广守,可袭伐;土狭无食,可围竭"①,形成了对土地较为直观的思想认识。西周时期,"分封制"和"宗法制"的社会政治基础的建立,促进"溥天之下,莫非王土"②的土地思想观念逐渐形成,"土地王有论"得以出现。随着奴隶制统治的巩固完善,"土地王有论"也不断深化发展,并对后世的封建社会土地制度产生了深远影响。

春秋时期,已经发展到后期的奴隶制逐渐土崩瓦解,而地主阶级的快速崛起,也导致农村土地利用状况以及生产经营状况发生巨大变动,并对原有土地占有制度提出挑战。大批奴隶主阶级的改革派涌现,并试图通过颁布改革政策以维护既有的生产关系和土地占有形式。如春秋齐国著名的政治家管仲在"四民分业定居说"基础上提出了"处士……就闲燕;处工,就官府;处商,就市井;处农,就田野"③的"国土规划论",成为我国历史上最早的关于土地宏观规划管理的主张。此外,还有人提出了"相地衰征论"等,这一系列土地制度思想的生发,显著促进了齐国经济社会的发展。

进入战国时期,社会制度形式变化更加激烈,土地制度首当其冲,许多国家都以土地为突破口变法图强。如商鞅在秦国先后进行了两次变法,通过"开阡陌封疆"④废除了井田制,按照"宗室非有军功论,不得为属籍。明尊卑爵秩等级,各以差次名田宅"⑤建立了军功爵制,从而推翻了奴隶制统治的制度基础。另外,商鞅关于农业经济的思想还体现在其"算地"⑥和"人地比例"⑦等方面的主张,包括对土地财产权的确立和维护、土地的调查核算以及资源承载力之上的人地互动发展规律等理论。这一时期学者和思想家关于土地的思想成果中,记录最为丰富、认识较为

①　黄怀信、张懋镕、田旭东:《逸周书汇校集注》,上海古籍出版社 2007 年版,第 230 页。
②　高亨:《诗经今注》,上海古籍出版社 2017 年版,第 404 页。
③　(战国)左丘明:《国语》,上海古籍出版社 2015 年版,第 154 页。
④　(汉)司马迁:《史记》,岳麓书社 1988 年版,第 522 页。
⑤　(汉)司马迁:《史记》,岳麓书社 1988 年版,第 522 页。
⑥　(战国)商鞅等著,章诗同注:《商君书》,上海人民出版社 1974 年版,第 25 页。
⑦　(战国)商鞅等著,章诗同注:《商君书》,上海人民出版社 1974 年版,第 48 页。

深刻的莫过于《管子》。其指出"地者，政之本也"①，明确了土地对国家统治和社会发展的基础性作用，并论述了封建土地所有制在均地分力方面所具备的优势。另外，《管子》还主张对农村土地的开发利用进行引导，表现出在生产力发展基础上对土地资源利用的理性认识。

（二）秦汉时期农村土地制度的理论探索

在秦汉时期，社会经济发展水平达到前所未有的高度，但阶级矛盾的不断激化也带来了许多土地问题，尤其是土地兼并问题，由此也涌现出许多重要的土地思想理论。秦时期通过颁行政令确立了封建土地生产的私有关系，虽否定了"土地王有"，但也埋下了土地兼并的矛盾之因。由于秦朝的快速消亡，关于土地制度的思想讨论未发展起来。

到西汉时期，贾谊注意到农业生产的重要性，强烈要求驱民归农，提出了以割地削藩来稳定政权的"割地定制"方式，主张在非嫡系的藩王中实施"割地承袭"政策，以达到使藩国势力范围逐代分割、削弱的目的。②但其土地思想完全是从维护统治阶级的政权出发，对土地的功能性认识限于政治稳定，带有封建王朝初期显著的阶级局限性。西汉中期，封建官僚地主阶级的崛起导致农村土地兼并现象日益严重，土地兼并激化了社会矛盾，威胁社会稳定和经济秩序，地主阶级从自身利益出发，对土地问题提出了许多理论主张。如西汉思想家董仲舒抨击了土地兼并带来的弊病，认识到土地问题在于土地占有关系的两极分化，指出："古者税民不过什一，其求易共；使民不过三日，其力易足……至秦则不然，用商鞅之法，改帝王之制，除井田，民得卖买，富者田连阡陌，贫者无立锥之地……邑有人君之尊，里有公侯之富，小民安得不困？……故贫民常衣牛马之衣，而食犬彘之食。重以贪暴之吏，刑戮妄加，民愁亡聊，亡逃山林，转为盗贼。"③但这一认识存在一定的阶级局限性，并没有意识到土地兼并实际根植于地主土地所有制的产生和发展。

---

① （唐）房玄龄注，（明）刘绩补注，刘晓艺校点：《管子》，上海古籍出版社2015年版，第22页。
② （汉）贾谊：《贾谊集》，上海人民出版社1976年版，第35—36页。
③ （汉）班固：《汉书》，团结出版社1996年版，第142页。

受外夷侵扰之困,屯田论的思想逐渐流行起来。屯田政策从秦时期即开始推行,如史记所记载"后秦灭六国,而始皇帝使蒙恬将十万之众北击胡,悉收河南地。因河为塞,筑四十四县城临河,徙適戍以充之"①。屯田作为垦田戍边的重要手段,兼具军事、经济和社会效益的目标。西汉时的晁错、赵充国、桑弘羊,东汉时的王符、虞诩等在屯田主张下提出了许多理论,也开展了诸多实践,不仅从政治、边防、农业、财政、人口等方面详细论述了屯田制的重要性,也进一步提出了许多关于屯垦戍边的方案和建议。如晁错在边疆紧迫形势下分析了屯田政策的实际效用,并提出如何具"先为室屋,具田器。乃募民,免罪,拜爵,复其家,予冬夏衣,禀食,能自给而止"的主张措施。赵充国详细列举了屯垦戍边的重要作用,如"留屯以为武备,因田致谷,威德并行,一也……居民得并田作,不失农业"②。在如何吸引移民屯田的问题上,王符等指出应在边远之地健全选举制度,并配套经济上的优惠措施,以鼓励人们戍边开垦③。

(三)三国魏晋南北朝时期农村土地制度的理论探索

秦汉之后,以三国为开端,中国封建历史进入了一个长时段的动荡更迭,而到了魏晋南北朝时期,封建社会的发展也进入中期阶段。这一时期土地理论方面的内容日益丰富,也推动了屯田制、占田制和均田制相关理论的不断探索。

三国时期,由于战事的需要,产生了大量关于屯田的土地思想。据记载,魏、蜀、吴三国都推行过屯田的相关政策,其中又以曹魏的政策最为成功。曹操把屯田作为其治国基本之务,强调:"夫定国之术,在于强兵足食,秦人以急农兼天下;孝武以屯田定西域,此先代之良式也。"④除曹操外,其下属谋士如邓艾也提出了关于屯田尤其是军屯的主张,并阐述了军屯之于稳定疆土、开伐征举的重要性,并给出了具体的一些屯田措施。

西晋时期所颁行的占田制作为当时重要的土地制度,反映出限制权

① (汉)司马迁:《史记》,岳麓书社1988年版,第785页。
② (汉)班固:《汉书》,团结出版社1996年版,第682页。
③ 王符、彭铎:《潜夫论笺校正——新编诸子集成》,中华书局2014年版,第314页。
④ (西晋)陈寿著,史瑞玲译:《三国志》,崇文书局2012年版,第2页。

贵地主占田兼并,合理开发土地促进农业发展,完善政治制度等重要理论思想。占田制的理论动机在于发展农业生产和限制贵族官吏对土地的占有,根本出发点则在于完善政治体制,维护封建阶级的统治。占田制是自先秦时期以来,对于土地兼并作出明确规制的政策先例,为以后均田制的推行奠定了历史基础。

公元485年,北魏孝文帝从立国促农的角度出发推行均田制,其实施的一系列土地分配措施,为战乱后恢复生产、土地开发、稳定政治和限制兼并提供了有力支持。均田制得以推行与北魏李安世的土地思想有重要联系,他在一篇上疏中集中阐述了对均田制颁行的背景及重要性的认识。李安世高度重视土地制度对经国治世的作用,认为“量地画野”和“邑地相参”为“致治之本”。同时,李安世也在其土地理论中论及了土地效益与劳动力之间的关系,即“盖欲使土不旷功,民罔游力”。[①]

南北朝时期,屯田思想也有所发展,如韩麒麟就民屯政策探讨了屯田对解决饥荒、稳定农民生产经营的重要作用。[②] 刁雍则以水利建设发展为主题提出了较为创新的屯田思想,如在“督课诸屯”的基础上阐释水利对屯田和促进国家粮食生产的显著作用,主张“凿以通河……其两岸作溉田大渠,广十余步,山南引水入此渠中……小河之水,尽入新渠,水则充足,溉官私田四万余顷”[③]。同时,随着封建土地私有制的扩张,这一时期的土地制度理论主张也体现出私有经济的特点,重视资源利用的私有性和效率性。如周郎、羊希、苏绰等关于发展农业、农村土地开发和山泽资源开发利用的主张,就突出了资源开发的私有化和资源的有效利用,并表达出扶助农业以尽地利等思想。

（四）隋唐时期农村土地制度的理论探索

隋唐是中国封建历史发展进程中的一个重要时期,经济社会的昌盛催生出新的土地思想,并推动着农村土地制度的完善。

隋朝时期,隋文帝杨坚和隋炀帝杨广都十分重视土地问题,并提出关

---

① （北齐）魏收：《魏书》,吉林人民出版社1995年版,第712页。
② （北齐）魏收：《魏书》,吉林人民出版社1995年版,第815页。
③ （北齐）魏收：《魏书》,吉林人民出版社1995年版,第527页。

于土地的重要理论主张。如杨坚特别重视土地开垦和分配，在开国之初就体现出均田制的土地思想，并发布诏书令"凡是军人，可悉属州县，垦田籍帐，一与民同"。杨广即位后也继续颁行均田制，重视土地分配对稳定生产和巩固统治的作用，提出"宜令人悉城居，田随近给"的政策主张。[①] 隋朝所颁行的均田制也体现出较明显的限制"官民争利"的思想，如将分配给官吏的公田划分为两块：一是职分，其田地的经营收入作为官吏的一部分俸禄；二是公廨，即代营的政府所有田地，其田地的经营收入作为官吏的公费使用，以防止官吏侵蚀土地利益和便于对土地进行管理。[②] 但当官民之利真正出现冲突时，封建统治阶级贵族官吏的利益还是优先于农民利益，如王谊表示"百官者历世勋贤，方蒙爵土，一旦削之，未见其可"[③]，展现了其维护统治阶级土地利益的思想。

到了唐朝，得益于有效的国家治理，以及以农为本、厉行节约、休养生息的政策方针，实现了政治清明、文化繁荣，社会经济得到了极大发展，出现了中国封建历史上"贞观之治"的盛况，也为后续的"开元盛世"奠定了重要基础。唐朝统治者对土地理论的关切，体现在一系列重农措施当中。李世民曾说："国以民为本，人以食为命，若禾黍不登，则兆庶非国家所有……今省徭役，不夺其时，使比屋之人，恣其耕稼，此则富矣。"[④]李隆基也指出："制国以立法为先，教人以占著为事……今正朔所及，封疆无外。虽户口既增，而赋税不益。莫不轻去乡邑，共为浮惰。"[⑤]这都反映出要调整土地占有和使用，以安定社会、促进生产的思想。在此基础上，均田制得到了进一步丰富和发展，除了针对土地分配之外，还包含了人口、户籍的管理体制以及赋税等多方面内容，但改进均田制的思想仍偏重于保护和增进统治阶级的利益。

唐朝中后期，由于土地管理的缺陷，立朝之初对土地买卖的严厉限制

---

① （唐）魏征：《隋书》，中国华侨出版社1999年版，第11页。

② （唐）魏征：《隋书》，中国华侨出版社1999年版，第258页。

③ （唐）魏征：《隋书》，中国华侨出版社1999年版，第220页。

④ 裴汝诚、王义耀、郭子建、顾宏义：《贞观政要译注》，上海古籍出版社2016年版，第401页。

⑤ （清）董诰等：《全唐文》，上海古籍出版社1990年版，第106页。

开始逐渐松动,土地占有状况逐渐集中,土地兼并日益严重。因此,有关土地兼并的讨论再次激起,抑制土地兼并重新成为土地思想的主题。① 中唐贤相陆贽的政策主张具有明显的同情劳苦百姓、抨击聚敛的特点,如在"与民争利"这一封建统治下的经典命题下,他认为土地兼并主要造成者是官僚阶级和贵族阶级,要抑制土地兼并,国家必须制定调节政策,提出"国之纪纲,在于制度,商农工贾,各有所专,凡在食禄之家,不得与人争利。此王者所以节财力,砺廉隅,是古今之所不同,不可得而变革者也"的主张。② 对于兼并的后果,陆贽也有着较为深刻的认识,但是在具体的解决措施上,他认为古时的土地制度更为优越,但他仅要求进行限田,并没有提出实质性的有效方案。新乐府运动主要倡导者白居易是唐朝对土地兼并问题讨论较多的另一位人物,关于土地兼并的问题缘由,白居易认为"洎三代之后,厥制崩坏;故井田废,则游惰之路启;阡陌作,则兼并之门开"③。他从土地经济价值出发,指出"王者之贵,生于人焉;王者之富,生于地焉。故不知地之数,则生业无从而定,财征无从而计,军役无从而平也"④。他主张实行井田制,认为井田制可以促进人口与土地的合理配置,也可以充分体现土地的经济价值,反映出其对土地资源承载力和人口膨胀问题的思考。

（五）宋元时期农村土地制度的理论探索

到了宋朝时期,由于商品经济的出现,土地理论思想具有新的时代特点。宋朝在立国之初,最大的土地问题是荒地较多,而非土地兼并。为了恢复和促进农业生产,宋朝政府颁布了一系列的政令鼓励农民开辟荒土,如宋太祖诏"所在长吏,告谕百姓,有能广植桑枣,开垦荒田者,并只纳旧租,永不通检"⑤,由此"田制不立"的土地政策得以实行。随着生产发展,"田制不立"的土地政策未能限制豪强贵族的占田行为,土地兼并再次成

① 钟祥财:《中国土地思想史稿》,上海人民出版社2014年版,第64页。
② (唐)陆贽撰,(宋)郎晔注:《陆宣公奏议注》,中华书局1991年版,第183页。
③ (唐)白居易:《白居易集》,岳麓书社1992年版,第710页。
④ (唐)白居易:《白居易集》,岳麓书社1992年版,第710页。
⑤ 刘琳、习忠民、舒大刚:《宋会要辑稿》,上海古籍出版社2014年版,第5937页。

为这一阶段土地问题的最大矛盾。对此,北宋文人苏洵进行了猛烈的抨击,认为土地私有制的兴起是产生兼并等一系列严重社会问题的根源,指出"井田废,田非耕者之所有,而有田者不耕也。耕者之田资于富民,富民之家,地大业大,阡陌连接,募召浮客,分耕其中,鞭笞驱役,视以奴仆"①。他也认为,井田制的土地制度安排能够有效地限制土地兼并,实现"谷食粟米不分于富民,可以无饥""其势不耕则无所得食"②。但随着经济社会条件的变化和自然环境的改变,井田制再次实施的条件已不再具备。苏洵的土地思想也逐渐发生转变,认为只有通过限田探索解决这些土地矛盾,并拟定了限田的具体方案。其限田的主张尽管带有一定的空想性,但对于解决实际问题仍具有一定的借鉴意义。

北宋著名思想家张载同样重视土地兼并问题,主张恢复井田制,认为井田制是达到"均平"的制度,指出:"治天下不由井地,终无由得平。周道止是均平。"③他对重新实施井田制进行了一番思考,提出了许多可付诸一试的主张,如"纵不能行之天下,犹可验之一乡"④"共买田一方,画为数井"⑤等。同时,程颐、程颢等也对实施井田制的可行性展开探讨,如程颢认为井田制具有显而易见的优越性,能够实现"使贫富均"⑥,实施井田制将会得到大多数人的认同。与之相反,程颐则认为实施井田制是复辟封建的落后制度,不赞同推行井田制度⑦。其实从土地制度演进来看,井田制虽能实现土地均平,但本质上是奴隶时期土地制度的产物,并不适应于宋代或者是后世社会经济发展和封建统治阶级的利益需求,因此也难以推行,注定只能存在于古代文人、思想家的理论之中。

---

① (宋)苏洵著,曾枣庄、金成礼笺注:《嘉祐集笺注》,上海古籍出版社1993年版,第134页。

② (宋)苏洵著,曾枣庄、金成礼笺注:《嘉祐集笺注》,上海古籍出版社1993年版,第134页。

③ (宋)张载著,章锡琛点校:《张载集》,中华书局1978年版,第92页。

④ 李敖主编:《周子通书 张载集 二程集》,天津古籍出版社2016年版,第100页。

⑤ 李敖主编:《周子通书 张载集 二程集》,天津古籍出版社2016年版,第100页。

⑥ (宋)程颢、程颐撰,陈京伟笺注:《河南程氏遗书》,山东人民出版社2020年版,第451页。

⑦ (宋)黎靖德编,王星贤点校:《朱子语类》,中华书局2020年版,第3774页。

在宋代私有制快速发展的时期，除了主流的抑制兼并的土地理论思想外，也存在其他的观点。北宋政治家、变法派改革家王安石重视对土地资源的合理开发利用，强调显化土地的经济价值以及赋税功能，并在改革变法中颁布了农田水利法、方田均税法等一系列关于土地的改革措施。但不同于其他思想家的是，在抑制兼并方面，王安石并不仅仅抨击兼并之弊，还考虑了国家收入与农民负担之间的平衡关系，主张实施"免役法"，从而达到"抑兼并，便趋农"的目的。① 然而从本质上讲，其仍然忽略了从土地占有层面去分析土地兼并的问题。

南宋时期，土地兼并问题仍然严峻、土地矛盾日益激化。朝廷官员、文人学者从土地兼并的问题出发，探讨了土地制度变革的问题。南宋政论家林勋与苏洵、程颢等一样持"复井田"观点，并提出"宜假古井田之制，使民一夫占田五十亩。其有羡田之家，毋得更市田……以耕田之羡者，而杂纽钱谷以为十一之税"的实施建议。② 虽然他主张实行井田制，但是其关于井田的主张并非完全复原的重新实施，是集前人关于井田之议论、集"王田制"和"占田制"众家之所长而形成的新观点。比如，其中一个显著区别就在于，他并不主张取消地主土地所有制，提出对土地的分配要靠土地买卖来实现，但这也反映出他对限田的主张仍未触动封建的土地生产关系。南宋著名理学家朱熹对土地兼并的观点较为独特，他认为，虽然兼并造成了阶级之间的矛盾激化和巨大贫富差距，但是阶级利益是可以进行协调的，即"乡村小民，其间多是无田之家，须就田主讨田耕作……佃户既赖田主给佃生籍以养活家口，田主亦借佃客耕田纳租以供赡家计，二者相须，方能存立"③。为了实现这种和平协调的局面，他主张实施经界法，指出"版籍不正，田税不均，虽若小事，然实最为公私莫大之害"，并对经界之法的主张进行了论证，还拟定了具体的实施方案。朱熹关于土地兼并的观点和"正经界"的主张是基于维护富人或地主阶级的利益而提出的，但又希望缓和土地占有矛盾所导致的危机，因此他的思想主张

---

① （清）毕沅：《续资治通鉴》，线装书局 2021 年版，第 4411 页。
② （宋）罗大经：《鹤林玉露》，上海古籍出版社 2012 年版，第 235 页。
③ （宋）朱熹：《晦庵先生朱文公文集》，北京图书馆出版社 2006 年版，第 78 页。

具有明显的"两全"特征。

到了元朝,由于土地兼并问题依然存在,赵天麟、郑介夫等也在继续阐发恢复井田、进行限田的思想主张。为消除土地兼并的弊病,赵天麟提出要"恢复井田",实现"上下相睦,贫富相均",但考虑到现有阶段井田制度实现较为困难,为此制定了相应的过渡方案,即"凡宗室王公之家限田几百顷,凡庶族官民之家,限田几十顷。……庶乎民获恒产,官足养廉,行之五十年后,井田可以复兴矣"①。然而,不否定土地私有制、仍保留土地的租佃经营方式的限田方案,难以真正发展为井田制度。郑介夫也对元朝的土地问题发表了见解,对豪强地主的侵夺剥削继续批驳,认为"今之豪霸,所谓御人于国门之外者,真生民之蠹,国家之贼也"②。他认为,应该采取井田制度以限制豪强地主,并提出"制之之道,唯有井田之法"的主张。③ 然而其方案制定的出发点仍然是维护土地私有制,因此"限田"的方案也难以从根本上解决土地问题。

(六)明清时期农村土地制度的理论探索

明清时期,随着商品经济的快速发展,社会经济环境出现了与前代所不同的历史特征,小农经济发展繁荣,手工业产品和农业产品的商品化特点显著。明朝初期,由于多年战乱导致流民较多,最初的土地政策主要侧重于安置流民和开发土地、恢复生产,朱元璋诏令指出"人给十五亩,蔬地二亩,免租三年。有余力者,不限顷亩"④。然而到了明朝中期,土地兼并又开始盛行,除了地主豪强和官吏之外,皇公贵族也开始加入土地兼并当中,使土地兼并再次成为社会关注的重要热点。因此,围绕抑制兼并、稳定社会秩序的土地思想进一步得到发展。

明朝前期对抑兼并、解决土地问题的主流认识仍是恢复井田制。如胡翰、解缙、方孝孺等认为井田制具有可实行的基础,主张通过试点实施井田制。曾任衢州教授的胡翰认为,井田制度具有"知重本、齐民力、通

---

① (明)黄淮、(明)杨士奇:《历代名臣奏议》,上海古籍出版社2012年版,第2776页。
② (明)黄淮、(明)杨士奇:《历代名臣奏议》,上海古籍出版社2012年版,第1351页。
③ (明)黄淮、(明)杨士奇:《历代名臣奏议》,上海古籍出版社2012年版,第1356页。
④ 李立民:《清朝续文献通考:经籍考研究》,中国社会科学出版社2017年版,第173页。

货财、绝兼并、无横敛、足军实、无边虑、少凶荒"等便利作用,因此在当时的条件下,可以实施"取诸民以与民"①的井田制度。永乐内阁首辅解缙则直接提出要实现公有的土地制度,主张"一里之人,各治其私田若干亩,而共耕公田若干亩"②。著名学者方孝孺认为,井田制是"酌古今之中,尽裁成之理"的理想制度,"今天下丧乱之余,不及承平十分之一,故均田之行正当其时"③。但也有人持不同观点,如王叔英主张现今条件下井田制度难以实施,认为"天下之事,固有行于古而亦可行于今者,如夏时、周冕之类是也;亦有行于古而难行于今者,如井田,封建之类是"④。丘濬一方面态度坚决地抨击土地兼并问题,认为"自秦用商鞅废井田开阡陌之后,民田不复授之于官,随其所在皆为庶人所擅。有赀者可以买,有势者可以占,有力者可以垦。有田者未必耕而耕者未必有田"⑤,另一方面反对用井田制来解决现今的土地问题,认为"井田已废千余年矣,决无可复之理"⑥,并提出"配丁田法"的解决方案。海瑞、张居正等也对土地兼并展开探究,四朝清官海瑞在面对土地问题时主张恢复井田论,认为"欲天下治安,必行井田",并提出"随田之广狭,而为多少之授,可井则井,不可井则一夫二夫当之。可同则同,不可同则百夫千夫当之。助不必野,而行赋不必国中,而行此圣人之法也"的实施主张。⑦ 而面对"私家日富,公室日贫,国匮民穷"⑧的社会经济状况,明朝著名政治家、改革家张居正提出要"核实田亩"、清丈土地,主张"查刷宿弊,清理逋欠,严治侵渔揽纳之奸"⑨。这一措施既可缓解土地占用混乱的局面,也可明确赋税,

---

① （明）胡翰：《胡仲子集外十种》,上海古籍出版社 1991 年版,第 688 页。
② 王筱雯：《辽宁省图书馆藏古籍精品图录》,沈阳出版社 2008 年版,第 172 页。
③ （明）方孝孺：《逊志斋集》,宁波出版社 2000 年版,第 497 页。
④ （元）吴海：《静学集》,文物出版社 1982 年版,第 74 页。
⑤ （明）邱濬：《大学衍义补》,京华出版社 1999 年版,第 122 页。
⑥ （明）邱濬：《大学衍义补》,京华出版社 1999 年版,第 128 页。
⑦ （明）海瑞：《海瑞集》,中华书局 1962 年版,第 124 页。
⑧ （明）张居正著,（明）张嗣修,张懋修编撰：《张太岳集》(中),中国书店 2019 年版,第 128 页。
⑨ （明）张居正著,（明）张嗣修,张懋修编撰：《张太岳集》(中),中国书店 2019 年版,第 128 页。

减轻农民的耕作负担,对解决当时的社会经济问题有一定的作用,如在福建就实现了"民间无不税之田,计亩均粮,公家无不田之税"①。

明末清初时期,随着商品经济的蓬勃发展,资本主义萌芽产生于沿海地区的手工作坊生产形式之中,并慢慢发展。在此背景下,土地理论思想的探索也呈现出一些独特之处。针对已经提出的均田制、限田制、屯田制、井田制等主张,许多思想家进一步阐述了自己的观点和主张。明末清初四大思想家之一的王夫之较为深刻地剖析了土地问题,极力肯定土地私有的合理性,认为"王者能臣天下之人,不能擅天下之土。人者,以时生者也。生当王者之世,而生之厚、用之利、德之正,待王者之治而生乃遂"②。他提出"土地民有论",反对井田以及限田制,认为井田和限田政策措施在当今没有实现的历史可能性。此外,他也提出了应对土地兼并问题的主张,但只对豪强的土地兼并进行表面解释,未能触及土地兼并的深层根源。另一位重要思想家黄宗羲则不主张均田和限田,而是支持恢复井田制。但他指出,井田制与实际上的屯田政策类似,二者之间的关系混淆导致井田制度被简单化。相比王夫之和黄宗羲,思想家、经学家顾炎武没有过分关注土地制度的实现形式,而是侧重于田赋问题。他从两个方面具体阐述了如何制定合理的赋税政策,认为"犹执官租之说以求之固已不可行,而欲一切改从民田以复五升之额,即又骇于众而损于国"③,而对于私人土地所有制下土地所有者对使用者的地租剥削现象,他明确提出"当禁限私租",从而实现"贫者渐富,而富者亦不至于贫"④。

二、1840—1921 年农村土地制度的理论探索

1840 年,鸦片战争的爆发打破了闭关锁国的局面,也揭开了中国近代历史的序幕。中国社会经济环境发生了重大变化,由此步入长达百年的半殖民地半封建社会时期。这一时期,针对土地兼并问题的讨论仍有

---

① （清）顾炎武:《天下郡国利病书》,上海古籍出版社 2012 年版,第 1557 页。
② （清）王夫之:《船山遗书》,中国书店出版社 2016 年版,第 4173 页。
③ （清）顾炎武:《日知录集释》,花山文艺出版社 1990 年版,第 456 页。
④ （清）顾炎武:《日知录集释》,花山文艺出版社 1990 年版,第 457 页。

涉及,但并未取得重大的思路突破。受外来资本主义思想和改革大潮的影响,包含新特征的土地理论思想和主张不断涌现。

（一）鸦片战争时期农村土地制度的理论探索

两次鸦片战争持续的 20 年间,中国已步入封建社会的后期,外有列强入侵威胁,内有农民起义矛盾,农村土地兼并形势不断恶化,社会经济形势十分严峻。随着济世救国思想的盛行,关于土地制度问题的反思也在推进。

清代思想家、改良主义先驱龚自珍较早关注到了土地问题的重要性,认识到"食民者,土也"①,认为中国社会当时已进入"衰世"②。在社会矛盾极其尖锐的背景下,国家必须关注并且解决好农村的土地问题。他提出的"农宗"理论强调宗法制下长子财产继承权,认为这是封建社会维持土地占有关系的最佳形式。而在土地占有封建等级分化的客观情况下,他不主张进行限田,并指出"贫富之不齐,众寡之不齐,或十伯,或千万,上古而然……有德此有人,有人此有土矣。天且不得而限之,王者乌得而限之?"③龚自珍的农宗理论关于维护封建土地生产关系和土地占有合理性的思想具有一定的落后保守性,难以抑制土地兼并,但是其关于土地占有差别的理论则带有近代私有经济的色彩。

受外国宗教思想以及明清时期地主阶级土地理论阐释的深刻影响,农民运动首领洪秀全形成了对土地问题的均平观念。他认为,"天下凡间,分言之则有万国,统言之则实一家……天下多男人,尽是兄弟之辈,天下多女子,尽是姊妹之群。何得存此疆彼界之私,何可起尔吞我并之念",并在领导起义过程中提出了"有田同耕,有饭同食,有衣同穿,有钱同使,无处不均匀,无人不保暖"的思想主张。④ 在太平天国针对土地问题所颁布的《天朝田亩制度》中,体现出最为显著的特征就是要求"均平"。不患寡而患不均,这对于领导农民起义来说尤为重要,也体现在历

---

① （清）龚自珍:《龚自珍全集》,上海人民出版社 1975 年版,第 7 页。
② （清）龚自珍:《龚自珍全集》,上海人民出版社 1975 年版,第 6 页。
③ （清）龚自珍:《龚自珍全集》,上海人民出版社 1975 年版,第 54 页。
④ 牟安世:《太平天国》,上海人民出版社 1959 年版,第 161 页。

朝历代的农民运动中,如东汉时期张角等领导的黄巾起义,"此财物乃天地中和所有,以共养人也"。① 唐代王仙芝也自称"天补平均大将军",黄巢则称"率土大将军"。②《天朝田亩制度》的政策内容在一律均平的原则下主张进行传统小农经营,并规定了相应的行政管理体制,完全否定私有制,主张实行土地公有制。但是小农经营的落后生产方式并不能推翻封建统治的桎梏,具有空想性,同时,在统治阶级看来,《天朝田亩制度》思想又具有突出的"反动"特征。如曾国藩、冯桂芬、林则徐等,完全反对农民起义所颁行的《天朝田亩制度》,主张对农民所占据的田土尽快收复并"索还旧产之权",恢复旧有的土地占有关系。他们虽也有减赋安民的主张,但主要是出于维护统治阶级利益、实现土地效益等目的,从而也体现出封建统治阶级的落后保守性。

(二)洋务运动时期农村土地制度的理论探索

鸦片战争爆发后,随着西方思潮的传播,民族资产阶级改良思想逐渐盛行,出现了许多改良派思想家。他们从资产阶级重商的角度,分析了农村土地问题和经营关系,形成了一些新颖的土地思想。王韬作为近代较早的资产阶级思想家,主张运用西方先进的生产方式推动农业的发展,指出"有铁以制造机器,可推之于耕织两事。或以为足以病农工,不知事半功倍,地利得尽,而人工得广,富国之机权舆于此"③。作为英国、法国、意大利、比利时四国出使大臣的洋务运动领导者之一,薛福成对西方文化制度比较熟悉,对机器生产先进方式极为推崇。他指出"西洋各国工艺日精,制造日宏,其术在使人获质良价廉之益。而自享货流财聚之效,彼此交便,理无不顺。所以能致此者,恃机器为之用也"④,充分肯定机器在土地经营上的作用,认为资本主义的生产方式能最大限度地开发土地。清末维新成员陈炽同样肯定西方的先进生产方式,认为其在土地开发利用

---

① 《太平经》,上海古籍出版社1993年版,第271页。

② (宋)王辟之撰,韩谷、郑世刚校点:《渑水燕谈录》,上海古籍出版社2012年版,第79页。

③ (清)王韬:《弢园文录外编》,上海书店出版社2002年版,第247页。

④ (清)薛福成:《薛福成选集》,上海人民出版社1987年版,第420—421页。

方面的优越性较为显著，反对"机器制造之法在泰西则可，在中国则不可；在海疆则可，在内地则不可"的说法，明确指出在中国人多地少的情况也适宜采取机器生产方式。①

随着外国势力开始蚕食侵吞我国领土，土地屯垦的作用被逐渐重视。在沙俄加紧侵略西北边境的背景下，清末启蒙思想家、维新思想家郑观应认为要将屯垦重点放于此处，建议"先正经界，详细丈量，必躬必亲，毋许疏漏，绘图贴说，详细奏闻。然后综计，一夫百亩，招募内地闲民携家前往"②。他指出，边疆屯垦的益处在于"他日敌人侵轶我疆，边民各保身家，人自为战，三利也……出兵于民，饷生于地，四利也"③。出于对西方先进的生产方式的推崇，他强调要学习西方的土地开发管理模式，提出"讲农学，利水道，化瘠土为良田，使地尽其利"④，并详细介绍了西方的做法，提出了派遣人员学习考察等建议。除此之外，其他改良派思想家如钟天纬、陈虬、汤寿潜等在西方思想影响下，也都高度重视农业生产的作用，强调要兴办水利、使用机器等，体现出地主阶级改良派期望利用资本主义经济生产方式实现富民强国、自救图存的渴望。

（三）甲午战争至辛亥革命时期农村土地制度的理论探索

1894年，中日甲午战争爆发之后，中华民族命运迎来重要考验。土地问题作为历朝历代中国发展兴衰的关键，依然受到维新派重视。康有为、梁启超、章太炎、严复等针对中国农村土地问题提出了较多有意义的思想见解。维新改良代表人物康有为对土地制度问题思考较为全面，如在开发经营问题上，主张利用西方先进的科学技术来改造中国农业，指出"天下百物皆出于农，我皇上躬耕，皇后亲蚕，董劝至矣。而田畯之官未立，土化之学不进。北方则苦水利不辟，物产无多，南方则患生齿日繁，地势有限。遇水旱不时，流离沟壑，尤可哀痛，亟宜思良法以救之"⑤。在土

---

① 《清代诗文集汇编》编纂委员会：《清代诗文集汇编》，上海古籍出版社2010年版，第73页。
② 郑观应著，夏东元编：《郑观应集》，上海人民出版社1982年版，第740页。
③ 郑观应著，夏东元编：《郑观应集》，上海人民出版社1982年版，第739页。
④ 郑观应著，夏东元编：《郑观应集》，上海人民出版社1982年版，第233页。
⑤ 汤志均：《康有为政论集》，中华书局1981年版，第126页。

地管理方面,他充分重视土地开发管理对促进中外商贸活动的作用,提出设立农学堂和地质局,制定农业土地开发规划。在土地产权方面,他考虑到封建社会的传统小农生产方式已不适应近代经济社会的发展,分割零散的地块难以利用机器进行耕作,指出"今欲至大同,必去人之私产而后可……举天下之田地皆为公有,人无得私有而私买卖之"①。他提出田地公有的"公农主张"②,认为只有土地公有制的形式才能改变农业小农生产的无组织状态和土地资源及财富浪费的现象。但是这种公有制形式,要求农业在内的全社会生产力得到极大的发展,因此更适合资本主义的生产形式,与当时的生产力发展水平不相符。除此之外,康有为也对土地之上的房产给予了关注,重视作为抵押准备的房产价值,鼓励人民将房地产作为投资选择和消费选择,以激活地产价值,提高社会财富水平,具有一定的先进性和前瞻性。

　　然而,同为维新改良派的梁启超却并不同意康有为的土地国有理论。他从古代土地利用的经验进行分析,否定在私有制的制度安排下,土地占有会呈现集中兼并的趋势,认为实行土地国有并不能达到防止土地权力垄断、杜绝社会财富两极分化的效果。因此,他极力维护土地的私有属性,提出"盖经济之最大动机,实起于人类之利己心……人类以有欲望之故,而种种之经济行为生焉。而所谓经济上之欲望,则使财务归于自己支配之欲望是也。惟归于自己之支配,得自由消费之、使用之、转移之,然后对于种种经济行为,得以安固而无危险,非惟我据此权与人交涉而于我有利也,即他人因我据此权以与我交涉亦于彼有利"③。与此同时,他也对康有为等的土地国有理论给予全面的反驳批评,否认平均地权的进步意义。显然,这一观点有失偏颇,尽管资本主义土地经营下的私有制确有先进的生产效益,但是梁启超对于私有制存在的问题却未能完全清楚地审视。

　　另一位革命家、思想家章太炎对土地国有理论、平均地权思想持赞

---

①　康有为:《大同书》,上海古籍出版社 2014 年版,第 188 页。
②　钟祥财:《中国土地思想史稿》,上海人民出版社 2014 年版,第 208 页。
③　梁启超:《饮冰室合集》,中华书局 1989 年版,第 28 页。

成态度,且肯定了均田制的积极作用,认为"民无偏幸,故魏齐兵而不殚,隋世暴而不贫,讫于贞观开元,治亢文景,识均田之为效,而新室其权首也"①,并且指出"均田一事,合于社会主义",能够使"贫富不甚悬殊"②。章太炎在1902年编撰的《定版籍》一文中,明确提出了与平均地权相似的土地制度主张,即根据不同土地质量确定土地税收,以此为依据实行均田制。在注意到房地产价值受区位影响的因素后,他强调交通位置优越地区的地产要征以更高的税收,同时出于保护农民土地权益的考虑提出了限田的主张。除此之外,他考虑到矿产土地的经济效益,故并未将其纳入均田之列。章太炎主张的均田制本质上是为了改变封建土地制度下对土地占有的集中态势,强调均平,具有鲜明的进步性。

在留学西洋并从事多年的古典经济学翻译工作后,启蒙思想家、翻译家严复对土地问题形成了独到而深刻的观点,他对地租理论的见解,代表了当时国内对地租问题最先进的认识。由于多年从事西方经济学的研究翻译工作,严复的土地思想深受亚当·斯密(Smith A.)、大卫·李嘉图(Ricardo D.)等经济学家的影响,充分认识到地租是土地所有权在经济收益方面的体现,认为"财之所生,皆缘民力,其所否者,独租而已。租者,其事起于土壤有限,而民占为产,而户口降滋,耕者出谷,其得价酬力庸与原母之赢利而有余也"③。他对李嘉图的地租理论表示赞成,认为"理氏之例,终有其不可废者"。对斯密的地租理论,他既肯定了其中的合理之处,也对存在的多元矛盾问题进行批评。他对杜格尔(Turgot A.R.J.)的土地报酬递减规律也持肯定态度,认为"农事有绝大地力公例,名曰小还例(报酬递减规律),小还例奈何?曰农事有一程限,过此程限而再加功本,所收还者不能比例而增"④。在当时海外资本主义经济蓬勃发展的背景下,严复所形成的自由主义经济思想认识存在一定合理性,虽未能结合

---

① 章炳麟:《章太炎全集》,上海人民出版社1982年版,第245页。
② 章太炎:《章太炎演讲集》,河北人民出版社2004年版,第1页。
③ (英)亚当·斯密著,严复译:《原富》,商务印书馆1931年版,第847页。
④ (英)亚当·斯密著,严复译:《原富》,商务印书馆1931年版,第214页。

到中国土地问题之本源进行详细分析,但其对人地关系的讨论、对中国农村土地格局的特点和演变趋势的分析以及对赋税问题的分析等方面的认识,都具有一定的先进性。

(四)辛亥革命之后农村土地制度的理论探索

作为中国民主革命的先行者、领导者,孙中山对中国社会经济的认识见解代表了当时最为进步的观点。在土地理论方面,孙中山提出了影响深远的平均地权论,而其"耕者有其田"的土地主张,更是为后世土地制度的设立以及土地问题的解决提供了重要指引。

1905年,孙中山正式提出了平均地权的口号,并在1906年的《中国同盟会革命方略》中指出"当改良社会经济组织,核定天下地价……敢有垄断以制国民之生命者,与众弃之!"①。孙中山在总结中国古代井田制、均田制、公仓制等封建土地制度的积弊,以及吸取如亨利·乔治(George H.)的土地公有理论等国外先进经验的基础上,指出"中国现在资本家还没有出世,所以几千年来地价从来没有加增,这是与各国不同的。但是革命之后,却不能照前一样"②。他认为,解决革命后的土地归属问题③,要实行核定地价、涨价归公的地税制度,指出"求平均之法……莫如完地价税一法"④,而"这种把以后涨高的地价收归众人公有的办法,才是国民党所主张的平均地权,才是民生主义"⑤。事实上,孙中山的平均地权思想是井田制的承遗和发展,他也明确指出"井田之法既板滞而不可复用,则惟有师其意而已"⑥。其平均地权思想的更深层次理论则源于亨利的土地公有理论,并表示"亨氏之土地公有,麦氏之资本公有,其学说得社会主义之真髓"⑦,麦氏即指代马克思。然而,对于孙中山平均地权的主张,各界仍存在一些争议,章太炎等表示支持,但梁启超等土地私有论拥护者

---

① 《孙中山选集》(上卷),人民出版社2011年版,第82页。
② 《孙中山选集》(上卷),人民出版社2011年版,第90页。
③ 钟祥财:《中国土地思想史稿》,上海人民出版社2014年版,第235页。
④ 《孙中山选集》(上卷),人民出版社2011年版,第101页。
⑤ 《孙中山选集》(下卷),人民出版社2011年版,第870页。
⑥ 《孙中山全集》(第二卷),人民出版社2015年版,第159页。
⑦ 张磊:《孙中山与中国近代化》(下卷),人民出版社1999年版,第360页。

则反对其土地国有的思想主张。

新民主主义革命时期，随着中国共产党的成立和新思潮的涌现，以及俄国社会主义革命的影响，孙中山先生的思想发生了很大的转变，对中国的土地问题以及农民被剥削的状况也有了更深刻的理解。他认识到封建土地占有制度和封建地租剥削存在相当大的不公平，如果不改变这种状况，就无法调动广大农民的生产积极性，也无法很好地发展农业生产。于是他提出"耕者有其田"的口号，为平均地权的土地纲领规定了新的内容。[①] "耕者有其田"的基本思想是反对地主土地所有制，非耕者不得有其田；地租不能归地主所有，但也不能归任何私人所有；耕者有权获得土地，但只能是土地使用权作用权，而不能是所有权。[②] "耕者有其田"可看作是中国近代资产阶级革命派所提出的最为彻底的反封建土地制度的战斗纲领[③]，它为中国新民主主义革命阶段的土地革命任务给出了重要指导。正如毛泽东同志所说："这个共和国将采取某种必要的方法，没收地主的土地，分配给无地和少地的农民，实行中山先生'耕者有其田'的口号，扫除农村中的封建关系，把土地变为农民的私产。"[④]

孙中山关于中国农村土地制度的思想主张，一方面具有传统的中国农民革命思想要求均平的特征，另一方面也受到西方民主理论和土地公有理论的影响，呈现出国有化的倾向。"平均地权"的制度主张是为了在土地国有配置下，减轻收入差距，消除贫富差距的弊端，促进社会经济发展[⑤]。而"耕者有其田"思想的提出，则标志着孙中山的土地制度思想开始与近代中国的国情相结合，与广大农民利益相结合，这一思想对后来的地权理论发展影响颇深。[⑥]

---

① 《孙中山选集》（上卷），人民出版社 2011 年版，第 92 页。

② 《孙中山选集》（上卷），人民出版社 2011 年版，第 92 页。

③ 钟祥财：《中国土地思想史稿》，上海人民出版社 2014 年版，第 241 页。

④ 《毛泽东选集》（第二卷），人民出版社 1991 年版，第 678 页。

⑤ 李学桃：《中国近代土地所有权思想研究（1905—1949）》，中国社会科学出版社 2015 年版，第 151 页。

⑥ 李学桃：《中国近代土地所有权思想研究（1905—1949）》，中国社会科学出版社 2015 年版，第 157 页。

第二节　中国共产党成立之前农村
土地制度的实践进程

在中国奴隶及封建社会数千年的发展历程中,大多数王朝根据经济、政治形式构建适应统治阶级需求的农村土地制度,以保障税收收入和稳定社会秩序。如西周时期的井田制、北魏隋唐的均田制、宋代的租佃制以及明清时期的永佃制,都呈现出鲜明的时代特征。鸦片战争爆发后,中国社会开启了近代化的进程,而在内外交困的环境下,农村土地制度也在延续封建私有土地权安排的基础上产生了新的变化。

一、1840 年前农村土地制度的实践进程

从西周时期开始一直到清代晚期,中国古代土地制度历经多次变迁。从奴隶制社会的土地制度演变到封建社会的土地制度,从"溥天之下,莫非王土"的国有制形式到国有与私有并存的形式,农村土地制度呈现出"集中—分散"往复循环、国有制与私有制交替更迭、多种所有制并存的特征。[①]

(一)1840 年前的农村土地制度

1. 西周时期的井田制

西周时期的井田制随着周人灭商以后推行的分封制产生,是中国历史上有记载的最早的土地制度。[②] 井田制的基础是土地国有,或者说是"周天子所有",根据《诗经·小雅·北山》中的表述,"溥天之下,莫非王土;率土之滨,莫非王臣",非常经典地概括了西周土地制度的所有权属性质。虽然井田制是一种国有性质的土地制度,但是土地的实际占有并不在国家或周天子,而是由各级分封的诸侯、卿大夫等占有,并交由庶民

---

① 孙晓勇、王晓睿:《中国土地制度的变迁:传统与现代化》,《法律适用》2019 年第13 期。

② 张履鹏等:《中国农田制度变迁与展望》,中国农业出版社 2009 年版,第 42 页。

即农民耕种,并且将耕种收益依次逐级上供。① 分封制度建立了国有土地分配的"血缘"和"功勋"纽带,巩固了周天子的统治政权。作为与分封制配套实行的制度,井田制则建立了农民土地使用"借而不税"的基本原则,在稳定社会秩序的同时保证了政权运行所需的田赋收入。

在井田制实行的后期,"八家共耕"之"公田"已经取消,即农民不用再耕作完公田之后再耕作私田,可以长期在同一块土地上进行耕作,由此也逐渐产生了土地的继承制度,这稳定了农村的农业生产并提高了农民的耕作积极性。② 此外,由于依产量征收"田赋"制度的出现,使土地所有权在要求分享耕作收益方面的权益,对统治者的重要性逐渐下降。③ 因为对周朝统治者来说,只要掌握田亩课税权能够保证政权运行的财政收入即可。长此以往,随着周后期诸侯王势力的发展,周天子对土地的控制权进一步减弱。在各诸侯贵族实际控制下,农村土地的交换、买卖等均开始出现,地权私有化发展倾向逐渐显化。

2. 春秋战国时期的初税亩制

在春秋中后期,随着地权的私有化发展,农村土地私有交易大增,私田数量迅速增加,在这样的背景下,初税亩制应运而生。④ 私田的发展逐渐成为一种普遍现象,处理土地国有制下的私有化问题,成为各个诸侯国的主要土地政策目标。公元前594年,在郑国已有先例的基础上,鲁国开始对私田征税,名为"初税亩",从而开始了"履亩而税"。⑤ 这种改革的背后,隐含着私田数量激增,大量的劳动人口离开了公田(井田)的背景下,统治者依靠原有赋税制度已难以保证正常收入。春秋时期,各国相继开展农村土地制度改革,如齐国管仲为相期间开始实行"相地而衰征",将土地分给农民永久使用,并根据土地的优劣程度收取地租;晋国在公元前645年实行"作爰田"制;楚国在公元前548年实行"书土田"制;郑国

---

① 赵冈:《历史上的土地制度与地权分配》,中国农业出版社2003年版,第13页。
② 乌廷玉:《中国历代土地制度史纲》(上),吉林大学出版社1987年版,第23页。
③ 张履鹏等:《中国农田制度变迁与展望》,中国农业出版社2009年版,第44页。
④ 赵冈:《历史上的土地制度与地权分配》,中国农业出版社2003年版,第18页。
⑤ 张履鹏等:《中国农田制度变迁与展望》,中国农业出版社2009年版,第47页。

在公元前538年实行"作丘赋"制；秦国在公元前408年实行"初租禾"制，等等。①

初税亩制等一系列土地政策的出现，标志着在生产力大幅提高的情况下，农村生产关系所发生的重大变化。借助井田中农奴的直接劳动，来满足政权运行的粮食及其他物质需求的制度安排已不合时宜，"先王制土，籍田以力"描述的现实难以为继。② 由此，农村土地制度加快了向私有化的转变。

3. **秦汉时期的土地私有制**

战国时期，土地兼并严重，井田制所代表的国有土地制度逐渐向地主土地所有制过渡，使多种形式的土地所有制在这一时期并存。以秦国商鞅变法"废井田，开阡陌"为标志，中国土地私有制正式登上了历史舞台。商鞅下令废井田开阡陌，允许土地买卖，承认土地私有权，为地主经济的发展铺平道路③。而在秦灭六国实现统一之后，秦始皇于公元前216年颁行"黔首自实田"的政令，命令地主和农民自主上报土地数目，按照律法缴纳赋税，即可取得土地的所有权。这也标志着封建社会土地私有制以法律的形式确立，地主土地所有制开始逐渐取代国家土地所有制的主导地位。

自秦确立土地的地主所有制后，土地兼并现象日益严峻，至汉时期，甚至出现"强者规田以千数，弱者曾无立锥之居"的境况。为缓解土地兼并问题，维护封建统治，汉朝多位帝王曾颁布政策和法令限制土地占有行为。汉武帝和汉哀帝在位时曾分别颁布法律限制土地占有，明确要求宗族、亲贵、农民"名田皆无得过三十顷……犯者以律论"④。到王莽执政时期，他废除了封建地主土地所有制，恢复井田制，建立了国家土地所有制（王田制），以户为单位重新分配土地，没收封建地主的多占土地，按照男丁一人一百亩的标准分给无地或少地的宗族邻里，且以法律形式规定土

---

① 翦伯赞：《中国史纲要》（上），北京大学出版社2007年版，第75—76页。
② 张大可、邓瑞全：《中国历史文选》，商务印书馆2011年版，第299页。
③ 翦伯赞：《中国史纲要》（上），北京大学出版社2007年版，第75页。
④ （汉）班固：《汉书》，团结出版社1996年版，第142页。

地不准买卖。① 然而，由于这些新政策未能触及土地制度的深层根本，并且妨碍了地主阶级的土地利益实现，在一定程度上与生产力发展规律相悖，最终以失败告终。

4. 晋朝时期的占田课田制

晋朝的占田课田制可看作一部详细的关于土地制度和田赋的法规，不仅对贵族、官僚和农民等占田标准进行规定，而且明确了普通农民的课税标准。"占田制"对农民的土地占有和使用进行了规定，允许农民垦占荒地，同时保护士族利益，明确官僚士族占田、荫客、荫亲属等的占田特权②，而"课田制"则是占田制基础上配套建立的土地赋税制度。占田制与课田制是相辅相成、辩证统一的，是地主土地所有制建立的基础性制度。占田制对土地占有使用作出了详细的规定，如"男子一人占田七十亩，女子三十亩，夫妇二人可占有一百亩土地"③；课田制则对土地赋税标准进行了详细规定，如"丁男，课田五十亩，丁女，二十亩，次丁男，半之，（次丁）女则不课"④。除了农村土地的经营使用以及管理之外，晋朝的土地制度还对农村宅基地的使用管理进行了规定，如"王公以国为家，京城不宜复有田宅"，对宅基地数量以及占有位置进行了限定。⑤

占田制适应了晋朝时代背景下生产力的发展和经济社会的需要，提升了地主及农民的生产积极性，在实现社会基层稳定的同时，维护了封建统治秩序，而课田制则较好地为封建统治的运行提供了赋税收入。

5. 北魏隋唐的均田制

均田制的实施从北魏开始，一直延续到唐朝时期。晋室南迁，北方陷

---

① （汉）班固：《汉书》，团结出版社1996年版，第151页。
② 陈连庆：《〈晋书·食货志〉校注〈魏书·食货志〉校注》，东北师范大学出版社1991年版，第256页。
③ 陈连庆：《〈晋书·食货志〉校注〈魏书·食货志〉校注》，东北师范大学出版社1991年版，第261页。
④ 陈连庆：《〈晋书·食货志〉校注〈魏书·食货志〉校注》，东北师范大学出版社1991年版，第262页。
⑤ 赵延安、张蚌蚌：《我国封建社会土地法律制度演替及当代启示》，《西北农林科技大学学报（社会科学版）》2019年第5期。

入五胡十六国的长期混乱状态,为"均田制"的产生提供了可能。①"魏承丧乱之后,人烟稀少,土地荒芜,提案多无助,于是政府复得授民以田"②,面对种种问题,北魏孝文帝(太和九年)颁布了均田法,通过土地"还受"的制度将大量土地(露田)的所有权收归政府,农民只拥有土地占有、使用的权利,无自由处分土地的权利,土地的国有性质得以维持。通过土地所有权与占有使用权的分立,均田制在一定程度上限制了土地的买卖与过分集中,对恢复生产、促进社会稳定起到了积极的推动作用。与农民土地均田并列,均田制还赋予了官员"职分公田"。不同于农民的土地使用权益,官员可以处分其土地,这造成了随后的土地兼并和集中问题。

均田制的良好效果使其成为多朝历代延续的土地制度。隋朝继承了北魏的均田制,并对其进行了深化改革,进一步细化了农民和官员的受田制度和标准。同时,严格的法律规定也让隋朝的均田制较好地抑制了土地兼并。③

唐朝建立之初,为了稳固封建统治,沿袭了隋朝均田制的土地制度,并且规定"田里不鬻",以法律规定的形式限制土地自由买卖,如严格限制农民口分田的交易、明令禁止公私田盗耕现象等。至唐中期,对土地买卖限制的放宽,使地主豪强土地兼并不断加剧,农民生活处境开始恶化。安史之乱后,社会经济更是遭到严重破坏,均田制度难以维系,取而代之的是唐代的庄园制。

6. 宋元时期的租佃制

随着商品经济的发展和生产力的进步,宋代的租佃关系得到了充分的发展。北宋之初,出现了"百姓失业,田多荒芜"的景象,于是政府颁布清查土地和鼓励垦田的土地法律,这一措施也加速了土地的兼并。北宋中期虽然颁布了限田法,但其以失败告终,导致地主占有土地大量扩张。

---

① 孙晓勇、王晓睿:《中国土地制度的变迁:传统与现代化》,《法律适用》2019年第13期。

② 万国鼎:《中国田制史》,正中书局1934年版,第164页。

③ 赵云旗:《论隋代土地制度的改革与财政的关系》,《学术界》1998年第1期。

租佃制在本质上属于地主土地所有制度下的土地经营关系，土地兼并过后，地主拥有的大量土地交由农民租佃使用，佃农群体由此不断壮大。基于经济发展水平和佃户的经济条件，租佃关系的发展也演变出多种农村土地租佃经营形式，主要包括合种制、出租制、官田租佃等。

在地主私有土地制度下，宋代对土地的管理与晋朝的占田课田制度类似，实行了《方田均税法》以及"经界法"的法律规定。北宋颁布的《方田均税法》，是方田与均税的统一，方田指根据质量与数量对土地田亩进行丈量，均税则指依据土地数量与质量对土地进行课税。南宋实行的"经界法"，与方田均税法类似，也是根据丈量的土地面积作为征税依据。[1]

元代按丁分配国有土地，"每丁给田五亩，一家衣食，凡百差徭，皆从此出"。[2] 作为游牧民族建立的国家政权，元朝建国之初对农业生产给予足够重视，但并未进行土地立法。元世祖忽必烈时期颁布了《经理法》，要求田产业主进行土地面积申报，但田产业主多"虚报瞒产"以逃避课税，《经理法》土地立法失败，最终以减免田租而告终。[3]

7. 明清时期的"永佃制"与"田丁合一"制度

永佃制是农民佃户在按约定纳租的情况下，可永久使用经营所佃土地的一种土地使用制度，反映了明清时期发展较为快速的一种土地关系，即所有权与土地经营使用权的分离。永佃制一般认为产生于商品经济发端的宋时期，在明代有所扩展，清代私有经济的突破则促进了永佃制的迅速扩张。永佃制安排下，土地产权被分为"田底权"和"田面权"，前者即为土地的所有权，后者即为土地的使用经营权。永佃制下的产权分离可以实现土地的使用权流转集中，有利于推动规模经营的发展，从而提高土地利用效率，是明清私有经济和资本主义经营方式影响下土地关系发展的一个重要特征。

---

① 梁方仲：《中国历代户口、田地、田赋统计》，上海人民出版社 1980 年版，第 4—8 页。
② 张履鹏等：《中国农田制度变迁与展望》，中国农业出版社 2009 年版，第 104 页。
③ 赵延安、张蚌蚌：《我国封建社会土地法律制度演替及当代启示》，《西北农林科技大学学报（社会科学版）》2019 年第 5 期。

为科学准确清查全国土地,明朝从技术角度开创"鱼鳞图册"制度,并且把"黄册"(户口)和"鱼鳞图册"(土地)进行统一登记和统计,实现了封建社会土地和户口的双重管理与控制,同时为"田丁合一"土地制度改革奠定了基础。[①] 明朝中叶,土地兼并现象严重,土地过度集中于地主官绅手中。而土地赋税是按照人口和土地分别征收,即田税和丁税,对无地和少地的农民来说,无疑加重了其负担,也加剧了社会阶级矛盾。在此背景下,张居正等推行了"一条鞭法"的土地制度改革。这一制度的核心是将各州县的田赋(以土地面积纳税)、徭役(根据每户人口数量摊派徭役)及杂役合并征收银两,按土地面积折算缴纳,该模式实现了对土地和人口的合一管理,有助于减轻农民的赋税负担,也避免了地方官员的瞒报谎报。

为满足贵族利益和巩固统治,清初颁布了圈地法。圈地法主要针对的是前明王朝皇室的土地,但在实行过程中,许多贵族逾越皇室土地范围,侵占私人土地,导致许多农民的土地被圈占,大量农民失去土地、流离失所。清代初期的圈地法大大加剧了社会矛盾,康熙八年(1669年)下令停止圈地。对于土地和赋税管理,清初实际沿用"一条鞭法"和"丁银"的双重税收制度,仍然存在无地和少地农民承担赋税过重问题。为此,雍正推行"摊丁入亩",类似"田丁合一"制度,"摊丁入亩"将"丁银"和田亩税银统一根据土地面积进行征收,从土地制度层面解决了田赋和丁银混乱的问题,促进了社会经济的发展和人口的增加。

(二)1840年前农村土地制度的基本特点

自西周到清朝后期近三千年的历史进程中,土地制度在国有、地主所有、农民私有三种模式中交替变化,但地主土地所有制长时期占据主体地位。授田与赋税的制度设计始终延续,均田与土地兼并的问题也一直循环往复。纵观社会历史长河,历代土地制度都顺应了时代发展的大势,也都符合特有的时代背景,呈现出纵向与横向的双向演变逻辑。

---

① 赵延安、张蚌蚌:《我国封建社会土地法律制度演替及当代启示》,《西北农林科技大学学报(社会科学版)》2019年第5期。

1. 地主土地所有制为主体,国家土地所有制和农民土地所有制居于次要地位

虽然国家土地所有制、地主土地所有制和农民土地所有制在王朝不同阶段发挥着不同作用,但在整个封建社会历史中,地主土地所有制却始终占据着主体地位。其突出特点是多数时期地主占有大量土地,出租给农民并收取田租,即凭借其对土地的占有而对无地或少地农民进行剥削。在封建社会,地主土地所有制长期存在有其历史必然性,虽有剥削性质,但这种制度对封建经济的发展繁荣发挥过积极的作用,也巩固了政治统治、实现社会基层的稳定,在历朝历代如是,这体现了一种土地制度的横向演变逻辑。如上文所述,封建王朝的周期性更迭也与这种所有制下的土地兼并及利益分配有直接的关系。沿着地主土地所有制这条线索,按照时间序列进行梳理可见,在朝代更迭背景下,地主土地所有制并不是简单的重复,而是得到持续地巩固、完善和发展,并呈现出螺旋上升的特点,呈现出土地制度演变的纵向逻辑。①

2. 土地产权制度呈周期性变迁,封建土地均田与兼并循环往复

中国古代土地制度变迁是公有和私有交替并存演化的过程,国家土地所有制(天子所有)、地主土地所有制与农民土地所有制三种土地所有制度渗透在历朝历代土地制度的安排当中。从土地制度的所有权演化来看,三种土地所有制在统治王朝内部不同阶段和不同王朝之间会不断转化。② 在封建王朝建立之初,战争结束后大量田地荒芜,新王朝一般建立国家土地所有制,将土地按功勋分授和对农民进行均田,在稳定统治秩序的同时提高国家收入。而演进到王朝中后期阶段,由于封建统治的本质特征必然出现土地的集中兼并,造成地主土地所有制占绝对地位,加剧贫富分化,激化社会矛盾。而改革政策出台往往以失败告终,最终导致农民革命和起义,推动王朝更迭,从而进入下一个土地制度转化循环。总体来看,土地政策呈现出封建王朝初期授田、授田以均田,而封建王朝中后期

---

① 郭雪剑:《中国古代土地制度演变的特点和规律》,《学习与探索》2016 年第 1 期。
② 赵延安、张蚌蚌:《我国封建社会土地法律制度演替及当代启示》,《西北农林科技大学学报(社会科学版)》2019 年第 5 期。

土地兼并频发,出现土地集中化的趋势,土地制度形成"均田—土地买卖—土地兼并—限田—土地兼并—矛盾锐化—王朝更替—均田"的闭环,这样的闭环不仅在一个王朝内反复出现,而且也在整个封建时期循环往复,这也是土地制度演变横向与纵向双向逻辑相交织的呈现。

3. 授田种类与授田对象呈现多元化的特征

无论是西周的分封与井田制、春期战国的"初税亩"制、晋朝的占田制、北魏隋唐的均田制还是宋元明清的私有土地制度,授田与赋税的制度设计始终在延续。封建社会授田的主要目的是发展生产,稳定统治秩序,赋税则是为增加国家的收入,维持王朝运行。授田一般在王朝建立之初通过法令形式来推行,授田对象既包括功勋阶级和贵族官卿,也包括普通农民。授田的土地种类包括露田(耕地)、桑田(园地)和宅基地等。同时,根据性别、年龄等劳动能力差异,对授田数量标准进行了法律规定。如北魏法律规定,"对于露田(耕地),十五岁以上的男劳动力可以授田四十亩,而十五岁以上的女劳动力则授田二十亩"。[①] 授田的多元化在一定程度上和一定时期内稳定了社会秩序,农村经济的发展,国家税收收入的增加。

4. 农村土地生产经营主体以农民家庭为主

无论是在井田、均田、各种限田制度安排下,还是土地国有、地主所有和农民所有的产权制度下,农村土地的实际经营者均为农民。农民家庭耕作经营,自给自足同时缴纳地租赋税的小农生产方式,始终是封建社会占支配地位的生产方式。农民家庭作为土地制度中最微观的基础性单元,是构成历朝历代土地制度的最重要因素,其承担了土地经营的重要职责,推动了社会经济生产。虽然在兴建重要工程或是组织屯垦时,需要规模合作进行生产开发,但总体而言,农民家庭仍是农业生产的基本单元。相比起奴隶社会时期奴隶主掌握所有权、农民集中生产劳动,封建社会时期的家庭生产经营无疑是重要的进步,不仅稳定了农村社会秩序,也推动了粮食生产。到明清时期,商品经济发展和私有经济的扩展,使新兴的资

---

① 梁方仲:《中国历代户口、田地、田赋统计》,上海人民出版社 1980 年版,第 476 页。

本主义生产方式，即作坊式集中，对小农生产提出了挑战。但由于社会经济大背景没有发生实质性变化，小农户生产经营仍是主流方式。

二、1840—1921年农村土地制度的实践进程

鸦片战争一声炮响，敲开了中国闭关锁国的大门，使我国陷入了半殖民地半封建社会的深渊，中国社会被卷入前所未有的大变革。在此重要的历史转变中，土地制度尤其是农村土地制度仍然首当其冲，土地生产关系随之发生深刻的变化。在1840年以来的中国近代史历程中，农村土地制度虽然包含多种所有制，但仍以国家土地所有制、地主土地所有制以及农民土地所有制为主要内容。在内外交困的社会背景下，许多土地制度变革实践不断涌现，农村土地制度出现多重新变化，如太平天国运动时期的农村土地制度改革，以及孙中山先生推行"平均地权"与"耕者有其田"的政策等。

（一）1840—1921年的农村土地制度

1. 太平天国运动与《天朝田亩制度》的产生

1853年，太平军在攻克南京后颁布了《天朝田亩制度》，作为太平天国革命运动的基本纲领，它提出了废除封建土地所有制的思想，还规定了土地分配的具体办法。① 该文件既反映了洪秀全等的土地思想，也是中国历代农民起义中土地要求最集中的体现。在洪秀全的制定下，《天朝田亩制度》明确提出"凡天下田，天下人同耕""有田同耕，有饭同食，有衣同穿，有钱同使，无处不均匀，无人不保暖"②的口号。

《天朝田亩制度》的内容主要包括以下几点：

（1）土地所有制方面，实行土地的公有。《天朝田亩制度》明确规定，世界上一切的土地都归上帝所有，以上帝的名义取消了土地私有，实行土地"上帝所有制"③。这意味着太平天国主张实行国家土地所有制，或者说是土地公有制。

---

① 岳琛等：《中国土地制度史》，中国国际广播出版社1990年版，第188页。
② 牟安世：《太平天国》，上海人民出版社1959年版，第161页。
③ 牟安世：《太平天国》，上海人民出版社1959年版，第161页。

(2)土地分配方面,采取一律均等的原则。《天朝田亩制度》规定:"凡分田,照人口,不论男妇,算其家口多寡,人多则分多,人寡则分寡。"①为了体现分田的平均原则,还对各种土地作出了各种优劣划分,并且具体制定了折合的标准。在分田过程中,也强调地区的协调,即田亩资源多少并不影响分田,资源多的地区应向资源少的地区调配指标。对于分田的年龄同样有所规定,什么年龄起分,年龄与分田的标准如何都有详细的叙述。

(3)土地经营方面,提倡小农经营。《天朝田亩制度》中提出以一家一户为单位,进行小农自然经营。但由于土地分配的人户标准,导致土地经营必然呈现散乱的状态,所以天朝体制下的土地生产方式也必然是分散的、自给自足的小农模式。②

(4)土地管理方面,实行军民融合管理。与分配经营方式相配套,《天朝田亩制度》提出了以"两"为单位的行政管理体制。"两"是太平军最基础的编制,太平天国以其为农村土地生产经营管理的最基层组织,由二十五家农户编成。③ 这种管理体制具有"寓兵于民,兵农结合"的特点,是太平天国起义军与清政府斗争背景下的必然选择。④

太平天国在《天朝田亩制度》纲领指导下所实行的这一套土地政策,相对于清政府的压迫、腐朽的封建土地制度来说,更适合斗争中的农村地区,对于反对清政府统治的革命运动来说是相适宜并且具有进步意义的。但从经济学和土地理论意义上看,《天朝田亩制度》又具有明显的偏颇和缺陷。其寄希望于用一套落后的自然小农生产方式代替封建土地私有的生产方式,与当时社会商品经济发展规律相悖,不具有历史进步意义,故终将走向失败。⑤

2. 国有土地制度的消亡与私有土地制度的壮大

辛亥革命推翻了清王朝的腐朽统治,宣告中国接近两千年的封建历

---

① 牟安世:《太平天国》,上海人民出版社1959年版,第161页。

② 钟祥财:《中国土地思想史稿》,上海人民出版社2014年版,第164页。

③ 牟安世:《太平天国》,上海人民出版社1959年版,第173页。

④ 钟祥财:《中国土地思想史稿》,上海人民出版社2014年版,第165页。

⑤ 钟祥财:《中国土地思想史稿》,上海人民出版社2014年版,第165页。

史的结束。中华民国成立后，虽然实行资本主义的共和体制，推行资本主义的经济发展模式，但是社会经济总体发展缓慢。在土地制度方面，民国未经过资本主义化的改革，直接继承了清政府时期的土地制度。因此，清时期的农村问题到了民国时期仍然存在，阻碍社会发展的土地症结仍然较多。

民国初期，在中国共产党成立之前，土地所有制呈现出私有制的演化倾向。民间公田私有化行动盛行。[①] 清时期，各种类型的国有制土地，如皇亲贵族、八旗子弟等占有的"皇庄、王庄、官庄、旗地"等，还有清廷中央所有的"屯田、籍田、牧地和营田等"，占全国耕地面积的比例高达40%。[②] 虽然清朝末年，在土地兼并和土地买卖的背景下，国有制土地私有化的趋势较为明显，但是国有土地存量比例仍然较大，国有制并未走向消亡。中华民国政府成立之后，对前清的土地采取了全面私有化的政策，设立了"官产局"，专门负责没收"皇庄、王庄、官庄、旗地"等，并将其全部交易卖出。对于已有农户耕种的旗地或庄田，允许其在按亩缴纳钱款后"留置为业"。对于官荒田，则允许购买垦殖，同时各省也大规模出卖前清"屯田、学田"给私人。在这样一系列的处置措施下，清时期的国有土地大部分转变为私有土地，土地国有制走向消亡（见表1-1）。

表1-1　明朝后期至民国初期公地的私有化情况　　（单位:%）

时期	总计	官公田				私田
		庄田	各种官田	庙田及其他公田	合计	
明朝万历年间	100	9.2	27.2	13.6	50	50
清朝光绪年间	100	7.8	11	0	18.8	81.2
民国初期	100	2.3	1	3.4	6.7	93.3

资料来源:严中平等:《中国近代经济史统计资料选辑》，科学出版社1955年版，第275页。

---

① 刘正山:《大国地权:中国五千年土地制度变革史》，华中科技大学出版社2014年版，第264页。
② 钟怀宇:《中国土地制度变革的历史与逻辑》，西南财经大学出版社2014年版，第152页。

陈翰笙在《现代中国的土地问题》一书中记录到,自 1905 年至 1929 年二十四年间,"黑龙江百分之九十五的土地,皆归为私有,大部分转入大地主手中"。同时,清朝的国有土地也有相当一部分转入了新北洋军阀手中,还有一些新兴的富商以及中小地主和富农、自耕农也通过交易购买获得了许多新的土地。[①] 随着官田私有化的进程,私有土地制开始慢慢在民国初期社会中壮大起来。但在私有土地制的情况下,民国政府丧失了对土地分配的调控职能,导致大量土地又重新集中,复现了封建社会的土地集中趋势,造成农村社会又产生了许多新的大地主阶级,封建土地遗留问题仍然严峻。

3. 从永佃制到"一田二主"的土地产权制度

辛亥革命后,随着生产力和商品经济的发展,农村土地经营关系也产生了一些新变化。民国初期,在公田私有化的浪潮下,大量土地被地主富农买走形成私田。但是民初时期的私田并不同于现代产权体制下的私有土地,不具有完整的私有产权,也并非单一产权的概念[②],而是形成了类似"一田二主""一田三主"的产权关系。

这种产权关系与辛亥革命后清朝土地制度得以顺利延续有较大关联。在明清时期,中国南方一些地区在商品经济的作用下,产生了一种土地产权分割的现象。即远离农村居于城市的大地主或是商人,由于无法监管其在农村所有土地的佃户生产情况,将土地的一些产权转让给佃农,以充分发挥其生产经营积极性和能力,从而形成了地主和佃农双重拥有的土地产权,即"一田二主"。但是"一田二主"的特殊产权形式并不等同于清朝时期的"永佃制"。"一田二主"情形下,土地地权被分割为"田底"与"田面"(还有的形式为"田骨"与"田皮""质田"与"粮田"等,但实质相同)。一般而言,拥有"田底"权的业主,有继承、出租、转让、抵押和典当土地的"田底"权利,并且需承担田赋义务。拥有"田面"权的佃户,

---

①　钟怀宇:《中国土地制度变革的历史与逻辑》,西南财经大学出版社 2014 年版,第153 页。

②　刘正山:《大国地权:中国五千年土地制度变革史》,华中科技大学出版社 2014 年版,第 265 页。

也可以继承、出租、转让和典当"田面"的权利，但是需要向"田底"权拥有者缴纳租金。①

（二）1840—1921年农村土地制度的基本特点

1840—1921年，在半殖民地半封建社会背景下，农村土地制度仍是以具有封建性质的土地所有和产权关系为主要内容，土地占有更加集中。辛亥革命后，土地大多由国有转变为私有，公田私有化盛行，各种税制并存，农村主要的土地经营关系开始没落。为切实解决土地问题，土地制度的"平均地权"政策倾向更为明显。

1. 多种土地所有制的交替并存

近代以来所存在过的农村土地制度包括封建国家土地所有制、地主土地所有制、农民土地所有制以及农民小土地所有制等多种制度，这些制度在历史演变中交替并存。国家土地所有制主要是封建贵族和皇室土地所实行的土地制度。清末，满清贵族和地主阶级掌握了大量的土地。辛亥革命以后，清朝政府统治被彻底推翻，原先掌握在满清贵族手中的官田和旗地都迅速转化为民田。但由于农村地区地主势力的传统强势导致这些土地都转移到了地主手中，变成了他们的私有土地，到20世纪20年代，国有土地已寥寥无几。国有土地的私有化，进一步巩固并发展了地主土地所有制。这一时期，地主阶级占有全国多数的农村耕地，除了自己经营，大部分土地都是分割开来租给贫苦佃农耕种。该种经营方式推动了农村租佃关系的发展，同时也推动了农民土地所有制的形成与发展，包括富农土地所有制和农民小土地所有制。中国近代富农经济成分是比较复杂的，除了少数是租佃富农外，大多数占有相当数量的土地。富农是仅次于地主阶级的土地所有者，一般雇佣少数长工或短工来经营自己的土地，极少向地主租赁土地，往往还出租部分土地。农民小土地所有制则是土地归耕者农民自己所有的制度，这样的小农既不剥削别的小自耕农，也不受地主的剥削。这种农民土地所有制有利于调动农民合理利用土地的积

---

① 刘正山：《大国地权：中国五千年土地制度变革史》，华中科技大学出版社2014年版，第266页。

极性,但小土地所有者拥有的土地是极不稳固的,遇到自然灾害和战乱就有可能失去土地,也容易成为地主土地兼并的对象。

2. 农村土地占有的高度集中

进入半殖民地半封建社会之后,农村土地制度仍是以封建统治下具有封建落后性的土地占有关系为主,土地的集中程度高。据统计,自1840年以来,占农村人口5%左右的地主阶级,占据了农村50%以上的土地。另外,占农村人口5%左右的富农阶级,占据了农村10%以上的土地,而占农村90%的中农、贫农和其他群体仅经营着不到40%的土地。①与土地占有高度集中相对应的是土地地租率的高企,这一时期,地主出租土地的租率最高达到80%。② 地主所占据的大部分土地,从质量上来看是最好的土地,从位置和地理上来看是最为方便经营的土地。不同于封建社会里土地由豪强贵族集中兼并,这一时期土地集中的方式以经济交易为主、以契约形式发生,地主继承家业的同时通过买卖土地扩大自己的家产,富农也同样如此。而经济实力较差的农民在私有经济扩张的情况下,仅能租赁耕种地主或是富农的土地,就算是一些有少量田地的中农、贫农在面临灾荒或是动乱时,也难以保住自己的土地。因此在地主、富农的新型经济兼并下,他们所保有的田地面积会越来越少,土地最终都会流向地主、富农阶级,这也是这一时期土地占有关系演变的基本趋势。

3. 土地税制的国家和地方分行

民国北洋政府在统治期间承袭了清代的土地税制,实行包括"地丁、漕粮、租课土地税、附加"四个大类的土地税,另外还征收"差杂徭、杂税"等。③ 北洋政府于1913年颁布了《划分国家税地方税法》,在中国税收管理历史上第一次将税收划分为"国家税"和"地方税"两种类型。根据该法案,属于中央管理的国家税包括田赋、盐课、关税等17项,属于地方政府管理的地方税包括田赋附加税、商税、牲畜税等20多项,中央与地方皆

---

① 刘书楷主编:《土地经济学》,中国农业出版社1996年版,第255页。
② 刘书楷主编:《土地经济学》,中国农业出版社1996年版,第255页。
③ 刘正山:《大国地权:中国五千年土地制度变革史》,华中科技大学出版社2014年版,第266页。

有相对应管理征收的土地税种,体现出了土地税的多样性和重要性。随后,北洋政府为了进一步明确中央和地方的财政权限,在所颁布的《天坛宪法》中重新划分了国家税和地方税的类目。根据当时财政整理委员会所发表的税制整理计划书,计划中属于国家管理的税种包括"所得税、营业税、关税、盐税和印花税"等15种,属于地方管理的税种包括"田赋、牲畜税、屠宰税和契税"等8种。[①] 土地税从国家转移到地方手中,也反映出在北洋军阀政府统治下土地税制管理的混乱及其所具有的特殊性。到了北洋政府后期,军阀割据、各自为政,税制混乱不堪,"苛捐杂税"不断增加,其中田赋成为军阀不断索取财政收入的重要来源。据统计,从1921年到1928年,田赋税率提高了20%—53%[②],经营土地的农民负担显著加重。

4. 永佃制的逐渐没落

永佃制,作为明清时代盛行的土地租佃制度,是封建时代土地制度的一个重要创新,其对于保持土地使用权的稳定性和连续性,增强农民经营耕作土地的投入预期,以及对土地使用权整合效率的提高都具有较为显著的意义。尤其在缓解封建时代因土地兼并导致的农民失地问题方面,很大程度上维护了明清时期封建统治的稳定。[③] 在民国成立之后,北洋政府废止了"永佃制",1921年大理院称"永佃权人虽不欠租,然地主实欲自种,或因其他必要情形,亦许收地,唯佃户因收地所受之损失,非给以相当之补偿不可"。[④] 永佃权利可被地主收回,即可撤佃,标志着"永佃制"的逐渐消亡。对于限制"永佃制"的原因,有分析认为是为了解决"以资本主义方式进行土地经营而所面临的土地所有权与使用权分离的难题"[⑤]。

---

① 李学桃:《中国近代土地所有权思想研究(1905—1949)》,中国社会科学出版社2015年版,第157页。

② 刘正山:《大国地权:中国五千年土地制度变革史》,华中科技大学出版社2014年版,第266页。

③ 刘正山:《大国地权:中国五千年土地制度变革史》,华中科技大学出版社2014年版,第266页。

④ 郭卫:《大理院解释例全文》,上海会文堂1931年版,第950页。

⑤ 钟怀宇:《中国土地制度变革的历史与逻辑》,西南财经大学出版社2014年版,第153页。

即在当时的资本主义工商业快速发展情况下,永佃权的存在阻碍了土地使用者或者说是土地买方对利用土地发展工矿和房地产业的需求。因而,代表资产阶级利益的北洋政府需要对土地的永佃权加以限制。封建生产方式下农民与土地相结合的方式,在资本主义的生产方式下被否定了。永佃制消亡了,但却没有出现有效的替代性经营制度,农民因失去土地而造成的生计和土地经营问题,在资本主义的方式下仍然没有被解决,甚至变得更加严重。封建帝制倒台后的社会转型与资本主义工业化发展过程中所造成的社会问题,尤其是涉及百姓生计之本、国家发展之基的土地问题,民国政府并没有有效解决。由此,北洋政府被推翻、代表广大劳苦群众利益的中国共产党的成立等都与之有着必然的联系。

5.“平均地权”的政策试行

封建统治下土地国有和地主实际所有的地权格局导致农民受到极大压迫,阻碍了农业农村发展的进程。甲午战争爆发后至五四运动期间,受外来先进思想以及西方地权理论的影响,反对地主所有、“平均地权”的思想主张逐渐盛行。康有为的土地公有论和地价论、梁启超的驳土地国有论、章太炎的定版籍论、严复对地租理论的见解[1]是对土地制度较为深刻和先进的思想认知,为后世许多的土地思想包括孙中山“平均地权”的主张及其政策推行奠定了基础。1903年,孙中山为了组织力量,在东京开设军事训练班,并拟定“驱除鞑虏、恢复中华、创立民国、平均地权”的誓词,这是第一次提出平均地权的思想。1905年,“平均地权”的口号正式在同盟会纲领中提出,并逐渐在革命实践中落实。在1906年发布的《中国同盟会革命方略》中,孙中山指出:“文明之福祉,国民平等以享之。当改良社会经济组织,核定天下地价。其现有之低价,仍属原主所有;其革命后社会改良进步之增价,则归于国家,为国民所共享”[2]。他明确提出平均地权、涨价归公的理念,并逐步将其贯彻至中华民国的政治经济政策中。孙中山的平均地权主张建立在土地国有的基础之上,他对地主土

---

[1]　钟祥财:《中国土地思想史稿》,上海人民出版社2014年版,第206—232页。

[2]　《孙中山选集》(上),人民出版社2011年版,第82页。

地所有制和私人垄断土地的批判，实质也是对中国近代农民土地诉求的回应。

中国共产党成立之前，围绕农村土地制度这一经济社会发展的基础性制度，历朝历代都在其产权制度安排方面开展了各具时代特征的理论和实践探索，并使之呈现出国有与私有交替、集中与分散反复的特征。但广大农民群众数千年来念兹在兹的"耕者有其田"，却始终没有真正落实。前期相关的理论探索和实践进程，既为中国共产党成立之后领导农村土地制度变革奠定了历史基础，也为党领导农村土地制度改革的进一步深化提供了逻辑遵循。

第二章　中国共产党成立以来农村土地制度变革的总体考察

"全党必须明白,土地制度的彻底改革,是现阶段中国革命的一项基本任务。如果我们能够普遍地彻底地解决土地问题,我们就获得了足以战胜一切敌人的最基本的条件。"[1]

　　　　　——毛泽东:《目前形势和我们的任务》(1947年12月25日)

"我国农村改革是从调整农民和土地的关系开启的。新形势下深化农村改革,主线仍然是处理好农民和土地的关系。"[2]

　　　　　——习近平:《在农村改革座谈会上的讲话》(2016年4月25日)

　　农村土地制度作为中国经济政治制度的重要组成部分,在中国社会发展变化中处于重要地位,是经济社会发展的内生性、关键性变量。废除压迫剥削的农村土地制度、真正实现"耕者有其田",也是中国农民数千年来不懈斗争的追求所在。但无论是旧式的农民起义还是民族资产阶级领导的土地制度改革,均未真正解决农民土地问题,直到中国共产党成立之后,才带领中国人民不断推进农村土地制度的良性变革。回顾中国共产党领导农村土地制度变革的百年进程,不仅要关注其制度形式的变化,也应以大历史观为视角把握其内在性质的演变,在其动态演进的过程中把握其整体进程、基本特征与变革方法。

---

[1]　《毛泽东选集》(第四卷),人民出版社1991年版,第1252页。

[2]　中共中央党史和文献研究院编:《习近平关于"三农"工作论述摘编》,中央文献出版社2019年版,第58页。

第一节 中国共产党成立以来农村 土地制度变革的阶段划分

探究中国共产党成立之后农村土地制度变革的整体进程重点要回答两个问题：其一，农村土地制度变革阶段的划分依据，即农村土地制度的发展变化有何阶段性特征；其二，农村土地制度变革阶段的演进历程，即农村土地制度的发展变化有何连续性表现。对第一个问题的解答能够为本书概括农村土地制度变革的历史背景，以及刻画农村土地制度在各历史时期的形态提供切入点。对第二个问题的解答则能为本书纵览中国共产党领导农村土地制度变革的历史进程，深化对农村土地制度发展变化的原因、经验的认识找到落脚点。

一、中国共产党成立以来农村土地制度变革阶段的划分依据

目前，国内学界关于中国农村土地制度变革的整体研究已取得较多成果，而在农村土地制度变革的阶段研究方面，则存在对阶段划分的起点和标准等问题的观点争鸣。本书通过吸收和借鉴相关研究成果，为研究中国共产党百年领导农村土地制度变革的历史阶段确定划分依据。

（一）中国共产党成立以来百年农村土地制度变革起点划分的依据

确定历史分期的源头是研究阶段划分的前提，而历史起点作为"事物内涵要素充分展开的那个节点"，是事物发展体系得以建立的开端。[①] 关于农村土地制度变革阶段划分的起点，目前学术界大致有两种观点。

---

① 刘吕红：《中国共产党经济思想演进的阶段划分研究》，《西南民族大学学报（人文社科版）》2015 年第 11 期。

一种观点以陆红生（2007）①、顾钰民（2009）②等学者为代表，将新中国成立（1949年）作为农村土地制度变革研究的划分起点；另一种观点以王景新（2008）③、蒋远胜（2018）④等学者为代表，将改革开放（1978年）作为农村土地制度变迁研究的历史发端。目前，将中国共产党成立（1921年）作为党领导农村土地制度变革之起点的研究明显较少。

以新中国成立或改革开放为研究农村土地制度变迁的历史发端，尽管有其特定的理论和实践意义，但研究的历史视角稍显狭窄。"历史从哪里开始，思想进程也应当从哪里开始，而思想进程的进一步发展不过是历史过程在抽象的、理论上前后一贯的形式上的反映。"⑤尊重客观历史发展的顺序是对农村土地制度变革进程研究的基础，而中国共产党领导广大人民群众完成从"站起来""富起来"再到"强起来"的伟大历史实践中，自然而然贯彻着党领导农村土地制度变革的历史逻辑。

在中国共产党成立之前，中国早期的共产主义者已经开始关注农民土地问题。1917年，陈独秀便指出当时社会的经济制度带来重利盘剥、造成贫富悬殊，而要解决这些社会弊病，"虽未必即能悉废今世之经济制度，而限制土地之过量兼并，及废除遗产制度，未始不可行也"⑥，须保证土地和人口的比例不要过分失衡。1919年10月，李大钊在《我的马克思主义观》中阐释了马克思主义关于阶级斗争的观点，指出"土地共有制崩坏以后，经济的构造都建在阶级对立之上"，并表现为"有土地或资本等生产手段的有产阶级"⑦对无产阶级的压迫和掠夺。而1920年12月《告中国的农民》一文指出，农民的阶级觉悟和阶级斗争是开展社会革命、追

---

①　陆红生：《土地管理学总论》，中国农业出版社2007年版，第133—134页。

②　顾钰民：《建国60年农村土地制度四次变革的产权分析》，《当代世界与社会主义》2009年第4期。

③　王景新：《中国农村土地制度变迁三十年》，《现代经济探讨》2008年第6期。

④　蒋远胜：《改革开放四十年中国农地制度变迁的成就、逻辑与方向》，《农村经济》2018年第12期。

⑤　《马克思恩格斯选集》（第2卷），人民出版社2012年版，第14页。

⑥　《陈独秀文集》（第一卷），人民出版社2013年版，第230页。

⑦　《李大钊选集》，人民出版社1959年版，第188页。

求共产主义理想的重要依托，要"设法向田间去，促进他们这种自觉"①，主张通过宣传鼓舞农民从地主手中抢回土地。

"土地问题，是农民的基本问题，也是中国革命的基本问题。"②在中国共产党成立之后，中国共产党及中国共产党人始终重视处理好农民与土地的关系，并将农村土地制度变革作为中国新民主主义革命的主要内容加以推进。建党初期和大革命时期，毛泽东同志在《国民革命与农民运动》中提出"农民问题乃国民革命的中心问题"③，主张引导农民从自发反抗地主剥削转为自觉进行土地权益斗争。土地革命时期，党指出"土地革命问题是中国资产阶级民权革命中的中心问题"④，强调要把解决农民土地问题同建立革命武装和革命政权相结合。抗日战争时期，党的基本工作原则"就是把土地革命同民族革命结合起来"⑤，通过满足农民的土地要求为民族革命战争提供人力和物力支持。解放战争时期，刘少奇在全国土地会议上强调解决土地问题、战胜阶级敌人"是农民的利益，同时也是全民族的利益，是中国人民最大的最长远的利益，是中国革命的基本任务"⑥。而在新中国成立之后，从推行"耕者有其田"、推进"两权分离"的家庭联产承包责任制再到如今的农村土地"三权分置"改革，无一不是党始终探索协调农民和土地的关系、推动农村土地制度变革发展的生动体现。

因此，中国共产党的成立与党领导农村土地制度变革的历史起点和

---

① 中国社会科学院现代史研究室、中国革命博物馆院史研究室选编：《"一大"前后——中国共产党第一次代表大会前后资料选编》（一），人民出版社 1985 年版，第 212 页。
② 中共中央文献研究室、中央档案馆编：《建党以来重要文献选编（一九二一——一九四九）》（第二十四册），中央文献出版社 2011 年版，第 348 页。
③ 中共中央文献研究室、中央档案馆编：《建党以来重要文献选编（一九二一——一九四九）》（第三册），中央文献出版社 2011 年版，第 384 页。
④ 中共中央文献研究室、中央档案馆编：《建党以来重要文献选编（一九二一——一九四九）》（第四册），中央文献出版社 2011 年版，第 420 页。
⑤ 中共中央文献研究室、中央档案馆编：《建党以来重要文献选编（一九二一——一九四九）》（第十二册），中央文献出版社 2011 年版，第 545 页。
⑥ 中共中央文献研究室、中央档案馆编：《建党以来重要文献选编（一九二一——一九四九）》（第二十四册），中央文献出版社 2011 年版，第 372 页。

逻辑起点是基本一致的,"我们要坚持用大历史观来看待农业、农村、农民问题,只有深刻理解了'三农'问题,才能更好理解我们这个党、这个国家、这个民族"①。

（二）中国共产党成立以来百年农村土地制度变革进程划分的依据

关于历史研究阶段划分的标准,学术界主要有几类主张:一是主张"以阶级斗争的表现为标准"②,通过阶级关系的变化反映历史发展的趋势和特征;二是主张以"社会的主要矛盾的发展及其实质的某些变化为标准"③,从更加宏大的视角审视历史发展的逻辑;三是主张"将经济(生产方式)的表征和阶级斗争的表征结合起来考察"④,强调生产方式对历史发展的推动力。而就中国共产党百年历史分期的划分标准而言,又存在历史学视角,以及现代化和民族复兴的历程,社会主义在中国的发展,马克思主义中国化的进程等多种类别。⑤ 综合来看,学术界对中国农村土地制度变迁历程的阶段划分标准,主要是根据重要历史事件、土地所有权和经营权的关系演变、农村土地产权的法制化、农村土地制度效率与公平的状态变化等维度,将农村土地制度变革的阶段分别划分为"三阶段"(陆红生,2007;顾钰民,2009)、"四阶段"(邓大才,2000;蒋永穆等,2003)、"五阶段"(钱忠好,2005;董志凯等,2011)、"六阶段"(王景新,2008)等形式(见表2-1)。

---

① 习近平:《论把握新发展阶段、贯彻新发展理念、构建新发展格局》,中央文献出版社2021年版,第463页。
② 梁景和:《中国近现代史基本理论问题文献汇编》(中),社会科学文献出版社2013年版,第709页。
③ 梁景和:《中国近现代史基本理论问题文献汇编》(中),社会科学文献出版社2013年版,第760页。
④ 梁景和:《中国近现代史基本理论问题文献汇编》(中),社会科学文献出版社2013年版,第782页。
⑤ 秦宣:《中国共产党百年历史分期的多维解读——以党的文献为依据》,《中国人民大学学报》2021年第3期。

表 2-1　关于农村土地制度变迁进程划分的部分观点

划分依据	具体进程	代表学者
社会历史发展阶段或主要历史事件	原始社会的农村土地制度—奴隶社会的农村土地制度—封建社会的农村土地制度—半封建半殖民地社会的农村土地制度—社会主义时期的农村土地制度	钱忠好（2005）①等
	土地改革时期—农业合作化时期—人民公社化时期	陆红生（2007）②等
	土地改革时期—农业合作化时期—改革开放时期	顾钰民（2009）③等
	国共合作时期的减租减息运动—国内革命战争时期的土地革命—抗日战争时期的减租减息—解放战争时期的土地改革—新中国成立以后的土地改革	董志凯、陈廷煊（2011）④等
农村土地所有权和经营权的关系	封建土地所有制—农民土地所有制—农民私有、集体统一经营使用制—集体所有、集体统一经营使用制—土地集体所有的家庭承包经营制	蒋永穆、安雅娜（2003）⑤等
	集体所有家庭经营的探索时期—集体所有家庭承包经营制度的确立与深化时期—农村土地制度的立法规范和系统化时期—农用耕地、农村集体建设用地和农村宅基地的三权分置和深化流转时期	蒋远胜（2018）⑥等

---

① 钱忠好:《中国农村土地制度变迁和创新研究》,社会科学文献出版社2005年版,第194—203页。

② 陆红生:《土地管理学总论》,中国农业出版社2007年版,第133—134页。

③ 顾钰民:《建国60年农村土地制度四次变革的产权分析》,《当代世界与社会主义》2009年第4期。

④ 董志凯、陈廷煊:《土地改革史话》,社会科学文献出版社2011年版。

⑤ 蒋永穆、安雅娜:《我国农村土地制度变迁的路径依赖及其创新》,《经济学家》2003年第3期。

⑥ 蒋远胜:《改革开放四十年中国农地制度变迁的成就、逻辑与方向》,《农村经济》2018年第12期。

续表

划分依据	具体进程	代表学者
农村土地产权的法制化	创立家庭承包经营制度—长期稳定承包权、鼓励合法流转—土地承包制度系统安排—农村土地制度改革全面完善—《农村土地承包法》下新型土地制度确立—农村土地三项制度改革的深化发展	王景新(2008)①等
	从法律上赋予农民完整土地所有权—农民法定所有权弱化—农民的土地承包经营以债权形式存在、土地流转权有限—农村土地承包制度法律化、土地承包经营权确认为用益物权、农村承包经营户成为民事法律主体的完善创新	董景山(2009)②等
农村土地制度效率与公平的状态	高效率、较高公平阶段—低效率、高公平阶段—较高效率、较高公平阶段—高效率、较高公平阶段	邓大才(2000)③等
	土地改革与农业剩余阶段—农业剩余与农业合作社阶段—农业剩余与人民公社阶段—农业剩余与家庭联产承包责任制阶段	周祖文(2012)④等

　　以特定历史事件、土地产权关系、土地制度绩效等为阶段划分依据，尽管可以呈现出更加有针对性的研究内容，但研究的逻辑线索相对单一、内容概括不够全面。"事物发展过程的根本矛盾的性质和过程的本质虽然没有变化，但是根本矛盾在长过程中的各个发展阶段上采取了逐渐激化的形式。并且，被根本矛盾所规定或影响的许多大小矛盾中，有些是激化了，有些是暂时地或局部地解决了，或者缓和了，又有些是发生了，因此，过程就显出阶段性来。"⑤抽象来看，农村土地制度变革的根本动力源于社会性质的规定和社会主要矛盾的变化，并通过经济基础和上层建筑的互动从而呈现出阶段性的特点。因此，在以中国共产党成立作为农村

　　①　王景新：《中国农村土地制度变迁三十年》，《现代经济探讨》2008 年第 6 期。
　　②　董景山：《我国农村土地制度 60 年：回顾、启示与展望——以政策与法律制度变迁为视角》，《江西社会科学》2009 年第 8 期。
　　③　邓大才：《效率与公平：中国农村土地制度变迁的轨迹与思路》，《经济评论》2000 年第 5 期。
　　④　周祖文：《中国农村土地制度变迁：一个农业剩余的视角(1949—1985)》，浙江大学出版社 2012 年版，第 56—59 页。
　　⑤　《毛泽东选集》(第一卷)，人民出版社 1991 年版，第 314 页。

土地制度变革阶段划分起点的前提下，还需立足于党史发展的阶段分期，对中国社会发展的历史任务和主要矛盾进行综合考察，从而全面把握其阶段性特征及连续性规律。

由此，本书将中国共产党成立作为考察党领导农村土地制度变革的研究起点，借鉴中国共产党党史分期标准①，结合不同阶段的社会主要矛盾和农村土地制度变革的历史任务，将党领导农村土地制度变革的进程划分为"新民主主义革命时期""社会主义革命和建设时期""改革开放和社会主义现代化建设新时期""中国特色社会主义新时代"这四个阶段。

二、中国共产党成立以来农村土地制度变革阶段的历程梳理

中国共产党成立之后，农村土地制度的变革经历了一个从新民主主义革命时期到社会主义革命和建设时期，到改革开放和社会主义现代化建设新时期，再到中国特色社会主义新时代的探索进程，并逐步实现了从封建土地所有制到农民土地所有制，再到农村土地集体所有制的演进变化。同时，与农村集体经营性建设用地、农村宅基地相关的土地管理制度也实现了完善发展。

（一）新民主主义革命时期党领导农村土地制度变革的历程

从中国共产党成立之后到新中国成立之前的这一时期，中国经济社会性质属于半殖民地半封建社会。"帝国主义和中国封建主义相结合，把中国变为半殖民地和殖民地的过程，也就是中国人民反抗帝国主义及其走狗的过程"②，鉴于当时的社会主要矛盾是帝国主义同中华民族的矛盾，以及封建主义同人民大众的矛盾，中国共产党团结带领广大人民群众，以解决土地问题为重要抓手，在实现民族独立、人民解放的伟大目标中不断推进农村土地制度的变革。

建党初期和大革命时期，中国共产党立足贫苦农民的利益诉求，通过

---

① 《中共中央关于党的百年奋斗重大成就和历史经验的决议》，人民出版社 2021 年版，第 2 页。

② 《毛泽东选集》（第二卷），人民出版社 1991 年版，第 632 页。

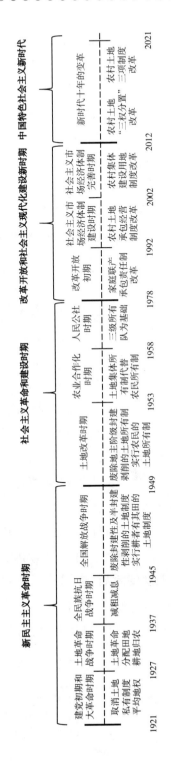

图 2-1 中国共产党领导农村土地制度百年变革时间线

开展农民运动和减租斗争,对封建半封建农村土地制度的变革进行初步探索。土地革命战争时期,中国共产党进一步认识到农民土地问题在中国革命中的重要地位,通过推进革命根据地的土地革命,为建立"耕者有其田"的农村土地制度奠定基础。全民族抗日战争时期,中国共产党通过调整和推行"减租减息"的土地政策,有力地巩固了最广泛的抗日民族统一战线。全国解放战争时期,中国共产党及时将"减租减息"政策调整回"耕者有其田"政策,为最大限度地获得农民群众对党领导革命的支持和拥护、建立农民所有的土地制度提供了有利环境,同时也为新中国成立初期开展大规模的土地改革工作积累了群众基础和宝贵经验。

（二）社会主义革命和建设时期党领导农村土地制度变革的历程

从新中国成立之后到改革开放之前,中华人民共和国通过恢复国民经济、推行"三大改造",顺利实现了从新民主主义社会向社会主义社会的过渡。在社会主义改造完成之前,中国社会还存在两种主要矛盾:"第一种是国内的,即工人阶级和资产阶级的矛盾。第二种是国外的,即中国和帝国主义国家的矛盾。"①随着对农业、手工业和资本主义工商业的社会主义改造的完成,新中国正式确立起社会主义制度。1956年,党的八大对当时国内主要矛盾作出新的判断,即"先进的社会主义制度同落后的社会生产力之间的矛盾"②,表现为人民对建立先进的工业国的要求同落后的农业国的现实之间的矛盾,以及人民对经济文化迅速发展的需要同当前经济文化不能满足人民需要的状况之间的矛盾。在社会主要矛盾及主要历史任务发生变化的背景下,中国共产党也在探索建设社会主义的进程中不断推进农村土地制度的变革。

土地改革时期,为彻底完成新民主主义革命的任务以及为社会主义革命和建设创造条件,中国共产党在华东、中南、西南及西北等新解放区的广大农村和城市郊区开展了大规模的土地改革运动,通过彻底废除封

---

① 《毛泽东选集》(第四卷),人民出版社1991年版,第1433页。

② 中共中央文献研究室编:《建国以来重要文献选编》(第九册),中央文献出版社1994年版,第341页。

建剥削的土地制度建立起农民的土地所有制。农业合作化时期，为克服小农经济分散经营的弊端，遏制农村两极分化和土地兼并的趋势，从而为国家工业化发展提供农业支撑，中国共产党通过领导和推动农业生产互助合作，逐步完成了农业领域生产资料私有制的社会主义改造。人民公社时期，在"鼓足干劲、力争上游、多快好省地建设社会主义"的总路线指导下，中国共产党逐步构建起"三级所有、队为基础"的农村土地制度。尽管这一时期经历了曲折，但党领导人民构建农村土地集体所有制的系列成果，也为下一阶段开创中国特色社会主义奠定了重要的制度基础。

（三）改革开放和社会主义现代化建设新时期党领导农村土地制度变革的历程

从改革开放之后到党的十八大召开，中国共产党摒弃"以阶级斗争为纲"的路线，果断将党和国家的工作重心转到经济建设方面，顺利开启改革开放和社会主义现代化建设的新征程。1981年《关于建国以来党的若干历史问题的决议》指出，在社会主义改造完成之后，我国的主要矛盾是"人民日益增长的物质文化需要同落后的社会生产之间的矛盾"。[①] 前期人民公社所有权和使用权高度集中的农村土地制度难以促进农村生产力的进一步解放和发展，由此党和国家在保持农村土地集体所有制不变的前提下，对农村土地所有权和承包经营权开展"两权分离"的探索。

改革开放初期，面对如何经营农村土地、如何调动农民集体经济组织成员的生产积极性的问题，中国共产党鼓励开展多种形式的生产责任制，并促进家庭联产承包责任制的初步探索和全面推开。社会主义市场经济体制建立时期，传统的农村经济也开始向现代市场经济转变，如何稳定和完善家庭承包经营制度便成为这一时期农村土地制度变革的主题。在邓小平同志关于农业"两个飞跃"思想的影响下，农村集体建设用地、宅基地等的土地管理制度改革也实现了积极推进。社会主义市场经济体制完善时期，中国共产党坚持农村土地承包关系的稳定和"长久不变"，农村

---

① 《中共党史文献选编（社会主义革命和建设时期）》，中共中央党校出版社1992年版，第553—554页。

基本经营制度得以不断巩固和完善，土地流转规模不断扩大。与此同时，中国共产党在实行最严格的耕地保护制度、改革征地制度等方面作出明确规定，并针对土地管理中存在的突出问题和薄弱环节，出台土地管理相关纲领性文件，不断完善土地法律法规，保障着农村土地制度改革的有序推进。

（四）中国特色社会主义新时代党领导农村土地制度变革的历程

从党的十八大召开至今，是中国特色社会主义进入新时代、奋力推进民族伟大复兴的时期。随着改革开放的不断深化，以及城镇化和工业化的快速发展，农村富余劳动力转移规模持续扩大，实际从事土地承包经营的主体结构也发生新变化。党的十九大报告指出，当前我国社会的主要矛盾已经转化为"人民日益增长的美好生活需要和不平衡不充分的发展之间的矛盾"[1]，就社会主要矛盾的主要方面而言，城乡发展不平衡和农村发展不充分的问题尤其突出。中国共产党着眼于农业农村现代化发展和乡村振兴的奋斗目标，进一步探索农村土地所有权、承包权、经营权"三权分置"的创新，并同步推动农村土地征收制度改革、集体经营性建设用地入市改革、农村宅基地制度改革等，这一阶段的农村土地制度改革"在产权、利用、保护和治理等各方面多点开花，全面深化推进"[2]。

在农村土地"三权分置"改革方面，中国共产党坚持以集体土地所有权为前提和基础，兼顾农民权益公平与农业生产效率，通过稳定土地承包权、放活土地经营权，不断推进农村土地要素市场化配置、促进农业现代化和适度规模经营。在农村土地征收制度改革方面，中国共产党以稳定农村社会秩序、促进新型城镇化发展为出发点，不断协调农村土地征收与土地市场出让方式的利益矛盾，促进农村土地增值收益分配机制的优化完善。在农村集体经营性建设用地制度改革方面，中国共产党着眼于农

---

① 习近平：《决胜全面建成小康社会 夺取新时代中国特色社会主义伟大胜利——在中国共产党第十九次全国代表大会上的报告》，人民出版社 2017 年版，第 11 页。

② 严金明、郭栋林、夏方舟：《中国共产党百年土地制度变迁的"历史逻辑、理论逻辑和实践逻辑"》，《管理世界》2021 年第 7 期。

民群众对农村土地财产性收入的利益诉求,围绕农村集体经营性建设用地入市交易相关问题,不断完善农村集体经营性建设用地产权制度,探索构建同权同价、同等入市的城乡统一建设用地市场。在农村宅基地制度改革方面,中国共产党立足于宅基地的功能定位从"居住保障导向中谋求财产功能"向"财产功能导向中维护居住保障"的转化,不断明晰农民宅基地财产权益,通过试点探索盘活闲置宅基地资源、实现宅基地有效管理利用的可行路径。《中华人民共和国土地管理法》(以下简称《土地管理法》)作为我国土地管理领域基础性的重要法律,其相关内容的修改和完善,也是我国新一轮土地制度改革阶段性成果的总结和见证。

第二节　中国共产党成立以来农村土地制度变革的基本特征

基本特征作为事物属性的重要体现,不仅是事物之间质的规定性区别,也是研究对象的理论性概括。马克思主义唯物史观认为,"社会制度中的任何变化,所有制关系中的每一次变革,都是产生了同旧的所有制关系不再相适应的新的生产力的必然结果"[1]。农村土地制度作为农村社会关系的重要组成部分,其变迁进程实际上也是适应农村生产力发展、调适农村土地生产关系的表现。此外,与单纯从不同学科视角分析农村土地制度变迁的方式相比,从中国共产党领导的角度分析农村土地制度的百年变革,存在以下几个方面的特征。

一、将正确处理农民与土地的关系作为农村土地制度变革的主线

邓小平同志在谈到生产关系形式的选择态度时,指出"哪种形式在哪个地方能够比较容易比较快地恢复和发展农业生产,就采取哪种形式;

---

[1] 《马克思恩格斯选集》(第1卷),人民出版社2012年版,第303页。

群众愿意采取哪种形式，就应该采取哪种形式"①。土地作为农业最基本的生产要素和农民最重要的生活资料，其产权结构形式与农业生产形式以及农村社会结构息息相关。农村土地制度作为农村生产关系的集中表现形式，也是农民与土地内在关系的制度性规定。由此，调整农民与土地的关系成为中国共产党领导农村土地制度百年变革所贯穿的主线。

在新民主主义革命时期，中国共产党起初主要通过"限田""限租"以及减轻苛捐杂税等手段削弱封建剥削的土地制度，从而减轻农民的生产经营负担。随着革命形势的蓬勃发展，党顺应农民群众对土地的迫切需要，推行没收地主土地、"耕者有其田"的政策，赋予农民土地使用权。虽然在抗日战争期间为巩固全民族抗日统一战线，中国共产党暂时实行地主"减租减息"、农民"交租交息"的策略，但在很大程度上缓和了抗日根据地的阶级矛盾，促进了军需和民用的生产发展。从新中国成立初期到改革开放前，中国共产党首先通过彻底的土地改革建立起农民所有的土地制度，赋予农民完整的土地所有权和使用权，激发出广大农民恢复和发展农业生产的积极性。而后为解决小农经济分散经营的问题，以及遏制农村出现的土地买卖和兼并趋势，党又推进农业合作化和人民公社化，逐步将农民土地所有制转变为"三级所有、队为基础"、统一经营的集体所有制。在改革开放初期，为破除农业生产力发展的体制机制障碍，党推动家庭联产承包责任制改革、赋予农民土地承包经营权，通过调整农民与土地的关系，再次激发了农民的生产积极性。随着农民就业倾向和收入结构的变化，不同类型的农民对土地的依赖程度和利益关联程度也产生了差异。习近平总书记指出："农村土地承包关系要保持稳定，农民的土地不要随便动。农民失去土地，如果在城镇待不住，就容易引发大问题。"②中国共产党始终强调要保持历史耐心，尊重不同类型农民对土地权利的选择，审慎稳妥地调整土地制度中的利益关系，稳步推进农村土地流转。进入新的历史时期，农民土地承包权和经营权日益分离，传统的农民与土

---

① 《邓小平文选》（第一卷），人民出版社1994年版，第323页。

② 中共中央党史和文献研究院编：《习近平关于"三农"工作论述摘编》，中央文献出版社2019年版，第59页。

地的关系又逐渐扩展到传统小农户和新型农业经营主体的关系、新型农业经营主体与农村承包地和建设用地等关系。习近平总书记强调"新形势下深化农村改革,主线仍然是处理好农民和土地的关系"①,并审时度势推进"三权分置"改革,设立农村土地的所有权、承包权、经营权分置的产权结构,通过进一步调整土地权益关系,为新形势下促进农业发展、保护农民利益、维护农村社会稳定提供了重要保障。

二、将促进农村生产力发展作为农村土地制度变革的首要目标

毛泽东同志在《论联合政府》中强调:"中国一切政党的政策及其实践在中国人民中所表现的作用的好坏、大小,归根到底,看它对于中国人民的生产力的发展是否有帮助及其帮助之大小,看它是束缚生产力的,还是解放生产力的。"②中国共产党作为中国先进生产力发展要求的代表,其农村土地政策的制定和农村土地制度的选择,自始至终以推动农村生产力发展为首要目标。因此党领导农村土地制度变革的百年进程,也是不断调整农村土地生产关系以适应和推动农村生产力发展的过程。

中国共产党在新民主主义革命时期颁布土地政策、推行土地改革运动的考量,均是以半殖民地半封建社会状态下的农村生产力实际情况为基础。针对压迫剥削的土地占有关系对农村生产力造成的阻碍,中国共产党从限制田赋、减租减息,到通过彻底的土地改革保证"耕者有其田",逐步实现了农村生产力的解放和发展。在新中国成立初期,尽管中国共产党通过完成"三大改造"正式建立起社会主义制度,为农村生产力的发展创造了有利的制度环境,但由于国际发展局势的紧张复杂、国内社会经济的落后凋敝,党在农村土地制度的建设方面表现出急于求成的倾向。为推动生产力的快速发展,中国共产党依托农业合作化和人民公社化运

---

①　中共中央党史和文献研究院编:《习近平关于"三农"工作论述摘编》,中央文献出版社 2019 年版,第 58 页。

②　《毛泽东选集》(第三卷),人民出版社 1991 年版,第 1079 页。

动,在较短的时间内推动农民所有、自主经营的土地制度向集体所有、统一经营的土地制度转变。尽管合作社和人民公社在农业生产发展上取得了一定成就,但其对农村土地生产关系的变革超越了当时农村生产力的实际水平,在一定程度上挫伤了农民发展农业的积极性,也造成一定时期内农业生产力的停滞和倒退。党的十一届三中全会召开之后,中国共产党重新确立了解放思想、实事求是的思想路线,通过实行家庭联产承包责任制、实现土地所有权和承包经营权的"两权分离",赋予农民生产经营自主权和生产剩余索取权,极大地激发出农村发展生产的活力。随着农业生产力的不断提升,农村生产关系也要与时俱进地进行调整。中国共产党着眼于农民职业分化和农业规模化发展的实际情况,再一次对农村土地制度的产权结构进行"三权分置"的创新,在实现农村土地承包权与经营权适当分离的同时推动农村土地经营权流转,使农业生产的集约化、规模化、现代化水平稳步提升。中国共产党领导农村土地制度百年变革的实践表明,"只要党的农村土地政策真正做到了解放生产力,发展生产力,农村就兴旺发达;忽略生产力的解放和发展,就会遇到坎坷和曲折"①。

三、将保障土地可持续利用作为农村土地制度变革的总体思路

农村土地具有资源和资产的双重属性。就资源性而言,中国是一个发展中的农业大国,农村土地尤其是耕地作为农业生产的主要载体,既是国民经济发展的前提和基础,也是国家粮食安全和生态安全的重要保障。就资产性而言,农村土地作为农民生产生活的依托,既是农民基本生活水平的基础保障、财产性收入的重要来源,又是调节农村剩余劳动力流向、维护社会稳定的重要依托。"实现社会经济可持续发展战略,其核心是谋求经济发展与人口、资源、环境的综合协调"②,而其中最突出的问题是

---

① 胡穗:《论中国共产党制定农村土地政策的历史经验》,《湖南师范大学社会科学学报》2007 年第 1 期。

② 王海玫:《耕地保护》,中国大地出版社 1999 年版,第 16 页。

人地矛盾。立足于人多地少的基本国情,中国共产党在领导农村土地制度变革的进程中将保障土地可持续发展作为总体思路,并逐步建立和完善严格的土地用途管制和耕地保护制度。

在新民主主义革命时期,党就在革命根据地组织群众兴修水利、开垦荒地,鼓励农民耕种土地。面对新民主主义革命胜利之后建设新中国的艰巨使命,党继续鼓励开垦荒地、兴修水利、改良土壤,集中力量建设基本农田,大力发展农业生产。1963 年 12 月,邓小平同志在制定农业长期规划时提出建设 10 亿亩稳产高产农田的政策设想;次年 3 月全国农业长期规划会议提出了"三五"计划中农业发展的首要任务,即建成 5 亿亩高产稳产农田。随着工业化城市化的快速发展以及新一轮"开发区热"的掀起,经济发展和耕地保护矛盾的日益加剧,党和国家开始系统性地建立耕地保护制度、完善耕地保护法律法规。通过成立国家土地管理局、颁布《土地管理法》,党和国家在土地利用规划管理、建设用地规划审批等制度建设方面有所发展,并逐步加大对土地违法行为的追责力度。在社会主义市场经济体制机制建设不断完善的背景下,党和国家对农村土地尤其是耕地的保护开始从数量保护转向数量、质量和生态的协同保护。党的十六届三中全会提出"实行最严格的耕地保护制度",2004 年《国务院关于深化改革严格土地管理的决定》再次强调要实行"最严格的耕地保护制度",以促进经济社会的可持续发展。自党的十八大以来,耕地保护工作的制度体系逐渐成熟,如 2014 年中央"一号文件"提出"实施全国高标准农田建设总体规划"、2015 年中央"一号文件"提出开展"耕地轮作休耕制度试点",2016 年《关于全面划定永久基本农田实行特殊保护的通知》又进一步加大对永久基本农田的保护力度。2019 年修改的《土地管理法》,则以法律的形式将高标准农田、耕地轮作休耕、国土空间规划等内容以法律形式正式确定下来。①

---

① 王文旭、曹银贵、苏锐清等:《基于政策量化的中国耕地保护政策演进过程》,《中国土地科学》2020 年第 7 期。

四、将土地产权和治权互动作为农村土地制度变革的推进逻辑

以"产权"为核心的土地产权制度和以"治权"为核心的土地管理制度是现代土地制度的两大基本内容和核心要件[1]，二者具有密不可分的联系。在中国共产党领导农村土地制度百年变革的进程中，党一方面围绕着解决"公""私"矛盾下土地制度的公平与效率问题，不断完善土地产权制度安排[2]，另一方面围绕着土地资源的优化配置和合理利用，不断完善土地管理制度，实现了"有效产权"与"有效治理"的并重。由此，"产权—治权"互动也是党领导农村土地制度变革的推进逻辑。

基于农村土地产权制度变迁的视角，党领导的农村土地制度变革首先是通过农民运动和土地斗争实现"平均地权""耕者有其田"的目标，然后通过社会主义改造确立农村土地集体所有制，实现土地的公有制。接着进一步按照社会主义市场经济体制发展的需要，在坚持农村土地集体所有制的基础上，将重心从土地所有权的争论转移到对土地资源的合理利用上，通过"两权分离"到"三权分置"不断细化土地产权束，实现社会主义公有制和市场经济的兼容，并不断提高土地要素的市场化水平及其利用效率。基于农村土地管理制度变迁的视角，党领导的农村土地制度变革始终遵循土地基本属性规律，顺应社会经济发展形势变化，围绕土地规划制度、耕地保护制度、土地征收制度等土地管理制度不断地创新发展，同时推进土地资源（自然资源）管理体制的完善与法治建设的强化。

与此同时，党领导下的农村土地产权制度与管理制度的变革并没有脱节，而是相互嵌套、相互推进的。一方面，土地产权制度变革促进土地管理制度变革。随着农村土地产权制度的"两权分离"改革，稳定并强化农村土地产权的需求得以产生，明确土地承包期和调整原则的土地产权登记制度不断完善。农业生产经营方式发生转变，推动了"以家庭承包

---

[1] 陈锡文：《关于农村土地制度改革的两点思考》，《经济研究》2014 年第 1 期。

[2] 朱道林、甘藏春、程建：《论土地制度的公私矛盾》，《中国土地科学》2020 年第 10 期。

经营为基础、统分结合的双层经营体制"的农业基本经营制度的确立。土地要素资源得到盘活、城乡土地市场建立完善,开启了土地资源配置制度的新探索。另一方面,土地管理制度倒逼土地产权制度变革。如土地承包经营权的一体化在保障农民土地权益和维护农村土地实际经营者权益等方面存在困境,由此推动农村承包"三权分置"改革。而宅基地使用权集财产属性和保障属性于一身的产权制度安排,又为宅基地有效治理带来困难,从而推进了宅基地的"三权分置"改革。

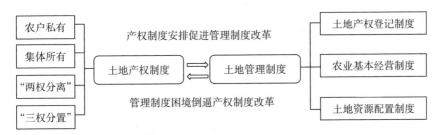

图 2-2　"产权—治权"互动视角下农村土地制度安排

第三节　中国共产党成立以来农村
土地制度变革的辩证方法

中国共产党成立以来农村土地制度的百年变革,也是变与不变相互依存、相互转化的辩证运动过程。"马克思和恩格斯称之为辩证方法(它与形而上学方法相反)的,不是别的,正是社会学中的科学方法,这个方法把社会看作处在不断发展中的活的机体(而不是机械地结合起来因而可以把各种社会要素随便配搭起来的一种什么东西)。"①变与不变正是这样一种辩证方法,它从纵向、横向以及纵横交互等视角出发,勾勒出党领导农村土地制度百年变迁的路径框架。而农村土地制度相关因素也在变与不变的对立统一中,不断地实现渗透和转化,从而推进农村土地制度

---

　　①《列宁专题文集　论辩证唯物主义和历史唯物主义》,人民出版社 2009 年版,第185 页。

的创新和发展。

一、于"变"中锁定"不变"

农村土地制度同任何社会制度一样，"是一个能够变化并且经常处于变化过程中的有机体"①，在其纵向发展的历史进程中，会随生产力和生产关系的有机互动表现出不同的制度状态。中国共产党自成立以来就始终将马克思主义作为指导中国革命、建设、改革的强大思想武器，而马克思主义对生产资料公有制的理论主张，也进一步落实为党消灭封建土地制度、建立和完善土地公有制的实践。党领导的农村土地制度变革经历了从封建土地所有制到农民所有制，再到集体所有制的形式之"变"，并将集体所有的制度架构和制度内核一直延续至今②，呈现为锁定农村土地制度路向、目标、立场和原则"不变"的过程。

一是路向不变。"农村土地产权的分配及农村土地产权关系，是体现一个国家经济运行公平与效率的核心制度配置。"③要在农村土地制度中建立起相对公平的发展基础，满足中国农民传统的"土地均分"诉求，争取农民对党领导的革命力量的支持，不可避免地要破除阻碍农业农村发展的封建剥削的土地制度。从中国共产党成立之后到新中国成立之初，党以革命性的方式实现土地资源配置的平均化，通过"耕者有其田"保障农村土地制度的起点公平，呈现出党对农村土地制度公平正义路向"不变"的坚持。

二是目标不变。土地改革形成的农民土地所有制呈现出对传统小农经济生产方式的延续，其小规模分散经营形式的抗风险能力弱，难以形成稳定的制度性公平。尽管"一大二公"、政社合一的人民公社在农业生产经营和分配等方面的管理上存在不足，但整体上搭建起农村土地集体所有的制度框架。这一阶段逐步弱化农民土地所有权、不断强化集体土地

---

① 《马克思恩格斯选集》（第2卷），人民出版社2012年版，第84页。

② 王敬尧、魏来：《当代中国农地制度的存续与变迁》，《中国社会科学》2016年第2期。

③ 程世勇：《中国农村土地制度变迁：多元利益博弈与制度均衡》，《社会科学辑刊》2016年第2期。

所有权的鲜明倾向,呈现出党对土地资源配置公平化目标导向"不变"的坚定。

三是立场不变。农村土地所有权和使用权从高度集中到"两权分离"的发展,赋予了农户相对独立和完整的产权,为农户成为相对独立的市场主体确立了基本前提。党立足于社会主义市场经济发展的趋势,在保持农村土地承包关系稳定并长久不变、保障农户土地承包经营权益的同时,不断推进土地高效流转和规模经营,持续增加农户土地财产性收入,体现出党对"充分尊重人民群众的主观能动性,探索适合中国国情的农村土地制度"①价值立场"不变"的坚守。

四是原则不变。农村土地的集体所有是农村土地制度改革的基础和前提。改革开放以来,党在循序渐进推动农村土地制度改革的进程中,始终遵循农村土地集体所有的基本原则"不变",坚持在稳定农村土地承包关系基础上探索完善农村土地使用权,在推进土地要素市场化改革进程中协调效率与公平的关系。从"两权分离"到"三权分置"的转变进一步丰富了农村土地产权结构,农民通过流转经营权增加收入,新型农业经营主体由此实现规模收益,土地、劳动力等要素也得以合理流动,城乡融合发展趋势向好。党和国家通过发挥集体所有的权能优势,监督和规范农户及实际经营主体对土地权利的行使,进一步促进了农业的可持续和现代化发展。

二、于"不变"中积极应"变"

社会历史领域的活动主体是"具有意识的、经过思虑或凭激情行动的、追求某种目的的人"②,其共同的作用力形成了历史合力。党的社会主义理想和共产主义信仰为中国社会制度建构提供了意识形态指导,并使农村土地制度在不同历史阶段呈现出跨越时空的共性安排。中国共产党在坚持实践路向、目标导向、价值立场和基本原则"不变"的前提下,立

---

① 唐皇凤:《百年大党有效领导经济社会发展的历史进程和基本经验》,《武汉大学学报(哲学社会科学版)》2021年第2期。

② 《马克思恩格斯选集》(第4卷),人民出版社2012年版,第253页。

足于生产力和生产关系、经济基础与上层建筑的有机互动，在应对农村土地制度变革的推力转换、拉力转向以及动力转变的同时，使之呈现出适应社会主要矛盾变化、适应党和国家发展战略、适应农业生产经营需求的变革逻辑。

一是适应社会主要矛盾形势的变化。由生产力与生产关系、经济基础与上层建筑组成的社会基本矛盾，是不同阶段推动农村土地制度变化的根本性力量。中国共产党以社会主要矛盾作为推进农村土地制度变革的靶向，从而使农村土地制度的具体形态在经济社会发展各阶段呈现出不同形式。在半殖民地半封建的旧中国，帝国主义和中华民族、封建主义和人民大众的矛盾是当时社会的主要矛盾。为铲除封建统治和帝国主义压迫的经济根基，党开展没收地主土地、"耕者有其田"的土地革命，积极争取农民群众对革命的信任和支持。随着中日民族矛盾上升为社会主要矛盾，党调整土地政策、实行"减租减息"，通过削弱封建地主剥削、减轻贫苦农民的负担，有力地巩固了最广泛的抗日民族统一战线。随着"人民日益增长的物质文化需要"同"落后的社会生产"这一社会主要矛盾逐渐明确，为支撑和服务社会主义建设事业，党领导人民逐步完善集体所有、"两权分离"的农村土地制度，极大地解放和发展了农村生产力。中国特色社会主义新时代以来，我国社会主要矛盾已转化为"人民日益增长的美好生活需要"和"不平衡不充分的发展"之间的矛盾，党继续推进农村土地制度由"两权分离"向"三权分置"的深化改革，在实践中因时制宜地调整农村土地制度的实现形式，不断推进城乡、区域之间的协调发展。

二是适应党和国家发展战略的变化。农村土地制度的发展变迁起初为自上而下的强制性政策所拉动，后来也出现农民群众自下而上的改革推动，但党和国家作为农村土地政策制定和制度安排的主体，始终是农村土地制度变革方向的主导性因素。党坚持系统谋划、秉承战略思维，在实践中紧紧扭住战略目标和战略举措不放松[1]，实事求是地调整农村土地

---

[1] 蒋永穆、孟林：《把握好"十四五"规划和二〇三五年远景目标建议的"变"与"不变"》，《思想理论教育导刊》2020年第12期。

政策、推进农村土地制度的发展变革。在新中国成立之前,资本主义形式的土地所有关系和封建形式的土地使用关系在农村土地制度中并存。基于争取革命胜利的战略目标,党积极推动封建土地所有制向农民土地所有制转变。在新中国成立初期,基于巩固国家政权、维护农村稳定的综合考虑,党通过土地改革赋予农民完整的土地产权,保障了相关主体利益的稳定向好。随着农村土地买卖、两极分化等现象逐渐显化,基于社会主义改造和优先发展重工业的战略考虑,党通过农业合作化逐步引导农民土地所有制向社会主义公有制转变,并进一步确立起"三级所有、队为基础"的农村土地制度。随着改革开放的深入推进,党和国家在农村土地制度安排的考虑上侧重于提升农业生产力和提高农民生活水平。从"包产到户""包干到户"的两权分离,再到当前的农村土地"三权分置",党在保持农村土地集体所有制前提下不断地赋予农民更有保障的土地权益,不断推进农村土地要素市场化配置,协调农村土地制度改革中效率与公平的关系。

三是适应农业生产经营方式的变化。农业生产经营方式的模式选择和优化完善,与农业经济发展水平和农民增产增收程度密切相关。党和国家在长期的农村土地制度改革探索中,立足于提升农业生产经营效益、协调农村人地关系的现实需要,因地制宜地探索具有中国特色的农业生产经营方式,持续推进农村土地制度的完善。旧中国封建剥削的土地租赁经营造成广大农民赋税沉重、生活艰苦,导致农业生产效率低下。党主张"耕者有其田"、没收地主阶级的土地交予农民使用,促进佃农转化为自耕农,有力地巩固和发展了革命根据地的经济和军事力量。农业合作化初期,党和国家着眼于小农分散经营的脆弱性和落后性,推进农业生产中个体经济和互助合作的有机结合,以公私兼顾的原则协调了国家、公社和社员个人的利益。虽然人民公社"一大二公"的体制不太适应当时我国农业的生产经营特点和生产力真实水平,但公社的集体劳动修筑了大量农田水利工程,在一定程度上改善了农业生产经营条件。改革开放之后,党推动家庭联产承包责任制改革,重新确立农户作为独立生产经营主体的地位,赋予农民生产经营权、劳动支配权和剩余索取权。随着社会主义市场经济体制的建立完善，农业的基本功能、要素组合、业态形式等呈现新变化，党再次推动农村土地制度从"两权分离"到"三权分置"的创新，不断完善农村基本经营制度，持续推动农村土地流转和适度规模经营，着力培育新型农业经营主体、构建农业社会化服务机制。

三、"坚守不变"与"主动求变"

"'社会主义社会'不是一种一成不变的东西，而应当和任何其他社会制度一样，把它看成是经常变化和改革的社会。它同现存制度的具有决定意义的差别当然在于，在实行全部生产资料公有制（先是国家的）基础上组织生产。"①纵观中国共产党领导农村土地制度变革的百年历程，可见农村土地制度的变迁具备相对稳定的内核与灵活机动的形式。党着眼于农村土地制度深化改革所涉及的多元主体和复杂的利益关系，强调"不管怎么改，不能把农村土地集体所有制改垮了，不能把耕地改少了，不能把粮食产量改下去了，不能把农民利益损害了"②，需要在"坚守不变"和"主动求变"的有机协同中审慎稳妥地推进。

（一）"坚守不变"的方法表现为"四个始终"

第一，始终立足中国革命基本问题认识土地问题的重要性。作为具有基础性地位的制度，土地制度关系到国家经济社会发展的全局。党自领导革命之始就高度重视农民土地问题，并将土地问题的解决视为赢得农民支持的关键。随着革命进程的深入，党提出"土地革命问题是中国资产阶级民权革命中的中心问题"③，强调解决土地问题"是中国人民最大的最长远的利益，是中国革命的基本任务"④。进入新发展阶段，不断

---

① 《马克思恩格斯选集》（第4卷），人民出版社2012年版，第601页。

② 中共中央文献研究室编：《十八大以来重要文献选编》（上），中央文献出版社2014年版，第671页。

③ 中共中央文献研究室、中央档案馆编：《建党以来重要文献选编（一九二一——一九四九）》（第四册），中央文献出版社2011年版，第420页。

④ 中共中央文献研究室、中央档案馆编：《建党以来重要文献选编（一九二一——一九四九）》（第二十四册），中央文献出版社2011年版，第372页。

解决好新的土地问题、推进农村土地制度的深化改革,依然是党领导全国人民"进行伟大斗争、建设伟大工程、推进伟大事业、实现伟大梦想"①的重要议题。

第二,始终坚持从解放和发展生产力角度调整农村人地关系。生产关系一定要适合生产力发展水平的规律,是党领导农村土地制度变迁的基本依据。在不同社会历史阶段中,农民与土地的关系各不相同,而农村土地制度安排也正是对于农民与土地关系的重要规定。面对新发展阶段中农民内部的逐渐分化,以及"三权分置"改革下农民与土地关系的外延变化,党立足于农业生产现代化、规模化的需求,严格保护农户承包权、兜住农民生活保障的同时,平等保护新型农业经营主体的经营权。

第三,始终坚持发挥农民的主体作用和首创精神。农村改革及其制度创新的接续推进,需要充分发挥亿万农民主体作用和首创精神,"始终把改革创新作为农村发展的根本动力"②,不断解放和发展农村社会生产力,激发农村发展活力。实践证明,凡是释放出正向绩效的土地制度创新,都是党"尊重农民意愿和维护农民权益,把选择权交给农民"③的积极成果。

第四,始终坚守农业基础地位和粮食安全底线。尽管农业在国民经济产值中的比重不断降低,但其作为国计民生战略性产业的基础地位没有变,耕地作为保障国家粮食安全之根本的重要地位也没有变。党在推进农村土地制度深化改革依然坚持最严格的耕地保护制度、坚守粮食安全的底线,在"三权分置"改革中遏制耕地的"非农化""非粮化"趋势,保障国家的粮食、生态和农产品质量安全④。

---

① 《习近平谈治国理政》(第二卷),外文出版社 2017 年版,第 62 页。
② 王伟光主编:《社会主义通史》(第八卷),人民出版社 2011 年版,第 731 页。
③ 中共中央党史和文献研究院编:《习近平关于"三农"工作论述摘编》,中央文献出版社 2019 年版,第 54 页。
④ 刘润秋、王丽程:《利益协调推进中国农村改革:理论、历史与展望》,《当代经济研究》2020 年第 12 期。

（二）"主动求变"的方法表现为"四个不断"

第一，不断调整城乡关系深化农村土地制度改革。农村土地制度作为城乡发展改革的基础性制度，也是解决城乡发展不平衡、农村发展不充分等问题的重要抓手。党的十九届五中全会提出"形成工农互促、城乡互补、协调发展、共同繁荣的新型工农城乡关系，加快农业农村现代化"①，为城乡融合发展背景下的农村土地制度改革提供了重要遵循。

第二，不断协调政府和市场的关系优化农村土地资源配置。"使市场在资源配置中起决定性作用和更好发挥政府作用"②，是推进我国经济体制改革的重要原则。中国共产党在领导农村土地制度变革的进程中，综合运用多种手段协调农村土地制度变迁中的利益关系，如通过经济杠杆推动土地要素的市场化配置，通过行政和法律手段保障土地权益的基本公平。

第三，不断巩固和健全农村土地集体所有制。农村土地的集体所有作为农村最大的制度，是"增强我国农业供给结构适应性和灵活性的基础性制度"和"贯彻以人民为中心发展思想的根本制度遵循"③，也是下一步农村土地制度设计和改革的基础与依据。由此，中国共产党领导农村土地制度百年变革的历史进程，也是不断完善农村集体成员土地权利、推进农业农村发展的奋斗进程。

第四，不断丰富和完善农村土地权利结构。以权利结构为重点的农村土地制度改革是在新发展格局中激活农村生产要素，并推动其实现城乡自由流动和农村内部循环的重要依托。在现有农村土地制度框架下继续强化农村土地使用权，有助于优化农村土地和劳动力的资源配置，尽可能"发挥产权的稳定预期和增强土地投资的激励功能"④。党牢牢把握产

---

① 《中共中央关于制定国民经济和社会发展第十四个五年规划和二〇三五年远景目标的建议》，人民出版社2020年版，第20—21页。

② 《习近平谈治国理政》（第一卷），外文出版社2018年版，第117页。

③ 刘元胜、于千舒：《坚持和完善农村土地集体所有制这个制度优势》，《红旗文稿》2017年第23期。

④ 刘守英：《土地制度与中国发展》，中国人民大学出版社2018年版，第73页。

权明晰、权能完整、市场化流转、平等化保护、法制化管理的总体方向①，在承包地"三权分置"改革中协调农户土地权益和新型农业经营主体的利益，并深入探索完善宅基地"三权分置"（所有权、资格权、使用权）改革的可行路径。

① 韩长赋:《中国农村土地制度改革》,《农业经济问题》2019 年第 1 期。

第三章　新民主主义革命时期党领导农村土地制度变革的历史进程

"在现时革命发展的过程阶段里,土地问题开始紧张起来,成为现在局面的中心问题。哪个阶级能够毅然攫住这个问题而给以彻底的答复,这个阶级就是革命的领袖。"①

—— 中共中央政治局对于《共产国际执行委员会第七次扩大全体会议关于中国问题决议案》的解释(1927年年初)

"土地制度的改革,是中国新民主主义革命的主要内容。土地改革的总路线,是依靠贫农,团结中农,有步骤地、有分别地消灭封建剥削制度,发展农业生产。"②

—— 毛泽东:《在晋绥干部会议上的讲话》(1948年4月1日)

近代中国社会形态由封建状态走向半殖民地半封建状态的背景,使中国农村土地制度也"相应地逐渐由封建制逐步转向半殖民地半封建制"③。中华人民共和国成立以前,为废除压迫剥削的农村土地制度、真正实现"耕者有其田",中国共产党领导的农村土地制度变革经历了四个特点鲜明的阶段:在建党初期和大革命时期,开展农民运动和减租斗争,

---

① 中共中央文献研究室、中央档案馆编:《建党以来重要文献选编(一九二一——一九四九)》(第四册),中央文献出版社2011年版,第29页。
② 《毛泽东选集》(第四卷),人民出版社1991年版,第1313—1314页。
③ 冯继康:《"三农"难题与中国农村土地制度创新》,山东人民出版社2006年版,第83页。

为变革封建半封建农村土地制度进行初步探索;在土地革命时期,推进革命根据地的土地革命政策,进一步为建立"耕者有其田"的农村土地制度奠定基础;在全民族抗日战争时期,调整和推行"减租减息"的土地政策,有力地巩固了最广泛的抗日民族统一战线;在解放战争时期,将"减租减息"政策调整回"耕者有其田"的轨道,最大限度地争取了农民群众对党领导革命的支持和拥护。

第一节　建党初期和大革命时期党领导农村土地制度变革的历史进程

中国共产党自诞生之日起,就对广大农民的解放问题予以高度关注。建党初期和大革命时期,中国共产党在理论和政策层面对中国农民土地问题展开探索,在革命实践中领导了一系列轰轰烈烈的农民运动和土地斗争,在取得成就的同时积累了一定经验。

一、建党初期中国共产党领导的农民土地运动

中国共产党在成立初期,逐渐对农民土地问题形成了一定的理论认识,并在探索农村土地政策设计的同时,领导着农民运动和土地减租斗争。

(一)中国共产党对农民土地问题的初步认识

在中国共产党正式成立之前,中国早期的马克思主义者已经意识到农民土地问题对社会革命的重要意义。1917 年陈独秀指出社会经济制度带来了重利盘剥、贫富悬殊等弊病,并提出"虽未必即能悉废今世之经济制度,而限制土地之过量兼并,及废除遗产制度,未始不可行也"①,主张平衡土地和人口的比例。1919 年李大钊于《晨报》发表《青年与农村》一文,披露了当时中国农村中普通农民和工人受到压迫剥削的状态,指出"中国农村的黑暗,算是达于极点"②,并提出农民的解放是全体国民解放

---

① 《陈独秀文集》(第一卷),人民出版社 2013 年版,第 230 页。
② 《李大钊全集》(第二卷),人民出版社 2012 年版,第 423 页。

的关键，倡导有志青年去往农村展开宣传运动、推进农村开发工作，表示"只要农村生活有了改进的效果，那社会组织就有进步了"①。同年10月，李大钊在《我的马克思主义观》中阐释了马克思主义关于阶级斗争的观点，指出"土地共有制崩坏以后，经济的构造都建在阶级对立之上"②，并表现为有土地或资本等生产手段的有产阶级"对无产阶级的压迫和掠夺。李达指出农民的阶级觉悟和阶级斗争是开展社会革命、追求共产主义理想的重要依托，提出要"设法向田间去，促进他们这种自觉"③，宣传并鼓励农民从地主手中抢回土地。

中国共产党成立初期，已在纲领和重要政策文件中体现出对农民土地问题的关切。1921年中国共产党第一次全国代表大会通过《中国共产党第一个纲领》，提出无产阶级政党要"消灭资本家私有制，没收机器、土地、厂房和半成品等生产资料，归社会公有"④。次年《中国共产党对于时局的主张》在"目前奋斗目标的准则"中，提出没收军阀官僚的财产并将其田地分给贫苦农民，制定"限制租课率的法律"等⑤，这也是党在正式文件中第一次提出比较具体的农村土地制度主张。1922年中国共产党二大的会议宣言强调"中国三万万的农民，乃是革命运动中最大要素"⑥，并指出农民由于缺乏土地、军阀征税剥削等日益穷困痛苦。同年《中国共产党对于目前实际问题之计划》进一步提出了解除农民（尤其是无地的佃农）痛苦的具体主张，如"限制私人地权在若干亩以内""限制租额"等⑦。文件

① 《李大钊全集》（第二卷），人民出版社2013年版，第426页。
② 《李大钊全集》（第三卷），人民出版社2013年版，第17页。
③ 《李达全集》（第一卷），人民出版社2016年版，第360页。
④ 中共中央文献研究室、中央档案馆编：《建党以来重要文献选编（一九二一—一九四九）》（第一册），中央文献出版社2011年版，第1页。
⑤ 中共中央文献研究室、中央档案馆编：《建党以来重要文献选编（一九二一—一九四九）》（第一册），中央文献出版社2011年版，第98页。
⑥ 中共中央文献研究室、中央档案馆编：《建党以来重要文献选编（一九二一—一九四九）》（第一册），中央文献出版社2011年版，第131页。
⑦ 中共中央文献研究室、中央档案馆编：《建党以来重要文献选编（一九二一—一九四九）》（第一册），中央文献出版社2011年版，第199页。

规定地主超过限田的部分"归耕种该地的佃农所有"①,表明此时中国共产党领导农民土地运动的"限田、限租"基调已具备没收地主部分土地的含义。

与此同时,共产国际对东方国家民族民主革命的声援和支持,也在一定程度上促进了中国共产党对农民土地问题的认识。1920 年共产国际第二次代表大会召开,列宁提出在封建关系、宗法农民关系占优势的落后国家和民族中,共产党"必须特别援助落后国家中反对地主、反对大土地占有制、反对各种封建主义现象或封建主义残余的农民运动,竭力使农民运动具有最大的革命性"②。在民族和殖民地问题委员会上的报告中,列宁再次强调"无产阶级政党(一般地说如果它在这种国家里能够产生的话)如果不同农民运动发生一定的关系,不在实际上支持农民运动,而要在这些落后国家里实行共产主义的策略和共产主义的政策,那就是空想"③。1923 年共产国际执行委员会给即将召开的中共第三次代表大会作出指示,提出中国革命的中心政策是解决农民问题,进行农民土地革命是中国革命取得胜利的关键,并提出"没收地主土地、没收寺庙土地并将其无偿分给农民;歉收年不收地租;废除现行征税制度……建立农民自治机构,并由此机构负责分配没收的土地"④等土地革命口号。但基于大革命前夕促进第一次国共合作的需要,中国共产党的土地政策同国民党"平均地权"的土地主张尽量保持了一致,因此 1923 年中国共产党三大通过的《农民问题决议案》等并未提出革命性的土地运动主张,而是通过"减轻田赋""限制田租""承认佃农协会有议租权"⑤等政策满足农民的利益需求。

---

① 中共中央文献研究室、中央档案馆编:《建党以来重要文献选编(一九二一——一九四九)》(第一册),中央文献出版社 2011 年版,第 199 页。

② 《列宁选集》(第四卷),人民出版社 1995 年版,第 220 页。

③ 《列宁选集》(第四卷),人民出版社 1995 年版,第 276 页。

④ 孙武霞、许俊基:《共产国际与中国革命资料选辑(1919—1924)》,人民出版社 1985 年版,第 246 页。

⑤ 中共中央文献研究室、中央档案馆编:《建党以来重要文献选编(一九二一——一九四九)》(第一册),中央文献出版社 2011 年版,第 254 页。

（二）中国共产党领导的初期农民运动和减租斗争

这一阶段,党领导的初期农民土地运动诉求以减租斗争为主,其中较具代表性的农民土地运动发生在浙江省衙前村、广东省海丰县和湖南省衡山县等地区。

1. 浙江省衙前村农民土地运动

1921年秋季,参加过上海建党活动的共产主义小组成员沈玄庐回到其家乡浙江省肖山县衙前村,深入农民群众展开革命宣传,逐渐取得群众的信任和支持。随后宣中华等通过兴办农村教育,以衙前农村小学为宣传阵地不断启发农民的革命觉悟。同年9月27日,沈玄庐等领导当地农民公开与地主对抗,成立衙前农民协会,起草并通过了《衙前农民协会宣言》和《衙前农民协会章程》,这也是"中国现代农民运动第一个成文的纲领"[①]。

就衙前农民协会的斗争纲领而言,《衙前农民协会宣言》正视中国农民的历史地位,强调"农民出了养活全中国人最大多数的气力",是社会上一切正当及非正当消费的生产源泉。同时揭露封建地主对农民的残酷剥削,指出"积了许多人的贫贱、困顿、呆笨、苦痛,才造成田主地主做官经商聪明的威福",并分析这种不平等现象的根源在于不良的经济制度,提出了"土地应该归农民使用""归农民所组织的团体保管分配"等革命性主张。[②] 而《衙前农民协会章程》侧重于对农民协会的组织政策和减租策略,明确协会的组织目的是"基于本村农业生产者还租的利害关系,求得勤朴的生存条件",规定村内亲身耕种土地的农民都应成为协会会员;在减租策略方面,协会分春华、秋收两期对会员每年的农作物收成进行登记,规定会员"每年完纳租息的成数,由大会议决公布。租息成数以收成及会员平均的消费所剩余的作标准",且由协会负担由此失业的会员生活。[③]

---

① 成汉昌:《中国土地制度与土地改革——20世纪前半期》,中国档案出版社1994年版,第350页。

② 《衙前农民协会宣言》,《新青年》第9卷第4号附录。

③ 《衙前农民协会章程》,《新青年》第9卷第4号附录。

衙前农民协会的发展壮大也影响和带动了萧山、绍兴等地的农民运动,这些地区陆续发展起80余个农民协会。尽管当年12月农民协会就被地主阶级和当局军警武力镇压下去,但党的先进分子在实践中生动地认识到农民群众在中国民族民主革命中的强大力量。

2. 广东省海丰县农民土地运动

相较于衙前农民运动的发展情况,广东省海丰县农民反抗运动的组织性和影响力更强。彭湃早年在日本留学,受十月革命和马列主义的影响,成为共产主义的信仰者,并在回国后加入社会主义青年团。彭湃在任职海丰县教育局局长时,就非常关注海丰县农民的生活状态,并和李春涛等创办《赤心周刊》作为"工农群众的喉舌"①,指出"苛捐杂税农民负担亦异常重大,农村生活日陷困难,结果收入不敷支出,不得不变卖其土地以应付目前生活之恐慌,遂至零落变成佃户——逐渐无产阶级化"②。在意识到单纯的文化教育活动影响有限后,彭湃开始在海丰县农村展开农民运动的宣传组织工作。1922年7月,彭湃团结领导张妈安等农民运动积极分子,建立起海丰县第一个农会组织。随着农会协调农民纠纷、对抗地主剥削等影响力的不断扩大,自愿入会的农民越来越多,从1922年10月的相关情况来看,"加入农会会员每日平均有二十人了"。③ 从赤山约到平岗约、银镇约、青湖约等十余约纷纷成立约农会,将海丰县城几乎包围起来。于是彭湃等人又于1923年年初建立了中国第一个县级农民协会组织——海丰总农会,由彭湃担任会长,此时总农会的成员已达2万户、约10万人,几乎占到了全县人口的1/4。④

海丰总农会非常重视组织建设,其临时简章和约农会的章程均对入

---

① 人民出版社编辑:《第一次国内革命战争时期的农民运动资料》,人民出版社1983年版,第146页。

② 人民出版社编辑:《第一次国内革命战争时期的农民运动资料》,人民出版社1983年版,第140页。

③ 人民出版社编辑:《第一次国内革命战争时期的农民运动资料》,人民出版社1983年版,第156页。

④ 人民出版社编辑:《第一次国内革命战争时期的农民运动资料》,人民出版社1983年版,第156—157页。

会手续、会费缴纳、会员管理等内容作出明确规定。在确定核心领导成员及其负责事务之后，还设置农业部、宣传部、财政部、仲裁部、教育部、卫生部（下设药房）等部门来分工处理总农会的内外事务。围绕调整封建租佃关系、削弱地主压迫剥削、处理农民与地主的利益纠葛等任务，总农会提出"减租"等斗争口号，并逐渐发展到惠州农民联合会乃至广东省农会，"乡村的政治权力，已由绅士土豪之手，而移至农会"①。面对1923年夏季风雨灾害导致的农业歉收，农会在减租问题上通过了"以减租七成，为最低限度。收获不及三成者照数减之，如全无收获者则免交"②的决议，发表并大力宣传《为减租而告农民书》，提出"我们须与残暴无良的地主一抗，主张至多三成交纳，如无租可还者只可免交"③的口号。农会激烈的减租斗争也使海丰县当时的阶级矛盾日趋尖锐，以反动县长王作新和军阀陈炯明为代表的反革命势力对减租斗争进行了武力镇压，即"七五"农潮事件。虽然海丰县的农民协会运动和减租斗争遭遇了巨大挫折，但作为建党初期中国共产党领导的规模和影响最大的农民运动，它为大革命时期全国农民运动的蓬勃发展积累了重要经验。

3. 湖南省衡山县农民土地运动

岳北地区属于军阀赵恒惕的势力范围，农民饱受战乱和剥削压迫之苦，许多破产农民流落到安源煤矿和常宁水口山铅锌矿做工，因此1922年湘区党组织指导下的安源路矿和水口山铅锌矿的工人大罢工，在很大程度上鼓舞了当地农民解放自身的勇气。

1923年，刘东轩、谢怀德等共产党员进入衡山县岳北一带开展农民运动，最初以个别串联的方式建立农民小组，进而又通过"每十家烟火，公举一十代表；百家公举一百代表，全区各十代表公举一总代表"④的形

---

① 人民出版社编辑：《第一次国内革命战争时期的农民运动资料》，人民出版社1983年版，第155页。

② 人民出版社编辑：《第一次国内革命战争时期的农民运动资料》，人民出版社1983年版，第182页。

③ 人民出版社编辑：《第一次国内革命战争时期的农民运动资料》，人民出版社1983年版，第183页。

④ 《邓中夏全集》（上），人民出版社2014年版，第344页。

式,在农民群众的支持下于当年9月成立了岳北农工会。岳北农工会将会员资格"限于雇农、佃农、自耕农",此外也接纳"得农民多人之介绍,认为确可为农民谋利益者"。①岳北农工会成立大会通过了四项农会行动案,分别针对改良农民生活、农工会对付政府的态度、农村教育、改良农村妇女生活等问题作出决议。大会通过的宣言披露了农民在帝国主义、军阀、地主等多方势力压榨迫害的悲惨处境,提出"团结力是我们的武器"②,号召农民联合起来进行斗争,解除痛苦、谋求利益。

岳北农工会一经成立,便着手领导农民开展阻禁谷米出口和平粜斗争,在阻止谷米外流的同时有效地平抑了粮食价格,通过打击地主奸商的投机行为维护了农民的切身利益。1923年10月,中央湘区委派戴晓云指导岳北农工会的谷米平粜等斗争,而农会也对减租减息问题展开了研究准备工作,此时农工会的会员"迅速增到十万人以上"。③但有组织的农民土地运动必然引起地主阶级的疯狂反扑,1923年11月农工会的工作便遭到军阀赵恒惕的军事镇压,不仅岳北农工会会址被焚烧,被搜捕、打伤、杀害的会员也不在少数。

二、大革命时期中国共产党领导的农民土地运动

在第一次国共合作期间,党在前一阶段的理论和实践基础上,对农民土地问题的把握不断深入。但由于整体理论认知水平的约束、共产国际的影响以及党内右倾投降主义的错误倾向,中国共产党在这一阶段对农民土地问题的认识深度相对不足。

(一)中国共产党对农民土地问题的进一步认识

1924年,国民党"一大"于广州召开,国共合作正式建立。大会确定并通过的"联俄、联共、扶助农工"的三大政策,以及《中国国民党第一次全国代表大会对于农民运动之宣言及政纲》,也为农民运动和土地斗争

---

① 《邓中夏全集》(上),人民出版社2014年版,第344—345页。
② 《邓中夏全集》(上),人民出版社2014年版,第345页。
③ 李新等:《中国新民主主义革命时期通史》(第一卷),人民出版社1962年版,第146页。

的宣传和动员提供了有利环境。"国民党改组后，由于我们党的努力，工人运动、农民运动在全国大大发展起来。各省国民党的组织，也由于我们同志的努力而建立和发展起来。"①同年《共产党在国民党内的工作问题决议案》提出"我们应当要求国民党实行废除额外苛税并禁止大地主对于贫苦佃农之过分的剥削"②，号召共产党人深入农村指导农民运动，推动农民参与国民革命。但此时中国共产党主要着力于推动农民参与大革命、巩固国共合作的统一战线，其工作重点并不在于实现土地制度的根本变革。如党在《中国共产党对于时局之主张》中认为农民最迫切的需求是限定租额、取消附加的苛捐杂税等，主张促进农民协会和农民武装自卫组织的发展。

随着1925年"五卅运动"的爆发和全国农民运动的高涨，中国共产党的土地运动政策也在逐渐完善。在党的四大通过的《对于农民运动之决议案》中，中国共产党就已经指出农民问题在东方民族革命运动中的重要地位，并将引导自发的农民斗争转为自觉、有组织的政治和经济斗争视为共产党的责任，强调党在农民运动宣传中尤其要重视田税征收的问题，反对预征钱粮和苛捐杂税，提出"应使农民向国民党政府要求以官地分给贫农"，要"结合中农、佃农、雇农以反对大地主"。③ 1925年10月，中共中央在第二次执行委员会扩大会议上，进一步突出了农民土地问题同政权问题的内在联系，指出工农民主政权是实现"耕地农有"的政治保障。会议通过的《中国现时的政局与共产党的职任议决案》明确提出"耕地农有"的政治纲领，认为"没收土地是不可免的政策"，而减租、减税等属于"过渡时期的农民要求"，指出农民问题的最终目标是"没收大地主、军阀、官僚、庙宇的田地交给农民"。④

---

① 《周恩来选集》(上卷)，人民出版社1980年版，第112页。
② 中共中央文献研究室、中央档案馆编：《建党以来重要文献选编(一九二一——一九四九)》(第二册)，中央文献出版社2011年版，第63页。
③ 中共中央文献研究室、中央档案馆编：《建党以来重要文献选编(一九二一——一九四九)》(第二册)，中央文献出版社2011年版，第242—243页。
④ 中共中央文献研究室、中央档案馆编：《建党以来重要文献选编(一九二一——一九四九)》(第二册)，中央文献出版社2011年版，第513—514页。

但国民革命正式打响北伐战争之后,在如何协调国共合作统一战线和开展农民土地革命的关系,以及如何确定农民土地政策等问题上,共产国际和中国共产党内部的相关主张均存在较多争论。1926 年 7 月,中国共产党第三次中央扩大执行委员会通过了《农民运动议决案》,强调中国共产党必须取得农民运动的指导权,成为农民运动发展的核心力量。但决议案为保持党同国民党的合作关系,认为此时的农民协会组织不能带有阶级和政党色彩,其提出的农民运动口号也是"全体农民起来反抗贪官污吏劣绅土豪,反抗军阀政府的苛税勒捐"①,没有提出针对地主的革命性土地主张。同年 11 月,共产国际和中共中央召开联席会议,指出"平民民主革命的完全成功,必须由取消土地私有制办法以根本解决农民问题,才能达到"②,但也强调此时实现土地国有化是不妥的,应先将大地主、军阀、劣绅等的土地归还农民。1927 年 1 月,共产国际执委会第七次扩大全体会议通过的针对中国问题的决议案精神,则激起了党内关于解决土地问题的激烈争论。决议案认为"彻底的土地政策之实行,乃是反帝国主义胜利及革命往前发展的先决条件"③,指出土地问题是当前革命形势的中心问题,提出要没收属于反动军阀、买办、地主、劣绅等的土地,保证农民对国民革命的支持。但会议仍然主张在保证国共合作统一战线、依靠国民党的政权和军事力量的基础上推动土地革命,而不是积极发展中国共产党领导的革命武装力量,且提出中国共产党的农村政治纲领应该是"土地国有"。

不久蒋介石等发动了"四一二"反革命政变,国共合作形势逐渐破裂,此时中国共产党内对于是否要继续推进土地革命、如何继续开展国民革命运动等问题展开激烈争论。陈独秀认为土地革命激进复杂且牵涉面广,主张继续维持统一战线,由国民政府推进土地改良方案。毛泽东同志

---

① 中共中央文献研究室、中央档案馆编:《建党以来重要文献选编(一九二一——一九四九)》(第三册),中央文献出版社 2011 年版,第 301 页。

② 中共中央文献研究室、中央档案馆编:《建党以来重要文献选编(一九二一——一九四九)》(第三册),中央文献出版社 2011 年版,第 443 页。

③ 中共中央文献研究室、中央档案馆编:《建党以来重要文献选编(一九二一——一九四九)》(第四册),中央文献出版社 2011 年版,第 29 页。

等则着眼于湖南、湖北等地农民运动的发展形势,提出先行解决土地革命问题,以发展农民武装力量、建立农村革命政权。1927 年 4—5 月,在武汉召开的中国共产党五大通过了《土地问题决议案》,强调土地所有制的变革是国民革命的唯一原则,正式提出没收一切所谓公有和地主租给农民的田地、实现"耕者有其田"的土地革命纲领,认为要彻底解决土地问题就必须推翻封建政权、建立农民的政权和武装力量,"共产党将领导农民从事于平均地权的斗争,向着土地国有、取消土地私有制度的方向,而努力进行"①。但由于国民党右翼势力对统一战线的破坏,以及中国共产党党内右倾投降主义的盛行等复杂因素,之后国民革命和农民运动中并未坚定贯彻党的五大决议案的要求,土地革命的形势也随着国共合作的破裂遭遇挫折。

（二）中国共产党领导的农民协会和土地运动的蓬勃发展

这一阶段农民土地运动形式更加多样,中国共产党通过举办农民运动讲习所、壮大农民运动的人才力量,推动着全国农民协会和土地运动的高涨。

1. 农民运动讲习所的开办与发展

为了配合全国农民运动发展对指导人才的现实需要,中国共产党通过国民党中央农民部的工作部署,于 1924 年至 1926 年前后举办了 6 届农民运动讲习所,以"养成农民运动人材,使之担负各处地方实际的农民运动工作"②。前五届的农民运动讲习所招生范围相对较小、整体人数不多,而第六届招收学员达到 327 人,学员省籍覆盖了直隶、山东、河南、热河、察哈尔、绥远、陕西、四川、湖北、湖南、江西、安徽、江苏、浙江、福建、广东、广西、云南、贵州、奉天等 20 个省份,是我们党举办的第一次大规模的农民运动讲习所。讲习所一方面注重革命理论和方法培训,由毛泽东、萧楚女、陈启修、恽代英、李立三、彭湃、周恩来等教授理论功课,授课时长

---

① 中共中央文献研究室、中央档案馆编:《建党以来重要文献选编(一九二一——一九四九)》(第四册),中央文献出版社 2011 年版,第 191 页。

② 人民出版社编辑:《第一次国内革命战争时期的农民运动资料》,人民出版社 1983 年版,第 74 页。

达到 252 个课时；另一方面注重军事训练和农民运动实习，为学员参与农民武装自卫斗争、坚定参与农民运动的决心提供经验支持。此外，讲习所还重视常规授课之外的理论问题研究和实际的农民问题研究，通过"组织安徽江西湖南湖北四川云贵两广福建江（浙）山东奉直豫陕三特别区等十三个农民问题研究会"[1]，引导各省学生开展全国调查，研究各省农民运动的实际问题。当届有 318 名学员顺利毕业，绝大部分成为全国各地农民运动的骨干力量。

随着革命形势的快速发展，工农群众的力量在国民革命中的表现越发突出，全国农民运动对实际工作人员的需要也日益迫切。已转至武汉办公的国民党中央党部认为举办农民运动讲习所十分必要，于是在国民党中央党部第 76 次决议上将湘鄂赣农民运动讲习所扩大为中国国民党中央农民运动讲习所，由邓演达、毛泽东、陈克文三人担任党务委员。中央农民运动讲习所旨在"训练一般能领导农村革命的人材出来，对于农民问题有深切的认识，详细的研究，正确解决的方法，更锻炼着有农运的决心"[2]，建设一个农民革命的大本营。经过四个月的学习和训练，中央农所的学员肩负着领导和解放农民群众的责任，奔赴各地开展农民运动、组织农民协会，极大地推进了革命形势的顺利发展。

2. 全国农民协会和土地运动的发展

自国民党于 1924 年改组之后，共产党员林伯渠担任国民党中央农民部部长的职务，在广东省农民运动中起了重要领导作用的彭湃同志担任农民部秘书。中国共产党通过统一战线的国共合作契机，将部分党员派向全国各地的农村，深入农民群众开展国民革命的宣传动员工作。农民运动和土地斗争蓬勃发展起来，其中较为突出的当属广东省和湖南省的农民运动。

当时位于广州市的国民政府连续发表农民运动相关宣言，支持农民

---

① 人民出版社编辑：《第一次国内革命战争时期的农民运动资料》，人民出版社 1983 年版，第 119—120 页。

② 人民出版社编辑：《第一次国内革命战争时期的农民运动资料》，人民出版社 1983 年版，第 119—120 页。

通过斗争减轻田赋，加上早期海丰县农民土地运动的积极影响，广东省各地的农民运动和减租斗争很快开展起来。1924年秋季，广宁成立了县级农民协会，并组织农民自卫军，在减租斗争中主张减租40%，按6∶3∶1的比例将田租收成交给地主、佃农和农会。与此同时，广东省的海丰县、花县、高要县等地的农民运动和减租斗争也纷纷发展起来。1925年5月，广东全省农民协会会员达到21万余人，广东省农民协会正式建立；次年8月，广东省农民协会通过了《广东农民目前最低限度之总要求》，提出了"二五减租""二分减息"①等土地斗争要求。截止到1926年6月30日，广东省成立的省、县、区、乡四级农民协会总数达4727个，占当时全国农民协会总数的88.3%；农民协会会员人数64万余人，占当时全国农协会员总数的66%。②

1925年2月，毛泽东同志回到湖南省韶山村一带开展革命运动的宣传动员工作，通过组织农民协会、发展农民运动，顺利推动了平抑谷价和减租斗争。而在北伐战争顺利推进到湖南省范围时，农民土地运动更是如疾风骤雨般发展起来，多个地区在减租减息的土地斗争中取得一定成果。安化全县的月息从7—8分降至5—6分，桂阳县土地交租由6成减到5成，而浏阳县也将每石租谷的押金减到了2元。③到1926年11月，湖南省农民协会会员人数已达到130多万，正如《湖南农民运动考察报告》中所描述的："把几千年封建地主的特权，打得个落花流水。地主的体面威风，扫地以尽。地主权力既倒，农会便成了唯一的权力机关，真正办到了人们所谓'一切权力归农会'。"④1926年12月，毛泽东同志为湖南省第一次农民代表大会做了重要讲话，对所谓"惰农运动"之类的说法进行斥责，对"帝国主义没有打倒以前，我们不要闹事"的言论表示反对，提出"过去军阀政府时代只准地主向农民作加租加息的斗争，现在农民

① 广州农民运动讲习所旧址纪念馆编：《广东农民运动资料选编》，人民出版社1986年版，第474页。

② 人民出版社编辑：《第一次国内革命战争时期的农民运动资料》，人民出版社1983年版，第65页。

③ 郭德宏：《中国近现代农民土地问题研究》，青岛出版社1993年版，第301页。

④ 《毛泽东选集》（第一卷），人民出版社1991年版，第14页。

向地主要求减点租、减点息就是'闹事'了吗"的深刻叩问。① 大会的召开和毛泽东同志的讲话鼓舞和激励了湖南省农民运动的高昂斗志,湖南省也逐渐成为全国农村革命运动的中心。1927 年 6 月武汉政府农民部的调查数据显示,湖南成立的农民协会总数为全国之首,其中乡级农民协会达到 13207 个,占到全国乡级农民协会总数的 81.8%,全省农民协会的会员总数已超过 450 万人。②

三、基本特点与主要成就

从建党之初到第一次国内革命战争结束这段时期,中国农村土地运动在中国共产党的领导下迅猛发展起来。尽管大革命时期的土地斗争最后失败了,但这一阶段党领导的农村土地制度变革经过曲折探索,仍取得了部分革命成果。

(一)基本特点

在中国早期的农村土地制度变革阶段,中国共产党主要是通过组织农民协会、发动农民运动,以减租斗争的形式提出变革要求。

其一,政治领导方式以国共合作为主。建党初期和大革命时期的中国共产党力量相对较弱,武装斗争力量不足。在国共合作之后,中国共产党人在国民党中央党部各处担任要职,"各省国民党的组织,也由于我们同志的努力而建立和发展起来。当时各省国民党的主要负责人大都是我们的同志"③。除了依托国民党中央党部农民部等机构领导农民运动、推进减租斗争之外,中国共产党也在党的数次全国代表大会上不断更新和完善农民运动中的土地政策和土地政治纲领。以李大钊、毛泽东、周恩来、瞿秋白等为代表的中国共产党人,在这一阶段发表了一系列关于党领导农民运动的文章,也在强调土地革命对民族解放运动的重要作用。

---

① 李新等:《中国新民主主义革命时期通史》(第一卷),人民出版社 1962 年版,第295 页。

② 人民出版社编辑:《第一次国内革命战争时期的农民运动资料》,人民出版社 1983 年版,第 66 页。

③ 《周恩来选集》(上卷),人民出版社 1980 年版,第 112 页。

其二，宣传组织形式呈现丰富多样。早期党领导农民土地运动主要是宣传动员，通过党员干部或共产主义信仰者深入农民群众开展宣讲工作、进行直接领导，以"个别串联"的形式组建农民小组、发展农民协会，进而使党组织成为农民运动和土地斗争的领导力量。大革命初期和北伐战争时期，从广东到全国，中国共产党以国民党中央党部农民部的名义举办了6届农民运动讲习所，并进一步将地方农民运动讲习所发展为中国国民党中央农民运动讲习所，以中国共产党人为主要教职员工开展理论和军事培训，培养出大批农民运动和土地斗争的骨干力量。

其三，土地制度变革纲领和主张不够彻底。党在建立初期由于理论上的不成熟，在实践中也没有将领导农民土地运动作为推进民族解放运动的重要抓手。尽管"党对中国革命性质和农民问题的正确认识，是在列宁和共产国际的指导、帮助下取得的"①，但共产国际和苏联主要持"土地国有化"的主张，认为要在保持与国民党合作关系的前提下，依靠国民党政权推进土地革命，且不没收小地主的土地。这实际上没有将马克思列宁主义同中国国情和革命形势紧密结合，脱离了中国农民对土地权益的迫切需求、小地主占多数的封建统治环境以及共产党力量发展的实际需要。由此，中国共产党当时的土地政策主张和相关的土地政策纲领还不够彻底和成熟。

（二）主要成就

由于国共合作的破裂和中国共产党党内右倾投降主义的错误指导，第一次国民革命运动遭遇失败，但中国共产党吸取了经验教训，对中国国情和民族解放运动的规律及特质有了更进一步的认识。同时，党意识到发展武装力量、掌握革命政权对解决农民土地问题的决定性作用，为下一阶段的土地革命积累了重要经验。因此可以说"第一次国内革命战争时期的农民运动是伟大的中国土地改革（它在第一、第二次国内革命战争时期称为土地革命）的前奏曲"。②

---

① 郭德宏：《中国近现代农民土地问题研究》，青岛出版社1993年版，第293页。
② 张永泉、赵泉钧：《中国土地改革史》，武汉大学出版社1985年版，第64—65页。

第一,深入农民群众、开展宣传动员,在农民协会和土地斗争的推广过程中,巩固了国民革命的群众基础。从当时中国国民党中央执行委员会农民部对全国农协的统计数据来看,截至1926年6月30日,广东、广西、河南、湖北4省成立了省级农民协会,全国的省、县、区、乡四级农民协会总数为5357个,农民协会会员总数约90多万人。① 到1927年6月,全国的省、县、区、乡、村五级农民协会总数已达21463个,农民协会会员总数约900多万人(见表3-1)。与此同时,全国各地纷纷出现农民自发组织的运动和斗争,这种大规模的农民运动为北伐战争的顺利进行奠定了坚实的群众基础,这也表明党领导下的农民土地运动越发成为全国革命不可或缺的力量。

表3-1　1926—1927年全国农民协会发展情况

时间	全国各级农民协会数目(个)					农民协会总数(个)	农协会员总数(人)
	省	县	区	乡	村		
1926年6月	4	36	294	5023	—	5357	981442
1927年6月	5	201	1102	16144	4011	21463	9153093

资料来源:人民出版社编辑:《第一次国内革命战争时期的农民运动资料》,人民出版社1983年版,第65—66页。

第二,推动农民土地运动的发展和高涨,唤醒广大农民群众自我解放的意识,夯实了后期党开展工农武装割据的思想基础。基于全国农民运动对领导和骨干力量的需求,改组后的国民党举办了从中央到地方的农民运动讲习所,通过研究革命的理论和行动,"唤起这广大的农民群众,领导他们起来,打倒我们的敌人,解除农民群众的痛苦"②。如湖北省农民协会第一次代表大会之前,农民运动和土地斗争的进展相对迟缓,农民代表们通过深入学习许多革命领袖的壮烈言论,体会到"革命中有他们

① 人民出版社编辑:《第一次国内革命战争时期的农民运动资料》,人民出版社1983年版,第65页。
② 人民出版社编辑:《第一次国内革命战争时期的农民运动资料》,人民出版社1983年版,第114页。

无穷的希望,他们不应再为人们的奴隶,他们自己有很伟大的力量"①,从而推动农民运动如雨后春笋般蓬勃发展。

第三,明显削弱封建统治势力,动摇帝国主义的物质依托,从而强化了国民革命斗争的政治基础。农民运动在全国各地的兴起,"其势如暴风骤雨,迅猛异常,无论什么大的力量都将压抑不住。他们将冲决一切束缚他们的罗网,朝着解放的路上迅跑。一切帝国主义、军阀、贪官污吏、土豪劣绅,都将被他们葬入坟墓"②。随着湖南逐渐成为全国农村革命运动的中心,毛泽东同志在《湖南农民运动考察报告》中生动地描述了农民协会的力量和革命影响力:"土豪劣绅,不法地主,则完全被剥夺了发言权,没有人敢说半个不字。在农会威力之下,土豪劣绅们头等的跑到上海,二等的跑到汉口,三等的跑到长沙,四等的跑到县城,五等以下土豪劣绅崽子则在乡里向农会投降。"③

第二节　土地革命战争时期党领导农村土地制度变革的历史进程

国民大革命失败后的十年,是中国农村土地制度变革的重要阶段。中国共产党在前一阶段的革命历程中很快成长起来,通过建设武装力量、建立农村革命根据地,领导广大农民群众开展了土地革命的伟大实践。尽管这一阶段党在解决农民土地问题的过程中经历了艰难的探索,但也为完善党的农村土地政策积累了重要经验。

一、中国共产党领导土地革命运动的前期探索

从 1927 年夏至 1929 年夏,中国共产党通过吸取国民革命运动的失败经验,确定了开展土地革命的总体原则和主要路线,并逐步发展了土地

---

① 人民出版社编辑:《第一次国内革命战争时期的农民运动资料》,人民出版社 1983 年版,第 511 页。
② 《毛泽东选集》(第一卷),人民出版社 1991 年版,第 13 页。
③ 《毛泽东选集》(第一卷),人民出版社 1991 年版,第 14 页。

革命的基本政策。尽管这一时期党在领导农村土地制度变革的实践中存在一些"左"倾论调，但整体的政策方向是基本正确的。

（一）中国共产党开展土地革命的原则确立和政策发展

在蒋介石、汪精卫等公开背叛革命之后，中国共产党意识到掌握独立武装力量、领导农民开展农村土地革命对民族解放运动的重要性。1927年7月，《中央通告农字第九号——目前农民运动总策略》提出"没收豪绅大地主反革命及一切祠堂庙宇的土地，以开展土地革命"[①]的战斗口号，强调掌握革命政权是解决农民土地问题的政治保障。但此时的策略并没有对地主阶级展开全方位的斗争，而是主要针对豪绅和大地主，且仍然将小地主视为可以团结的革命力量。同年8月，中国共产党领导和组织了南昌起义，继续高举反对帝国主义、解决农民土地问题的战斗旗帜。但武装起义中的土地革命口号处于宣传阶段，并没有在农民运动中开展实践。随后召开的"八七"会议提出"土地革命问题是中国资产阶级民权革命中的中心问题"[②]，提出"土地国有"的基本原则。会议通过的《最近农民斗争的议决案》确定了革命对象的政策，提出"没收大地主及中地主的土地""没收一切所谓公产的祠族庙宇等土地"[③]，并将没收来的土地分给佃农和无地农民，但对于小田主的政策则是规定减租。

由于国民大革命的挫折和早期中国共产党党内右倾投降主义的挫败，使党内相对偏激的"左"倾思想逐渐滋长，并逐步对土地革命的原则和政策产生影响。1927年11月中共临时中央政治局在上海召开扩大会议，会议提出"一切私有土地完全归组织成苏维埃国家的劳动平民所公有"[④]，进一步强化了"土地国有"的原则。决议案也对"八七"会议制定

① 中共中央文献研究室、中央档案馆编：《建党以来重要文献选编（一九二一—一九四九）》（第四册），中央文献出版社2011年版，第359页。

② 中共中央文献研究室、中央档案馆编：《建党以来重要文献选编（一九二一—一九四九）》（第四册），中央文献出版社2011年版，第420页。

③ 中共中央文献研究室、中央档案馆编：《建党以来重要文献选编（一九二一—一九四九）》（第四册），中央文献出版社2011年版，第442页。

④ 中共中央文献研究室、中央档案馆编：《建党以来重要文献选编（一九二一—一九四九）》（第四册），中央文献出版社2011年版，第664页。

的土地政策进行了调整,在土地没收政策上将革命对象扩展到一切地主和私有者,在土地权利政策上规定没收土地的所有权归苏维埃、土地的实际使用权归农民,而土地革命的实际领导力量也从前期的农民协会转为"农民代表会议(苏维埃)"。这次会议提出的土地革命主张带有"左"倾冒进的思想,没收一切土地的政策也混淆了民主主义革命与社会主义革命的实践要求,其对豪绅地主和商人等采取的激进打击措施也对革命形势产生一定的负面影响。

基于对农村基本矛盾和中国革命形势的进一步认识,中国共产党开始对"左"倾的土地革命纲领及其政策进行补充完善。1928年7月党的六大在莫斯科召开,重点讨论农民土地问题并通过了《政治决议案》《土地问题决议案》和《农民运动决议案》。党的六大确定了土地革命的阶级路线,提出"主要的敌人是豪绅地主,无产阶级在乡村中的基本力量是贫农,中农是巩固的同盟者"[1],应当中立富农,但会议对"平分土地"口号的支持实质上不利于联合中农。相关决议案在土地没收政策上将革命对象从一切私有土地调整为所有地主阶级的土地,在土地权利政策上提出"土地所有制与土地使用关系是土地问题的中心"[2]的观点,但仍然坚持苏维埃政权下的土地国有原则。党的六大之后,中国共产党又在土地斗争的策略中对之前"没收一切土地"的口号进行批评反思,就对待富农的政策进行反复讨论,尽管仍然坚持土地国有、平分土地的观点,但党领导土地革命的政策总体上实现了完善与发展。

(二)农村革命根据地土地革命的初期实践

"八七"会议召开之后,中国共产党在全国多地高举苏维埃旗帜、领导武装起义。取得基本胜利的苏区也在贯彻"八七"会议和党的六大相关指示精神的基础上,陆续展开土地革命的实践尝试,其中又以海陆丰、井冈山等革命根据地为代表。

---

① 中共中央文献研究室、中央档案馆编:《建党以来重要文献选编(一九二一——一九四九)》(第五册),中央文献出版社2011年版,第396页。

② 中共中央文献研究室、中央档案馆编:《建党以来重要文献选编(一九二一——一九四九)》(第五册),中央文献出版社2011年版,第404页。

1. 海陆丰革命根据地土地革命的探索实践

在党领导的土地革命初期,海陆丰地区由于开展农村土地运动较早、群众支持性和参与度高,其土地斗争进程并不像其他革命根据地一样逐步动员和扩大深入,而是从直接准备开始,并于数月之内迅速掀起革命高潮。

1927 年 11 月海丰县和陆丰县第三次武装起义取得成功,并先后召开工农兵代表大会,顺利在海陆丰地区成立苏维埃政府,为党领导农村土地革命提供了有利的政治环境。当月海丰县临时革命政府在第九号布告中提出"执行土地革命,一切土地皆归农民"①,奠定了革命根据地开展土地革命的口号基调。同年 11 月 18 日到 21 日,海丰县召开工农兵代表大会,会议讨论通过的《没收土地案》阐释了开展土地革命的理由和办法,对海陆丰地区的土地革命政策作出具体规定。《没收土地案》指出,田地是由农民开垦创造的,因此将土地没收之后分配给农民是理所应当。就土地没收后的分田标准而言,法案提出"一、照人数多少分,二、照人的力量(老幼强弱)分,三、照家庭经济有无别种收入状况分,四、照土地肥瘠分"②等标准,而分田的时间和次数不必限定。就田地分配的基本原则而言,法案规定不参与劳动、不参加革命的人不得分田,退伍后的无地军人应当分配田地,分配完成后发给农民田地使用证等。此外,法案就田地收益中作为政府办公经费的抽息暂定为十分之一。尽管《没收土地案》没有明确规定土地的所有权,但在没收土地政策的执行过程中"不仅仅是大中地主加以没收,即小地主甚至自耕农的土地也加以没收",号召农民"应坚决的以自己的力量无条件地向地主夺回土地,土地一切之使用权,收获权,享受权,均应全部归耕者的完全享受"③,实际上是没收一切土地归农民使用。

---

① 广东省社会科学学会联合会、广东省中共党史学会、中央陆丰县委党史办公室、中共海丰县委党史办公室编:《海陆丰革命根据地研究》,人民出版社 1988 年版,第 165 页。
② 中国社会科学院经济研究所中国现代经济史组:《第一、二次国内革命战争时期土地斗争史料选编》,人民出版社 1981 年版,第 180 页。
③ 中国社会科学院经济研究所中国现代经济史组:《第一、二次国内革命战争时期土地斗争史料选编》,人民出版社 1981 年版,第 182 页。

在党领导的土地革命高潮的推动下,海陆丰地区党的组织力量、革命的武装力量均得到快速发展(见表3-2)。到1928年2月,海陆丰地区的土地革命成果显著,其中海丰县没收和分配的土地数量占到县内土地总数的八成,陆丰县的斗争成果则占到县内土地总数的四成。

表3-2 1927—1928年海陆丰革命根据地政权建设情况

时间	党员数量（人）	党支部数量（个）
1927年11月	3000	200
1928年2月	18000	460

资料来源:广东省社会科学学会联合会、广东省中共党史学会、中共陆丰县委党史办公室、中共海丰县委党史办公室编:《海陆丰革命根据地研究》,人民出版社1988年版,第167页。

2. 井冈山革命根据地土地革命的初步开展

1927年9月秋收起义受挫之后,毛泽东同志在前敌委员会会议上决定更改战斗方向,将敌军力量薄弱的湘赣边界井冈山作为建立革命根据地的突破点。10月,朱德、陈毅等与毛泽东同志成功会师,井冈山革命根据地逐步壮大起来。1927年秋至1928年冬,中国共产党领导根据地农民开展了土地革命的初步实践。

在井冈山革命根据地开展早期土地革命时,中国共产党的重点是壮大党的武装力量,组织农民协会对抗地主豪绅的压迫剥削。与此同时,毛泽东同志于1927年11月对宁冈、永新两县做了相对系统的调查,为根据地开展下一步土地革命做了前期准备。1928年3月起,毛泽东同志等率领工农红军开展"打土豪、分田地"的工作,同年5月,中共湘赣边界第一次代表大会在宁冈召开,会议选举了以毛泽东同志为书记的中共湘赣边界特别委员会,并初步总结了井冈山革命根据地建立以来的土地斗争经验,就深入开展土地革命的政策进行讨论。随后,革命根据地内各县、区、乡等陆续成立由底层农民组织的土地委员会,进一步推进了湘赣边界分田工作的开展。这年夏天,按照"以乡苏维埃为单位,由区苏维埃派人协同乡苏维埃调查土地人口的多少,再将人口土地统计,看每家应分多少,各家原有的田数,看应进出多少。定后发一榜,照榜到各田去插一牌子,就归某家正式管业"①的方法,宁冈、永新等地的田地基本已分配完毕。

党领导农民开展的分田运动作为一场激烈的阶级斗争,在经历反复曲折后取得了阶段性成果。1928 年 10 月,中共湘赣边界第二次代表大会对一年多以来的土地斗争经验进行了总结,并以法律的形式在同年 12 月正式颁布的《井冈山土地法》中将其固定下来。《井冈山土地法》在土地权利结构上规定"没收一切土地""农民只有使用权"②,在土地分配标准上提出数量(分人口、劳动力)和区域(分乡、几乡、区)两个标准。尽管毛泽东同志后来在《农村调查》中指出此法律在土地没收政策、土地所有权和土地买卖等原则上存在错误,但其对于当时革命的指导作用和对后来革命的借鉴意义是不容忽视的。

二、中国共产党领导土地革命运动的深入推进

从 1929 年秋到 1935 年夏,中国共产党接受共产国际的相关指示精神,对已经在纠偏中的土地政策进行调整,并逐渐在土地革命实践中加强反富农斗争,革命根据地的阶级矛盾不断升级。尽管毛泽东同志等在推进土地政策时对党内"左"倾冒险主义展开了一定程度的抵制,但这一阶段党领导土地革命的主张呈现出越发"左"倾的趋势。

(一)中国共产党推进土地革命的政策细化及逐渐"左"倾

中国共产党秉承着党的六大会议精神,在实际领导中国农村土地革命的进程中逐渐纠正过于激进的土地政策。但当时正在推进农业集体化的苏联主张消灭富农,共产国际也于 1929 年 6 月致信中共中央("六月指示"),批评中国共产党对待富农政策的"错误",并要求中共中央在土地运动中对富农开展阶级斗争。1929 年 8 月,《中共中央关于接受共产国际对于农民问题之指示的决议》,调整了党领导农民土地运动的总路线,指出"贫农是土地革命的主要动力,中农是巩固的同盟者,雇农是党在农

---

① 中国社会科学院经济研究所中国现代经济史组:《第一、二次国内革命战争时期土地斗争史料选编》,人民出版社 1981 年版,第 257 页。

② 中共中央文献研究室、中央档案馆编:《建党以来重要文献选编(一九二一——一九四九)》(第五册),中央文献出版社 2011 年版,第 816 页。

村中的基础"①,把革命战线的范畴限制为雇农和中农,将"联合富农"的口号视为机会主义,提出将富农作为封建剥削势力进行斗争。随后中国共产党制定的一系列土地政策和法案都贯彻了这一决议精神,而1930年5月李立三主张没收一切富农的土地、消灭农村土地中的商品经济关系,则使土地政策"左"倾趋势越发明显。

基于李立三"左"倾冒险主义引发的党内思想混乱问题和土地斗争实践问题,1930年9月中国共产党及时召开了六届三中全会。周恩来在会议上传达了共产国际关于土地问题的指示精神,重新阐述了"土地国有"的主张,认为"现在尚无全国的胜利政权可言,不能将土地归苏维埃公有即解释为国有"②。但会议通过的《关于政治状况和党的总任务决议案》和《组织问题决议案》等依然坚持加深反富农斗争,这种对待富农的过激措施也难以避免地动摇了中农的革命信心。1931年年初召开的党的六届四中全会进一步强化了王明"左"倾教条主义的影响,错误地将"反右倾"视为党内思想路线和工作路线的主要危险,将党领导的土地革命引到严重"左"倾的方向。1931年11月《中华苏维埃共和国土地法令》认为富农兼具地主和高利贷者的性质,规定没收富农土地、分给富农坏地、迫使富农劳作等,以法律形式推动了"左"倾土地主张的贯彻。

为促进这一阶段土地政策的落实和完善,1932—1933年中共中央在各苏区开展了查田运动。在查田运动中,部分领导人对于政策执行中侵犯中农利益、过分压迫富农等现象进行了纠正,毛泽东同志也专门撰写《怎样分析农村阶级》,对农村中地主、富农、中农、贫农等阶级的划分标准展开研究,一定程度上挽救了党内错误主张对革命造成的损失。但由于查田运动本身是对"地主不分田,富农分坏田"政策的细化和完善,"左"倾土地主张继续得到贯彻和发展,从而对中国共产党领导的革命形势产生了较大的负面影响。

---

① 中共中央文献研究室、中央档案馆编:《建党以来重要文献选编(一九二一一一九四九)》(第六册),中央文献出版社2011年版,第431页。
② 中共中央文献研究室、中央档案馆编:《建党以来重要文献选编(一九二一一一九四九)》(第七册),中央文献出版社2011年版,第416页。

(二)农村革命根据地土地革命的广泛开展

尽管党的六大在农村土地问题的认识上尚有不足,但其政策导向是基本正确的。1928 年冬至 1929 年春,各苏区革命根据地将党的六大精神贯彻到土地斗争中,并逐渐在土地的没收政策、地权政策、阶级路线等问题上呈现相对的一致性。但中共中央自 1929 年夏秋开始改变对待富农的政策之后,各个革命根据地在贯彻土地政策的进程中也不断"左"倾。

1. 赣南、闽西革命根据地土地革命的逐步推开

1928 年 3—5 月,在中国共产党的正确领导下,红四军顺利进军赣南、闽西地区,成功建立革命根据地。1929 年年初,随着赣西地区革命形势的顺利推进,苏维埃地区进一步扩大,赣西南的工农民主政府随之建立。到 1931 年秋,赣南、闽西两处革命根据地完成联结,在此基础上中央根据地初具规模,毛泽东同志的土地革命思想也在革命根据地开展土地斗争的进程中得以形成和发展。

1929 年 4 月,毛泽东同志经过深入的调查研究,在总结党的六大以来井冈山等革命根据地土地斗争经验的基础上,起草并颁布了《兴国土地法》,对党的六大会议精神和《井冈山土地法》存在的部分问题进行了纠正。在没收土地的政策方面,《兴国土地法》将范围从起初的一切土地调整为公共土地及地主阶级的一切土地,毛泽东同志也指出"这是一个原则的改正""以见我们对于土地斗争认识之发展"[1]。在土地分配的数量标准、区域标准等方面,《兴国土地法》与《井冈山土地法》基本保持了一致。同年 7 月,中共闽西第一次代表大会通过《关于土地问题的决议案》,强调土地革命的主要目标是提高农业生产力、发展农村经济、解决全社会生活问题等,并在前两个法案的基础上进一步完善了土地革命的政策。在土地没收和分配政策上,决议案针对地主、土豪、众尝、自耕农、工商学从业者、军人等不同阶级提出了对应的策略,并在土地分配标准上提出"抽多补少"的原则,土地革命阶级路线初具雏形。1929 年 11 月,中

---

① 《毛泽东农村调查文集》,人民出版社 1982 年版,第 40 页。

共闽西特委第一次扩大会议再次通过关于土地问题的决议，总结了在分谷斗争、分田运动中的宝贵经验和不足之处，并于次年《赣西南苏维埃政府土地法》（也称"二七土地法"）中加以落实和完善。闽西等地的土地革命呈现"收拾金瓯一片，分田分地真忙"的积极状态，到1930年春，经过50多个区500多个乡的土地斗争，革命根据地约有80多万人分得土地，极大地增强了农民群众对苏维埃政权的支持和信任。①

2. 苏区革命根据地查田运动的开展

由于中国共产党领导农村土地运动的经验尚不成熟，加上革命根据地长期处在复杂的战斗状态，土地革命斗争形势激烈，在"左"倾冒险主义思想及政策的错误影响下，农村阶级矛盾不断激化，土地问题的彻底解决也存在重重障碍。鉴于此，中共苏区中央局决定开展查田运动，深入指导土地斗争。

1933年春，中央苏维埃政府将江西省瑞金县叶坪乡作为查田运动的试点，并成立查田委员会，正式着手处理当地分田工作的遗留问题。通过自报和调查相结合、组织充分讨论等形式，叶坪乡清查出的地主、富农有二十八户，同时也筛查出了党组织和政府中的投机分子。阶级成分的核实与调整，整顿了当地的农村面貌，农民群众发展生产、支援革命的积极性得到提高。随着查田运动的广泛推开，纠正土地革命的"左"倾错误、保持查田运动的正确方向的重要性凸显出来。1933年6月，毛泽东同志《在八县查田运动大会上的报告》明确提出查田运动的阶级路线，即"以工人为领导，依靠贫农，联合中农，去削弱富农，消灭地主"②，强调了中农与富农、富农与地主的区别，指出"联合中农"是土地革命的中心策略。在《查田运动的初步总结》中，毛泽东同志又强调必须将查田和分田严格区分开来，通过"巩固农民的土地所有权，使他们不起分田不定的恐慌"③，保障阶级斗争的胜利，并对忽视这一策略的行为作出严厉处罚。

---

① 何东、清庆瑞等：《中国共产党土地改革史》，中国国际广播出版社1993年版，第183页。

② 毛泽东：《论查田运动》，晋察冀新华书店1947年版，第6页。

③ 毛泽东：《论查田运动》，晋察冀新华书店1947年版，第21页。

尽管查田运动取得了显著的成绩,但也存在一定的"过火"行为,并集中表现在错划阶级成分上。有些中农被错划为富农,也有中农主动请求将自己的成分划为贫农。为厘清划分标准,1933年毛泽东同志在《怎样分析农村阶级》中对地主、富农、中农、贫农和工人的阶级性质和特点作出相对具体的阐释。虽然查田运动后期出现了严重"左"倾的政策反复,给已经向好的革命形势带来消极影响,但总体上革命根据地的各项工作实现了一定程度的推进。据统计,1933年查田运动后,云集区红五月的扩军人数从1932年的9人扩大到1933年的1020人,1933年赣南、闽西等地的粮食收成也较上一年增加了15%—20%。[①]

三、中国共产党领导土地革命运动的调整转变

从1935年夏到1937年春,中国共产党通过遵义会议重新确立正确的政治领导方向和思想路线,并着手在农村土地问题上处理王明"左"倾冒险主义的负面影响。随着中日民族矛盾的日益激化,中国共产党在纠正和调整"地主不分田,富农分坏田"激进政策的同时,也为转变和过渡到抗日战争时期的土地策略做了铺垫。

遵义会议召开之后,中国共产党根据国内阶级斗争形势的发展和中日民族矛盾形势的变化,努力在农村中争取和团结一切可能的抗日力量。中共中央围绕对待富农和地主的策略问题,逐步地对土地革命中的"左"倾政策进行调整,党领导土地革命的阶级性相对弱化,其人民性和民族性的特质则更加突出。

其一,党领导土地革命策略的调整首先着眼于改变对富农的策略。1935年12月,《中共中央关于改变对付富农策略的决定》,对苏区根据地的土地革命经验进行总结反思,认为加紧反富农斗争的"过火"政策不仅激起富农的反革命行为,在很大程度上动摇了中农,也不利于发展苏区的农业生产、保障人民安居乐业。此外,富农在反抗日本帝国主义和封建军

---

① 何东、清庆瑞等:《中国共产党土地改革史》,中国国际广播出版社1993年版,第227页。

阀斗争中有实质贡献，不能排斥富农和部分小地主对民族革命运动的参与，而"应该联合整个农民，造成广泛的农民统一战线"①。《中共中央关于改变对付富农策略的决定》提出只没收富农出租土地和高利贷等封建剥削的收益，保留富农经营的土地和商业等财产，保障其发展农业和工商业的自由，但仍坚持"在苏区当土地革命深入时，我们应该集中力量，消灭地主阶级"②。不久后瓦窑堡会议通过《中共中央关于目前政治形势与党的任务的决议》，进一步分析和阐释了当前中国共产党的土地革命策略，认为此阶段的主要任务是"团聚与组织全中国全民族一切革命力量去反对当前主要的敌人：日本帝国主义与卖国贼头子蒋介石"③，提出党的革命原则是将土地革命同民族革命相结合，通过解决农村土地问题动员农民群众参与武装斗争。

其二，党领导土地革命策略的转变主要体现为改变对地主的策略。1936 年 7 月，《中共中央关于土地政策的指示》着眼于建立抗日民族统一战线的需要，不仅提出"富农的土地及其多余的生产工具（农具、牲口等），均不没收"④，正式承认富农发展的合法性。同时调整了对于地主阶级不分田的激进政策，规定在没收地主阶级的土地等财产之后，仍然要分给其土地和必要的生产生活资料，保障地主及其家属子女得以维持生活。《中共中央关于土地政策的指示》的进步性还在于提出以抗日作为是否没收军人、小业主等土地的标准，并区分了商人及大地主的封建剥削财产和商业收入，为巩固统一战线指明积极的政策导向。随着抗日民族战争形势的日渐紧张，中国共产党将前期"抗日反蒋"调整为"逼蒋抗日"。经过"西安事变"的和平解决，国共两党即将再次合作，中共中央也在给国

---

① 中共中央文献研究室、中央档案馆编：《建党以来重要文献选编（一九二一一一九四九）》（第十二册），中央文献出版社 2011 年版，第 501 页。

② 中共中央文献研究室、中央档案馆编：《建党以来重要文献选编（一九二一一一九四九）》（第十二册），中央文献出版社 2011 年版，第 502 页。

③ 中共中央文献研究室、中央档案馆编：《建党以来重要文献选编（一九二一一一九四九）》（第十二册），中央文献出版社 2011 年版，第 536 页。

④ 中共中央文献研究室、中央档案馆编：《建党以来重要文献选编（一九二一一一九四九）》（第十三册），中央文献出版社 2011 年版，第 205 页。

民党五届三中全会的电文中正式提出"停止没收地主土地之政策,坚决执行抗日民族统一战线之共同纲领"①,至此党领导土地革命的策略转变也基本完成。

四、基本特点与主要成就

土地革命的十年是中国共产党领导农村土地制度变迁的开创时期,中国共产党在这一阶段经历了曲折复杂的土地斗争过程。以毛泽东同志为主要代表的无产阶级革命家立足于中国的社会历史背景和革命形势,同党内"左"倾错误指导思想展开坚决斗争,并在取得显著成就的同时,为党的农村土地策略的完善和发展积累了重要经验。

(一)基本特点

在土地革命战争阶段,中国共产党坚持掌握农民土地运动的领导权,并通过艰难曲折的探索和斗争,逐渐提出明确的土地革命原则和具体的土地革命政策。

其一,土地制度变革的实践进程经历曲折探索。土地革命进程中党内"左"倾思想的出现不仅是大革命失败后激进情绪的产物,也是共产国际、苏联经验未与中国国情和革命实际情况紧密联系的结果。要确立土地制度变革的正确方向,首先要明确党的工作重心,提出正确的土地革命路线及其策略。土地革命前期,中国共产党接受共产国际的指示精神,提出"土地国有"的口号,对革命对象范围的阶级划分不够清晰。而随着土地革命的深入推进和"左"倾冒险主义的抬头,农民土地运动遇到的阻力和障碍也日益增多。以毛泽东同志为主要代表的中国共产党人不断与"左"倾思想进行斗争,及时纠正革命的思想路线和工作路线,成功引导中国革命回归正轨。

其二,土地制度变革的革命对象得到调整纠偏。中国共产党对土地革命战争时期的土地政策进行了一系列调整,土地革命的阶级斗争对象

---

① 中共中央文献研究室、中央档案馆编:《建党以来重要文献选编(一九二一——一九四九)》(第十四册),中央文献出版社2011年版,第39页。

也随之调整。其整体导向是不断纠正党内"左"倾盲动主义和"左"倾教条主义的错误，结合中国民主革命和民族革命的形势变化，转变对待富农、地主等的具体策略。从中国共产党提出和发展抗日民族统一战线的过程来看，表现为从坚决反富农、消灭地主阶级的政策，到联合并争取他们对民族革命的支持。而党领导土地革命的性质也在阶级性、斗争性的基础上，呈现出人民性和民族性的特质。

其三，土地权利关系的主要结构发生根本变化。不同于前一阶段党领导农民开展减租斗争的形势，土地革命的推进使革命根据地所在农村的土地权利关系产生了变化，进而使苏区农村的社会面貌发生巨大变化。一开始的"打土豪、分田地"和减租抗租斗争，实际上是没收地主豪绅土地归农民支配的前奏。从没收大地主土地到没收大中地主土地和一切公共土地，再到没收一切地主的土地乃至没收一切土地，中国共产党在适应革命实践形势的需要中不断调整着土地没收政策。与此相适应，没收后的土地分配方法经历了按人口平分为主，到"抽多补少、抽肥补瘦"的完善过程，而土地所有权也逐渐从国有转向农民所有。

（二）主要成就

"如果第一次国内革命战争因为没有正确地领导农民解决土地问题而失败，那么，在新的条件下正确地领导农民的土地斗争，就是复兴革命运动的希望所在。"①土地革命战争时期党领导农村土地制度变革取得的斗争成果及经验，均具有重要的历史意义。

第一，党领导的土地革命直接打击了农村革命根据地的封建土地制度，促进根据地农民发展生产、改善生活。中国共产党领导人已经意识到农民问题是中国革命的中心问题，而解决土地问题则是获得农民群众支持、粉碎敌人"围剿"、巩固和扩大革命根据地的重要抓手。毛泽东同志指出："根据地虽小却有很大的政治上的威力……因为我们有农民的援助。红军虽小却有强大的战斗力，因为在共产党领导下的红军人员是从土地革命中产生，为着自己的利益而战斗的，而且指挥员和战斗员之间在

---

① 胡乔木：《中国共产党的三十年》，人民出版社2008年版，第23页。

政治上是一致的。"①苏区农村革命根据地通过分配土地给农民、奖励耕种、鼓励恢复发展农业生产,极大激发了农民的劳动积极性。如 1930 年闽西革命根据地的早稻丰收成熟,"农民额手相庆,叠志前报。顷据调查,现年早禾每穗平均在一百八十粒以上,往年每穗只一百五十粒左右,由此可见早禾丰收之程度也"②。据统计数据显示,1933 年赣南闽西区域的农业收成比上年增加了 15%③,同年闽浙赣边区收成较上年增加了 20%④,川陕边区等地的收成也表现良好。

第二,党在推进土地革命进程中形成的正确指导思想,为马克思列宁主义同中国国情实际相结合树立了实践典范。尽管土地革命前期中国共产党受共产国际和苏联经验影响,走了盲动主义、教条主义等脱离中国革命实际的弯路。但以毛泽东同志为主要代表的中国共产党人在土地革命时期对中国革命的对象、主力、步骤、道路的前途的分析,以及对农村土地运动的原则、路线和政策等问题的理论思考和实践探索,为中国新民主主义革命理论体系和毛泽东思想的形成发展奠定了坚实基础。这一阶段苏区农村在处理土地问题中的一系列基本准则和具体方式,也为后期的土地制度变革提供了原则参考和价值指导。

第三,土地革命时期的制度变革和政策调整,为后期党推进农村土地制度变迁积累了重要经验。就农村土地制度变革的领导力量而言,中国共产党在领导土地革命进程中逐步构建完善的执政制度、领导方式和组织形式,为确立党在农村工作中的领导地位、改进党的农村工作方式、完善农村的党群联系制度等积累了建设经验。就农村土地制度变革的阶级关系而言,中国共产党正视和纠正了土地革命中的"左"倾路线和政策,提出在土地问题上要处理好中农、富农等阶级关系,强调"一定不要重犯

---

① 《毛泽东选集》(第一卷),人民出版社 1991 年版,第 190 页。

② 《龙岩早禾丰收》,《红报》第 42 期,1930 年 7 月 22 日。

③ 革命根据地财政经济史编写组:《革命根据地财政经济史长编 土地革命时期》(上),《经济》杂志社 1978 年版,第 487 页。

④ 《毛泽东选集》(第一卷),人民出版社 1991 年版,第 131 页。

土地革命战争时期的错误"①，为新的历史阶段推进农村土地制度变革奠定了政治基调。

第三节　全民族抗日战争时期党领导农村土地制度变革的历史进程

随着中日民族矛盾逐渐上升为社会主要矛盾，中国共产党基于抗日战争形势的总体趋势和迫切要求，对土地制度变革的主要策略进行调整，将没收地主土地归农民所有的政策转为"减租减息"的政策，致力于巩固全民族抗日统一战线。经过提出宣传、初步推行、全面贯彻和"查减"完善等阶段，"减租减息"的政策在抗日革命根据地得以贯彻执行。

一、中国共产党"减租减息"政策的提出与推行

1937 年年初至 1942 年年初，中国共产党着眼于社会主要矛盾的变化，经过酝酿提出了"减租减息"的土地政策。在党的文件宣传和实践指导下，"减租减息"政策在抗日根据地中初步推行开来。

（一）"减租减息"土地政策的初步提出

面对日本侵略势力的步步紧逼，"中国土地属于日本人，还是属于中国人，这是首先待解决的问题"②。在抗日战争的准备阶段，中国共产党首先在政策上释放出让步信号，从停止没收地主土地开始，逐渐酝酿出适应于联合全民族参与抗战的土地政策。

1. 中国共产党"减租减息"土地政策的逐步酝酿

"西安事变"和平解决之后，中共中央在向国民党五届三中全会的致电中提出"停止没收地主土地之政策，坚决执行抗日民族统一战线之共同纲领"③，表明中国共产党的土地主张开始转变。1937 年 5 月，毛泽东

---

① 《毛泽东文集》（第四卷），人民出版社 1996 年版，第 332 页。
② 《毛泽东选集》（第一卷），人民出版社 1991 年版，第 260 页。
③ 中共中央文献研究室、中央档案馆编：《建党以来重要文献选编（一九二一——一九四九）》（第十四册），中央文献出版社 2011 年版，第 39 页。

同志在苏区党代表会议上做了《中国共产党在抗日时期的任务》的报告，对中国社会长期存在的"帝国主义与中国""封建制度和人民大众"这两对矛盾进行分析，指出当前民族矛盾和阶级矛盾的地位变化是中国共产党"要求和平统一、民主政治、改良生活及与反对日本的外国进行谈判种种方针之所由来"①。在停止没收地主土地的情况下，如何改善农民生活、激发农民参军参战的积极性便成为中国共产党制定土地政策的首要考虑。1937 年 7 月，毛泽东同志在《反对日本进攻的方针、办法和前途》中就民生改良的纲领提出一些主张，如取消苛税、减少地租、灾荒救济等。同年 8 月中共中央在对南方各游击区域工作发出的指示中，进一步对土地问题作出明确要求，提出利用一切合法形式如"增加工人雇农的工资，改良待遇，减租，减息，减税"②等改善群众生活，在土地已经被没收分配的地方则须保障群众既得的土地权益。但相关的政策文件和理论文章只是提出了减租、减息等策略主张，尚未将其上升到政策层面。1937 年 8 月召开的洛川会议讨论通过的《中国共产党抗日救国十大纲领》，则以纲领条文的形式将"减租减息"作为党改善人民生活、"动员一切力量争取抗战的最后胜利"③的主要土地政策。毛泽东同志在《国共合作成立后的迫切任务》中对土地政策转变的缘由加以说明，强调："我们今天停止实行这个政策，是为了团结更多的人去反对日本帝国主义，而不是说中国不要解决土地问题。"④

2. 抗日根据地"减租减息"土地政策的宣传动员

洛川会议结束之后，各个抗日根据地按照会议纲领的政策要求，纷纷结合本地区的实际情况制定"减租减息"的具体条文。晋察冀边区各地在抗日战争初期的"减租减息"策略不太一致，如阜平有"对半减租""二

① 中共中央文献研究室、中央档案馆编：《建党以来重要文献选编（一九二一——一九四九）》（第十四册），中央文献出版社 2011 年版，第 180 页。
② 中共中央文献研究室、中央档案馆编：《建党以来重要文献选编（一九二一——一九四九）》（第十四册），中央文献出版社 2011 年版，第 415 页。
③ 中共中央文献研究室、中央档案馆编：《建党以来重要文献选编（一九二一——一九四九）》（第十四册），中央文献出版社 2011 年版，第 473 页。
④ 《毛泽东选集》（第二卷），人民出版社 1991 年版，第 368 页。

五减租"，行唐、灵寿等地又是减租 30%—60% 不等。为统一政策标准，1938 年 2 月，晋察冀边区颁布了抗日根据地政府第一个"减租减息"的条例，实行"二五减租""分半减息"或"一分减息"。① 而后 1940 年 2 月的《修正晋察冀边区减租减息单行条例》重申了"二五减租"的要求，规定地租"不得超过耕地正产物收获总额的千分之三百七十五，耕地副产物一律归承租人所有"②。

陕甘宁边区属于直接从土地革命时期的苏区根据地转化而来的抗日根据地，区内存在已经开展过土地革命和未开展土地革命的两类情形。在已经没收并分配土地的区域，边区政府继续维护"耕者有其田"的现状。1939 年 2 月，边区第一届参议会讨论通过了《陕甘宁边区土地条例》，在土地产权方面承认农民经分配后的土地所有权，宣布土地改革之前的旧式土地关系作废。在土地使用出租方面规定业佃双方订立合同，要求保证"佃户使用土地之一定年限及租额之不至过高"③。在没有开展土地革命的区域，起初减租减息的办法和标准各不相同，如陇东地区为"三七减租"，鄜县为"对半减租"，而关中地区的赤水规定每石收成需交租 3 斗，新宁又规定"对半减租"等。为明确"减租减息"政策制定和执行的依据，1939 年 4 月陕甘宁边区政府提出减租应"以原租额为标准减25%"，伙种地应"地主收四成，佃户留六成"，将地主收成控制在粮食收成量的一半以下等。④

尽管"减租减息"政策在部分抗日根据地以具体的法令、条例等形式得以宣传执行，但由于抗日战争初期的敌后抗日根据地尚待建设，大部分抗日根据地只是提出了一些原则性的口号，而没有真正地贯彻执行，甚至还存在"明减暗不减"的现象。但"减租减息"政策宣传动员也为下一步工作推进奠定了政策和群众基础。

---

① 沙健孙：《中国共产党史稿（1921—1949）》（第四卷），中央文献出版社 2006 年版，第 241 页。

② 《彭真年谱（1902—1948）》（第一卷），中央文献出版社 2012 年版，第 145 页。

③ 黄正林：《陕甘宁边区社会经济史（1937—1945）》，人民出版社 2006 年版，第 74 页。

④ 黄正林：《陕甘宁边区社会经济史（1937—1945）》，人民出版社 2006 年版，第 276 页。

（二）"减租减息"土地政策的深入推行

随着抗日战争逐渐进入战略相持阶段,日本侵略者转变战争策略,一边对国民党开展政治诱降、一边对共产党领导下的军队和敌后抗日根据地进行残酷扫荡,而国民党也采取消极抗日、积极反共的方针。紧张的战争形势和抗日根据地的政治经济建设为深入发动群众,推行"减租减息"政策提供了助力。

1. 中国共产党"减租减息"土地政策的深化发展

在日军的攻击扫荡和国民党反共活动的双重压力下,中国共产党领导的敌后抗日根据地要巩固政权、争取抗战胜利,就必须深入群众内部、广泛发动群众,以强化抗日根据地的政治经济基础和军事战斗力量。1939 年 11 月《中共中央关于深入群众工作的决定》对忽视下层群众工作,没有深入发动群众等错误倾向进行了严肃批评,强调"共产党必须进一步依靠群众,必须深入群众工作,才能克服投降与反共危险,巩固统一战线,争取继续抗日,争取民主政治,准备反攻力量"①,要求在敌后抗日根据地开展经济政治改革,通过减租、减税等改善工农群众的生活。毛泽东同志于 1940 年 2 月起草《中共中央关于目前时局与党的任务的决定》,继续强调"减租减息"等经济援助政策对改善人民生活、激发群众抗战积极性的重要性。各大抗日根据地根据中共中央的指示精神,陆续出台了适合本地区的标准和办法,"减租减息"政策在各个根据地的中心得以广泛开展。

但由于国民党的反共政策加剧了根据地的紧张局势,不少地区在"减租减息"政策执行过程中对反共地主的打击上升到整个地主阶级,加上土地革命时期工作方式的影响,土地政策中的"左"倾趋势越发明显。为纠正工作方向的偏差,1940 年 3 月的延安高级干部会议上,毛泽东同志阐述了在抗日民族统一战线中对进步势力、中间势力和顽固势力的策略方针,确立了土地政策的政治导向。而在汪精卫集团公开叛变之后,

---

① 中共中央文献研究室、中央档案馆编:《建党以来重要文献选编(一九二一——一九四九)》(第十六册),中央文献出版社 2011 年版,第 736 页。

《中共中央书记处关于在敌后地区没收大汉奸土地财产问题的指示》，但这种没收政策对汉奸集团采取专人专政，并未释放过激的斗争信号。同年 12 月，《中共中央书记处关于抗日根据地应实行的各项政策的指示》，指出"要向党内及农民说明，目前不是实行土地革命的时期，避免华北方面曾经发生过的过左错误"①，强调要把握好地主减租减息的尺度、规定农民交租交息的义务，明确保证地主的土地所有权。而同月毛泽东同志在《论政策》中进一步分析了土地革命后期"过火"政策的错误，并对"减租减息"的具体要求作出阐释，认为"地租，一般以实行二五减租为原则；到群众要求增高时，可以实行倒四六分，或倒三七分，但不要超过此限度。利息，不要减到超过社会经济借贷关系所许可的程度。另一方面，要规定农民交租交息，土地所有权和财产所有权仍属于地主。不要因减息而使农民借不到债，不要因清算老账而无偿收回典借的土地"②。可见，中国共产党在"减租减息"政策纠偏的过程中，不断地丰富和发展着抗日战争时期的土地策略。

2. 抗日根据地"减租减息"土地政策的广泛开展

根据中共中央的相关指示精神，各个主要的敌后抗日根据地纷纷调整根据地的政治和经济政策，制定"减租减息"的原则和具体办法，通过广泛开展发动群众工作，在不同程度上推进了"减租减息"的土地政策。

晋察冀边区在"减租减息"政策出台初期就已经公布了相关政策实施的单行条例，而 1940 年 8 月中共中央北方局颁布《晋察冀边区目前施政纲领》，则在先前条例内容的基础上，规定减租减息的契约形式和没收地主土地的具体方针，进一步在权利义务等方面完善了边区的土地政策。中共晋察冀区委对这一纲领作出高度评价，认为其"绝然是本党中央抗日民族统一战线的方针与抗日救国十大纲领的地方化与具体化""对于晋察冀边区今后有组织有计划的各种建设工作，将要给予明确的方针和

---

① 中共中央文献研究室、中央档案馆编：《建党以来重要文献选编（一九二一—一九四九）》（第十七册），中央文献出版社 2011 年版，第 682 页。

② 《毛泽东选集》（第二卷），人民出版社 1991 年版，第 767 页。

伟大的昭示"。① 根据 1940 年夏几个县区的不完全统计,晋察冀边区已减租 12290 石、减息 320600 余元。② 在晋冀鲁豫边区,《晋冀鲁豫边区土地使用暂行条例》以及中共中央北方局发布的《对晋冀豫边区目前建设的主张》,均对于地主减租减息、农民交租交息、个人的土地等财产所有权进行规定,在一定程度上缓和了地主与农民的阶级矛盾,从而巩固了抗日民族统一战线。陕甘宁边区于 1941 年通过的《陕甘宁边区施政纲领》,则在前期施政纲领的基础上进行了丰富和完善,规定"在土地已经分配区域,保证一切取得土地的农民之私有土地制。在土地未经分配区域(如绥德、鄜县、庆阳)保证地主的土地所有权及债权"③,同时政府要对租佃和债务等社会关系进行调整。

　　总之,这一阶段"减租减息"政策在各抗日根据地得到相对广泛的推行,尽管不同地区由于执政环境和条件的差异,其政策贯彻的形式和程度上各不相同,甚至出现了"左"的倾向,但整体而言取得了一定进步。虽然"减租减息"政策不似土地革命时期的政策一般激进,但仍贯彻了削弱封建剥削势力的主张,在推行过程中难免会受到抵制和破坏。因此,在发动和组织群众力度不够的情况下,政策的全面贯彻仍存在一定障碍。

二、中国共产党"减租减息"政策的贯彻及完善

　　1942 年年初至 1945 年夏,抗日战争从战略相持转向战略反攻。为克服国内外双重压力、巩固敌后抗日根据地,中共中央和各大抗日根据地通过全面贯彻"查减"和完善"减租减息"政策,有力地推动了抗日根据地的发展和抗日战争的胜利进程。

(一)"减租减息"土地政策的全面贯彻

　　面对日军、伪军和国民党反动势力的猛烈进攻,以及党内"左"倾、"右"倾思想对土地政策导向的消极影响,为进一步统一思想、强化领导,发挥统一战线对发展生产与抗击日寇持久战的优势,中国共产党在总结

---

① 唐宝富:《抗日根据地政治制度研究》,人民出版社 2001 年版,第 9 页。
② 黄韦文:《关于根据地租减息的一些材料》,《解放日报》1942 年 2 月 11 日。
③ 黄正林:《陕甘宁边区社会经济史(1937—1945)》,人民出版社 2006 年版,第 236 页。

前期经验的基础上，全面推动了各根据地对"减租减息"土地政策的贯彻执行。

1. 中国共产党"减租减息"土地政策的系统阐释

通过对各大敌后抗日根据地"减租减息"政策实施的经验研究，1942年年初中共中央讨论通过了《中共中央关于抗日根据地土地政策的决定》及其三个附件，明确阐释了中国共产党在抗日战争时期解决农民土地问题的政治主张和基本策略。《中共中央关于抗日根据地土地政策的决定》指出，党这一阶段土地政策的性质"是抗日民族统一战线的土地政策，也就是一方面减租减息一方面交租交息的土地政策"[①]，有助于团结人民、支持抗战。土地政策的三条原则对农民、地主和资本主义生产方式在抗日战争中的地位和作用分别进行阐释，并着重强调政策法令两个方面的规定不能失衡，即"一方面，要规定地主应该普遍的减租减息，不得抗不实行。另一方面，又要规定农民有交租交息的义务，不得抗不缴纳"[②]，在保障地主对土地及其财产所有权和处置权的同时，兼顾农民的生产生活需要。《中共中央关于抗日根据地土地政策的决定》的三个附件也在地租和佃权、债务以及特殊土地处理等方面，为"减租减息"政策提供了原则性的规定和具体性的要求。就减租标准而言，未减租的地区以"二五减租"为原则，在游击区或敌占区可放宽到二成及以下。就借贷减息而言，将一分半作为计息标准，付息超过 1—2 倍则酌情停利还本或本利停付。[③] 就特殊土地处理而言，对汉奸及其家属、逃亡地主、宗族、撂荒等各类土地的归属和使用进行分类管理。

与此同时，毛泽东同志起草的《中共中央关于如何执行土地政策决定的指示》进一步对《中共中央关于抗日根据地土地政策的决定》的相关内容进行阐释，强调"减租是减今后的，不是减过去的，减息则是减过去

---

① 中共中央文献研究室、中央档案馆编：《建党以来重要文献选编（一九二一—一九四九）》（第十九册），中央文献出版社 2011 年版，第 19 页。

② 中共中央文献研究室、中央档案馆编：《建党以来重要文献选编（一九二一—一九四九）》（第十九册），中央文献出版社 2011 年版，第 21 页。

③ 中共中央文献研究室、中央档案馆编：《建党以来重要文献选编（一九二一—一九四九）》（第十九册），中央文献出版社 2011 年版，第 24—25 页。

的,不是减今后的,大体上以抗战前后为界限"①。中共中央出台的《中共中央关于抗日根据地土地政策的决定》和《中共中央关于如何执行土地政策决定的指示》两个文件,从政策意义和具体要求等方面深入阐释了"减租减息"政策,厘清了过去实践中政策执行的混乱,通过统一政策认识,为全面实行减租减息提供了重要的理论和战略指导。

2. 抗日根据地"减租减息"土地政策的贯彻执行

在中共中央相关指示文件下达后,各个抗日根据地通过学习会议精神、进行全面部署、加强工作领导,推动了"减租减息"土地运动高潮的到来。

1942 年春,晋察冀边区政府再次对《晋察冀边区减租减息单行条例》及其实施细则进行修正,按照中共中央相关文件精神对原本区内的土地政策进行调整。次年年初又颁布《晋察冀边区租佃债息条例》,进一步丰富了边区"减租减息"的政策体系。晋冀鲁豫、晋绥等边区也在总结本地区减租减息经验教训的基础上,通过调整政策、深入群众、组织宣传,在协调农民与地主"斗法"的群众工作过程中,使"减租减息"政策得到全面贯彻。

抗日民主根据地减租减息运动的遍地开花取得了显著的成果,经过保障佃权、减轻租税的斗争,农民发展生产的积极性和农民的生活水平有了明显提升。1942 年"减租减息"政策在陕甘宁边区推开之后,米脂县印斗八乡的农民负担明显减轻。如流曲峪、张家畔底、艾家畔底三个村子原本的租额各为 86.2%、67.4%、188.58%,减租后交租额为 43.1%、33.9%、92.59%,实际减租率均接近一半。② 此外,佃权的稳定给予了当地农民兴修水利、提升产量的信心,在减租当年,三个村子的粮食产量也有较大提升。华中根据地的盐阜区、苏中区等地的中心区域,农户减租范畴达八成以上,其边缘区、游击区等地也有四至五成的农户得以减租。

---

① 中共中央文献研究室、中央档案馆编:《建党以来重要文献选编(一九二一——一九四九)》(第十九册),中央文献出版社 2011 年版,第 53 页。

② 张永泉、赵泉钧:《中国土地改革史》,武汉大学出版社 1985 年版,第 197 页。

（二）"减租减息"土地政策的查减完善

中国共产党领导下的抗日根据地通过全面开展"减租减息"、深入发动农民群众,成功克服了敌人的围剿扫荡。经过修正、恢复和发展,抗日根据地开始发起局部反攻。为解决"减租减息"前期推行过程中的遗留问题,更加有力地组织干部、发动群众,为抗战胜利准备条件,中共中央发起了土地政策的"查减"运动。

1. 中国共产党"减租减息"土地政策的补充完善

1943 年 10 月《中共中央政治局关于减租生产拥军爱民及宣传十大政策的指示》发布,强调检查"减租减息"政策实施情况对激发农民积极性、推动农业生产、助力对敌斗争的重要性。同时纠正"恩赐减租"的认识误区,要求提高干部的思想觉悟,强调"减租是农民的群众斗争,党的指示与政府的法令是领导与帮助这个群众斗争,而不是给群众以恩赐",并要求"凡未认真实行减租的,必须于今年一律减租;减而不彻底的,必须于今年彻底减租",为"查减"运动提供政治指导。① 从 1943 年冬至1945 年春,各个抗日根据地纷纷结合实际出台相关法令条文,派出工作组深入群众推动"查减"运动。"查减"不同于前期明面上大刀阔斧的改革措施,而是从解决干部和群众的思想认识问题入手,通过开展"对比算账""诉苦水"的思想教育,启发群众捍卫权益的思想觉悟,有理有据地同地主阶级进行斗争,从而解决长期存在的"明减暗不减"等现象。因此"查减"运动在一定意义上也是"减租减息"政策的深化和完善。

2. 各解放区"减租减息"土地政策的"查减"成效

在中国共产党的政治领导和实践指导下,1943 年秋各新老解放区纷纷推进"查减"运动,并取得显著成绩。华中根据地的皖中临江地区统计显示,1943 年减租的佃田面积为 325378 亩,减租的收成达 251100 多公担,因此受益的农户近 38 万人,每人的当年收成平均增加了 6 斗 7 升。②

----

① 中共中央文献研究室、中央档案馆编:《建党以来重要文献选编(一九二一——九四九)》(第二十册),中央文献出版社 2011 年版,第 582 页。

② 《皖中临江地区减租二十五万担受益农民每人增收六斗七升》,《解放日报》1943 年 12 月 11 日。

晋冀鲁豫的太行地区数据显示,1944年至1945年的"查减"运动使农民群众得到了实实在在的利益,农户恢复了44353亩田地的佃权,新获得22667亩土地的减租,退租粮食达4554石。[①] 在陕甘宁边区的绥德分区和关中分区,1943年冬农民各退租33574石、减租142石9升,1944年年初陇东分区基本完成减租工作,许多农民因"查减"、减租得以买进土地。[②]

　　"查减"进一步推进了"减租减息"工作,也促进了解放区租佃关系的稳定和租率的降低。以晋冀鲁豫边区的太行地区为例,涉县西辽城的佃地租率呈现显著下降的趋势(见表3-3)。"查减"在削弱封建剥削的同时激发了农民购置农具、精耕细作与互助合作的积极性,推动了边区农村生产力的解放和发展,为争取抗战胜利积蓄了经济和军事力量。

表3-3　1942—1944年涉县西辽城收成租率变化情况

年份	每亩佃地的产量及租率要求(%)						
	≤2斗	≥3斗	≥5斗	≥9斗	≥石2斗	≥石6斗	≥2石
1942	25	—	30	—	35	37.5	—
1943	25	27.5	30	32.5	35	37.5	40
1944	10	14	16	20	23	25	27

资料来源:齐武:《一个革命根据地的成长——抗日战争和解放战争时期的晋冀鲁豫边区概况》,人民出版社1957年版,第129页。

三、基本特点与主要成就

　　"减租减息"政策作为中国共产党在抗日民族战争时期的特殊土地政策,是立足于社会主要矛盾变化,正确处理民族矛盾和阶级矛盾,巩固抗日民族统一战线的重要策略。尽管这一政策带有一定的改良性,但在特殊的民族战争历史条件下,这一政策有助于发展生产、争取抗战胜利,也为处理下一阶段土地问题积累了一定的理论和实践经验。

---

① 《太行区减租减息的发展》,《解放日报》1945年7月30日。
② 张永泉、赵泉钧:《中国土地改革史》,武汉大学出版社1985年版,第206页。

（一）基本特点

全民族抗日战争时期,党领导农村土地制度变革的主要策略形式是"减租减息"。1941年毛泽东同志在《农村调查》的序言和跋中指出,抗日战争期间的农村政策不同于土地革命时期的农村政策,而"减租减息"这种旨在巩固抗日民族统一战线的土地政策,既是"综合'联合'和'斗争'的两重性的政策",也是"要求地主减租减息又规定农民部分地交租交息的两重性的政策"。① 特殊的历史背景也赋予这一阶段土地制度变革的独特性质。

其一,土地制度变革策略的灵活性和原则性并存。就灵活性而言,"减租减息"一方面肯定农民在抗日战争中发展生产和参军参战的主体地位,要求地主减租减息、改善农民生活,激发了农民的抗日热情。另一方面认识到大多数地主和富农的抗日需求,要求农民交租交息、保障地主的土地和财产收益,争取地主富农的抗日支持。这种不取消封建制度的改良性政策,实质上是这一阶段"减轻封建剥削和削弱地主经济的最直接最普遍的方法"以及"对封建土地所有制的一种渐进性的初步改革"②。就原则性而言,尽管这一政策对封建土地制度采取了削弱而非废除手段,但中国共产党没有改变"耕者有其田"的最终导向,只是强调目前不是没收土地的时机。随着革命形势的发展,"如果没有特殊阻碍,我们准备在战后继续实行下去,首先在全国范围内实现减租减息,然后采取适当方法,有步骤地达到'耕者有其田'"③。

其二,土地制度变革斗争的复杂性和反复性交织。抗日战争时期中国共产党实行的"减租减息"政策是协调民族斗争和阶级斗争、使土地政策符合抗日战争利益的重要决策。就复杂性而言,在日本侵略者和国民党反动派的联合夹击下,敌后抗日根据地的阶级矛盾不断激化,不仅部分地主、富农抗不减租,甚至还有劣绅混入根据地政治机构干扰政策。鉴于"减租减息"贯彻推行的情况复杂多变,中国共产党开展运动的方法也有

---

① 《毛泽东农村调查文集》,人民出版社1982年版,第19页。
② 赵效民:《中国土地改革史(1921—1949)》,人民出版社1990年版,第227页。
③ 《毛泽东选集》(第三卷),人民出版社1991年版,第1076页。

减租、减息、清债、反汉奸、反贪污等多种形式。就反复性而言,在复杂的长期斗争环境下,"减租减息"的效果显然不能毕其功于一役,除了"在某一时期集中力量发动"之外,党也通过自查自纠、"查减"运动"辅之以反复检查",以保障政策的上行下效。①

其三,土地制度变革力量的主导性和主体性协调。尽管中国共产党逐渐成长为中国新民主主义革命的中坚领导力量,但早在土地革命时期,中国共产党主要领导人便意识到中国革命的基本问题是农民问题,农民是推动革命的主要力量。毛泽东同志指出:"中国的革命实质上是农民革命,现在的抗日,实质上是农民的抗日……抗日战争,实质上就是农民战争。"②"减租减息"政策是中国共产党制定并领导实施的土地主张,但政策得以执行的核心仍然在于发动农民群众的力量。党反复强调群众主动的斗争是减租成功的关键,提出减租必须由群众主体参与,干部不能持有恩赐观点和包办代替的想法。③

(二)主要成就

"抗日期间,中国共产党让了一大步,将'耕者有其田'的政策,改为减租减息的政策。这个让步是正确的,推动了国民党参加抗日,又使解放区的地主减少其对于我们发动农民抗日的阻力。"④在党的坚强领导和广大人民群众的积极参与下,"减租减息"的土地革命政策取得了显著成效。

第一,农民生计负担减轻、生产积极性得到激发,推动了敌后抗日根据地的经济发展。

"减租减息"之前,边区农民常年承受较重的地租和债务剥削,辛苦劳作所得的粮食在交租之后几乎难以维持家庭生活,没有条件也没有能力发展生产和改善生活。而在"减租减息"之后,一方面,田地租率下降、农民负担减轻,在收入相对提高的情况下得以改善生活。根据 1944 年晋

---

① 《贯彻减租》,《解放日报》1945 年 2 月 9 日。
② 《毛泽东选集》(第二卷),人民出版社 1991 年版,第 692 页。
③ 《贯彻减租》,《解放日报》1945 年 2 月 9 日。
④ 《毛泽东选集》(第三卷),人民出版社 1991 年版,第 1076 页。

绥边区兴县、偏关等 6 个县区的减租调查情况,尽管不同地区的减租标准不是完全一致的,但整体佃户的交租率呈现明显的下降趋势(见图 3-1)。而晋察冀边区基本上贯彻了"二五减租"和"年利率一分"的减租减息标准。就同一时期当地农民对敌负担占家庭收成的情况来看,雇农、贫农、中农各为 2.11%、8.59%、12.77%,而富农和地主则为 26.58% 和 53.38%。① 通过减租减息和生产互助,晋冀鲁豫边区农民收入明显提升。根据边区太行分区几个典型村的调查显示,农民人均收入从 1942 年的 2 石 2 斗 1 升提高到 1944 年的 3 石 3 斗 7 升,到 1946 年该地区基本上保证了"耕三余一"。②

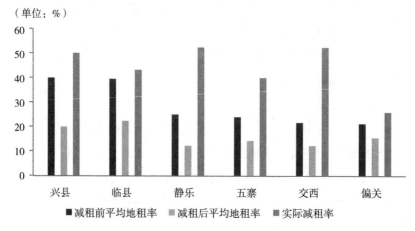

图 3-1　1944 年晋绥边区六县区减租情况③

资料来源:赵效民:《中国土地改革史(1921—1949)》,人民出版社 1990 年版,第 292 页。

另一方面,农民在减轻负担后的生产积极性高涨,通过购置土地和农具、开垦荒地、精耕细作,促进了抗日根据地农业的恢复和发展。就耕地和粮食发展情况而言,以陕甘宁边区为例,经过前期分地和"减租减息",以及大生产运动和开垦荒地,边区耕地面积从 1937 年至 1940 年净增

---

① 成汉昌:《中国土地制度与土地改革——20 世纪前半期》,中国档案出版社 1994 年版,第 556 页。
② 齐武:《一个革命根据地的成长——抗日战争和解放战争时期的晋冀鲁豫边区概况》,人民出版社 1957 年版,第 186 页。
③ 晋绥边区六县区各自参与计算的租地面积不同,仅取平均值。

311.6万亩、粮食总产量到1939年增至175.4万石(见表3-4)。① 就农田水利等设施建设情况而言,以晋察冀边区为例,在"八年抗战"期间,边区军民克服了自然灾害侵袭、敌人扫荡破坏等困难,不断开垦荒地、修建梯田、发展大生产运动,共计开垦生荒393万余亩、垦殖熟荒近849万亩。与此同时,在军民协作、民办公助的形势下,边区兴修水利的成效显著,共计凿井22425口、修整旧渠2798道、修建新渠3961道,浇地覆盖面积分别达到125万余亩、30万余亩和727万余亩。② 事实证明"凡是减了租的地方,广大人民的抗战热忱与生产积极性,都大大增加了"③。

表3-4 1937—1940年陕甘宁边区耕地面积和粮食总产量变化情况

年份	耕地面积变化情况		粮食总产量变化情况	
	耕地面积(万亩)	较1937年增长(%)	粮食总产量(万石)	较1937年增长(%)
1937	862.6	—	111.6	—
1938	899.4	4.3	121.1	8.5
1939	1004.0	16.4	175.4	57.17
1940	1174.2	36.12	152.6	36.74

资料来源:黄正林:《陕甘宁边区社会经济史(1937—1945)》,人民出版社2006年版,第129页。

第二,农村土地占有情况发生积极变化,推动农村土地制度和阶级结构的良性变革。"减租减息"政策虽然没有废除地主土地所有权、消灭封建土地制度,但在一定程度上强化了农民阶级的政治经济力量、削弱了地主阶级的压迫剥削,是对封建土地制度的改革。

一是农村土地占有情况发生变化,农民阶级通过买进、典进土地以及开垦荒地提升了土地占有量,而地主阶级的土地占有相对减少,土地占有从集中转为分散。晋察冀边区的调查数据显示,从1937年至1942年北

---

① 黄正林:《陕甘宁边区社会经济史(1937—1945)》,人民出版社2006年版,第129、133页。

② 史敬棠等:《中国农业合作化运动史料》(上册),三联书店1957年版,第350页。

③ 《晋察冀区的财政经济》,《群众》1944年第34期。

岳区部分农村的土地归属发生较大变动（见图 3-2），地主和富农大量卖出或典出土地，而雇农、贫农和中农则大量持有土地。其他根据地的土地占有量也出现由富农、地主向贫雇农、中农等转移的变化趋势，如 1944 年晋绥边区对兴县、临县等地农村的调查显示，相比 1940 年减租前每户的土地持有状态，1944 年减租后雇农户均占有量增加 46.9%，贫农户均占有量增加 73.5%，中农户均占有量增加 22.5%，而富农和地主户均占有量分别减少 15.1% 和 41.2%。[1] 1945 年华中根据地对淮海区七县农村的调查显示，减租减息后地主阶级的土地共减少 400394 亩，较抗战之前下降 27.7%。[2]

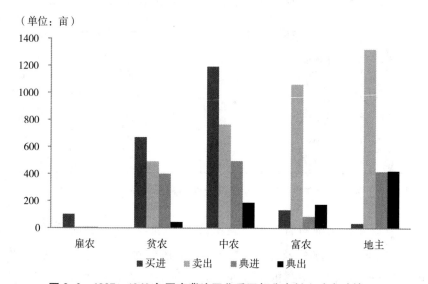

图 3-2   1937—1942 年晋察冀边区北岳区部分农村土地变动情况

注：此为北岳区 9 个县 25 个村的典型调查统计数据。

资料来源：赵效民：《中国土地改革史（1921—1949）》，人民出版社 1990 年版，第 293 页。

　　二是农村土地占有情况的变化也推动了抗日根据地农村阶级关系的变化，在抗日战争之后，富农、中农的比例显著提高，而贫农、雇农的比例相对降低。以陕甘宁、晋察冀、晋冀鲁豫、晋绥等边区的部分村庄的统计

---

①　中共中央晋绥分局调研室：《农村阶级关系及土地占有的变化》，1944 年 6 月调查。

②　赵效民：《中国土地改革史（1921—1949）》，人民出版社 1990 年版，第 293 页。

结果来看,"减租减息"使抗日根据地农村的阶级结构呈现两端缩小、中部扩大的"橄榄型"变化,封建土地所有制下的阶级结构已然受到冲击(见表3-5)。

表3-5　抗日战争时期减租前后部分边区农村的阶级结构变化情况

(单位:%)

地区	雇农		贫农		中农		富农		地主	
	前	后	前	后	前	后	前	后	前	后
延安中区	17.9	12.5	46.4	19.0	18.8	49.4	6.3	10.6	3.5	0
北岳区	0.83	1.01	19.10	20.12	41.69	49.14	21.93	19.59	16.43	10.17
太行区	0.25	0.18	18.98	17.01	37.02	60.85	18.68	17.18	24.63	4.22
晋绥区	0.85	0.4	16.3	23.5	27.5	49	24.8	17.5	30.3	9.0
盐阜区	—	—	19.4	22.0	17.8	28.9	18	14.3	45.8	28

资料来源:谢觉哉:《边区人民生活日趋改进》,《解放日报》1941年9月22日;骆耕漠:《盐阜区农村的巨变》,《解放日报》1945年4月19日;赵效民:《中国土地改革史(1921—1949)》,人民出版社1990年版,第295页。

第三,阶级斗争觉悟提高、阶级矛盾有所缓解,提高了群众团结一心、夺取抗战胜利的积极性。

一是农民群众通过减租减息、改善生活,进一步提升了阶级斗争觉悟和参军参战的积极性,并迅速成长为抗日根据地斗争的主力军。边区农民踊跃参加八路军、新四军,积极投身根据地反扫荡、反清乡等保卫工作,在中国共产党的领导下开展英勇的对敌作战。晋察冀边区农救会的统计数据显示,当时边区17个县区有2万农会会员主动参战300余次,破坏敌伪军的交通路线达20公里以上。[1] 八年艰苦的抗日战争期间,边区农民参与民兵的规模达60余万人。[2] 在百团大战中,仅冀中和冀东地区一次性就组织动员了民兵近12万人,其在游击战争中创造的地道战、地雷战等战术为夺取抗战胜利作出重要贡献。正如毛泽东同志强调:"中国

---

① 方草:《晋察冀解放区的土地政策》,《群众》1945年第10期。
② 《抗日战争时期解放区概况》,人民出版社1953年版,第36页。

的革命实质上是农民革命,现在的抗日,实质上是农民的抗日。"①二是"减租减息"政策通过交租交息保障地主的人身财产权利,尽可能团结各阶级力量,巩固和扩大了抗日民族统一战线。在山东根据地的渤海区垦利县,1942—1944年共有84户外逃地主返回根据地农村,并由根据地民主政府发还972.6石粮租,以及21万余亩土地,反映出地主对抗战的支持和信心。② 在晋冀鲁豫边区,反扫荡斗争中出现佃农与地主互帮互助的现象,一定程度上缓和了农村阶级关系,维护了敌后根据地农村社会的稳定,这也与国统区萧条凋敝、民怨四起的现象形成鲜明对比。

第四,"减租减息"和查减运动积累了宝贵经验,促进了党的土地主张及政策的丰富完善。

一是中国共产党在"减租减息"政策进程中主张发动农民的主体力量,迅速提升了农民群众在抗日战争中的政治素养和民主建设觉悟。晋察冀边区1940年的民主大选中,有70%以上的公民参与选举,在冀中区的7个县中,参加村选举的贫雇农和中农占公民总数的87%、参加县选举的贫雇农和中农占公民总数的72.6%,成功当选的村委员和县议员中,贫雇农和中农各占87.9%和82.1%的比重。③ 尽管"减租减息"没有彻底废除封建土地制度,但抗日民主政权中农民力量的成长为下一步土地制度的变革提供了政治支持,巩固了人民当家作主的基层力量。二是"减租减息"政策调节了农民与地主的尖锐矛盾,为"三三制"抗日民主政权奠定了坚实的群众基础。中国共产党在抗战时期的土地策略主张区别对待、既联合又斗争的方针,在革命对象上反对"一刀切"地没收一切地主的土地,主张对两面派的大地主、既抗日又动摇的中小地主以及积极参与抗日的开明绅士进行情况区分。在革命方法上采取分区域、分情况的策略,对抗战根据地的巩固区、游击区、新收复区等展开不同的"减租减息"

---

① 《毛泽东选集》(第二卷),人民出版社1991年版,第692页。

② 《渤海霑化垦利等县深入推行减租减息聚众积极参加抗战团体》,《解放日报》1944年11月17日。

③ 成汉昌:《中国土地制度与土地改革——20世纪前半期》,中国档案出版社1994年版,第557页。

政策。这也为下一阶段的土地改革运动铺垫了重要的历史基础,积累了丰富的实践经验。

第四节　全国解放战争时期党领导农村土地制度变革的历史进程

抗日战争结束之后,国内阶级矛盾再次上升为社会主要矛盾,国内政治局势的变化以及农民对土地的需求,也迫切要求转变解放区的土地政策。在解放战争时期,中国共产党适时将"减租减息"的土地政策逐步调整为彻底废除封建土地制度的"耕者有其田"政策,并领导解放区农民开展了轰轰烈烈的土地改革运动。尽管解放区在贯彻中共中央《关于土地问题的指示》(即《五四指示》)和《中国土地法大纲》文件精神的过程中,出现了不同程度的"左"倾错误,但通过政策纠正与调整,到新中国成立前夕已基本完成了土地改革任务。

一、中国共产党"减租减息"政策的延续与转变

1945 年夏秋抗日战争基本结束,中国共产党在解放区继续沿袭"减租减息"的土地政策,并主张通过推进减租减息、反奸清算等逐步实现"耕者有其田"。但鉴于国内战争形势日益紧张,中国共产党又决定加快土地改革的步伐,将土地政策从削弱封建剥削转为没收地主土地分配给农民。

(一)"减租减息"土地政策的继续推行

面对国民反动派局部进攻和表面"和谈"的两面政策,中国共产党立足于抗日战争后继续巩固统一战线、争取和平民主的基点,在准备武装自卫和积极参与和平谈判的同时,继续实行"减租减息"的政策,"然后采取适当方法,有步骤地达到'耕者有其田'"。①就具体形式而言,解放战争初期的"减租减息"政策为回应农民群众对土地的迫切需求,在原本减

---

① 《毛泽东选集》(第三卷),人民出版社 1991 年版,第 1076 页。

租、减息的基础上又采取了反奸、清算等多种更为激进的措施,因此与抗日战争时期"双减双交"的策略有所区别。

1."减租减息"与查租查减

1945 年 8 月,中共中央《关于日本投降后我党任务的决定》从巩固农村统一战线、团结有利于中国共产党领导力量等目标出发,提出在新解放区发动群众开展减租运动、在老解放区巩固减租成果,同时强调"没收分配土地是过早的"①,主张不损害中农利益、拉拢富农、救济地主等。1945 年冬,毛泽东同志先后起草了《减租和生产是保卫解放区的两件大事》《一九四六年解放区工作的方针》等文件,反复强调"减租减息"仍然是当前党的主要土地政策,提出"只有减租和生产两件大事办好了,才能克服困难,援助战争,取得胜利"②,并且明确要求在 1946 年于一切新解放区领导农民群众开展大规模的"减租减息"运动,在老解放区则对"减租减息"成果进行复查和巩固。

新解放区的"减租减息"与反奸斗争紧密结合,农民群众通过说理、算账、减租、退租,与地主阶级展开了有理有节的减租斗争。1946 年上半年,华中解放区参加减租大队的佃户达十万之众,而晋冀鲁豫解放区则通过城乡联合的方式展开减租斗争、订立减租合同。与此同时,已经建立并巩固的老解放区由于干部和群众思想觉悟不足、汉奸地主不断横加阻挠等原因,尚未取得减租工作的突破性进展。中共中央针对"明减暗不减"等问题明确要求干部克服思想不足、发动和组织群众彻底实行减租。③

2. 反奸清算和没收日伪土地

抗日战争胜利后新开辟的解放区大多是从日伪统治区和敌占区转变而来,这些地区中的农村土地制度带有封建剥削和殖民剥削的双重性质。中国共产党领导解放区农民开展的反奸清算运动,则是将打击日伪汉奸的政治斗争与没收其土地归农民所有的经济斗争相结合,进而争取农民支持、创造减租减息条件的重要形式。一方面,从 1945 年末至 1946 年

---

① 《毛泽东军事文集》(第三卷),军事科学出版社、中央文献出版社 1993 年版,第 2 页。

② 《毛泽东选集》(第四卷),人民出版社 1991 年版,第 1172 页。

③ 《努力发动解放区群众》,《解放日报》1946 年 1 月 9 日。

初,中国共产党的新解放区陆续开展了反奸清算等斗争,通过举办群众大会清算农民受到的剥削,控诉和惩办作恶多端的汉奸恶霸地主。1945 年冬,胶东昌潍平原有 34 万农民加入农民协会,近 50 万农民参加反奸诉苦运动,在两个月之内就扫除了上千个村庄的敌伪汉奸残余。① 1946 年初,冀南有八成以上的村庄开展了反奸清算斗争,惩处了 622 个汉奸特务、摧毁了 500 余个村庄的敌伪政权。② 1946 年 3 月至 5 月,山东解放区蒙阴县的 20 万农民参与了反奸清算斗争,向汉奸恶霸追讨回 47.6 万余斤粮食。③

另一方面,各解放区也在战后着手处理被日伪汉奸侵占的土地。1946 年 3 月,中共中央东北局发出《关于处理日伪土地的指示》,规定普遍推行"二五减租"等原则的基础上,必须把"所有东北境内一切日伪地产、开拓地、满拓地以及日本人和大汉奸所有土地,立即无代价地分配给无地和少地的贫苦农民所有"④,为开展春耕工作、增加农民粮食提供必需的土地。在东北解放区,黑龙江省柳河县农民通过低价赎回、无价收回和无代价分配的方式,从敌伪汉奸手中收回了 13776 亩土地⑤。吉林省蛟河县共收回 1.4 万余亩旱地和水田,并公平分配给农民、军属、工人等⑥。而晋绥新开辟的解放区收回被日伪汉奸霸占的土地达 10 万余亩⑦。

中国共产党领导的新解放区通过发动和组织农民群众参与"减租减息"和反奸清算斗争,在扫除敌伪汉奸等参与势力的同时,也改造和巩固了解放区的民主政权,照顾并维护了解放区农民的经济利益。

(二)从"减租减息"到"耕者有其田"的政策转变

1946 年上半年,以蒋介石为首的国民党基本完成发动内战的战略部

① 《胶东昌潍平原反奸诉苦五十万农民掀掉"石头"》,《解放日报》1946 年 4 月 11 日。
② 《复仇运动如野火燎原冀南人民清算八年血仇》,《解放日报》1946 年 1 月 26 日。
③ 《蒙阴新区二十万农众反奸减租》,《解放日报》1946 年 6 月 2 日。
④ 中共中央党校党史教研室:《中国共产党党史稿》(第四分册),人民出版社 1985 年版,第 31 页。
⑤ 《向敌伪清算! 柳河农民收回土地》,《解放日报》1946 年 4 月 21 日。
⑥ 《东北各地敌伪田产继续分予贫苦人民》,《解放日报》1946 年 5 月 19 日。
⑦ 《晋绥新区清算奸伪霸占土地分配给贫农及抗属》,《解放日报》1946 年 4 月 4 日。

署，彼时中国共产党的经济和军事力量尚不占优势。彻底解决解放区的土地问题，是争取解放区人民对中国共产党的支持，稳定和提高农民发展生产、参军参战积极性的重要策略。在国内战争尚未全面爆发之前，中共中央考虑到农民的土地需求和地主阶级、民族资产阶级等的实际情况，于1946年5月4日发布了《关于土地问题的指示》（即《五四指示》），将削弱封建剥削的"减租减息"政策转变为消灭封建剥削的"耕者有其田"政策。

1.《五四指示》的基本内容

文件开篇着眼于当前群众运动的发展形势对解放区土地关系变革的影响，强调了土地问题在时局中的重要性，指出"解决解放区的土地问题是我党目前最基本的历史任务，是目前一切工作的最基本的环节"[1]，并从以下几个方面对此时党领导解放区群众实行土地改革的方针和策略进行阐释。

其一，政策倾向是将"减租减息"政策转变为"耕者有其田"。《五四指示》指出"要坚决拥护农民一切正当的主张和正义的行动，批准农民获得和正在获得土地"[2]，而"拥护""批准"农民对土地的诉求，实质上是对"耕者有其田"正当性的肯定。但与土地革命时期直接提出没收地主阶级土地分配给农民的"耕者有其田"政策不同，《五四指示》出于"巩固反对封建独裁争取和平民主的统一战线"[3]的考虑，仍旧主张减租减息、反奸清算、退租退息等改革方式，更不是全部改变现有的土地政策。面对政策转变所引发的反对声音，中国共产党也提出"对于汉奸、豪绅、地主的叫骂应当给以驳斥，对于中间派的怀疑应当给以解释，对于党内的不正确的观点，应当给以教育"[4]等解决方式。

---

① 中共中央文献研究室、中央档案馆编：《建党以来重要文献选编（一九二一——一九四九）》（第二十三册），中央文献出版社2011年版，第246页。

② 中共中央文献研究室、中央档案馆编：《建党以来重要文献选编（一九二一——一九四九）》（第二十三册），中央文献出版社2011年版，第245—246页。

③ 中共中央文献研究室、中央档案馆编：《建党以来重要文献选编（一九二一——一九四九）》（第二十三册），中央文献出版社2011年版，第248页。

④ 中共中央文献研究室、中央档案馆编：《建党以来重要文献选编（一九二一——一九四九）》（第二十三册），中央文献出版社2011年版，第246页。

其二，基本方针是加强党的领导与坚持群众路线相结合。《五四指示》相对完整地阐释了这场土地改革运动的推进方式，即在运动前各地要召开会议研究中央指示精神、结合当地实际确定具体实施策略，通过训练和教育干部为对外解释政策做好准备工作。在运动中则要贯彻群众路线，"真正发动群众，由群众自己动手来解决土地问题，绝对禁止使用违反群众路线的命令主义、包办代替及恩赐等办法"①，同时不断纠正党内在土地问题上的"左"和"右"的倾向。在土地问题解决后，要发展党组织、巩固农会和民兵组织，保卫土地运动成果和解放区的民主政权。

其三，主要策略是针对不同阶级进行差异化安排，提出对待封建地主阶级和工商业资产阶级有原则上的区别。就农民阶级而言，《五四指示》提出保障中农利益、保护中农土地，促使其参加运动。同时将富农和地主区分开来，着重开展减租并保留他们自行耕种的土地。就地主阶级而言，《五四指示》提出要照顾中小地主的基本生活，在孤立汉奸豪绅和恶霸、收回其土地的同时保障其生活必需的土地，对于罪大恶极的汉奸公敌一般采取宽大政策，强调"反奸清算是必需的，但不要牵连太广，引起群众恐慌，给反动派以进攻的借口"②。此外，中国共产党强调"不可将农村中解决土地问题、反对封建地主阶级的办法，同样地用来反对工商业资产阶级"③，主张保护富农、地主等开办的工商产业。

其四，具体手段是无偿方式与有偿方式相结合，通过没收、征购、清算等多种方式实现土地所有权的变革。与前期土地革命不同，《五四指示》解决土地问题的举措更加多样化，且注重政策过渡性、以"使农民站在合法和有理地位"④。在土地取得方面，除了直接对大汉奸的土地进行没收

---

①　中共中央文献研究室、中央档案馆编：《建党以来重要文献选编（一九二一—一九四九）》（第二十三册），中央文献出版社 2011 年版，第 248 页。

②　中共中央文献研究室、中央档案馆编：《建党以来重要文献选编（一九二一—一九四九）》（第二十三册），中央文献出版社 2011 年版，第 247 页。

③　中共中央文献研究室、中央档案馆编：《建党以来重要文献选编（一九二一—一九四九）》（第二十三册），中央文献出版社 2011 年版，第 247 页。

④　中共中央文献研究室、中央档案馆编：《建党以来重要文献选编（一九二一—一九四九）》（第二十三册），中央文献出版社 2011 年版，第 248 页。

之外,其他地主的土地基本上沿袭了"减租减息"政策推行中的处理方式,如在减租后地主自愿出卖、由佃农优先购买,或地主通过出卖土地给农民来清算负债等。在土地分配方面,《五四指示》尚未提出非常明确的措施,但在原则上要求公平合理,且提出在土地问题解决后不能无休止地清算,以保障农民发展生产的信心。

总体而言,《五四指示》支持了农民对土地的迫切要求,并在土地运动过程中进一步强化了党群联系,有利于巩固反封建的统一战线。由于特殊的历史环境和复杂的国内战争形势,《五四指示》并没有直接提出没收地主阶级的土地、彻底改革农村土地制度①,因此也带有一定的不彻底性。

2.《五四指示》的贯彻执行

在《五四指示》颁布之后,各解放区在学习贯彻文件精神的基础上,陆续制定本区的土地运动政策,采取灵活多样的方式探索解决本区内的农民土地问题。

第一,农村土地的取得方式。

一是没收土地。这种方式主要针对的对象是大汉奸、日伪特务、恶霸、豪绅、土匪等,原则上是没收其依仗权势霸占、侵吞及其匿报、隐瞒的土地,但要为其家属保留维持生活所必需的土地。以东北解放区为例,中共中央东北局于1946年夏前后选派了1.2万名干部下乡推动土地改革运动,并针对作恶程度不同的汉奸有区分地展开没收工作。除了对持地十垧、八垧的汉奸暂时不进行没收分配以稳定中农之外,基本上都采取了没收分配的措施。到1946年底,东北解放区已没收日伪、大汉奸、大地主的土地近330万垧。②

二是清算斗争。清算主要是通过退还霸占、偿还旧债、赔偿损失等方式让地主的土地转移到农民手中,最终实现"耕者有其田"。在抗日战争

---

① 杜敬:《关于"五四指示"和〈中国土地法大纲〉的几个问题》,《天津社会科学》1985年第3期。

② 成汉昌:《中国土地制度与土地改革——20世纪前半期》,中国档案出版社1994年版,第576页。

结束后不久,各解放区就已经陆续开展了反奸清算斗争,而在《五四指示》颁布之后,各区的清算斗争推进到高潮阶段。1947 年 1 月至 6 月,豫皖苏区一分区的农民经过土地改革得到土地 19.5699 万亩,一、三两个分区由此得到的粮食共计 99670 斤。① 1946 年 6 月,晋冀鲁豫解放区的农民自行组织"调查委员会""翻身委员会""评议委员会""保管委员会"等开展清算斗争。② 从 1946 年 6 月至 1947 年 4 月,太行区 66% 的农民从土地改革运动中取得土地 3672636 万亩,全区每人平均得地 3 亩 4 分。③

三是提倡献地。献地主要是开明士绅和部分中小地主自愿、无偿地献出土地给解放区政府和农民,各解放区政府均出台了关于献地的政策,并将这种方式作为减租、清算等的补充性措施。为防止地主乱献地、献坏田等,各解放区规定在群众斗争发动前一般不接受地主献地,土地改革运动中也仅接受地主出身的抗日军属、开明士绅等的自愿献地。在华中解放区,苏皖边区政府民政厅长陈阴南主动献地 1135 亩④,临参会邹鲁山议员主动献地 110 亩⑤,仅留小部分作为家用。在晋察冀解放区,察哈尔省高等法院的阮幕韩院长主动献出自己原籍的 3200 多亩田地⑥;在晋绥边区,临参会刘少白副议长献出 450 余亩田地,察北七专署的柴书林专员说服家庭献出 3800 亩祖田。⑦ 而在陕甘宁边区,三边地区的 30 余户地主总共献出的土地达到 12 万亩。⑧

四是其他方式。除了沿袭"减租减息"政策推行中的几种主要形式之外,陕甘宁边区还在一定时期内推行了"征购土地"的办法,但征购实

① 齐武:《一个革命根据地的成长——抗日战争和解放战争时期的晋冀鲁豫边区概况》,人民出版社 1957 年版,第 277 页。
② 齐武:《一个革命根据地的成长——抗日战争和解放战争时期的晋冀鲁豫边区概况》,人民出版社 1957 年版,第 277 页。
③ 齐武:《一个革命根据地的成长——抗日战争和解放战争时期的晋冀鲁豫边区概况》,人民出版社 1957 年版,第 278 页。
④ 《陈阴南厅长献地千亩》,《解放日报》1946 年 7 月 25 日。
⑤ 《实现孙中山"耕者有其田"苏皖士绅倡献地运动》,《解放日报》1946 年 7 月 25 日。
⑥ 《拥护党的土地政策阮幕韩同志献地三千亩》,《解放日报》1946 年 7 月 30 日。
⑦ 《晋绥开明地主热忱献地》,《解放日报》1946 年 8 月 16 日。
⑧ 《三边地主拥护土地改革》,《解放日报》1947 年 1 月 21 日。

际上只处理了清算斗争后的残余土地，因此也只是一种地区范围内的辅助性措施。此外，对于由宗法家族占有的族地、祠堂，宗教机构占有的寺庙、教堂，历史遗留的旗地、挂地，以及尚未明确地权归属的黑地等多种特殊性质的土地，各解放区也在首先满足农民土地诉求的前提下，酌情进行了区别处理。

第二，农村土地的分配方式。

农村土地在取得之后如何进行合理的分配，是土地改革运动中的关键问题。各解放区在结合本区实际情况的基础上探索了农村土地的多样化分配方式，主要的类型有按人口多少分配、按实际需要程度分配、"打乱平分""两头不动中间动"等，也有辅助性的"苗随地走""填平补齐"。照顾原耕和地块情况等灵活措施。尽管中共中央明确提出"在实现耕者有其田的全部过程中，必须坚决联合中农，绝对不许侵犯中农利益（包括富裕中农在内）"[1]，以及"对富农土地不宜推平""各项过左意见是不利的"[2]等要求，但在紧张的国内战争局势下，部分解放区仍然出现了相对激进甚至过"左"的改革措施。

总的来说，在《五四指示》发布之后，近三分之二的解放区"解决了土地问题，实现了耕者有其田"[3]。农民经过土地改革实现了自身的解放，也迸发出参军参战的热情。"到 1946 年 10 月，全解放区已有三十万农民参加了解放军，还有三四百万人参加了民兵和游击队。哪里深入彻底地解决了土地问题，哪里的农民即和共产党、解放军一道，坚决反对国民党军的进攻。"[4]

二、中国共产党"耕者有其田"制度的调整与推广

1947 年夏，解放战争的形势日益明朗，中国共产党领导的人民解放

---

① 《五二〇运动资料》（第一辑），人民出版社 1985 年版，第 8 页。
② 赵效民：《中国土地改革史（1921—1949）》，人民出版社 1990 年版，第 326 页。
③ 《五二〇运动资料》（第一辑），人民出版社 1985 年版，第 7 页。
④ 李新等：《中国新民主主义革命时期通史》（初稿）（第四卷），人民出版社 1962 年版，第 48 页。

军从战略防御转向战略进攻。前期农村土地改革运动和阶级斗争还存在不彻底的问题,为巩固新老解放区政权、发动农民支持解放战争,中国共产党进一步提出彻底废除封建土地制度的"耕者有其田"政策,并在全面深入开展土地改革运动过程中不断抵制和纠正"左"倾错误。

（一）全国土地会议与《中国土地法大纲》的出台

土地问题是中国革命的基本问题,为在新的战争形势下统一土地改革运动的政策方向,纠正运动中出现的错误和偏差,让土地运动助力解放战争的胜利进程,中国共产党决定召开一次全国性的土地会议,以坚决的土地革命纲领彻底解决农民的土地问题。

1. 全国土地会议的召开

1947 年 7 月 17 日至 9 月 13 日,中央工委主持的全国土地会议在晋察冀解放区的西柏坡召开,各大解放区的参会代表达百余人。长达两月之久的会议有两个阶段性的主题,其中 8 月之前主要讨论土地改革运动中党组织的整顿问题,8 月至 9 月则主要讨论平分土地的问题。

第一,对民主整党问题的讨论。刘少奇在全国土地会议上作结论时指出,《五四指示》后解放区的土地改革运动取得了很大的成绩,但大部分还是存在不彻底的地方,主要有三个原因:"指导土地改革的政策不彻底""党内不纯""官僚主义的领导"。① 就政策不彻底的问题,刘少奇指出《五四指示》出台的历史环境和战争形势还比较模糊,因此属于"由减租减息到彻底平分土地的过渡政策"②,但当前要彻底解决土地问题,则是时候提出"彻底平分土地"的主张。在政策问题解决之后,首要和关键的问题则是整顿党的组织和作风。会议批评了各种党内不纯和官僚主义的表现,提出通过"思想打通,组织整顿,纪律制裁"③等方法,将自下而上的思想工作和自下而上的民主监督相结合,厘清党内阶级观点,明确党内阶级路线。

第二,对"平分土地"政策的讨论。农民土地问题彻底解决的方法是

---

① 《刘少奇选集》(上卷),人民出版社 1981 年版,第 385 页。
② 《刘少奇选集》(上卷),人民出版社 1981 年版,第 386 页。
③ 《刘少奇选集》(上卷),人民出版社 1981 年版,第 390 页。

全国土地会议讨论的中心议题，1947年8月29日新华社发表的《学习〈晋绥日报〉的自我批评》一文指出，为彻底解决解放区的土地问题、凝聚群众力量战胜内战的人民公敌，把"党的土地政策，改变到彻底平分田地，使无地少地的农民得到土地、农具、牲畜、种子、粮食、衣服和住所，同时又照顾地主的生活，让地主和农民同样分得一份土地，乃是绝对必要的"①，对议题讨论结果产生了重大影响。会上代表普遍赞同"彻底平分"的原则，虽然对《五四指示》的不彻底性有了更多突破，但其包含的绝对平均主义倾向也对后期运动中损害中农利益、消灭富农经济的"左"倾主张起了一定影响。

此外，会议还对农村生产与负担等问题进行了探讨，如董必武在《土地改革后农村的生产问题》中指出："土地改革不可能把一切问题完全解决，只解决了一个最基本的东西（土地），部分地解决了耕畜、农具等。有了土地没有生产资具仍然无法生产，这个问题还需要用其他办法来解决"②，主张厘清斗封建和斗富的区别，在完成土地改革后及时发展农业生产。

2.《中国土地法大纲》的颁布

1947年10月，全国土地会议决议通过并颁布了《中国土地法大纲》。中共中央着眼于当前中国极不合理的农村土地制度和严重失调的农村土地占有情况，提出"为了改变这种情况，必须根据农民的要求，消灭封建性及半封建性剥削的土地制度，实行耕者有其田的制度"③。《中国土地法大纲》的内容主要有以下几个方面：

第一，土地制度改革的废除和接收对象。《中国土地法大纲》开篇就规定"废除封建性及半封建性剥削的土地制度，实行耕者有其田的土地制度"④。其中前三条要求废除一切地主和包括祠堂、寺院、机关团体等

---

① 中共中央文献研究室、中央档案馆编：《建党以来重要文献选编（一九二一——一九四九）》（第二十四册），中央文献出版社2011年版，第467—468页。

② 《董必武选集》，人民出版社1985年版，第136页。

③ 中共中央文献研究室、中央档案馆编：《建党以来重要文献选编（一九二一——一九四九）》（第二十四册），中央文献出版社2011年版，第416页。

④ 中共中央文献研究室、中央档案馆编：《建党以来重要文献选编（一九二一——一九四九）》（第二十四册），中央文献出版社2011年版，第417页。

的土地所有权,以及土地制度改革前的农村高利贷债务。此处对地主占有财产的没收,以及第八条"乡村农会接收地主的牲畜、农具、房屋、粮食及其他财产,并征收富农的上述财产的多余部分"①,均体现出反对封建剥削的决心。此外,《中国土地法大纲》还规定森林、矿场、牧场、荒地等特殊土地应归政府管理。

第二,土地制度改革的分配和处理办法。《中国土地法大纲》贯彻了全国土地会议"平分土地"的原则,提出将乡村中一切地主土地连同公地一起"按乡村全部人口,不分男女老幼,统一平均分配,在土地数量上抽多补少,质量上抽肥补瘦,使全乡村人民均获得同等的土地,并归各人所有"。② 在分配对象上,地主及其家庭、居于农村的国民党人家庭和无地少地的农民、贫民一样,可以分到同样的土地和财产,由此全乡人民的生产生活资料均有保障。尽管"平分一切土地"难免会损害中农的利益,但在当时"以人口总数除土地总数的平田主义是最直捷了当,最得多数群众拥护的"③。

第三,土地制度改革的执行和管理要求。《中国土地法大纲》贯彻了中国共产党在领导农民开展土地改革运动中的群众路线,反对恩赐包办,主张发动和组织农民群众解放自己,保障农民的民主权利。除了让乡村农会及其委员会指派的人员开展接收和分配农村土地的工作之外,《中国土地法大纲》还规定"由农民大会或农民代表会所选举及由政府所委派的人员组成"④的人民法庭,对抗不遵法的现象进行审判和处分,同时保障"农民及其代表有全权得在各种会议上自由批评及弹劾各方各级的一切干部,有全权得在各种相当会议上自由撤换及选举政府及农民团体

---

① 中共中央文献研究室、中央档案馆编:《建党以来重要文献选编(一九二一——一九四九)》(第二十四册),中央文献出版社 2011 年版,第 418 页。

② 中共中央文献研究室、中央档案馆编:《建党以来重要文献选编(一九二一——一九四九)》(第二十四册),中央文献出版社 2011 年版,第 417 页。

③ 《毛泽东文集》(第一卷),人民出版社 1993 年版,第 235 页。

④ 中共中央文献研究室、中央档案馆编:《建党以来重要文献选编(一九二一——一九四九)》(第二十四册),中央文献出版社 2011 年版,第 419 页。

中的一切干部"①。

（二）土地改革运动的"左"倾纠偏与策略调整

《中国土地法大纲》作为各解放区消灭封建剥削土地制度的战斗纲领，为各区的土地改革运动作出了原则性的规定和指引。在全国土地会议闭幕之后，各个解放区便相继召开土地会议、层层贯彻会议精神。

从1947年末到1948年初，一场声势浩大、范围甚广的土地改革运动迅速兴起，其中大多数解放区进行了土地的彻底平分，也有部分地区采取"中间不动两头动"的改革方式。平分土地运动的高潮基本实现了全解放区土地占有情况的整体平均，但也使抑制中农利益和富农工商业经济发展的"左"倾错误迅速滋长。部分干部和群众由于对解放区的实际情况缺乏了解，对于阶级划分的标准比较混乱，在局势紧张的战争环境中工作风格偏激，"提出'群众要怎么办就怎么办'的错误口号，错斗了中农，伤害了干部，侵犯了工商业"②。一些地区甚至以村、区、县为单位"联合扫荡"地主和富农的财产，刮起"扫堂子"风，"严重地破坏了党的土改政策，极大地扰乱了农村阶级阵线，人为地造成了人民群众中间的分裂和对立"。③

中共中央高度重视土地改革中蔓延开来的"左"倾趋势，并针对平分土地运动中暴露出来的问题，逐渐对土地改革政策进行纠正和调整。1947年12月，中共中央在陕北米脂县杨家沟召开扩大会议，毛泽东同志在会上做了《目前形势和我们的任务》的报告，强调彻底改革土地制度是当前中国革命的基本任务之一，并提出土地改革的两条基本原则，即"必须满足贫农和雇农的要求""必须坚决地团结中农，不要损害中农的利益"。④ 会议提出中国共产党的最基本的政治纲领是"联合工农兵学商各

---

① 中共中央文献研究室、中央档案馆编：《建党以来重要文献选编（一九二一——一九四九）》（第二十四册），中央文献出版社2011年版，第419—420页。

② 金冲及：《周恩来传（1898—1949）》，人民出版社1995年版，第715页。

③ 张启龙等：《共产主义者的楷模——回忆在合江工作时期的张闻天同志》，《人民日报》1979年9月4日。

④ 《毛泽东选集》（第四卷），人民出版社1991年版，第1251页。

被压迫阶级、各人民团体、各民主党派、各少数民族、各地华侨和其他爱国分子,组成民族统一战线,打倒蒋介石独裁政府,成立民主联合政府"①,为纠正土地改革运动中的各种"左"倾错误奠定了政治基调。此后中国共产党又陆续出台了一系列政策和指示文件,从不同方面逐步完善党领导农村土地改革运动的整体方针和具体策略。

1. 纠正全党的土地政策观念,提高全党的思想理论水平

在中共中央的十二月会议结束之后,全党广泛开展对会议精神的学习活动。针对部分干部在解放区土地改革运动中暴露出来的工作思路问题,1948 年 4 月毛泽东同志在晋绥干部会议上发表重要讲话,强调中国共产党在土地改革中的总路线是"依靠贫农,团结中农,有步骤地、有分别地消灭封建剥削制度,发展农业生产"②。针对土地运动中存在的组织作风问题,各解放区纷纷通过开办党校、轮训班等形式对干部进行思想理论教育和组织纪律培训。毛泽东同志总结道:"按照实际情况决定工作方针,这是一切共产党员所必须牢牢记住的最基本的工作方法。我们所犯的错误,研究其发生的原因,都是由于我们离开了当时当地的实际情况,主观地决定自己的工作方针。"③在此次学习热潮中,各解放区党委和政府对盲目推崇群众要求的尾巴主义、一刀切地平分土地等"左"倾错误进行集中整训,将党的土地政策工作逐步引向正确的方向。

2. 明晰划分农村阶级成分的标准和办法

为了纠正农村阶级评定问题上的"左"倾错误,1947 年冬,中共中央先将苏维埃中央政府的《怎样分析农村阶级》《关于土地斗争中一些问题的决定》进行删节,发放给各解放区先行参考。1947 年 12 月 31 日,刘少奇起草了《中共中央工委关于阶级分析问题的指示》,对当前阶级成分划分中的多重标准、"追历史、查三代"、把富农定为地主、少数人拍板决定等"左"倾错误进行批评,指出"划分阶级应只有一个标准,即占有生产手

---

① 中共中央文献研究室、中央档案馆编:《建党以来重要文献选编(一九二一——一九四九)》(第二十四册),中央文献出版社 2011 年版,第 535 页。

② 《毛泽东选集》(第四卷),人民出版社 1991 年版,第 1317 页。

③ 《毛泽东选集》(第四卷),人民出版社 1991 年版,第 1308 页。

段（在农村中主要是土地）与否,占有多少,及与占有关系相连带的生产关系（剥削关系）。如再提出其他标准都是错误的"①。1948 年 2 月,中共中央基于马克思主义唯物史观的理论,对阶级社会的原理和中国社会阶级关系进行阐释,指出我们应当以"人们对于生产资料的占有关系"②作为观察和划分社会阶级的唯一标准。在一系列政策文件的指导下,各解放区在土地改革中划分阶级成分的错误得到有效遏制和纠正,解放区内的阶级矛盾得到缓和,农业生产也实现了一定的恢复和发展。

3. 完善不同解放区土地改革政策的提法和做法

由于"平分土地"的口号对解放区干部和农民群众的改革心理影响较大,因此对土地改革政策的调整是逐渐推进的。1948 年 2 月,中共中央陆续发布文件,分别明确老区、半老区和新解放区的土地改革工作重点。如《老区半老区的土地改革与整党工作》区分了三类地区的工作方针,一是在土地改革比较彻底的地区不再提平分土地,而是采取抽补方法进行土地调剂;二是在土地改革不够彻底的地区尽量采取大范围调剂,仅在多数农民有要求且中农同意的情况下重新平分;三是在土地改革很不彻底的地区,重点没收和平分地主阶级以及富农多余的土地财产。③《新解放区土地改革要点》④将新解放区的土地改革分为两个阶段,第一是"打击地主,中立富农",第二是"平分土地,包括富农出租和多余的土地在内",同时要区别对待富农和地主的态度,强调照顾中农的利益,并将总的打击面控制在户数的 8%和人口的 10%以内,此后中央文件对于"平分土地"的口号提得越来越少。1948 年 5 月,毛泽东同志起草了中共中央《一九四八年的土地改革工作和整党工作》的指示文件,对中国共产党

---

① 中共中央文献研究室编:《刘少奇年谱（一八九八——一九六九）》（下卷）,中共中央文献研究室 1996 年版,第 114 页。

② 中共中央文献研究室、中央档案馆编:《建党以来重要文献选编（一九二一——一九四九）》（第二十五册）,中央文献出版社 2011 年版,第 106 页。

③ 中共中央文献研究室、中央档案馆编:《建党以来重要文献选编（一九二一——一九四九）》（第二十五册）,中央文献出版社 2011 年版,第 165—167 页。

④ 中共中央文献研究室、中央档案馆编:《建党以来重要文献选编（一九二一——一九四九）》（第二十五册）,中央文献出版社 2011 年版,第 97 页。

领导农民开展土地改革运动的实践经验进行了简单总结。文件指出"在干部会议中和在工作中,必须教育干部善于分析具体情况,从不同地区、不同历史条件的具体情况出发,决定当地当时的工作任务和工作方法"①,强调党在各解放区土地改革政策的灵活性。

三、基本特点与主要成就

解放战争期间,中国共产党在艰苦复杂的战争环境中不断克服困难、纠正错误,逐渐将党的农村土地政策从《五四指示》之前的"减租减息",转变为《中国土地法大纲》之后的"耕者有其田",推动了各解放区废除封建半封建土地制度的进程。这一阶段党领导的农村土地制度变革不仅为打赢解放战争提供了物质和人力支撑,也为新中国成立初期的大规模的土地改革工作积累了群众基础和宝贵经验。

(一)基本特点

解放战争时期的土地改革运动是中国共产党领导农村土地制度变革的继续和发展,经过前几个阶段的曲折探索,这一时期的土地制度变革呈现出更加完善和成熟的特点。

其一,坚持在马克思主义的指导下探索土地改革阶级路线。阶级路线牵涉土地改革中的敌友关系、革命任务和斗争方针,中国共产党对土地改革阶级路线的认识经历了一个反复探索的过程。从中国共产党成立初期到大革命结束,党对中国社会各阶级进行了简要分析,但并未对富农和地主阶级的成分展开研究。土地革命时期尽管提出了相对完善的阶级斗争路线,但采取了"地主不分田、富农分坏田""削弱富农、消灭地主"的过"左"措施。直到进入解放战争阶段,党基于抗日民族统一战线到反封建民主革命统一战线的转变,立足于马克思主义唯物史观对社会阶级划分的原则和标准,依托中国革命的实际情况,提出了"依靠贫农,团结中农,有步骤地、有分别地消灭封建剥削制度,发展农业生产"②的土地改革总

---

① 中共中央文献研究室、中央档案馆编:《建党以来重要文献选编(一九二一——一九四九)》(第二十五册),中央文献出版社2011年版,第318页。
② 《毛泽东选集》(第四卷),人民出版社1991年版,第1317页。

路线,进一步在改革路线、改革策略与改革目的等方面完善了土地改革的阶级路线。

其二,反复强调和不断贯彻土地改革的群众路线。"土地问题,是农民的基本问题,也是中国革命的基本问题"①,中国共产党始终强调要依靠农民这一中国革命的基础性力量,坚持发挥群众斗争的自主性。一方面,中国共产党反对土地斗争中的"恩赐""包办",并针对解放战争初期因没有充分发动群众而产生的所谓的"和平土改""夹生饭"等不彻底现象,反复开展土地改革的复查运动。另一方面,中国共产党在依靠农民群众改革力量的同时,既反对片面宣传狭隘的"贫雇农打江山坐江山"路线,又反对盲目推崇农民绝对平均要求的尾巴主义,强调"现在农村中流行的一种破坏工商业、在分配土地问题上主张绝对平均主义的思想,它的性质是反动的、落后的、倒退的。我们必须批判这种思想"②。中国共产党在对中国国情和革命形势正确认识的基础上,"准确地把握和解决了中国革命中最关键、最复杂的农民土地问题,制定出正确的土地政策和路线"③,通过调动农民群众参军参战、发展生产的积极性,为党夺取新民主主义革命胜利奠定了重要基础。

其三,持续纠偏和动态调整土地改革的方针政策。在前期土地制度变革中产生的"左"倾、"右"倾错误,对解放战争时期中国共产党土地改革政策的制定起到了重要的启示作用。朱德在 1947 年全国土地会议开幕式上总结了土地革命时期的错误和教训,指出"现在土改中'左'的和右的偏向,许多地方都有,这就需要我们认真总结十几年来许多宝贵的经验教训,用以指导全国的土地改革运动"④。比如在土地分配的原则和标准方面,中国共产党提出"彻底平分土地"的主张,指出消灭地主阶级不等于在肉体上消灭地主等,考虑了地主和富农及其家庭的生计问题,更多

---

① 《叶剑英选集》,人民出版社 1996 年版,第 119 页。

② 《毛泽东选集》(第四卷),人民出版社 1991 年版,第 1314 页。

③ 郑建敏:《论新民主主义革命时期党的土地政策》,《西南师范大学学报》(人文社会科学版)2003 年第 4 期。

④ 《朱德选集》,人民出版社 1983 年版,第 205 页。

地体现出巩固反封建民主统一战线的要求和土地改革的公平性。这既是对土地革命时期和抗日战争时期中土地改革正确政策的坚持与发展，也是对其错误方针的纠偏。

（二）主要成就

中国共产党在领导解放区土地改革运动进程中，强调"如果我们能够普遍地彻底地解决土地问题，我们就获得了足以战胜一切敌人的最基本的条件"[①]。解放战争时期党领导的农村土地制度变革，对于解放区的生产发展、政权巩固和推进革命在全国的胜利进程起了非常重要的作用。

第一，各解放区的封建剥削土地制度得到不同程度的削弱，农业生产和经济发展向好。一方面，经过一段时间的"减租减息"、土地改革和复查运动，1949 年 6 月解放区范围内有近 1.51 亿人口（其中约 82.8% 均为农业人口）所在的地区已完成土地改革，1 亿农民从地主阶级和旧式富农手中分得了约 3.7 亿亩的土地，以及住房、粮食、衣物等生产生活资料。[②]在东北、西北、华北、华东等老解放区基本废除了封建土地制度，华中的部分新解放区则在很大程度上削弱了封建土地制度。随着封建土地占有关系的变化，农村的阶级关系和阶级比重也发生改变，中农占据了农村人口的大部分。另一方面，土地改革运动使农民拥有了自属土地，极大激发了其兴修水利、精耕细作、发展农业生产的积极性。从 1948 年基本完成土地改革之后，东北解放区的粮食总产量连年递增，到 1950 年已达到 1800万吨，较 1947 年增长约 70%。[③] 与此同时，随着农民生活水平和购买能力的提升，工商业的生产经营也呈现日益繁荣的景象。东北解放区布匹的销售量从 1947 年的 80 万匹增长到 1950 年的 900 万匹，整体数额增加11 倍多。

第二，广大解放区农民踊跃参军参战、积极支援前线，夺取解放战争胜利的群众力量显著增强。一方面，土地改革运动使农民获得了生产生活必需的土地、粮食等财产，极大提升解放区农民"保田参军"的积极性，

---

①　《毛泽东选集》（第四卷），人民出版社 1991 年版，第 1252 页。

②　赵效民：《中国土地改革史（1921—1949）》，人民出版社 1990 年版，第 426 页。

③　赵效民：《中国土地改革史（1921—1949）》，人民出版社 1990 年版，第 431 页。

"士兵都是翻了身的人民,他们为保卫自己的翻身果实而战,因此在战斗中莫不奋勇向前以一当十"①。在解放区的参军热潮中,华北区太行区总共有4%—8%的人口参军,1949年初在10天之内就招募新军24501人。② 对于参军参战人员的家属,许多村庄规定"一切先尽军属和参战家属"③,在种地收割时多予以照顾。另一方面,除了直接参军参战,广大农民群众也通过积极筹粮、缝制衣物鞋被、提供作战物资、随军执行战勤任务等方式积极支援前线(见表3-6)。"在广大人民的大力支援和热情鼓舞下,人民解放军终于克服了一切困难,取得了战略决战的胜利。"④

表3-6 解放战争时期辽沈、平津、淮海三大战役的人民支援情况

序号战役	人民支援三大战役的人力和物资数量							
	民工 (万人)	担架 (副)	挑子 (副)	小车 (辆)	大车 (辆)	船只 (条)	牲畜 (头)	粮食 (万斤)
辽沈战役	160	13800	—	—	6750	—	30000	7000
平津战役	154	20000	—	20000	380000	—	1000000	31000
淮海战役	225	73900	42000	410900	3070	13630	6300	57000

资料来源:中共中央党史研究室:《中国共产党历史 第一卷》(1921—1949)上册,中共党史出版社2010年版,第794页;中共中央党校党史教研室:《中国共产党史稿》(第四分册),人民出版社1985年版,第151—152页;赵效民:《中国土地改革史(1921—1949)》,人民出版社1990年版,第435页;郭德宏:《中国近现代农民土地问题研究》,青岛出版社1993年版,第418页。

　　第三,土地改革的胜利巩固了中国共产党在农村的群众基础,解放区的政权根基得到夯实。上千年来,封建剥削的土地制度作为封建政权压迫农民的介质,一直是农民争取自身解放的枷锁,而中国共产党"耕者有其田"的土地改革运动,实质也是帮助农民翻身获得土地、发展农民武装、争取民主政权的人民战争。毛泽东同志在《论联合政府》的报告中分

---

　　① 朱穆之:《刘伯承将军畅谈冀鲁豫战局蒋军开始转入被动》,《解放日报》1946年11月20日。
　　② 赵效民:《中国土地改革史(1921—1949)》,人民出版社1990年版,第433页。
　　③ 《太岳各地秋收种照顾南征人员家属》,《人民日报》1947年10月2日。
　　④ 《叶剑英选集》,人民出版社1996年版,第371页。

析了国共两党的政策分歧,指出"两党的争论,就其社会性质来说,实质上是在农村关系的问题上"①。有学者对国共两党在解放战争时期的土地政策进行对比研究,认为解放区的土地改革运动对全国革命局势产生了很大影响,使国民党统治区的农民及其群众对国共两党的执政能力有了不同的评判,如"增大了对中国共产党的向心力和对国民党的离心力",以及"对国民党的统治及其国民党军队的士气产生了严重的瓦解作用"②。中国共产党以马克思主义的唯物史观作为指导人民解放战争的科学理论,强调"战争的伟力之最深厚的根源,存在于民众之中"③,指出"武器是战争的重要的因素,但不是决定的因素,决定的因素是人不是物。力量对比不但是军力和经济力的对比,而且是人力和人心的对比"④。通过在土地改革中对农村干部的锻炼培养,依托广大人民对解放战争的积极支援,党领导的新民主主义政权得以建立和巩固,从而为新中国成立后开展彻底的土地改革奠定了坚实基础。

①　《毛泽东选集》(第三卷),人民出版社 1991 年版,第 1077 页。
②　董长贵:《解放战争时期国共两党土地政策及其对全局的影响》,《中共党史研究》2007 年第 6 期。
③　《毛泽东选集》(第二卷),人民出版社 1991 年版,第 511 页。
④　《毛泽东选集》(第二卷),人民出版社 1991 年版,第 469 页。

第四章　社会主义革命和建设时期党领导农村土地制度变革的历史进程

　　"废除地主阶级封建剥削的土地所有制,实行农民的土地所有制,借以解放农村生产力,发展农业生产,为新中国的工业化开辟道路。"①

　　　　　　　　　——《中华人民共和国土地改革法》(1950 年 6 月 30 日)

　　"要逐步地用生产资料的劳动群众集体所有制代替生产资料的私人所有制,逐步地用大规模的、机械化的生产代替小生产,使农业高度地发展起来,使全体农民共同富裕起来,使社会对于农产品的不断增长的需要得到满足。"②

　　　　　　　　　　——《农业生产合作社示范章程》(1955 年 11 月 9 日)

　　基于巩固新生政权的考虑,党领导全国人民对社会主义革命和建设道路进行了艰辛探索。在社会主义革命和建设时期,为解放和发展农村生产力,开展社会主义建设,中国共产党也进一步推动了农村土地制度的变革。这一时期的变革具体可以概括为两个大的阶段:土地改革时期,中国共产党在农村领导农民开展土地革命,实现了"耕者有其田",形成农民所有、家庭分散经营的农村土地制度。农业合作化和人民公社时期,农村土地制度从改变土地经营主体开始,实现了从"家庭自主经营"向"劳

---

　　① 中共中央文献研究室编:《建国以来重要文献选编》(第一册),中央文献出版社 1992 年版,第 336 页。

　　② 史敬棠等:《中国农业合作化运动史料》(下册),生活·读书·新知三联书店 1959 年版,第 111 页。

动互助"再向"集体统一经营"的过渡。同时,土地所有权主体从"农民个体所有"向"劳动群众集体所有"推进,形成集体所有、统一经营的农村土地制度,而这一阶段在理论与实践层面的曲折探索,也为改革开放后农村土地制度的创新发展积累了重要经验。

第一节　土地改革时期党领导农村
土地制度变革的历史进程

新中国成立初期,虽然老解放区的土地改革已经完成,中国1.6亿农民实现了"耕者有其田",但在新解放区土地问题尚未解决,约有3亿农民仍旧受着封建土地制度的束缚。因此,1950—1953年,为彻底完成新民主主义革命的任务,为社会主义革命和建设创造条件,中国共产党在华东、中南、西南及西北等新解放区的广大农村和城市郊区开展了大规模的土地改革运动。

一、《中华人民共和国土地改革法》的制定与实施

1950年6月30日,为给新解放区的土地改革运动提供政策指导,中央人民政府颁布了《中华人民共和国土地改革法》(以下简称《土地改革法》),规定废除地主阶级封建剥削的土地所有制,实行农民的土地所有制。从同年冬季开始,全国新解放区按照《土地改革法》的要求,有步骤地发动群众开展土地改革运动。

(一)建立农民的土地所有制的政策导向

新中国成立后,按照《中国人民政治协商会议共同纲领》的规定,国家要"有步骤地将封建半封建的土地所有制改变为农民的土地所有制"[1]。为了完成这一伟大的历史使命,党领导新中国在农村进行了一系列的土地制度改革。新中国的土地制度改革首先是在华北新区开展的,

---

[1]　中共中央文献研究室编:《建国以来重要文献选编》(第一册),中央文献出版社1992年版,第2页。

在华北新区土地改革中,没有再将减租减息作为过渡办法,而是直接没收地主土地进行分配。这一土地制度改革刚开始时,由于受过去土地改革中某些"左"倾思想的影响,华北新区农村中各阶层情绪都不够稳定,仍存在贫农怕退、中农怕斗、富农怕打、地主怕杀等现象。为了稳定各阶层的情绪,推动华北新区的土地改革运动,经中共中央批准,华北局颁布《关于新区土地改革的意见》,除了继续沿用《中国土地法大纲》中的一般原则外,还针对富农提出了比《中国土地法大纲》更为宽松的政策如"同意今后新区土改只动地主的,不动富农的土地,包括旧式富农的出租土地在内。"①在中农政策方面,摒弃了《中国土地法大纲》中平分一切土地的原则,明确规定"今后在新区实行土地改革,应采取'中间不动两头平'的方针。"②对富农和中农采取比较宽松的政策,对于消除原来农村中各阶层的种种顾虑起到了积极作用,也为其后的《土地改革法》的制定积累了一定的经验。

中国共产党关于新区的土地改革政策的制定经过了一个充分准备的过程。在制定《土地改革法》之前,中共中央曾多次在较大范围内征求意见。1950年3月12日,毛泽东同志就对待富农策略问题征询中共中央中南局、华东局、华南分局、西南局、西北局的意见。3月30日,中共中央致电各中央局,就纲领若干问题征询各中央局的意见。在各地党委迅速表态,同意新区土地改革在经济上实行保存富农、政治上实行中立富农的政策的情况下,党中央于4月20日电告中南局、华东局、西北局:"可以向群众口头宣传不动富农的土地和财产,稳定富农的生产情绪。"③

在广泛征求意见的基础上,1950年6月6日至9日召开的党的七届三中全会将讨论新区的土地改革问题作为重要内容列入会议议程。毛泽东同志在向大会提交的书面报告中,将土地改革工作列为八项工作任务

① 中央档案馆、中共中央文献研究室编:《中共中央文件选集(一九四九年十月——一九六六年五月)》(第2册),人民出版社2013年版,第336页。
② 中央档案馆、中共中央文献研究室编:《中共中央文件选集(一九四九年十月——一九六六年五月)》(第1册),人民出版社2013年版,第18页。
③ 何明:《建国大业》,人民出版社2009年版,第435页。

的首要任务,并将完成新区的土地改革作为争取国家财政经济状况的基本好转的首要条件①。报告中正式指出:"我们对待富农的政策应有所改变,即由征收富农多余土地财产的政策改变为保存富农经济的政策,以利于早日恢复农村生产,又利于孤立地主,保护中农和保护小土地出租者",强调"有步骤有秩序地进行土地改革工作"②。同时,毛泽东同志在《不要四面出击》的讲话中郑重告诫全党:"在土地改革中,我们的敌人是够大够多的……我们要同这些敌人作斗争,在比过去广大得多的地区完成土地改革,这场斗争是很激烈的,是历史上没有过的。"③这次会议审议了新区土地改革的 3 份文件:一是《中华人民共和国土地改革法(草案)》;二是拟向全国政协一届二次会议提交的刘少奇同志《关于土地改革问题的报告》;三是《农民协会组织通则(草案)》。在审议《中华人民共和国土地改革法(草案)》时,富农问题仍然是焦点,尤其是中南局的同志主张在富农土地问题上要有所松动和机动。会议接受了他们的建议并赋予了一定的政策回旋空间。会议结束时,毛泽东同志指出,农民占中国的人口的大多数,中国的革命主要依靠农民的援助才取得胜利,同样,国家工业化也需要农民的援助。因此,毛泽东同志号召大家:"打通思想,整齐步伐,组成一条伟大的反封建统一战线"④,像过好战争关一样,过好"土改一关"。1950 年 6 月 14 日至 23 日,全国政协一届二次会议审议通过了《中华人民共和国土地改革法(草案)》,刘少奇在会上做了《关于土地改革问题的报告》,对土地改革政策的基本内容、进行土地改革的具体办法等做了深刻的阐述。6 月 28 日,中央人民政府委员会第八次会议通过了《土地改革法》。6 月 30 日,毛泽东同志签署命令,《土地改革法》正式获批实施。之后,中央人民政府又颁布了《农民协会组织通则》《人民法庭组织通则》《关于划分农村阶级成分的决定》等重要法令,对 1950 年的土地改革法作出补充。至此,《土地改革法》正式成为在全国新解放区

---

① 《毛泽东文集》(第六卷),人民出版社 1999 年版,第 70 页。
② 《毛泽东文集》(第六卷),人民出版社 1999 年版,第 70 页。
③ 《毛泽东文集》(第六卷),人民出版社 1999 年版,第 73—74 页。
④ 《毛泽东文集》(第六卷),人民出版社 1999 年版,第 80 页。

开展土地改革运动的法律依据和基本指导文件。

《土地改革法》共六章四十条，且在许多方面超越了《中国土地法大纲》，其进步之处有：一是没有将富农"一棍子打死"，对富农由征收其多余土地和财产改为保存富农经济，这种中立富农、孤立地主的政策，在当时条件下是完全正确的。二是对地主也只没收其"五大财产"，即"没收地主的土地、耕畜、农具、多余的粮食及其在农村中多余的房屋。但地主的其他财产不予没收"①。这是吸取过去过激的"左"的历史教训而所作出的正确抉择，在当时，这种纠偏有助于稳定社会秩序。三是增加了对小土地出租者的政策规定，规定："出租小量土地者，均不得以地主论。其每人平均所有土地数量不超过当地每人平均土地数量 200%者……均保留不动。"②增加这一政策是因为这部分土地所占比重很小，对满足贫苦农民的土地要求没有大的弊端，而照顾这一群体特别是其中的生活困难者，有利于促进社会保障。四是注意团结和保护中农，规定保护中农（包括富裕中农在内）的土地及其他财产不受侵犯，对少数中农附带出租的土地亦不加没收或征收。五是稳定民族资产阶级，增加了照顾少数民族的政策。这是新中国土地改革中一个非常重要而又必须审慎解决的问题，在当时，维护少数民族的土地权益有利于促进民族团结和社会稳定。《土地改革法》的颁布，标志着在清剿、反霸、减租运动基础上，新区的土地改革开始在全国各地陆续展开，也标志着"耕者有其田"的个体农民所有的土地制度逐步确立起来。《土地改革法》作为全国新解放区开展土地改革运动的法律依据，规定："废除地主阶级封建剥削的土地所有制，实行农民的土地所有制，借以解放农村生产力，发展农业生产，为新中国的工业化开辟道路"③，明确指出了土地改革的基本理由、基本内容和目的，规定和阐述了土地改革的路线、方针和政策。《土地改革法》改变了

---

① 郑谦主编，庞松：《中华人民共和国史（1949—1956）》，人民出版社 2010 年版，第107 页。

② 郑谦主编，庞松：《中华人民共和国史（1949—1956）》，人民出版社 2010 年版，第108 页。

③ 中共中央文献研究室编：《建国以来重要文献选编》（第一册），中央文献出版社 1992 年版，第336 页。

农村旧有的生产关系,激发了农民的革命和劳动积极性,对保证土地改革顺利进行,促进国民经济的恢复和发展,巩固新生的人民政权,都具有极为重要的意义。

（二）调整农村阶级结构对应的土地政策

为了完成土地改革的历史任务,党根据二十多年来领导土地改革斗争的经验和中华人民共和国成立后的新形势,制定了"依靠贫农、雇农,团结中农,中立富农,有步骤地有分别地消灭封建剥削制度,发展农业生产"[1]的土地改革总路线。其核心在于孤立地主阶级,团结一切可以团结的力量以"组成一条伟大的反封建统一战线",减少这场激烈变革的成本,保障废除封建地主阶级剥削的土地所有制这一根本目标的顺利实现。依据这条总路线,党针对不同的农村阶级制定了相应具体的土地政策,以调整农村阶级结构。

对待地主,新中国在土地改革中所掌握的原则是"废除地主阶级封建剥削的土地所有制""对于一般地主只是废除他们的封建的土地所有制,废除他们这一个社会阶级,而不是要消灭他们的肉体"[2]。为此,《土地改革法》将"没收地主的一切财产"变为仅"没收地主的土地、耕畜、农具、多余的粮食及其在农村中多余的房屋"等几类财产,而对"地主的其他财产不予没收"[3],同时"对地主亦分给同样的一份,使地主也能依靠自己的劳动维持生活,并在劳动中改造自己"[4]。

对待富农,将过去《中国土地法大纲》中要求征收富农多余的土地财产的政策改为保存富农经济的政策。土地改革中关于富农的政策是一个比较敏感的问题,也是在制定《土地改革法》过程中讨论最多、最充分的问题。《土地改革法》所规定的"保护富农所有的自耕和雇人耕种的土地及其他财产,加以保护,不得侵犯……富农所有的出租的小量土地,亦予

---

① 《刘少奇选集》（下卷）,人民出版社 1985 年版,第 43 页。

② 《刘少奇选集》（下卷）,人民出版社 1985 年版,第 34 页。

③ 新华时事丛刊社:《刘少奇关于土地改革问题的报告　中华人民共和国土地改革法》,新华书店 1950 年版,第 22 页。

④ 新华时事丛刊社:《刘少奇关于土地改革问题的报告　中华人民共和国土地改革法》,新华书店 1950 年版,第 24 页。

保留不动……半地主式的富农出租大量土地,超过其自耕和雇人耕种的土地数量者,应征收其出租的土地"①。这是在新的情况下,根据政治、经济的需要,对富农采取的新政策。采取保存富农经济政策在当时是十分必要的,对此刘少奇在《关于土地改革问题的报告》中明确指出,实行保存富农经济的政策,"能够争取富农中立的,并且能够更好地保护中农,去除农民在发展生产中某些不必要的顾虑",此外也有利于"克服当前财政经济方面的困难","对于我们的国家和人民为有利些"。②

对待中农,《土地改革法》贯彻了坚决团结中农的基本原则。《土地改革法》第二章第七条明确规定:"保护中农(包括富裕中农在内)的土地及其他财产,不得侵犯。"③刘少奇在全国土地会议上指出:"彻底平分土地一定要团结中农,不仅不可以少注意,而且更要注意"。④ 虽然中农只占农村人口的百分之二十左右,但是这个力量的向背对土地改革的影响极大,所以必须十分注意团结中农,照顾中农的利益。

对待贫农,土地改革中采取"依靠贫雇农"⑤作为贯彻土地改革总路线的基本政策。全国土地会议强调,没有占农村人口百分之七十左右的贫雇农的真正发动和坚决斗争,土地改革就不可能彻底完成。土地改革的基本内容是满足贫雇农的要求,使其普遍得到土地,并适当提供其他生产资料以发展生产。同时,在政治上大大提高他们的觉悟性与组织性,形成农村革命专政的中坚力量,从而彻底消灭封建势力。

作为土地改革中的一种政治途径和方法,土地改革运动的农村阶级成分划分,在某种意义上彻底地改变了过去农村社会的阶级阶层关系和结构,同时也对新型农村阶级阶层关系和结构的形成产生了深远影响。最为明显的是,地主、富农等地位发生变化,在政治上成为斗争的对象;广

---

① 中共中央文献研究室编:《建国以来重要文献选编》(第一册),中央文献出版社1992年版,第294—295页。

② 《刘少奇选集》(下卷),人民出版社1985年版,第39页。

③ 何明:《建国大业》,人民出版社2009年版,第439页。

④ 《刘少奇选集》(上卷),人民出版社1981年版,第388页。

⑤ 中共中央党史研究室:《中国共产党历史大事记(1919.5—1990.12)》,人民出版社1991年版,第56页。

大贫农和雇农的地位得到较大提升,分到了更多的土地,政治地位得以提高;中农的土地增减幅度并不大,但其政治地位也显著提高。

二、土地改革运动的全面开展

从 1950 年冬季开始,随着《土地改革法》的颁布,在党的领导下,一场大规模的土地改革运动在有 3.1 亿人口的华东、中南、西南、西北等广大新解放区广泛开展。土地改革运动的全面开展,大大解放了农村生产力,解放了农村社会的生产关系,为新中国的工业化奠定了基础。

(一)全国土地改革运动的发展概况

1947 年冬,中国人民解放军转入解放战争反攻阶段,新解放区的面积迅速扩大。部分新解放地区的领导人,不顾条件急于进行土地改革,造成了一定的混乱和损失。同时,由于没有变动土地所有权,按土地征税的负担主要落在地主和富农身上。中共中央根据形势与实践经验决定,从 1948 年秋起,除东北、华北部分地区和河南省以外,全国各新解放区地区暂停土地改革,转为实行"减租减息",作为土地改革的过渡性步骤。新解放区农村首先实行"减租减息",有利于稳定农村社会秩序,集中力量消灭国民党残余势力,为土地改革顺利进行做准备。

1950 年 1 月,中共中央下达《关于在各级人民政府内设土改委员会和组织各级农协直接领导土改运动的指示》,开始在新解放区分批实行土地改革的准备工作。1950 年冬季,在同年 6 月 30 日颁布的《土地改革法》的指引下,全国新解放区开始按照发动群众、划分阶级、没收和分配地主土地财产、复查总结和动员生产的步骤,分批有序地开展土地改革运动。各地政府都派出土地改革工作队深入农村领导土地改革运动,同时大批机关干部、知识分子和许多民主党派成员也报名参加土地改革工作队,投身于这项重要工作。各地土地改革工作队深入农村培养积极分子,逐步把群众发动起来,建立以贫雇农为核心的乡村农民大会、农民代表会及其选出的农民协会委员会作为土地改革合法执行机关,开展对地主阶级的面对面斗争,并对其中罪大恶极的分子和破坏土地改革的分子实行镇压。在斗争胜利的基础上,由农民协会没收地主的土地和财产,分配给无地、少地的农民，并在分配完成后进行复查，由人民政府颁发土地证，整顿、加强政权和民兵组织，引导农民发展生产。

在党的领导下，全国的土地改革运动按照步骤有序分批地开展起来。第一批于1950年秋至1951年春，在1.28亿农业人口地区进行；第二批于1951年秋至1952年春，在1.1亿农业人口的地区进行；第三批于1952年冬至1953年春，在3000多万农业人口的地区进行。① 到1952年年底，土地改革在全国范围内基本完成，完成土地改革地区的农业人口共占全国农业人口数的90%以上。② 到1953年春为止，除约有700万人口的若干少数民族地区暂不进行土地改革外，全国全部完成土地改革③，封建主义的土地所有制已被彻底消灭。这就将农村生产力从封建桎梏下解放出来，并在政治上将农民群众组织起来，和工人阶级建立了密切的联盟。土地改革运动大大解放了农村生产力，为实现国家社会主义工业化开辟了道路，也为农业社会主义改造创造了有利条件。

（二）农民的土地所有制的普遍建立

新中国成立后，经过短短的三年时间，中国共产党就顺利地完成了土地改革运动。刘少奇在作《关于土地改革问题的报告》中说："土地改革的基本内容，就是没收地主阶级的土地，分配给无地少地的农民。这样，当作一个阶级来说，就在社会上废除了地主这一个阶级，把封建剥削的土地所有制改变为农民的土地所有制。这样一种改革，诚然是中国历史上几千年来一次最大最彻底的改革。"④全国土地改革的伟大胜利，废除了地主阶级封建剥削的土地所有制，消灭了地主阶级，同时推翻了反动势力和帝国主义的主要统治基础，实现了农民土地所有制，解放了农村生产力，使农村面貌发生了根本变化。

从全国来看，占农村人口不到10%的地主、富农，土地改革前占有全

---

① 赵德馨：《中国近现代经济史（1949—1991）》，河南人民出版社2003年版，第62页。

② 中共中央党校党史教研室选编：《中共党史参考资料（七）国民经济恢复时期》，人民出版社1980年版，第218页。

③ 何明：《建国大业》，人民出版社2009年版，第447页。

④ 《刘少奇选集》（下卷），人民出版社1985年版，第32页。

部耕地的 70% 以上,土地改革后下降为 8% 左右;占农村人口 90% 以上的贫雇农和中农,土地改革前占有的耕地不到全部耕地的 30%,土地改革后则达到全部耕地的 90% 以上。[①] 在土地改革后,"全国三亿多无地、少地的农民无偿地获得了七亿亩的土地和其他生活资料,免除了过去每年向地主缴纳的 700 亿斤粮食的苛重的地租"。[②] 在政治上,广大被压迫的农民在斗争中组织起来,以贫雇农为核心的农民阶级整体力量已基本组成,以贫雇农为骨干的农民优势基本确立,人民代表会议制度以及人民民主专政的政权得以建立,农民成了国家的主人。

土地改革运动作为新中国成立以来的一次伟大历史性胜利,推翻了在我国延续了几千年的封建土地制度,标志着农民土地所有制的普遍建立。土地改革的实践证明:依靠贫雇农,团结中农,中立富农,有步骤地有分别地消灭封建剥削制度,发展农业生产的总路线是完全正确的。毛泽东同志指出:"战争和土改是在新民主主义的历史时期内考验全中国一切人们、一切党派的两个'关'","组成一条伟大的反封建统一战线,就可以领导人民和帮助人民顺利地通过这一关"。[③] 全国土地改革的顺利完成,证明中国在共产党的领导下经受住了新中国成立初期的历史考验,在新的基础上巩固了工农联盟和人民民主专政。土地改革所促进的农业发展也为国家工业化开辟了道路,为社会主义改造和建设创造了有利条件。

三、基本特点与主要成就

随着土地改革运动的顺利完成,我国农村土地制度也经历了相应的变革,各阶级的土地占有情况发生根本变化,农民土地所有制得以确立。同时,作为新中国成立后的首次土地制度变革,土地改革产生了显著的制度绩效。

---

① 国家统计局编:《伟大的十年　中华人民共和国经济和文化建设成就的统计》,人民出版社 1959 年版,第 29 页。

② 国家统计局编:《伟大的十年　中华人民共和国经济和文化建设成就的统计》,人民出版社 1959 年版,第 29 页。

③ 《毛泽东文集》(第六卷),人民出版社 1999 年版,第 80 页。

（一）变革的基本特点

新中国成立后的土地改革通过团结一切可以团结的力量在法律框架下实现了有序推进，并在农村土地制度的变革方面，体现出以下特点：

其一，立足巩固政权的需要，以革命性方式重建农村土地制度。新中国成立后，在新解放区进行土地改革是一项关系新中国政权能否稳固的重大举措。1949年11月29日至30日，毛泽东同志在一届全国政协常务委员会第二次会议上指出："三年五年恢复，十年八年发展，过三关以后就好办了。第一关战争，第二关土改，到社会主义这是第三关就好过了。"①要让农民分得土地，佃农与地主、富农之间，甚至与中农必然会发生利益冲突。如果土地改革失败了，工农联盟和人民政权都可能会被动摇。为此，刘少奇特别强调："为了在土地改革中及时地镇压恶霸分子、特务反革命分子及地主阶级中的反抗与破坏活动，并处理农民对于这些分子的控诉，应该组织人民法庭来担负这种任务。"②在政治内因的推动下，我国在短短的三年间实现了从封建土地所有制到"耕者有其田"的农民土地所有制的彻底制度变革，也实现了由旧中国土地允许买卖的竞争性地权，向替代性地权即单一的土地农民所有的产权结构转变。③这种做法符合中国的国情，满足了农民千百年来对土地的要求，调动了农民的生产积极性，既有利于彻底完成民主革命的任务，又有利于发展社会生产力。

其二，构建法律法规框架，有计划、分步骤地改革农村土地制度。面对土地改革中的各种阻力，中国共产党总结老解放区土地改革的经验教训，利用政策法律的强制性约束力，有序地领导了新解放区的土地改革运动。刘少奇在《关于土地改革问题的报告》中谈道："我们在今后的土地改革中，不能容许混乱现象的发生，不能容许在偏向和混乱现象发生之后很久不加纠正，而必须完全依照中央人民政府和各级人民政府所颁布的

---

① 中共中央文献研究室编：《毛泽东年谱（一九四九——一九七六）》（第一卷），中央文献出版社2013年版，第53页。

② 《刘少奇选集》（下卷），人民出版社1985年版，第46页。

③ 张红宇：《中国农村的土地制度变革》，中国农业出版社2002年版，第40页。

法令及其所决定的方针、政策和步骤,有领导地、有计划地、有秩序地去进行。"①在土地改革具体实施过程中,首先,《中国人民政治协商会议共同纲领》从宪法层面废除封建半封建土地所有制,建立土地的农民所有制。其次,1950 年 6 月 28 日,中央人民政府委员会第八次会议通过《土地改革法》,在法律上赋予农民完整的土地所有权。《土地改革法》第三十条规定:"承认一切土地所有者自由经营、买卖及出租其土地的权利。"②此外,土地改革充分尊重农民的意愿,由代表农民意愿的农民协会委员会等机构作为改革土地制度的合法执行机关。最后,为了确保《土地改革法》的正确实施,在总结老解放区的经验教训和集思广益的基础上,中央人民政府及时讨论通过了一系列的配套法律法规。其中主要有:6 月 30 日的《人民法庭组织通则》、7 月 5 日的《农民协会组织通则》、8 月 4 日的《关于划分农村阶级成分的决定》等。一系列配套的法规和文件的制定和发布,使土地改革有了明确的原则和政策,使各地的土地改革工作得以有领导、有计划、有步骤、有秩序地分期分批进行。

其三,团结不同阶级的力量,以低成本的代价变革农村土地制度。这一时期,中国共产党依靠贫雇农,以贫雇农为骨干,满足贫雇农要求;团结中农,坚决不动中农财产;中立富农,对其划分出专门的阶级予以保护。而在民族地区,则根据中共中央"坚持民族团结,慎重稳进"的方针,在其条件成熟之时进行土地改革。以上针对不同阶级的差异化土地政策充分考虑和保护了农村各阶级、各民族的利益,为"组成一条伟大的反封建统一战线"奠定了基础,从而把这场变革的成本降到了较低点。因此,这场本应激烈的变革,却在一个相对平稳的有序的社会环境中完成,没有发生反对土地改革的恶性暴动事件,也没有造成社会秩序混乱,或者国家和人民财产出现损失的负面影响。

(二)变革的主要成就

作为近代中国民主主义革命的基本任务,土地改革对我国农村各方

---

① 《刘少奇选集》(下卷),人民出版社 1985 年版,第 31 页。

② 新华时事丛刊社:《刘少奇关于土地改革问题的报告 中华人民共和国土地改革法》,新华书店 1950 年版,第 29 页。

面都产生了巨大影响。首先,中国世世代代贫苦农民和无数仁人志士的
"耕者有其田"夙愿,终于通过中国共产党领导的土地改革运动变成了现
实。这一变革也促进了中国新民主主义革命的胜利,推动了新中国成立
初期国民经济的恢复和发展,在中国的历史上发挥了积极的作用。

1. 在农业生产方面,解放、发展和保护了农村生产力

这一时期的土地政策并不一味地为政治目标服务,而是着力于解放、
发展和保护农村生产力。土地改革运动通过变土地的地主所有为农民所
有,实现了农民对土地法律上的所有权。农民通过法定的土地所有权进
一步实现了经济上的权益,获得了相应的经营权和收益权,同时也享有土
地的处置权,从而更有效地分配和利用土地资源,解放了农村生产力。此
外,安排土地改革运动的步骤也与农业生产环节相适应,通过农忙搞生
产、农闲搞土地改革,土地改革和生产相结合,以土地改革发展了农村生
产力。更为重要的是,《土地改革法》作为土地改革运动的指导性政策,
注重保护农村生产力,反对绝对平均主义的倾向,保存富农经济,不抽动
中农(主要是富裕中农)的土地,保护了农村中具有较高生产能力的经济
形式。土地改革的完成又将解放了的生产力与作为最基本生产资料的土
地有机地结合了起来,这一有效结合使农业生产率有了极大提高,主要农
产品产量大幅上升,农民生活水平得到改善。具体表现为以下几点。

一是农业总产值快速增长,农业总产量大幅增加。1949 年农业总产
值为 326 亿元,在土地改革完成后,1952 年农业总产值增加到 484 亿元。
按 1952 年不变价格计算,全国农业总产值比 1949 年增加了 48.5%,每年
平均增长 12.1%(见表 4-1)。[1] 从总产量来看,全国粮食总产量由 1949
年的 11318 万吨增加到 1952 年的 16392 万吨[2],比 1949 年增长了
44.8%,年均增幅达 11.2%。棉花和花生总产量分别增长了 193.7% 和
82.6%,均超过新中国成立前的最高年产量;大牲畜年底头数到 1952 年
达到 7646 万头[3],比 1949 年增长了 27.4%,猪年底头数 1952 年达到 8977

---

[1] 国家统计局编:《中国统计年鉴(1983)》,中国统计出版社 1983 年版,第 149 页。
[2] 国家统计局编:《中国统计年鉴(1983)》,中国统计出版社 1983 年版,第 158 页。
[3] 国家统计局编:《中国统计年鉴(1983)》,中国统计出版社 1983 年版,第 177 页。

万头①,比 1949 年增长了 55.4%(见表 4-2)。

表 4-1　1949—1952 年农业总产值变化情况

年份	农业总产值(亿元)	指数(以 1952 年为 100)
1949	326	67.4
1950	384	79.3
1951	420	86.8
1952	484	100.0

资料来源:国家统计局编:《中国统计年鉴(1983)》,中国统计出版社 1983 年版,第 149 页。

表 4-2　1949—1952 年主要农产品产量变化情况

产品名称	1949 年	1950 年	1951 年	1952 年	指数(以 1949 年为 100)
粮食(万吨)	11318.0	13213.0	14369.0	16392.0	144.8
棉花(万吨)	44.4	69.2	103.1	130.4	293.7
花生(万吨)	126.8	173.9	209.6	231.6	182.6
大牲畜年底头数(万头)	6002.0	6538.0	7041.0	7646.0	127.4
猪年底头数(万头)	5775.0	6401.0	7440.0	8977.0	155.4

注:本表粮食产量均按公制计算;指数以 1949 年为 100 计算。
资料来源:国家统计局编:《中国统计年鉴(1983)》,中国统计出版社 1983 年版,第 158、159、177、178 页。

　　二是农业生产要素的产出效率快速提升。从主要农产品单位面积产量来看,以粮食为例,每公顷产量由 1949 年的 1028 公斤提高到 1952 年的 1320 公斤②,提高 28.4%,年均递增 7.1%,这是在当时技术进步缓慢的条件下取得的,与技术进步较快的 1978—1998 年年均递增 2.8% 相比,尚高出 1.5 倍;棉花、花生和油菜籽的单位面积产量也分别比 1949 年提高了 47.5%、26.7% 和 3.1%(见表 4-3)。

---

① 国家统计局编:《中国统计年鉴(1983)》,中国统计出版社 1983 年版,第 178 页。
② 国家统计局编:《中国统计年鉴(1983)》,中国统计出版社 1983 年版,第 171 页。

表 4-3　1949—1952 年主要农产品单位面积产量变化情况

产品名称	1949 年	1952 年	指数（以 1949 年为 100）
粮食（公斤/公顷）	1028	1320	128.4
棉花（公斤/公顷）	158	233	147.5
花生（公斤/公顷）	1013	1283	126.7
油菜籽（公斤/公顷）	488	503	103.1

资料来源：国家统计局编：《中国统计年鉴（1983）》，中国统计出版社 1983 年版，第 171、第 172 页。

三是农村居民人均纯收入不断提高。农村居民人均纯收入由 1949 年的 44 元增加到 1952 年的 57 元，增长 29.5%，年平均增长约 7.4%。相较于 1957—1978 年农村居民人均纯收入年均增长 2.4% 的速度①，高了约 2 倍。此外，许多地区的中农在农村人口中所占的比例，已由过去的 20% 左右发展到 80% 左右，贫雇农则由 70% 左右减少到 10% 或 20% 左右，而且这些贫雇农的经济状况较之以往也改善了很多。

2. 在国家工业化方面，奠定了中国向现代化国家转型的基础

新中国成立之前，毛泽东同志就一直高度重视国家工业化问题。新中国成立前夕，毛泽东同志在党的七届二中全会上再次强调了关于中国由农业国变为工业国的问题。他指出："在革命胜利以后，迅速地恢复和发展生产，对付国外的帝国主义，使中国稳步地由农业国转变为工业国，把中国建设成一个伟大的社会主义国家。"②我国要想实现由农业国向工业国的转变，则需要不断提高工业经济比重，以高度发达的工业经济支撑国民经济整体发展，推动国家向现代化的转型。土地改革解放了生产力，加快了农村经济增长，为工业化提供了丰富的原料、劳动力和市场。而农民解除地租剥削后，农业剩余得以为国家和农民共享，进而为国家工业化的积累创造了有利条件。从 1949 年到 1952 年，我国工业总产值逐年增长，从 140.2 亿元增加到 343.3 亿元③，增加了 1.45 倍（见表 4-4）。

① 国家统计局编：《新中国 60 年》，中国统计出版社 2009 年版，第 41 页。
② 《毛泽东选集》（第四卷），人民出版社 1991 年版，第 1437 页。
③ 国家统计局编：《中国统计年鉴（1983）》，中国统计出版社 1983 年版，第 214 页。

表4-4　1949—1952年工业总产值变化情况

年份	工业总产值(亿元)	工业总产值指数(以1952年为100)
1949	140.2	40.8
1950	191.2	55.7
1951	263.5	76.8
1952	343.3	100.0

注:工业总产值按1952年不变价格计算。

资料来源:国家统计局编:《中国统计年鉴(1983)》,中国统计出版社1983年版,第214页。

3. 在政治组织建设方面,建立并巩固了农村基层民主政权

在我国,农民为了获得土地而进行的斗争,首先是从推翻地主政权,建立基层人民政权开始的。[①] 在没收分配地主土地之前,农民在共产党的领导下组织了贫农团、农会以领导农村的各项工作,农民掌握乡村政权并派代表参加区、县以上的政权组织,创造了适合中国国情的民主政体,将政权从地主手中转到农民手中。土地改革中人民代表会议制度的逐渐发展完善,使新民主主义政权有了最好的组织形式,这种上下相通、城乡联系的基层行政管理制度,一方面有利于广大农村保持长期稳定;另一方面也使国家权力能直接下达到乡村,提高了新中国的政治治理能力,使中国政治现代化的进程得到推进。同时,土地改革运动既是对农村的一次政治大动员,也是对农民的一次政治大教育,土地改革之后,广大农民在共产党的教育下,逐步树立起了人民当家作主的政权观念。

事实表明,土地改革的胜利不仅为人民政权的建立和巩固奠定了经济基础,而且还为人民政权提供了干部队伍,其间涌现出大批积极分子和政治骨干。据有关部门统计,1950年5月下旬,仅华东、中南两区农民协会会员就有2400万人,到7月下旬又猛增到3000万人以上[②]。此外,单就华东区而言,仅1951年就有30多万农民积极分子加入了新民主主义

① 沙健孙主编:《中国共产党与新中国的创建(1945—1949)》(上),中央文献出版社2009年版,第383页。

② 《关于农民协会组织通则的几点解释》,《人民日报》1950年7月16日。

青年团。大批农民积极分子被选拔为乡村基层的领导干部。① 由此看来，在当时，广大农民已经成为乡村政治组织的主体力量，广大农民群体的政治地位在土地改革后得到提升。土地改革对农村各个阶级的政治利益的调整，不仅满足了农民政治权益诉求，也扩大和巩固了人民政府在农村的群众基础，使中国共产党和人民政府获得了农民的支持和信任。②

4. 在社会文化风俗方面，促进了科学和民主文化在农村的普及

其一，经过土地改革，中国的封建意识形态受到猛烈的冲击。传统社会农民与地主是一种不平等的人身依附关系，土地成为维系这种关系的基础。土地改革后，这种封建性依附关系被摧毁，农民实现了从未有过的身份自由和人格平等，其中最为明显的是农村妇女的解放和婚姻风俗的变革。经过土地改革，农村妇女和男子一样都分到了土地，从而为妇女走向独立自主提供了经济保障。得到解放的广大农村妇女不仅走进田间地头进行农业生产劳动，而且积极参加反封建斗争，参与农村政治社会生活，撑起了农村的"半边天"。据统计，河南省许昌专区 13 个县的乡级政权内，农民出身的妇女干部有 1000 多人，占该专区乡政府委员会委员、主席总数的 1/3。在各地政府召开的各界人民代表大会和在土地改革期间区、乡最高权力机关召开的农民代表会上，都有相当数量的农村妇女代表参加。③ 另据统计，黑龙江、热河、吉林三省各 70 市、县、旗约有 200 万妇女参加农业生产，热河省有劳动能力的农村妇女，1951 年几乎全部参加了农业生产。④

其二，土地改革激发了农民学文化、学科学的热情。为适应农民的要求，人民政府在区、乡、村普遍设立文化站，开办冬学、民校，组织农民识字班等，进行普及科学卫生知识和开展政策、法令宣传教育以及举办文娱活动等相关工作。仅据河北、山西、察哈尔及北平市郊农村统计，1949 年冬

---

① 吴承明、董志凯：《中华人民共和国经济史（1949—1952）》，社会科学文献出版社 2001 年版，第 179 页。

② 张红宇：《中国农村的土地制度变革》，中国农业出版社 2002 年版，第 41 页。

③ 《各地妇女努力参加国家建设》，《人民日报》1951 年 3 月 5 日。

④ 《经济生活动态》，《人民日报》1951 年 7 月 24 日。

参加冬学的农民即达 360 余万人。① 此外,政府培养大批干部组成工作队深入到广大农村地区,组织城市知识分子到农村参与土地改革,这些举措无形中扩大了城乡交流,党内外知识分子频繁往来于农村与城市,为农村带去文明的生活方式和先进的科技知识,对农村经济发展和农村社会进步起到了非常重要的作用。

具体来看,新中国成立后,各地农村开展文化扫盲运动、爱国卫生运动,新的科学知识开始传播,劳动光荣逐渐成为风气。同时,翻身农民的子弟开始大量进入学校,受教育总人数不断增加。全国各级学校总计在校学生数由 1949 年的 2577.6 万人,增加到 1952 年的 5443.6 万人②,共增长 111.2%,年均增长 27.8%,与 1953—1957 年全国各级学校总计在校学生数年均增长 7% 相比,约为其 4 倍(见表 4-5)。事实表明,土地改革也是一场知识文化变革,它对于新民主主义的思想文化建设起到了巨大的推动作用。

表 4-5 1949—1952 年全国各级学校在校学生数变化情况

年份	总计	高等学校(万人)	中等学校(万人)	小学(万人)
1949	2577.6	11.7	126.8	2439.1
1950	3062.7	13.7	156.6	2892.4
1951	4527.1	15.3	196.4	4315.4
1952	5443.6	19.1	314.5	5110.0

注:各级学校不包括成人教育;中等学校包括中等专业学校和普通中学,不包括技工学校。
资料来源:国家统计局编:《中国统计年鉴(1983)》,中国统计出版社 1983 年版,第 511 页。

土地改革后,新解放区的广大农民拥有了自己的土地,农业技术不断革新,农业生产迅速发展,农民生活初步改善。从 1949 年至 1953 年,随着我国农业的发展和工业水平的快速提升,国民经济逐渐恢复生机,改变了新中国刚刚成立时一穷二白的面貌,摒弃了旧社会遗留的封建压迫思

---

① 沙健孙主编:《中国共产党与新中国的创建(1945—1949)》(上),中央文献出版社 2009 年版,第 385 页。

② 国家统计局编:《中国统计年鉴(1983)》,中国统计出版社 1983 年版,第 511 页。

想,为其后进行的"一五"建设以及社会主义建设的探索奠定了初步基础。

第二节　农业合作化时期党领导农村
土地制度变革的历史进程

从 1953 年起,我国进入社会主义改造时期,在中国共产党的领导下制定并执行过渡时期总路线,实现了新民主主义向社会主义的过渡。土地改革之后,虽然国民经济得到一定程度的恢复,但农民土地私有制的弊端也逐渐显露。首先,分散的经营模式无法满足农民扩大农业生产规模的需求,且在抵御自然灾害等方面的抗风险能力差。其次,小农经济生产的农产品无法满足工业化积累的要求。此外,小农经济的分化使农村贫富差距增大,不利于维护社会稳定。在此背景下,我国迫切需要对农业进行社会主义改造,因此,党和政府在农村开展了互助合作运动。农业合作化过程主要有三个阶段:一是农业互助组阶段;二是初级农业生产合作社阶段;三是高级农业生产合作社阶段。从社会主义萌芽的农业互助组阶段,到半社会主义的初级农业生产合作社阶段,再到完全社会主义的高级农业生产合作社阶段,党和国家带领广大农民群众逐步完成了对生产资料私有制的社会主义改造。

一、农业生产互助组时期的土地制度变革

早在抗日战争和解放战争时期,党就曾广泛组织农业互助组,进行早期的互助合作实践探索。新中国成立后,在解放区农民劳动互助的基础上,农业互助合作运动开始在全国范围推进。尤其是在经过土地改革的地区,农民对互助合作有了更大的诉求,农业生产互助组得到了广泛建立和发展。随着互助组的兴起,农民之间按照自愿互利、等价交换的原则相互交换劳动。虽然这一时期农业生产互助合作形式的出现并未改变农民的土地所有制,但是它在一定程度上为农业的社会主义改造提供了经验和参考。

（一）土地改革后农民互助合作的兴起

农业互助合作运动起步于1928年以后的解放区,中国共产党利用传统劳动互助形式在解放区建立互助合作组织,帮助农民解决缺乏劳力和农具的困难。新中国成立初期,在农村经历土地改革后的背景下,互助组得到迅速发展。在当时,有利于互助组发展的背景具体体现在:第一,在土地改革中,随着贫雇农在农村政治生活中占了优势,广大农民的政治热情进一步高涨。作为农村人口的大多数,他们一方面对共产党充满了信任,将"跟共产党走"作为其共同的政治信念,另一方面希望走共同富裕的道路。因此,对共产党倡导的互助合作方式很有积极性。第二,在土地改革运动中建立起来的农会、贫农团等组织已经将农民有机地联系在一起,农民在斗争中体会到组织起来的力量,他们自然地希望进一步依靠集体的力量战胜贫困。第三,土地改革结束之后,多数农民所占有的土地和其他生产资料有限,生产力水平的极端低下及农具、牲畜严重不足等情况使广大农民,特别是刚刚得到土地的贫农、下中农要求组织起来发展农业生产。因此,毛泽东同志于土地改革后及时指出:"为了发展农业生产,必须劝告农民在自愿原则下逐步地组织为现时经济条件所许可的以私有制为基础的各种生产的和消费的合作团体。"[1]通过互助合作将农民组织起来,这是使分散的个体农业生产向社会主义过渡的重要形式,也是当时在耕畜、农具极端缺乏的条件下发展农业生产的重要途径。

在新中国成立后,党和政府以引导和扶持农民发展生产作为制定农村政策的出发点,迅速领导农民积极开展互助合作运动。1949年9月,中国人民政治协商会议第一届全体会议通过的《中国人民政治协商会议共同纲领》就总结了解放区的经验,规定:"在一切已彻底实现土地改革的地区,人民政府应组织农民及一切可以从事农业的劳动力以发展农业生产及其副业为中心任务,并应引导农民逐步地按照自愿和互利的原则,组织各种形式的劳动互助和生产合作。"[2]为进一步推进农村互助合作,

---

①　《毛泽东选集》(第四卷),人民出版社1991年版,第1316页。

②　中共中央文献研究室编:《建国以来重要文献选编》(第一册),中央文献出版社1992年版,第9页。

中共中央于 1951 年年初发出了在全国农村开展互助合作的号召。1951 年 2 月 2 日,中央人民政府政务院发布《关于 1951 年农林生产的决定》,明确提出:"鼓励农民投资扩大再生产。提倡互助打会,信用合作。①截至 1951 年上半年,通过生产互助运动组织起来的农户:华北区占 55%;东北区占 70%;华东区山东有 70 余万个互助组;皖北、皖南 4 个专区统计有 5 万余个互助组;西北区有 16.7 万余个互助组;中南区河南省 41 县有 11.4 个互助组,占全部劳力的 40%—50%;湖北省 5 个专区有 5.2 万余个互助组,西南新区亦开始组织。到 1952 年上半年,全国共有互助组 600 余万个,农业生产合作社 3000 余个,全国组织起来的农户 3500 余万户,约占全国总农户 40%左右,比 1951 年增加 40%。②在过渡时期总路线精神的指引下,从 1952 年下半年开始,农业互助合作运动由临时性、季节性的互助组向常年互助组发展,部分常年互助组开始试办初级农业生产合作社。

(二)"土地私有,等价交换"的合作形式

互助组的特点是土地私有、家庭经营、调剂劳力、等价交换,也就是说,互助组是排斥剥削的。在互助组内部,组员之间按照自愿互利、等价交换的原则相互交换劳动,耕畜、农具的使用者也根据其磨损的程度给其所有者以合理的报酬,组员不能雇长工入组,互助组也不能雇长工种地。由此看来,互助组是农民在当时生产力条件落后且不充足的情况下自发创造的,农民的土地权利有所保障,因此得到了农民的认可。

互助组分为临时的(季节的)和常年的(固定的)两种形式。临时互助组一般只有三五户,多者十几户,成员不固定。一般是在农忙时节组织起来进行换工互助,农忙过后,即行解散,带有临时性、季节性,是互助组的初级形式,这种形式在互助合作运动开始时是最大量的。常年互助组

---

① 中共中央文献研究室编:《建国以来重要文献选编》(第二册),中央文献出版社 1992 年版,第 29—31 页。

② 史敬棠等:《中国农业合作化运动史料》(下册),生活・读书・新知三联书店 1959 年版,第 297、第 304 页。

的一般有七八户或十几户,规模较临时互助组大,成员比较固定。多数常年互助组在组员之间有初步的劳动分工、生产计划和记工、清账、排工制度,大部分除全年在主要农事活动上进行劳动互助外,还实行农业和副业的互助相结合,甚至有的还逐步地设置了一部分公有农具和牲畜,积累了小量的公有财产①,是互助组的高级形式。在互助合作运动有一定基础的地区,常年互助组也就日益成为互助组的主要形式。临时互助组虽然实行生产资料私有,但也具有共同劳动的性质,这种性质便是农业合作化时期我国社会主义的萌芽,常年互助组则使这种萌芽进一步生长起来。

互助组作为一种个体经济基础上的集体劳动组织,相较于单干户,具有明显的优越性。互助组虽然在生产技术上没有太大进步,但是实行集体劳动在一定程度上解决了生产上劳力、畜力和农具不足的困难,协作产生了新的生产力。因此,互助组的农业产量和农民收入水平一般高于个体农户的农业产量和收入水平。据 1953 年对湖南、湖北、河南、江西、福建 5 省 13 个乡的典型调查,临时互助组的粮食产量比单干户高 4%—31%;常年互助组的粮食产量比单干户高 12%—42%。又据 1953 年对湖北、湖南、江西、陕西 4 省 27 个乡的典型调查,临时互助组平均每人收入比单干户高 1%—12%,常年互助组平均每人收入比单干户高 15%—29%。②但是,随着土地改革后农村经济的恢复和发展,原来大部分贫农逐渐发展为中农,可以独立地进行家庭经营,不再需要使用别人的农具或耕牛,因此当时部分经济状况较好的农民出现了退出互助组的倾向。此外,建立在生产资料和土地私有、个体分散经营基础之上的互助组,无法从根本上克服小农生产的局限性,对阻止农民两极分化、提高农业生产水平的作用有限。于是,在互助组的基础之上,又逐渐演变出了初级农业生产合作社。

---

① 沙健孙主编:《中国共产党与新中国的创建(1945—1949)》(下),中央文献出版社 2009 年版,第 686 页。

② 沙健孙主编:《中国共产党与新中国的创建(1945—1949)》(下),中央文献出版社 2009 年版,第 686 页。

二、初级农业生产合作社时期的土地制度变革

随着农民的土地所有制背景下的小农经济的发展分化，互助组的形式已无法适应农民的生产需求，由此，初级农业生产合作社应运而生。从农业生产互助组到初级农业生产合作社，我国实现了由社会主义萌芽阶段向半社会主义阶段的跨越，为完成农业社会主义改造积累了很多宝贵经验。

（一）小农经济的发展分化和局限性

1953年春土地改革基本完成，依据"农民个体私有，家庭自主经营"的农村土地政策，以一家一户为基本生产单位的农民个体经济在全国范围内广泛发展。农民获得了土地，发展农业生产的积极性和热情高涨，农村呈现一片兴旺景象。1953—1954年，大多数农户生产条件改善，生产规模扩大，经济水平提高。在土地改革完成较早的地区，一部分农民已不满足于农业生产经营，他们努力寻找新的致富途径，兼营商业、运输业、手工业和其他副业，展现出农村商品经济发展的好兆头。在此背景下，小农经济的局限性也体现出来：第一，农民个体经营规模小，耕畜与工具不齐全且资金短缺，且分散经营模式使农民抵御风险能力差。由此可见，农民个体经济与生产社会化相矛盾，小农经济越来越不能满足农业生产力的发展要求。第二，个体农业不能满足工业发展对商品粮和工业原料的逐年增大的需求，农产品的增产幅度远远赶不上工业化所需要的增长。同时，个体农业难以满足发展重工业对农村市场条件的要求。单个农户既没有能力购买也没有条件使用拖拉机及其他农业机器、化学肥料、现代运输工具等，这在一定程度上限制了重工业的发展。因此，"为了完成国家工业化，必须发展农业，并逐步完成农业社会化"[1]。第三，由于各农户在劳动力、经营能力和生产条件等方面存在差异，农民个体经济的自由发展不可避免地导致了"贫富分化"现象。首先，个体农民特别是那些占农村人口多数的贫农和下中农，由于生产资料和生产资金匮乏，生产工具、生

---

[1] 《毛泽东文集》（第六卷），人民出版社1999年版，第207页。

产技术和生产设施落后,许多人仍然处于贫困状态,无力扩大再生产,有的甚至连简单再生产也难以维持。此外,在当时农民土地所有制赋予农民土地处置权之后,更有部分农户因无劳动力、劳动力外出或者生产、生活面临困难,无法经营土地而出卖土地。

据山西省忻县地区 143 个农村的调查,1949 年至 1952 年,出卖房屋土地的占总户数的 19.5%,出卖的土地占卖地户平均土地的 28%,占总土地的 5.57%。卖地户的 77.53% 是由于生产、生活有困难才出卖土地的。又据对该地区静乐县 19 个村 5758 户农户的统计,471 户新中农又回复到贫农地位,167 户老中农下降为贫农。[①] 由此看来,农民对土地的自由买卖引致了土地兼并,土地资源以及生产资料不断向富农积累,使原本就贫困的失地农民生活更加困苦。

随着小农经济发展的两极分化,其弊端也日益显现。小农经济导致的"贫富分化"现象不利于巩固工农联盟和农村的稳定发展。对此,领导者认为,必须要在农村中消灭富农经济制度和改造个体经济制度,才能使全体农民走共同富裕起来的道路。由此可见,分散的、落后的建立在个体私有制基础上的小农经济不能满足当时中国的发展需求。如何在保护广大农民生产积极性的同时,帮助那些面临困难的农民摆脱困境、共同走上富裕的道路,成为中国共产党和人民政府极为关切的问题。毛泽东同志指出:"在农民群众方面,几千年来都是个体经济,一家一户就是一个生产单位,这种分散的个体生产,就是封建统治的经济基础,而使农民自己陷入永远的穷苦。克服这种状况的唯一办法,就是逐渐地集体化;而达到集体化的唯一道路,依据列宁所说,就是经过合作社。"[②]在此背景下,中国共产党决定开展农业的社会主义改造,并提出了党在过渡时期的总路线:"逐步实现社会主义工业化,逐步实现对农业、对手工业和对资本主义工商业的社会主义改造,把我国建设成为一

---

① 沙健孙主编:《中国共产党与新中国的创建(1945—1949)》(下),中央文献出版社 2009 年版,第 681 页。

② 《毛泽东选集》(第三卷),人民出版社 1991 年版,第 931 页。

个伟大的社会主义国家。"①完成这个过渡时期的总任务,需要经过一个相当长的时间,除了恢复时期的三年以外,大概还需要三个五年计划的时间。② 然而,实际上对生产资料私有制的社会主义改造仅用了四年左右就基本完成,并正式确立起生产资料社会主义公有制在我国的基础地位。

（二）"土地入股、按股分红"的土地政策

土地制度改革在全国完成以后,国内的主要矛盾已经转为工人阶级和资产阶级之间、社会主义道路和资本主义道路之间的矛盾。③ 1951 年12 月中共中央《关于农业生产互助合作的决议（草案）》肯定了以土地入股、集体经营、按劳力和土地分红的初级社,是从互助组到更高级的社会主义集体农庄之间的过渡形式;认为初级社实现了统一经营,解决了互助组集体劳动和分散经营的矛盾,可以逐步克服小农经济的弱点。因此,这一时期的土地制度变革主要任务是通过各种互助合作的形式,将以生产资料私有制为基础的个体农业经济,改造为以生产资料公有制为基础的农业合作经济,确立集体所有、统一经营的土地制度,实行农村土地集体化。④

1953 年至 1955 年上半年,是初级农业生产合作社普遍建立与迅速发展的阶段。但在 1953 年春,农业生产互助合作运动出现了急躁冒进的倾向。在新解放区,这种倾向主要表现为强迫农民大批加入互助组,打击单干农民;在老解放区,它表现为一味追求高级形式,轻视互助组,盲目提倡土地、农具、耕畜公有⑤,在一定程度上影响了农民的生产积极性。基于此,1953 年 2 月,中共中央将《关于农业生产互助合作的决议（草案）》做了

---

① 中央档案馆、中共中央文献研究室编:《中共中央文件选集（一九四九年十月——一九六六年五月）》(第 15 册),人民出版社 2013 年版,第 260—261 页。
② 中共中央文献研究室编:《建国以来重要文献选编》(第六册),中央文献出版社 1993 年版,第 410 页。
③ 中共中央文献研究室编:《关于建国以来党的若干历史问题的决议注释本》,人民出版社 1985 年版,第 16 页。
④ 孙健:《中华人民共和国经济史:1949—90 年代初》,中国人民大学出版社 1992 年版,第 33 页。
⑤ 胡绳主编:《中国共产党的七十年》,中共党史出版社 1991 年版,第 366 页。

部分修改,作为正式决议公布,进一步调整和推动了互助合作运动的发展。

1953 年 10—11 月,在全国第三次农业互助合作会议上,毛泽东同志指出:"办好农业生产合作社,即可带动互助组大发展强调中央局、省市委农村工作部要把工作重点放在摊派好各县开办合作社数量的任务上。1953 年 12 月,中共中央《关于发展农业生产合作社的决议》总结了农业生产合作发展的十大优越性,规定党在农村要实现的目标,是逐步进行社会主义改造,将落后的个体农业经济改造为先进的合作化经济,并规定了合作社发展的硬性指标,要求从 1953 年冬季到 1954 年秋收以前,全国农业生产合作社应发展到三万五千多个。会后,各地抓紧发展农业生产合作社,在全国范围内广泛建立起初级农业生产合作社。1951 年年底,全国试办初级社 129 个,到 1953 年初级社达到 15000 个,入社农户共 27.2 万户,占全国总农户的 0.2%。[1] 1954 年春,全国出现互助组大量转为合作社的势头。到 1954 年 6 月,农业合作社发展到 19 万多个,年底发展到 50 万个。1955 年春,进一步发展到 67 万个。[2] 从 1953 年开始执行党在过渡时期总路线到 1955 年上半年,主要是大力发展互助组,普通试办初级合作社、个别地试办高级社。然而,这一阶段发展农业生产合作社工作也存在重数量不重质量、发展过快、工作过粗等问题。在此背景下,中共中央于 1955 年发出《关于整顿和巩固农业生产合作社的通知》。这次整顿和巩固合作社的工作主要有两个方面:一是组织整顿。在完成发展计划的地区,停止发展,全力巩固;在未完成计划的地区,有条件地在巩固中继续发展;计划过高的地区适当收缩。二是经济整顿。要根据贫农与中农互利的原则确定土地报酬的数量或比例,并在一定时期内稳定下来。经过 1955 年上半年的整顿,合作社总数缩减了 2 万个,其他 65 万个农业社在不同程度上得到巩固。[3] 然而,农业生产合作社的发展势头仍然强

---

①　国家统计局编:《新中国 60 年》,中国统计出版社 2009 年版,第 41 页。

②　赵德馨:《中华人民共和国经济史(1949—1991)》,河南人民出版社 2003 年版,第 112 页。

③　赵德馨:《中华人民共和国经济史(1949—1991)》,河南人民出版社 2003 年版,第 112 页。

劲,1952 年年底,全国农业合作社仅 3644 个,入社农户 6 万户,1955 年 6 月,全国农业社总数达 65 万个,入社农户 1692.1 万户,占全国农户总数比重达到 14.2%。

虽然实行土地私有的互助组和实行土地入股的初级社均没有改变土地所有权的性质,但是从互助组到初级社,土地的经营方式和农民的分配方式发生了变化。参加互助组的农民只是在细微的生产环节上实行协作,以解决劳动力和耕畜等生产要素分布不均的问题,土地的所有权和经营、使用权都还归农民所有。初级社开始实行"土地入股,按股分红"的政策,即加入初级社的农户除留出一部分自留地外,其余土地全部折股入社,农民虽然还拥有土地的所有权,但使用权已归农业生产合作社。初级社的产品,在缴纳农副业税、扣除公积金公益金和管理费以后,一部分作为土地报酬(即所谓土地分红)、另一部分作为劳动报酬(即按劳取酬)分配给社员。[①] 此外,还采取筹集股份基金和提取公积金这两种主要形式,逐步地建立公共基金,以巩固合作社公共经济的基础。初级社把农民的个体经营变成了由集体统一经营、统一规划全社的生产并组织劳动。由此,农民的土地所有权就和经营、使用权分离开来,个体农民和土地之间的直接经济关联和控制权量逐渐弱化,所有合作社成员的收入状况主要取决于初级社的经营状况。通过土地入股分红获取劳动报酬的方式激发了农民的生产积极性,显著提高了农业生产效率,但同时也暴露出监督难度大、考核标准难以统一等问题。总的来说,初级农业合作推动了农村土地制度变革,土地的私有权变为土地经营权、使用权归于集体,使农村土地制度有了半社会主义性质,是从个体所有制到集体所有制的过渡形式。在互助组和初级社的农村土地合作化时期,农民的土地所有权已开始被弱化,但农民所有的土地财产权仍然受到保护,因此,这一时期的土地变革也普遍为农民所接受。

---

① 沙健孙主编:《中国共产党与新中国的创建(1945—1949)》(下),中央文献出版社 2009 年版,第 687 页。

三、高级农业生产合作社时期的土地制度变革

1955 年初秋,一场以建立高级农业生产合作社为目标的"农村社会主义高潮"①在广大农村兴起。高级农业生产合作社的建立和发展,进一步加快了农业合作化进程,实现了合作社从半社会主义性质向完全社会主义性质的过渡,农村土地集体所有制也初步形成。

(一)农村土地集体所有制雏形初显

1955 年 7 月 31 日至 8 月 1 日,中共中央召集各省、市、自治区党委书记会议。7 月 31 日,毛泽东同志在《关于农业合作化问题》的报告中对我国农业合作化的历史以及指导合作化运动的基本方针做了正确的总结和系统的阐述,并提出在我国的条件下必须先有农业合作化,然后才能使用大机器的重要观点。报告从迅速推进国家工业化要求的角度,集中论述了加快农业合作化的紧迫性。这次会议要求在 1955 年下半年,全国农业合作社的发展要在原有的 65 万个的基础上增加一倍,达到 130 万个。②在这一政策指导之下,1955 年下半年全国掀起农业社会主义改造高潮。1955 年 10 月,党的七届六中全会通过了《关于农业合作化问题的决议》,规定此阶段工作重点是试办农业生产合作社,对于那些基本实现半社会主义合作化的地区,要逐渐将初级社转变为高级社。同时也规划了合作化运动进展的速度和规模,即到 1957 年春以前,在互助合作运动比较先进的地方将合作社应发展到当地农户的 70%—80%,基本上实现半社会主义合作化;到 1958 年春以前,在全国大多数地方基本上实现半社会主义的合作化。③

1955 年 11 月,毛泽东同志与 14 个省、1 个自治区的党委书记召开会议,商定出"农业十七条",1956 年扩充为"四十条",也就是后来产生巨

---

① 马社香:《中国农业合作化运动口述史》,中央文献出版社 2012 年版,第 386 页。

② 赵德馨:《中华人民共和国经济史(1949—1991)》,河南人民出版社 2003 年版,第 114 页。

③ 史敬棠等:《中国农业合作化运动史料》(下册),生活·读书·新知三联书店 1959 年版,第 64 页。

大影响的《一九五六年到一九六七年全国农业发展纲要（草案）》。"四十条"明确提出初级社要升级为高级社，"不升级就将妨碍生产力的发展"，并要求"在 1958 年基本上完成高级形式的农业合作化"。[①] 1955 年岁末，毛泽东同志亲自参加了《中国农村的社会主义高潮》一书的主编工作并撰写序言，阐释了办大社、办高级社的优越性，大力倡导兴办高级社。1956 年 6 月 30 日，全国人大审议通过了《高级农业生产合作社示范章程》，提出了关于土地等生产资料集体化的规定，即要求入社农民必须把自家拥有的土地、农具等主要生产资料全部交给合作社，归集体所有。从1956 年开始，高级农业生产合作社在各地农村逐步发展。截至 1956 年12 月，全国农村建立了 54 万个高级社，共有 11783 万户的农户参加了农业合作社，入社农户占全国农户总数的 96.3%，而其中 87.8% 的农户都加入了高级社[②]，基本上完成了对个体农业的社会主义改造。初级社和高级社的最大区别在于，前者包括土地在内的主要生产资料归农民个体所有，而后者是归合作社所有。高级农业生产合作社的普遍建立，也标志着农村土地集体所有制的初步形成。

（二）"土地入股、按劳分配"的土地政策

从初级社到高级社，党的土地政策发生了根本性变化，农村土地的集体所有权开始萌芽，并逐步得到强化，合作社社员的土地所有权及支配权被逐渐转移到集体手里，而农村土地制度也从半社会主义性质转向完全社会主义性质。不同于初级社作为个体农民合作的经济组织的性质，高级农业生产合作社的主要生产资料（土地、耕畜和大型农具）完全归集体所有，农民只是其中的劳动者。同时取消"按股分红"，采用以劳动日作为计算社员消耗和劳动报酬的单位，实行"各尽所能，按劳取酬"的原则。

这种模式的特点在于：土地及主要生产资料归合作社公有（既属于每个社员户，又不是每个社员户能支配的），生产过程集体劳动、统一经

---

① 中共中央文献研究室编：《建国以来重要文献选编》（第六册），中央文献出版社 1994年版，第 47 页。
② 史敬棠等：《中国农业合作化运动史料》（下册），生活·读书·新知三联书店 1962 年版，第 345 页。

营。这种模式下的集体劳动只是劳动力的简单集合,即所谓生产劳动的
"大呼隆";在生产的产品只够维持基本生存条件而分配又必须保障所有
社员基本生存条件的情况下,农民按劳统一分配到的劳动产品差异甚小,
即所谓劳动产品分配吃"大锅饭"。① 这种以劳动日作为劳动计算单位而
不计产出的形式只是完成了劳动力的简单集合,难以避免社员"出工不
出力"的弊端,非但不利于提高劳动效率,反而损害了劳动者的积极性。
同时,取消"土地分红"否定了农民对所分得土地的自主权,违背了自愿
互利的原则,也引起了农民群众的不满。这也是导致 1956 年秋收分配前
后至 1957 年春夏,全国许多地方出现闹退社现象的主要原因。②

四、基本特点与主要成就

中国共产党领导农民走互助合作的道路,在短短的几年内完成了农
业的社会主义改造。这场涉及数亿农民的大规模、空前复杂和深刻的社
会变革具有其内在的历史特点,也积累了一定的成就和经验。

(一)变革的基本特点

其一,坚持以自愿自觉的原则为基点。互助根源于第二次国内革命
战争时期和抗日战争时期,当时边区政府有意识地利用流行于当地的变
工、札工等民间互助形式,注意发扬农民的互助传统。尽管互助组进一步
发展为初级社,但初级社依然依托于农民群众的互助经验,在社农民仍拥
有较完整的产权。③ 前期的互助组和初级社的发展基本上是健康合理
的,农民本着自觉自愿的原则加入互助组,农民家庭之间可以进行生产劳
动的协作与互助,而初级社成员的土地所有权和经营权保持不变。这一
时期,党在领导农民进行农村土地变革过程中达成共识:农民是劳动者,
对他们不能实行剥夺,要通过思想教育和典型示范,使他们自觉自愿参加
合作社。要贯彻自愿原则,必须坚持互利原则,没有互利便不会有自愿。

① 赵德馨:《中华人民共和国经济史(1949—1991)》,河南人民出版社 2003 年版,第
114 页。
② 彭俊平、王文滋:《新中国党的农村土地政策述论》,《理论导刊》2002 年第 11 期。
③ 张红宇:《中国农村的土地制度变革》,中国农业出版社 2002 年版,第 42 页。

其二，坚持以逐步过渡的思想为指导。1953 年，根据过渡时期总路线的精神，中央规定农业社会主义改造的时间为 15 年，从 1953 年起，分 3 个五年计划完成。毛泽东同志在与工商界代表的谈话中也重申："社会主义改造是三个五年计划基本完成，还有个尾巴要拖到十五年以后，总之是要瓜熟蒂落、水到渠成。"①这样的规划是科学的，也符合中国的国情。在推进农业合作化的过程中，中国共产党在坚持积极领导的同时，也注意稳步前进。所谓稳步前进，就是根据生产发展的要求和农民觉悟程度提高的情况，逐步引导农民组织起来，而不是超过他们的觉悟程度和不顾可能的条件，在合作化的问题上采取急躁冒进的态度。为了做到稳步前进，党不是一下子就让农民把土地和其他生产资料变成集体财产，而是通过从临时互助组，到常年互助组，到初级社，再到高级社这种循序渐进、逐步过渡的形式，有步骤地引导他们走向社会主义。这样便于逐渐实现生产资料公有制，使农民逐步适应经营方式的变化，避免经济改革中出现大的社会震动。

其三，不断纠正急躁冒进的问题。在合作化发展过程中，虽然党的初衷是根据生产力发展的实际水平，采取渐进式的制度变迁方式。但是在发展过程中，各地方还是不可避免地出现了急于求成的倾向。这样快速的制度变革就导致：一则未能始终一贯地严格按照群众自愿互利原则办事，不少地方采取政治强制和行政手段多，示范和吸引的办法少；二则未能始终一贯地执行因地制宜、分类指导、循序渐进的正确方针。1953 年春，针对农业合作化运动出现的急躁和冒进的现象，中共中央紧急下发了《对各大区缩减农业增产和互助合作发展的五年计划数字的指示》和《关于春耕生产给各级党委的指示》。各地又根据中央精神和指示，对互助组合作组织进行检查和整顿，转变干部重社轻组的思想，稳定了农民的生产情绪。

与此类似，1955 年 4 月，全国初级社发展到 67 万个，得到了广大农民的欢迎，但也存在一定的问题。如有的地方发展过快过猛，违反了资源

①《毛泽东文集》（第六卷），人民出版社 1999 年版，第 488 页。

互助的原则;有些合作社处理社员入社的生产资料、牲畜时折价偏低,危害了农民的利益,造成了国家和农民关系的紧张。正如党的十一届六中全会《关于建国以来党的若干历史问题的决议》指出:"在 1955 年夏季以后,农业合作化以及对手工业和个体工商业的改造要求过急,工作过粗,改变过快,形式也过于简单划一,以致在长期间遗留了一些问题。"①针对此现象,1955 年 1 月,国家发出《关于整顿和巩固农业生产合作社的通知》,要求合作化运动要转入控制发展、着重巩固阶段,并根据不同地区情况,或暂时停止发展,或适当收缩。坚持强调宣传自愿原则,安定农民情绪,放缓农业合作化的脚步。②

(二)变革的主要成就

农业合作化阶段的土地制度变革遵循自愿互利的原则,在全面规划、加强领导、有准备分步骤发展的方针指引下,在政治和经济上对我国向社会主义阶段的过渡作出了重要贡献。

第一,在政治建设方面,通过互助组、初级社和高级社等构造出农业生产的集体组织,并赋予其相应的组织权和财产权,为我国争取最广大、最基层农民群众以及新政府的建立和巩固提供了组织基础。③ 在这种彼此依赖的关系下,国家需要农村合作社完成农业税收、农村社会管理等目标,农村合作社则依托国家权力赋予其合法性地位。在党和国家的大力推动下,我国农村合作社迅速发展。首先是互助组在 1950—1952 年普遍建立,从 1950 年年底的 272.4 万个互助组发展到 1952 年年底的 802.6 万个互助组,增加了 2 倍。1952 年以后,互助组逐渐被初级社取代,经过1955 年的迅速发展后,初级社总数由 1952 年的 4000 个增加到 1955 年的63.3 万个,增加了 157 倍。初级农业合作社既保留了农民对土地的所有权,又比互助组更能发挥统一经营的优越性,体现了土地所有权和经营权

① 中央档案馆、中共中央文献研究室编:《中共中央文件选集(一九四九年十月一一九六六年五月)》(第 1 册),人民出版社 2013 年版,第 13 页。

② 中共中央文献研究室编:《建国以来重要文献选编》(第六册),中央文献出版社 1993年版,第 12—13 页。

③ 张红宇:《中国农村的土地制度变革》,中国农业出版社 2002 年版,第 46 页。

的分离形态,比较好地处理了公私双方的关系,适应了当时农业生产力发展水平。高级社在1955—1957年发展显著,在1955年年底,高级社只有500个,而到1956年年底建成54万个,足足是1955年的1080倍。再到1957年冬天,高级社已建成75.3万个(见表4-6)。①

表4-6　1950—1957年中国农业合作化发展情况

年份	互助组		初级社		高级社	
	组数（万个）	每组农户数（户）	社数（个）	每社农户数（户）	社数（个）	每社农户数（户）
1950	272.4	4.2	18	10.4	1	32.0
1951	467.5	4.5	129	12.3	1	30.0
1952	802.6	5.7	4000	15.7	10	184.0
1953	745.0	6.1	15000	28.1	150	137.3
1954	993.1	6.9	114000	20.0	200	58.6
1955	714.7	8.4	633000	26.7	500	75.8
1956	85.0	12.2	216000	48.2	540000	198.9
1957	—	—	36000	44.5	753000	158.6

资料来源:林毅夫:《制度、技术与中国农业发展》,格致出版社、上海三联书店、上海人民出版社2014年版,第4页。

　　第二,在经济发展方面,农业合作社作为中国农业基层经营组织与基本经营单位,实行土地统一经营、评工记分、按劳分配,实现了由农户使用土地向集体使用土地的过渡。这种土地使用形式既发挥了合作经济的优越性,又激发了农户家庭经营的积极性,极大地释放了生产力,使农业发展持续受益于良好的制度绩效。具体表现为以下几个方面。

　　一是农业生产资料零售总额和销售量不断增加。1957年农村的各种生产资料零售总额达到32.6亿元②,是1952年的2.3倍(见表4-7)。从农村主要生产资料销售量来看,1952年到1957年,化肥销售量增加了

① 林毅夫:《制度、技术与中国农业发展》,格致出版社、上海三联书店、上海人民出版社2014年版,第4页。
② 国家统计局编:《中国统计年鉴(1983)》,中国统计出版社1983年版,第367页。

5 倍;农药和农药机械的销售量分别增加了 10 倍、1.6 倍;动力机械销售量增加了 20 倍(见表 4-8)。①

表 4-7　1952—1957 年农业生产资料零售总额

年份	农业生产资料供应总额(亿元)	以 1952 年为 100 的指数(%)
1950	7.3	51.8
1951	10.3	73.1
1952	14.1	100.0
1953	19.2	136.2
1954	25.0	177.3
1955	28.2	200.0
1956	37.0	262.4
1957	32.6	231.2

注:本表数值按当年价格计算。
资料来源:国家统计局编:《中国统计年鉴(1983)》,中国统计出版社 1983 年版,第 367 页。

表 4-8　1952—1957 年农业生产资料销售量

年份	化肥(万吨)	农药(万吨)	农药机械(万吨)	动力机械(万马力)
1952	29.5	1.5	25.1	1.3
1953	55.5	1.9	19.8	1.4
1954	79.3	4.1	31.5	2.2
1955	117.5	6.7	42.9	4.5
1956	160.8	15.9	130.8	18.9
1957	179.4	14.9	64.7	26.5

注:本表是全民所有制商业的销售量。
资料来源:国家统计局编:《中国统计年鉴(1983)》,中国统计出版社 1983 年版,第 397 页。

二是农田水利建设初见成效。据统计,从 1950 年到 1957 年,全国新打井 600 万眼,添置水车 150 余万部,安装的抽水机达 37 万马力,水土保持初步控制面积有 17 万余平方公里,农村水力发电有 1 万多瓦。② 同

---

① 国家统计局编:《中国统计年鉴(1983)》,中国统计出版社 1983 年版,第 397 页。

② 全国农业展览会编:《1957 年全国农业展览会资料汇编》(下册),农业出版社 1958 年版,第 520 页。

时,各地每年对渠道、塘坝、小型水库进行大量的兴建和整修。1955年10月到1956年9月这一阶段,农田水利的发展尤为迅速,全国增加灌溉面积达到11000余万亩,如果加上单季稻田变为双季稻田的面积,就有13000余万亩。① 当时,仅1956年一年所兴修的农田水利工程的灌溉面积即达1.5亿亩,当年受益的达1亿亩。这等于新中国成立前全国所有水利设施的灌溉面积的一半,等于新中国成立后六年中发展的灌溉面积的两倍。1956年我国农业遇到严重灾害,受灾农田面积达2亿数千万亩,除8000万亩因毁灭性的灾害失收外,其余都依靠集体的力量大大减轻了灾害。这就是1956年为什么在灾害严重的情况下,能够实现农业显著增产的根本原因。②

三是农业机械化和生产技术取得发展。1952—1957年,我国农业机械拥有量大幅增加,农业机械化生产水平有了很大提升。1952年,我国机耕面积为13.6万公顷,1957年达到了263.6万公顷,约为1952年机耕面积的19倍。③ 1952年,我国农业机械总动力为25万马力,1957年达到了165万马力,是1952年的6.6倍。农用排灌动力机械从1952年的12.8万马力,增加到1957年的56.4万马力,增长约4.4倍。④ 此外,1950年我国农业技术推广站仅有10个,到1952年已有232个农业技术推广站,增加了22倍。1957年农业技术推广站数量显著增加,达到13669个,比1952年增加了58倍。⑤

四是工业快速增长,工农业产品价格剪刀差缩小。农业合作化时期,不仅农业生产取得了很大成就,由于农业合作化运动带动了手工业和资本主义工商业的社会主义改造,1956年工业生产也有了飞快的增长。从1955年到1956年,工业总产值由548.7亿元增长至703.6亿元,增加了

① 全国农业展览会编:《1957年全国农业展览会资料汇编》(下册),农业出版社1958年版,第520页。
② 沙健孙主编:《中国共产党与新中国的创建(1945—1949)》(下),中央文献出版社2009年版,第741页。
③ 国家统计局编:《中国统计年鉴(1983)》,中国统计出版社1983年版,第197页。
④ 国家统计局编:《中国统计年鉴(1983)》,中国统计出版社1983年版,第186页。
⑤ 国家统计局编:《中国统计年鉴(1983)》,中国统计出版社1983年版,第211页。

28%,国家的基本建设投资增加了59%①。在1952—1958年国家支出的860多亿元基本建设投资中,用于工业建设的占51.1%。② 此外,全国物价的稳定有助于缩小工农业产品价格的剪刀差,提高农民生产的积极性。在第一个五年计划期间,党和国家有计划地提高了一部分农产品的采购价格,但农村市场工业品的零售价格基本不变,这就大大缩小了工农业产品交换的比价差额。经过调整,1952年到1958年之间,全国农产品采购价格指数普遍高于全国农村工业品零售物价指数(见表4-9)。

表4-9　1952—1958年农产品采购价格指数及农村工业品零售物价指数

年份	全国农产品采购价格指数 (以上一年平均价格为100)	全国农村工业品零售物价指数 (以上一年平均价格为100)
1952	101.7	99.5
1953	110.1	98.5
1954	103.4	101.7
1955	99.5	101.2
1956	103.0	99.0
1957	105.0	101.2
1958	102.2	99.4

资料来源:国家统计局编:《伟大的十年　中华人民共和国经济和文化建设成就的统计》,人民出版社1959年版,第152页。

　　五是农民收入水平提高,生活质量得到改善。农民的人均纯收入和平均消费水平不断提高。在第一个五年计划期间,由于农产品采购价格提高,农民约多增加收入110亿元。③ 从1954年到1976年,我国农业总产值年平均增长2.55%,同期农村居民人均纯收入年平均增长2.36%。④

---

　　①　国家统计局编:《伟大的十年　中华人民共和国经济和文化建设成就的统计》,人民出版社1959年版,第14—16页。
　　②　国家统计局编:《伟大的十年　中华人民共和国经济和文化建设成就的统计》,人民出版社1959年版,第39、第46页。
　　③　国家统计局编:《伟大的十年　中华人民共和国经济和文化建设成就的统计》,人民出版社1959年版,第143—144页。
　　④　牛若峰:《中国农业的变革与发展》,中国统计出版社1997年版,第396页。

农村居民人均纯收入由 1952 年的 57 元增加到 1957 年的 73 元①,增长 28.1%,年均增长 4.7%。农民收入水平的提高进一步改善了农民的生活质量,农民年平均消费水平从 1952 年的 62 元增加到 1957 年的 79 元②,增加了 27.4%,年均增长 2.8%(见表 4-10)。

表 4-10 1952—1957 年农民年平均消费水平

年份	农民消费水平(元)	指数(以 1952 年为 100)
1952	62	100.0
1953	69	103.2
1954	70	104.4
1955	76	113.4
1956	78	115.0
1957	79	117.1

注:本表消费水平是按国民收入使用额中用于个人消费总额除以年平均人口计算的,各年消费水平均按当年价格计算,指数均按可比价格计算。
资料来源:国家统计局编:《中国统计年鉴(1983)》,中国统计出版社 1983 年版,第 484 页。

在农业合作化时期,党和政府领导农民经由"互助组—初级社—高级社"三个阶段,基本完成了农业社会主义改造,实现农村土地私有制向公有制的转变,农村土地从此归劳动人民集体所有。这一阶段的土地制度变革虽然在后期忽略了当时的生产力发展水平和农民的承受能力,但农业社会主义改造的方向是基本正确的。这将亿万松散的农民组织到农业生产合作组织中,也为人民公社时期探索建设社会主义奠定了基础。

第三节 人民公社时期党领导农村
土地制度变革的历史进程

1956 年年底,我国的社会主义改造基本完成,也标志着中国正式确

---

① 国家统计局国民经济综合统计司编:《新中国六十年统计资料汇编》,中国统计出版社 2010 年版,第 25 页。

② 国家统计局编:《中国统计年鉴(1983)》,中国统计出版社 1983 年版,第 484 页。

立了社会主义制度,而如何建设社会主义新中国,缩小我国与发达国家之间的差距,就成为当时以毛泽东同志为核心的党中央迫切要解决的问题。与此同时,农业合作化运动的不断高涨,使毛泽东同志对"跑步进入共产主义"充满信心。1958 年,中共中央提出了"鼓足干劲、力争上游、多快好省地建设社会主义"①的总路线,并在总路线的指导下发起了"大跃进"和人民公社化运动。

一、农村人民公社的建立与发展

在中共中央总路线的指导下,1958 年我国农村逐渐建立起人民公社组织,随后人民公社运动在全国范围内广泛开展。人民公社的建立和发展,使农村土地制度发生了巨大变革。

(一)农村人民公社的建立

在社会主义改造基本完成和第一个五年计划顺利完成后,中国进入了全面建设社会主义阶段。在这一阶段,中国共产党对如何建设社会主义进行了曲折探索,毛泽东同志于 1956 年在中央政治局扩大会议上所作的《论十大关系》报告、1957 年发表的《关于正确处理人民内部矛盾的问题》的讲话等文献都体现出了正确的建设导向。然而,在 1957 年中国共产党发动的整风运动过程中,也存在反右派斗争扩大化等错误的倾向。但总的来说,当时党和国家的正向探索远多于失败的探索。人民公社初期,中国发展的国内形势是较为乐观的,当时基于农民、工人等劳动群众从事生产劳动积极性的高涨,我国国内农业、工业等产业乃至整个国民经济的发展呈现一派繁荣。但是就国际形势而言,以美国为首的资本主义国家阵营敌对中国,而中国同苏联的外交关系也开始紧张,如何有效地应对国际社会的严峻挑战也成为当务之急。在此国内外背景下,以及党和国家追求社会主义建设高速度的同时,农业合作化的规模越大,公有制程度越大,就越能促进生产的发展逐渐成为共识,这一观点的提出为人民公

---

①　中共中央文献研究室编:《建国以来重要文献选编》(第十一册),中央文献出版社 1995 年版,第 303 页。

社的建立奠定了思想基础。

事实上，关于在我国农村建立"公社"或"大社"的思想，早在农业合作化运动时期已经开始萌芽。1955年下半年掀起合作化高潮之时，毛泽东同志多次谈到大社的优越性，提倡办大社。他在《大社的优越性》一文提出："这种小社仍然束缚生产力的发展，不能停留太久，应当逐步合并。有些地方可以一乡为一个社，少数地方可以几乡为一个社，当然会有很多地方一乡有几个社的。"①因此，人民公社化的前奏正是小社并大社。在农业合作化后期，各地组织过一些大社，但大多经营不善，未能显示出其优越性。1957年冬到1958年春，全国农村大搞农田水利建设，针对当时农业生产建设对兴修水利的实际需求，中共中央在1958年3月召开的成都会议上通过《关于把小型的农业合作社适当地合并为大社的意见》，指出："我国农业正在迅速地实现农田水利化，并将在几年内逐步实现耕作机械化。在这种情况下，农业生产合作社如果规模过小，在生产的组织和发展方面势将发生许多不便。为了适应农业生产和文化革命的需要，在有条件的地方，把小型的农业合作社有计划地适当地合并为大型的合作社是必要的。"②各地据此文件精神，先后开始了并社工作。在党的八大第二次会议后，并社工作在全国普遍展开。1958年8月9日，毛泽东同志在山东农村视察时的讲话指出："还是办人民公社好，它的好处是，可以把工、商、农、学、兵合在一起，便于领导。"③这些消息在报刊上发表后，全国农村广泛响应这一号召，迅速推动了人民公社化运动的发展。

（二）农村人民公社的发展

为了研究解决人民公社发展中出现的新问题，中共中央政治局于1958年8月17日至30日在北戴河举行扩大会议。会议讨论了在全国农

---

① 中共中央文献研究室编：《建国以来重要文献选编》（第七册），中央文献出版社1993年版，第225页。

② 中央档案馆、中共中央文献研究室编：《中共中央文件选集（一九四九年十月——一九六六年五月）》（第27册），人民出版社2013年版，第315页。

③ 《毛主席视察山东农村》，《人民日报》1958年8月13日。

村中建立人民公社的问题,认为把规模较小的农业生产合作社合并改变成为规模较大的工农商学兵合一的人民公社,是目前促进农业生产快速发展的大趋势。1958 年 8 月 29 日,中共中央下发《中共中央关于在农村建立人民公社问题的决议》,指出:"社的组织规模,就目前说,一般以一乡一社两千户左右较为合适。"①1958 年 9 月,《红旗》和《人民日报》先后发表了《迎接人民公社化的高潮》与《先把人民公社的架子搭起来》两篇具有指导意义的社论。在轰轰烈烈的气氛中,人民公社化运动迎来了高潮。

1958 年 8 月底,在全国已建成人民公社数 8730 个,参加人民公社的户数占总农户的比重达到 30.4%,到 9 月下旬,全国共建成人民公社 26425 个,参加人民公社的户数占总农户数的 98%。②据新华社报道,当年 10 月全国农村基本实现公社化、组织军事化、行动战斗化和生活集体化,到 12 月底,参加人民公社的户数占总农户的 99.1%,每个人民公社平均户数 4637 户,农村基本全面实现了公社化。③据统计,1958 年农村人民公社数为 23630 个,公社户数为 12861 万户。1978 年农村人民公社数增加到 52781 个,是 1958 年的 2.23 倍,公社户数 17347 万户④,为 1958 年的 1.35 倍(见表 4-11)。

表 4-11　1958—1978 年农村人民公社组织发展情况

年份	农村人民公社数(个)	生产大队数(万个)	生产队数(万个)	公社户数(万户)	公社人口(万人)
1958	23630	—	—	12861	56017
1960	24317	46.4	289.2	12662	—
1965	74755	64.8	541.2	13527	59122

①　中共中央文献研究室编:《建国以来重要文献选编》(第十一册),中央文献出版社 1995 年版,第 447 页。

②　国家统计局编:《新中国 60 年》,中国统计出版社 2009 年版,第 51 页。

③　国家统计局编:《伟大的十年　中华人民共和国经济和文化建设成就的统计》,人民出版社 1959 年版,第 36 页。

④　国家统计局编:《中国统计年鉴(1983)》,中国统计出版社 1983 年版,第 147 页。

年份	农村人民公社数（个）	生产大队数（万个）	生产队数（万个）	公社户数（万户）	公社人口（万人）
1970	51478	64.3	456.4	15178	69984
1975	52615	67.7	482.6	16448	77712
1978	52781	69.0	481.6	17347	80320

资料来源:国家统计局编:《中国统计年鉴(1983)》,中国统计出版社1983年版,第147页。

人民公社的发展,对农村经济社会各个方面都产生了巨大影响。这种新体制的基本特征是"一大二公""政社合一",即高度集中的经营管理方式和平均主义的分配方式。人民公社生产活动普遍采取"大呼隆"的劳动方式,劳动者服从生产队长统一指挥,没有自主权。这种劳动方式在一定程度上会消磨社员的生产积极性,从而大大降低生产效率。在财产关系上,毛泽东同志曾指出,"在公社范围内,实行贫富拉平,平均分配;对生产队的某些财产无代价地上调;银行方面,也把许多农村中的贷款一律收回",这种"共产风"的分配方式过分强调"平均主义",否认了农民的私有财产权,"引起广大农民的很大恐慌"。[1] 这一时期,由于缺乏建设社会主义的经验,过多强调组织农民群众从事集体生产劳动,而忽视了基本国情和经济社会发展的客观规律,人民公社化运动最终在农村导致了一系列的问题和矛盾。

二、人民公社时期的农村土地制度变革

人民公社时期的农村土地制度以"三级所有、队为基础"的土地政策为基调进行所有制关系的不断调整,经历了下放核算单位的曲折探索过程,最终党认识到了人民公社制度导致的农村土地产权残缺等问题,为土地制度创新需求的生成创造了条件。

(一)人民公社时期农村土地制度的发展进程

人民公社时期的农村生产资料所有制关系,大体上经历了三个阶段:

---

[1] 中央档案馆、中共中央文献研究室编:《中共中央文件选集(一九四九年十月——一九六六年五月)》(第30册),人民出版社2013年版,第284页。

第一阶段是 1958 年农村人民公社成立初期,实行公社一级所有制;第二阶段是 1959—1962 年,实行以生产大队为基础的三级所有制;第三阶段是 1962—1978 年,实行以生产队为基础的三级所有制。随着人民公社制度三个阶段的所有制关系调整,人民公社时期的农村土地制度也在不断发展演变。

虽然人民公社运动的出发点是探索由社会主义社会过渡到共产主义社会的组织形式,但是由于公社初期追求发展速度、强调农业产量,全国出现了浮夸风、命令风、共产风等不良作风,给 20 世纪 50 年代末到 60 年代初的整个农村经济发展带来了负面影响。

针对农村经济社会发展的状况,1958 年 12 月,八届六中全会通过的《关于人民公社若干问题的决议》强调,全面地实现社会主义的全民所有制需要一定的时间,且我国要建成具有高度发展的现代工业、农业和科学文化的社会主义国家需要经过 15 年、20 年甚至更长的时间。[①] 实现这两种过渡,都必须以一定的生产力发展水平为基础。《关于人民公社若干问题的决议》发表后,全国各地开始整改和纠正人民公社发展中的不良作风。中共中央于 1960 年 11 月下发了《关于农村人民公社当前政策问题的紧急指示信》,分析了当时农村普遍存在的"一平二调"问题,强调"三级所有、队为基础,是现阶段人民公社的根本制度"[②]。其中,"三级所有"是指生产资料和产品分别归公社、生产大队和生产队三级集体所有;队为基础,即在人民公社的三级集体所有制中,生产队一级的所有制是基本的。[③] 生产大队是农村生产资料的所有者,而生产小队只是向生产大队包产的具体作业单位。生产大队将一部分劳动力、土地、农具固定给生产小队使用,并对生产小队实行包工、包产、包成本和超产奖励的"三包一奖"制度。显然,这种"三级所有、队为基础"的体制,虽然基本解决了

---

① 中央档案馆、中共中央文献研究室编:《中共中央文件选集(一九四九年十月——一九六六年五月)》(第 29 册),人民出版社 2013 年版,第 300—301 页。

② 中央档案馆、中共中央文献研究室编:《中共中央文件选集(一九四九年十月——一九六六年五月)》(第 35 册),人民出版社 2013 年版,第 345 页。

③ 许涤新:《政治经济学辞典》(下册),人民出版社 1981 年版,第 88 页。

人民公社中存在的无偿平调、占用生产资料的问题，但生产单位与核算单位不一致的问题却仍然存在，对于发挥各生产小队的积极性产生了不利影响。

为了更好地解决问题，1962年2月中共中央又发出《关于改变农村人民公社基本核算单位问题的指示》，将基本核算单位从大队下放到生产小队，即三级所有、生产队为基础。这样就使生产小队既有生产管理权，又有分配的决定权，将生产和分配统一起来，在保障生产小队自主权的同时也调动了其积极性。这个指示发出之后，人民公社内部的组织关系进一步规范为公社、生产大队和生产队三级组织形式，全国绝大多数地方都实行了以生产队为基本核算单位的制度，土地等农村基本生产资料的所有权关系也发生了较大调整。原来明确大队所有、由生产队使用的土地，在大多数地方都改为生产队集体所有，而生产队使用的耕畜、农具等所有权也属于生产队。以生产队为基本核算单位，是在保留自高级社形成的"集体所有，统一经营"土地制度不变的前提下，对核算单位和收入分配制度的一次重大变更。在这以后，以生产队为基本核算单位的"三级所有、队为基础"的农村土地制度，在我国农村成为一项长期稳定的制度，并一直保持到农村家庭联产承包责任制改革前。

（二）人民公社时期农村土地制度的矛盾分析

在人民公社的制度框架之下，农村土地制度安排存在产权残缺①的主要矛盾。土地归集体所有、由集体经营以及强制性的农产品统派购制度，使农民缺乏对土地排他的使用权、收益的独享权和自由处置权，表现出"产权残缺"。② 关于这种土地制度安排的产权残缺的集中表现，张红宇做了详细阐释：一是产权配置制度。土地由农民所有和农民经营演变为人民公社制度下的集体所有和集体经营，农民不再是独立的生产经营主体。尽管当时宪法规定任何组织和个人不得侵占、买卖、出租或者以其

---

① 刘守英：《中国农地制度的合约结构与产权残缺》，《中国农村经济》1993年第2期。备注："产权残缺"概念来源于美国学者哈罗德·德姆塞茨在其《所有制，控制与企业》一文中的概念。

② 张红宇：《中国农村的土地制度变迁》，中国农业出版社2002年版，第44页。

他形式转让土地,但"三级所有"的产权制度规定比较模糊,普遍存在三级所有者主体产权界定不清的问题。因此在没有财产约束的制度之下,无法产生产权明晰所带来的激励和资源优化配置效应。由此看来,生产单位的扩大虽然内部化了生产者之间的交易费用,却会产生管理成本。生产单位越大,产权界定越不清晰,内部的偷懒行为就越多,生产效率越来越低,从而出现了诸如小岗村一类破产村庄,这是人民公社时期土地制度存在的主要问题。二是生产经营制度。基于农村土地由家庭分散经营为集体统一经营的形势,加上国家对劳动力流动的限制,使农民没有退社自由。尽管人民公社具有容纳过剩劳动力的组织优势,且能够通过组织劳动力开展集约化劳动,在一定程度上可以提升单位土地面积产量,从而保障国家对农产品征收的数量需求,但却损害了农民劳动的自主性和积极性。三是劳动分配制度。由于核算单元规模的扩大(由初级社的20—30户扩至一个生产队,甚至一个公社上千个农户范围),公社采取工分制作为分配凭据,以降低劳动监督成本。这种定额工资的分配方式,忽视了劳动者固有的体能、智能差异,也缺乏资源配置效率和劳动激励,增加了"搭便车"现象,追求平等却丧失了公平原则。四是产品流通制度。人民公社土地的产出和农产品按国家征购、集体积累和社员劳动报酬的顺序进行,剥夺了农民对农产品的剩余支配权。①

林毅夫认为,在人民公社的制度框架之下,产权残缺必然导致存在劳动监督成本过高和劳动激励过低的问题。② 人民公社的组织形态决定了管理的低效率,劳动形态决定了激励机制缺损。而两者的叠加,又决定人民公社资源配置无效率。结果致使农业生产长期停滞,农民收入不增加,进一步导致平均主义分配。而平均主义倾向,又导致社员劳动无激励,形成恶性循环。最终,出现低生产力水平和低收入水平的陷阱。③ 这种产权残缺,使产权界定不清晰,且未赋予农民自主选择权,不仅揭示出人民

---

① 张红宇:《中国农村的土地制度变迁》,中国农业出版社2002年版,第43页。
② 林毅夫:《制度、技术与中国农业发展》,格致出版社、上海人民出版社2014年版,第26页。
③ 张红宇:《中国农村的土地制度变迁》,中国农业出版社2002年版,第48页。

公社时期农村土地制度变革的不合理性,并最终诱致着土地制度创新的需求生成。①

三、基本特点与主要成就

人民公社运动是党和国家探索中国社会主义建设的一种尝试,尽管人民公社时期的农村土地制度变革对建立土地集体所有制具有积极意义,但这一时期的农村土地制度变革模式及其实践在一定程度上缺乏制度效率,并造成了农业生产关系中的部分矛盾和问题。

(一)变革的基本特点

人民公社时期制度变革的目标,是通过不断改变生产关系来促进生产力的发展,利用人民公社的形式实现向共产主义的过渡,这一时期的土地制度变革特点主要表现在以下方面。

其一,以政治目标为基本动因,推行自上而下的强制性变革。其实,土地改革、农业合作化运动以及人民公社的土地制度安排的基本动因,主要都是出于政治因素,这是由中国共产党的基本宗旨所决定的。只有消灭地主阶级私有的财产权利,中国共产党在农村的政权才能巩固,才能确保国家工业化实现具备稳固的基础。② 但是,人民公社时期的土地制度变革片面追求政治要求而忽视了人民的经济利益,从而给国民经济和人民生活带来了负面影响。消灭农村私有制基础,并不意味着要剥夺农民的财产和自由③,只有兼顾政治目的和社会经济规律的制度变革才能实现真正的成功。

其二,以实现共产主义为良好初衷,注重变革速度和变革成果。人民公社时期制度变革的初衷是为了寻求由社会主义社会过渡到共产主义社会的组织形式,以适应国家工业化战略需要,这一初衷具体到农村土地制度上就体现为坚持土地的公有化改造。当时领导者坚信通过生产关系改造可以提升生产力水平,而且信仰战时的兵团作战、集体化协同配合的经

---

① 张红宇:《中国农村的土地制度变迁》,中国农业出版社 2002 年版,第 44 页。
② 张红宇:《中国农村的土地制度变迁》,中国农业出版社 2002 年版,第 47 页。
③ 张红宇:《中国农村的土地制度变迁》,中国农业出版社 2002 年版,第 47 页。

验,认为和平时期的农业生产也可以采取这种模式,以实现生产力快速发展,早日实现共产主义。虽然人民公社运动建立在此良好的出发点之上,但是人民公社初期的制度变革未能较好地平衡速度和成果。从 1958 年起,农村人民公社框架下的土地制度在短时间内就建立起来。然而,由社会主义过渡到共产主义,需要经过很长的时间,要实现这种过渡,都必须以一定程度的生产力发展为基础。制度变革是长期的创新过程,只能采取渐进的办法,实现从低级到高级、从局部均衡到一般均衡的过程。违背自愿原则,超越农民现有的习俗、习惯、行为规则以及对道德规范的认知水平的变革方式是不可取的,换言之,超越了社会经济必要的发展阶段的努力注定是要失败的。①

其三,以公平正义为发展目标,不断纠偏和调整土地制度及政策。为解决农民贫富分化问题,1958 年人民公社制度确立后,农民的土地所有权和经营权都收归集体所有。一切生产资料皆归全民所有,所生产的农产品由国家统一进行调拨使用,生产利润完全上缴;社员的生活和消费实行全社统一的供给制,即吃公共食堂;劳动实行工资制,即记工分,按工分分配农业剩余。这些土地政策的目的本来是追求公平、缩小贫富差距,但是这种高度平均主义的做法实际上脱离了经济社会发展规律和当时的生产力水平,为党之后的土地制度改革提供了经验与教训。1959—1961 年的三年自然灾害,使中共中央意识到必须纠正人民公社操之过急的问题。1960 年 11 月,中央发出了《关于农村人民公社当前政策问题的紧急指示信》,决定把合作化的形式退回到高级合作社时的合作化水平,要求全党用最大的努力来坚决纠正"共产风"。1962 年 9 月,党的八届十中全会通过的《农村人民公社工作条例修正草案》,是党调整农村生产关系、促进农业生产恢复和发展的一个重要文件。该条例带有明显的折中倾向,在保持人民公社总体框架的前提下,清晰地规定了人民公社的政策界限,纠正公社化以来农村实际工作中的若干突出错误,向广大农民发出了向后退的明确信号,体现出中国共产党在实现国家工业化目标的同时对农村

① 张红宇:《中国农村的土地制度变迁》,中国农业出版社 2002 年版,第 47 页。

稳定的重视。

（二）变革的主要成就

虽然人民公社化运动具有明显的局限性，但是人民公社时期农村土地制度变革的积极意义也是值得肯定的，其在建立农村土地集体所有制、保障新中国工业化建设、降低农村管理成本等方面的成就也不容忽视。

第一，农村土地集体所有制框架基本建立，农业现代化建设显著推进。人民公社时期构建的土地集体所有、集中统一经营的制度运行格局一直延续到 20 世纪 70 年代末，其间虽有不同程度的变动，但基本上没有越出"土地集体所有、集中统一经营"的范围。这种土地制度安排自创建以来，对农村现代化建设起到了重要的推动作用，促进了农村的生产条件改善，以及农业机械化和技术进步，具体成就表现为以下三个方面。

一是农田水利建设成效斐然。人民公社时期，全国掀起了大办农田水利的高潮。人民公社展现出强大的社会动员能力，千家万户的小农被组织起来，通过统一调动投向农田水利建设。一方面，工分制的劳动报酬模式降低了对劳动力的管理成本；另一方面，在农田水利建设的实践中，公社统一筹集和分配资金，实现了更高效率的物质资源动员，公社还可以在更大范围内对水利资源进行全面的规划和综合的开发，发展农、林、牧、副、渔等各项事业。由于充分依靠和发挥了人民公社"一大二公"的优越性，各地的农田水利事业得到了迅速发展。[1] 据统计，农村小型水电站个数从 1957 年的 544 个增加到 1978 年的 82387 个，增加了 150 倍，农村小型水电站发电能力从 1957 年的 2 万千瓦增加到 1978 年的 228.4 万千瓦[2]，增加了 113 倍（见表 4-12）。到 1978 年，全国农村塘坝建设 453 万座，塘坝库容量达 283 亿立方米，机电井建设 255.3 万眼，其中已配套的机电井为 202.9 万眼[3]，农业水利设施建设效果显著。农业灌溉面积从

---

① 吕方等：《脱贫攻坚与乡村振兴衔接：组织》，人民出版社 2020 年版，第 31 页。
② 国家统计局编：《中国统计年鉴（1983）》，中国统计出版社 1983 年版，第 197 页。
③ 国家统计局编：《中国统计年鉴（1983）》，中国统计出版社 1983 年版，第 201 页。

1962 年的 3054.5 万公顷增加到 1978 年的 4496.5 万公顷,其中机电灌溉面积从 1962 年的 606.5 万公顷增加到 1978 年的 2489.5 万公顷,增加了3 倍。1962 年机电灌溉面积占灌溉面积比重仅为 19.9%,1978 年达到了55.4%(见表 4-13)[①],农业灌溉效率显著提升。人民公社时期凭借劳动力投入,中国将耕地灌溉面积由新中国成立初的 18% 扩大到 20 世纪 70年代末的 46% 以上,几乎整整扩大了两倍,灌溉耕地面积的扩大是中国粮食增产的基础保障。[②]

表 4-12　1957—1978 年农村小型水电站建设情况

年份	农村小型水电站个数(个)	农村小型水电站发电能力(万千瓦)
1957	544	2.0
1962	7436	25.2
1978	82387	228.4

资料来源:国家统计局编:《中国统计年鉴(1983)》,中国统计出版社 1983 年版,第 197 页。

表 4-13　1962—1978 年农业机械灌溉面积

年份	灌溉面积(万公顷)		机电灌溉面积占灌溉面积比重(%)
	合计	其中:机电灌溉	
1962	3054.5	606.5	19.9
1965	3305.5	809.3	24.5
1978	4496.5	2489.5	55.4

资料来源:国家统计局编:《中国统计年鉴(1983)》,中国统计出版社 1983 年版,第 197 页。

　　二是农业机械化生产取得重大进步。农业机械拥有量的大幅增加,促进了农业机械化生产,为农业生产现代化打下了基础。1957 年,我国农业机械总动力是 165 万马力,1978 年达到了 15975 万马力,增加了95.8 倍。机耕面积从 1962 年的 828.4 万公顷增加到 1978 年的 4067 万公顷,增加了 4 倍,其中 1957 年的农业排灌动力机械仅有 56.4 万马力,

---

① 国家统计局编:《中国统计年鉴(1983)》,中国统计出版社 1983 年版,第 197 页。
② 王绍光等:《共和国六十年:回顾与展望》,《开放时代》2008 年第 1 期。

1978 年达到了 6557.5 万马力(见表 4-14)①,足足增加了 115 倍。

表 4-14　1957—1978 年农业机械拥有量

年份	农业机械总动力（万马力）	农用大型拖拉机（混合台）	农用小型及手扶拖拉机（台）	大中型机引农具（万台）	农用排灌动力机械	
					万台	万马力
1957	165	14674	—	—	—	56.4
1962	1029	54938	919	19.2	36.7	614.7
1965	1494	72599	3956	25.8	55.8	907.4
1978	15975	557358	1373000	119.2	502.6	6557.5

资料来源:国家统计局编:《中国统计年鉴(1983)》,中国统计出版社 1983 年版,第 186 页。

　　三是农业技术改造得到加强。从全民所有制单位农林技术人员人数来看,1952 年农林技术人员只有 1.5 万人,占总自然科学技术人员的 3.5%,而截至 1978 年 6 月底,农林技术人员达 29.4 万人,占总自然科学技术人员的 6.8%(见表 4-15)。②

表 4-15　全民所有制单位农业技术人员数

项目	1952 年		1978 年 6 月 30 日	
	人数（万人）	占总自然科学技术人员的比重（%）	人数（万人）	占总自然科学技术人员的比重（%）
农业技术人员	1.5	3.5	29.4	6.8

资料来源:国家统计局编:《中国统计年鉴(1983)》,中国统计出版社 1983 年版,第 525 页。

　　第二,新中国工业化建设得到有力保障。在国家工业化战略的背景下,生产剩余的大部分要投入到事关国家独立富强的工业化建设尤其是重化工业的建设中。中国工业化能否成功的关键在于如何将劳动力组织起来,形成更多生产剩余。人民公社时期农村土地制度因为可以将小农组织起来,解决国家与分散小农的交易难题,从而为新中国的工业化建设提供了大量的原始积累,使中国的工业化得以顺利完成。1958—1960

①　国家统计局编:《中国统计年鉴(1983)》,中国统计出版社 1983 年版,第 186 页。
②　国家统计局编:《中国统计年鉴(1983)》,中国统计出版社 1983 年版,第 525 页。

年,我国总体基本建设规模越来越大。1958 年,基本建设投资 269 亿元,1959 年上升到 349.72 亿元,1960 年达到 38869 亿元。1960 年比 1958 年增加 119.7 亿元,增长 49%(按当年价格计算)。[1] 1958 年到 1960 年全国基本建设投资合计 996 亿元,比"一五"计划五年的总和 550 亿元还多。1960 年基本建设投资在国民收入中的比重达到 30%,是新中国成立以来最高的一年。以上这些都促使了一批重要工业项目的建成和工业布局的改善,为国家完成工业化原始积累作出了重要贡献。到 20 世纪 80 年代初,中国经济结构已由新中国成立初期农业占 60%以上而现代工业产值仅占 3%,变成农业只占国民生产总值的不足 30%,现代工业产值超过 50%,中国已经初步由一个农业国变成了工业国,工业体系尤其是重化工业已经具备了强大的生产生活资料的能力。[2]

第三,人民公社时期的农村管理成本有所下降。人民公社组织劳动力的办法是扩大生产单位,将生产者之间的交易内部化为生产单位内部的管理问题。正是人民公社成功地解决了生产者(小农)之间高昂的交易成本,而使农民可以组织起来获取更多生产性的收益。[3] 具体来看,这一时期制度的优越性有几个方面:一是"三级所有、队为基础"的土地政策将生产核算单位降低到生产队。生产队在很多地方往往是一个自然村落,是一个熟人社会,是有强有力内部认同的群体,生产队建立在自然村落基础上,就使村庄的传统与生产队的建制有所契合,可以降低管理成本。二是工分制度可以通过扩大分母,来调动社员参加劳动的积极性。人民公社可以依托工分制以较低成本开办民办教育、合作医疗,甚至办有一定专业水准的文工团。而农村的这些民办教育、合作医疗和文体活动,提高了农民的受教育水平,增强了农民的医疗保障,丰富了农民的业余生活。

尽管人民公社化运动取得了一定成就,但人民公社时期的土地制度改革超越了社会主义建设的历史阶段,打乱了农业合作经济组织的正常

---

① 赵德馨:《中国近现代经济史 1949—1991》,河南人民出版社 2003 年版,第 225 页。
② 王绍光等:《共和国六十年:回顾与展望》,《开放时代》2008 年第 1 期。
③ 王绍光等:《共和国六十年:回顾与展望》,《开放时代》2008 年第 1 期。

秩序,给农业生产、农村社会生活带来了冲击,导致 1959 年出现了"一次严重的经济危机"①。由于农业生产力水平没有明显提高,经营能力和经营规模不相称,所谓土地集中使用经营并没有给农业生产带来规模效益,相反却导致了农业经济的长期发展迟滞,甚至出现倒退,并最终阻碍了国民经济的持续增长和健康发展。

社会主义建设道路探索是前人未曾开创的事业,难免经历艰难与挫折。劳动与分配脱钩的平均化做法脱离了经济社会发展规律和当时中国生产力水平,由此形成的土地政策虽然经历了多次调整,也未能完全实现经济持续健康发展,与其设立初衷相违背。此外,农村土地制度变革是一个长期且缓慢的过程,不能为追求一时的速度和成效而忽视客观规律。这些经验教训被中国共产党人认真吸取和总结,为改革开放后探索农村土地制度的创新和发展提供了历史借鉴。

---

① 赵德馨:《中国近现代经济史 1949—1991》,河南人民出版社 2003 年版,第 224 页。

第五章 改革开放和社会主义现代化 建设新时期党领导农村土地 制度变革的历史进程

"中国社会主义农业的改革和发展,从长远的观点看,要有两个飞跃。第一个飞跃,是废除人民公社,实行家庭联产承包为主的责任制。这是一个很大的前进,要长期坚持不变。第二个飞跃,是适应科学种田和生产社会化的需要,发展适度规模经营,发展集体经济。这是又一个很大的前进,当然这是很长的过程。"①

——邓小平:《国际形势和经济问题》(1990 年 3 月 3 日)

"深化农村经济体制改革,总的目标是建立以家庭承包经营为基础,以农业社会化服务体系、农产品市场体系和国家对农业的支持保护体系为支撑,适应发展社会主义市场经济要求的农村经济体制。"②

——江泽民:《开创农业和农村工作新局面》(1998 年 9 月 25 日)

改革开放之前,中国共产党领导人民群众完成了农业的社会主义改造,并在曲折探索中构建起农村土地集体所有制的体系框架。但农村人民公社实行的"三级所有、队为基础"体制,存在着劳动激励不足、生产积极性不高的弊端。基于发展生产、改善生活的需要,广大农民群众自发探索"包产到户"等多种农业生产责任制形式。党在尊重农民群众主体地

---

① 《邓小平文选》(第三卷),人民出版社 1993 年版,第 355 页。
② 《江泽民文选》(第二卷),人民出版社 2006 年版,第 213—214 页。

位和创造精神的基础上，逐步推进家庭联产承包责任制的确立，并进一步推动农村基本经营制度的发展和完善。随着社会主义市场经济体制的建立、健全，农村社会经济关系也发生了重大变化，在土地承包经营权流转逐渐兴起、"统""分"结合的双层经营体制持续创新的同时，农村集体建设用地制度也在乡镇企业发展的影响下，开启了流转的改革探索。此外，工业化、城镇化的发展既提高了农村居民的收入，也刺激了其改善住房条件的需求，而由之带来的"一户多宅""面积超标"，以及闲置浪费、隐性流转等问题，也对农村宅基地制度提出了改革完善的诉求。这一阶段，中国共产党在推进农村承包地、集体建设用地和宅基地的制度改革，以及探索土地管理的体制机制和法治建设的同时，也推动着农村土地产权制度及其治权制度的协同发展。

第一节　改革开放初期党领导农村土地制度变革的历史进程

1978 年 12 月 18 日至 22 日，党的十一届三中全会通过的《中共中央关于加快农业发展若干问题的决定（草案）》（以下简称《决定（草案）》）用"农村生产力水平很低，农民生活很苦，扩大再生产的能力很薄弱"描述了当时的农村发展状况。① 在农村生产力水平很低，农民生活很苦的困难状态下，为解决温饱问题，农民自发推进、自下而上形成改革动力，新一轮农村土地制度改革探索也正式开启。

一、家庭联产承包责任制的初步探索

20 世纪 50—60 年代，"包产到户"作为家庭联产承包责任制的初期形态经历了多次起起落落的发展历程。"文化大革命"结束后，原有的经济体制弊端使广大农民长期处于贫困状态，农业发展滞后，贫困和生存需

---

① 《中共中央关于加快农业发展若干问题的决定（草案）》，《新疆林业》1979 年第 S1 期。

求下农民有着强烈的寻求改变的愿望①，群众自发性的"包产到户"再次兴起，并在全国引起广泛激烈的争论。随着中央层面对"包产到户"的逐步肯定以及相关政策的逐步宽松，"包工定额计酬""包产到户、到组""包干到户、到组"等农业生产责任制得以在全国蓬勃发展。1982年中央"一号文件"首次明确了"包产到户"的社会主义性质，肯定了"双包"责任制的合法性，由此，家庭联产承包责任制初步确立。

（一）关于"包产到户"的观点争论

事实上，"包产到户"并非是党的十一届三中全会之后才由农民创造提出的，在20世纪50年代到60年代初，农民群众为克服合作经济体制中的弊端，就已经进行了三次"包产到户"的实践探索。第一次"包产到户"探索是在1956年高级社刚刚普及、农业合作社快速发展时，由于平均主义倾向挫伤了社员劳动积极性，社员对高级社经营管理不满，出现"闹社"风潮。当时在四川省江津、广东省中山、江苏省盐城、浙江省永嘉县以及河北省一些地区都出现了"包产到户"②。第二次"包产到户"探索是在1958年"大跃进"之时，由于生产上的"一平二调"错误，"共产风"严重，农民生产积极性再次受到挫伤，江苏、湖南、甘肃等省份部分地区群众自发提出了将土地、耕牛、农具等分发到户，河南省新乡、洛阳的"包产到户"更是得到了当地地委书记的支持。第三次"包产到户"探索是在1960年后办人民公社、搞"大跃进"刮"五风"的问题大面积暴露之时，时任安徽省第一书记的曾希圣，在经过大胆试点后提出了责任田办法，并在地、市、县委书记会议上详细阐述了责任田办法的社会性质和优越性，促使责任田办法在安徽省实施推进。与此同时，全国其他省份，如广东、福建、贵州、四川、广西、甘肃、河南等省份也不同程度地实行着各种形式的"包产到户"。但这一阶段由于"左"倾思想的束缚，农民群众自发探索的三次"包产到户"都因为阶级斗争而遭遇批评和挫折，始终没有推行成功。

---

① 李彤：《二十世纪七八十年代农村改革史研究综述》，《中共党史研究》2018年第9期。
② 杜润生：《中国农村改革决策纪事》，中央文献出版社1999年版，第38页。

　　到了 1978 年，随着"四人帮"的粉碎与"实践是检验真理的唯一标准"的大讨论的开展，党和政府的工作重心开始从阶级斗争向现代化建设转变，人们的思想逐渐从僵化的教条中解放出来。在社会政治氛围有所宽松、经济政策有所放宽的背景下，农业生产责任制重新得到了重视，富有创新冒险精神的农民开始了第四次"包产到户"的尝试。1978 年，在遭遇百年一遇大旱的情况下，粮食的减产已经无法避免，为抗旱救灾，安徽省委突破了旧体制的限制，决定"借地度荒"，而"借地度荒"结果转变成了"包产到组"，很快又演变为"包产到户"。与此同时，在全国其他省份，如川、贵、蒙、甘等也公开或秘密地进行着"包产到户"试点。但是，由于这一时期中央对"包产到户"的认识尚未统一，实践中"包产到户"的再次出现引起了广泛激烈的争论。1978 年 12 月 18 日至 22 日，党的十一届三中全会原则上通过了《中共中央关于加快农业发展若干问题的决定（草案）》，批判了农业生产指导思想中"左"的错误，要求各级经济组织加强定额管理，按照"劳动的数量和质量付给报酬，建立必要的奖惩制度"，并指出"可以按定额记工分，可以按时记工分加评议，也可以在生产队统一核算和分配的前提下，包工到作业组，联系产量计算劳动报酬，实行超产奖励"，虽然文件对农民集体生产中如何计算劳动报酬问题提出"可以、可以、也可以"，一定程度上标志着思想解放和政策放宽，但仍规定"不许包产到户，不许分田单干"。[①] 党的十一届三中全会原则上通过的《农村人民公社工作条例》（试行草案）（农业"六十条"）文件也明文规定"不许包产到户，不许分田单干"。[②]

　　到 1979 年，关于"包产到户"的争论越发激烈。同年 3 月《人民日报》在头版头条位置发表《张浩来信》并加了编者按，对"分田到组""包产到组"进行了尖锐批评，要求继续稳定"三级所有、队为基础"的制度，坚决纠正"分田到组""包产到组"的现象。此时正值国家农委在北京召开农村工作座谈会，与会代表针对"包产到户"也展开了激烈的讨论，会

---

　　① 《中共中央关于加快农业发展若干问题的决定（草案）》，《新疆林业》1979 年第 S1 期。
　　② 年逸：《"农业六十条"的修订与人民公社的制度变迁》，《中共党史研究》2012 年第 7 期。

上安徽代表周曰礼指出"包产到户是生产责任制的一种形式,各种形式的责任制应当允许存在",而此次会议赞成"包产到户"的人也占多数①。时任安徽省第一书记的万里在滁县地区视察时也指出:"是与非,只能从是否符合人民的根本利益来衡量,靠实践来检验……农业增产就是好办法,能叫国家、集体和个人都增加收入就是好办法……要重视和尊重农民的选择……既然搞了就不要动摇了,一动就乱……"②。然而,1979 年 4 月,中共中央发布《中共中央批转国家农委党组报送的〈关于农村工作问题座谈会纪要〉的通知》,仍认为"包产到户"是由个人承担主要作物的全部农活,产量多少也完全由个人负责,这失去了集体劳动和统一经营的好处。即使还承认集体对生产资料的所有权,承认集体统一核算和分配的必要性,但在否认统一经营这一点,本质上和分田单干没有差别,是一种倒退。并要求搞了包产到户、分田单干的地方,要积极引导农民重新组织起来。③ 虽然,政策层面仍对"包产到户"持批评态度,但实践层面部分地区基层干部及农民并未理会"不许包产到户"的禁令,依然自行按照"三包一奖"的办法,生产责任制直接落实到了农户头上,而这一做法本质上就是"包产到户"。④ 直到 1979 年 9 月,党的十一届四中全会总结历史经验教训,结合现实情况,对党的十一届三中全会已通过的《决定(草案)》作适当修改,删去了"不许包产到户",只剩下"不许分田单干",规定"某些副业生产的特殊需要和边远山区、交通不便的单家独户,可以包产到户"⑤。此时党和国家仍对"包产到户"采取严格限制态度,但在政策上也还是留有一定的回旋空间。

① 杜润生:《包产到户的禁区是如何冲破的——曾经发生在中央高层的一场大争论》,《今日国土》2006 年第 Z1 期。
② 许人俊:《家庭联产承包责任制在争论中艰难推进——中央五个农村一号文件出台前后》,《党史博览》2008 年第 12 期。
③ 中华人民共和国国家农业委员会办公厅编:《农业集体化重要文件汇编(一九五八——一九八一)》(下),中共中央党校出版社 1981 年版,第 1009—1010 页。
④ 陈锡文、罗丹、张征:《中国农村改革 40 年》,人民出版社 2018 年版,第 37 页。
⑤ 中共中央文献研究室编:《十一届三中全会以来党的历次全国代表大会中央全会重要文献选编》(上),中央文献出版社 1997 年版,第 40 页。

（二）多种农业生产责任制蓬勃发展

1980—1982年是"包产到户、包干到户"发展迅速，各种农业生产责任制快速普及的阶段。1980年5月，在支持和反对"包产到户"争论不止之际，邓小平同志在同中央负责同志谈话时对"包产到户"予以肯定，提到"农村政策放宽以后，一些适宜搞包产到户的地方搞了包产到户，效果很好，变化很快"，同时指出"有的同志担心，这样搞会不会影响集体经济。我看这种担心是不必要的。我们总的方向是发展集体经济……可以肯定，只要生产发展了，农村的社会分工和商品经济发展了，低水平的集体化就会发展到高水平的集体化，集体经济不巩固的也会巩固起来。关键是发展生产力，要在这方面为集体化的进一步发展创造条件"①，从而也将刚刚兴起的农村土地改革向前推进。

在邓小平同志讲话精神的指导下，同年9月中央召开了各省、自治区、直辖市党委第一书记座谈会，讨论了关于加强和完善农业生产责任制问题，并发布《关于进一步加强和完善农业生产责任制的几个问题》的通知，对各种形式的责任制在农业生产中的积极作用给予充分肯定，指出"凡有利于鼓励生产者最大限度地关心集体生产，有利于增加生产，增加收入，增加商品的责任制形式，都是好的和可行的，都应加以支持，而不可拘泥于一种模式，搞一刀切"，"在那些边远山区和贫困落后的地区，长期'吃粮靠返销，生产靠贷款，生活靠救济'的生产队，群众对集体丧失信心，因而要求包产到户的，应当支持群众的要求，可以包产到户，也可以包干到户，并在一个较长的时间内保持稳定"，同时，针对包产到户的争论，指出"实行包产到户，是联系群众，发展生产，解决温饱问题的一种必要的措施"，"在社会主义工业、社会主义商业和集体农业占绝对优势的情况下，在生产队领导下实行的包产到户是依存于社会主义经济，而不会脱离社会主义轨道的，没有什么复辟资本主义的危险，因而并不可怕"。②这标志着中央对"包产到户"认识实现了重大突破，"包产到户"政策有了

①《邓小平文选》（第二卷），人民出版社1994年版，第315—317页。

②中共中央文献研究室编：《新时期经济体制改革重要文献选编》（下），中央文献出版社1998年版，第62—64页。

更大松动,也显著推动了责任制在全国范围内的普及。截至 1981 年 10 月,全国农村基本核算单位中,建立各种形式生产责任制的已占 97.8%,其中"包产到户"与"包干到户"占到了 50%。①

(三)家庭联产承包责任制的初步确立

1982 年,中央以一号文件的形式全面系统地总结了近几年家庭联产承包制的实践经验,提到"全国农村已有百分之九十以上的生产队建立了不同形式的农业生产责任制;大规模的变动已经过去,现在,已经转入了总结、完善、稳定阶段",并指出"目前实行的各种责任制,包括小段包工定额计酬,专业承包联产计酬,联产到劳,包产到户、到组,包干到户、到组,等等,都是社会主义集体经济的生产责任制",首次明确了"包产到户"的社会主义性质,正式承认了"双包"责任制的合法性,为"包产到户""包干到户"的争论画上句号,标志着家庭联产承包责任制在理论上已突破过去"左"的框框,同时,还对健全与完善社会主义承包责任制进行全面部署,为农村经济改革的进一步发展指明了方向。② 同年 12 月,《中华人民共和国宪法》(简称"八二宪法")规定恢复原来的乡、镇、村体制,标志着实行 20 多年的人民公社开始逐渐解体,并且明确指出国家将"实行各种形式的社会主义责任制"③,为家庭联产承包责任制的确立奠定了基础。

1983 年 1 月,中央继续以"一号文件"的形式肯定了家庭联产承包责任制,指出:"党的十一届三中全会以来,我国农村发生了许多重大变化。其中,影响最深远的是,普遍实行了多种形式的农业生产责任制,而联产承包制又越来越成为主要形式。联产承包制采取了统一经营与分散经营相结合的原则,使集体经济优越性和个人积极性同时得到发挥……这是在党的领导下我国农民的伟大创造,是马克思主义合作化理论在我国实

---

① 刘广栋、程久苗:《1949 年以来中国农村土地制度变迁的理论和实践》,《中国农村观察》2007 年第 2 期。

② 《中共中央国务院关于"三农"工作的一号文件汇编(1984—2014)》,人民出版社 2014 年版,第 1—3 页。

③ 《中华人民共和国宪法》,人民出版社 1982 年版,第 14 页。

践中的新发展。"①1983年中央"一号文件"下发后，家庭联产承包责任制迅速在多地推广开来。同年6月召开的第六届全国人民代表大会上，家庭联产承包责任制正式写入政府工作报告②，由此家庭联产承包责任制初步确立，并在全国合情、合理、合法地得到了更广泛、更深入、更有力的推广，逐步进入完善稳定时期。到1983年年底，全国农村中实行双包到户的比例已达到95%以上。③

二、"两权分离"的农村土地制度的确立

在家庭联产承包责任制的初步探索下，农村经济发展逐步向好，家庭联产承包责任制进入了巩固发展时期，并于1985年中央"一号文件"中正式确立，由此也促使集体所有、"两权分离"的农村土地制度正式确立。

（一）家庭联产承包责任制的正式确立

1984年，鉴于上一年农村商品生产出现的好势头，中央"一号文件"将1984年全国农村工作的重点确定为"在稳定和完善生产责任制的基础上，提高生产力水平，梳理流通渠道，发展商品生产"，进一步支持了家庭联产承包责任制。同时，为了消除农民对政策变化的顾虑，帮助农民在家庭经营的基础上扩大生产规模，提高经济效益，文件还特别提出"土地承包期一般应在十五年以上。生产周期长的和开发性的项目，如果树、林木、荒山、荒地等，承包期应当更长一些"④，以较长的时间跨度保证了家庭联产承包责任制的稳定可持续发展，坚定了农民长期承包的信心，提高了农民向土地投劳、投资、投肥的积极性，加强了农田基本建设，促进了生产条件改善。1985年，中央"一号文件"肯定了以联产承包责任制为特征

---

① 《中共中央国务院关于"三农"工作的一号文件汇编（1984—2014）》，人民出版社2014年版，第20页。

② 《中华人民共和国第六届全国人民代表大会第一次会议文件汇编》，人民出版社1983年版，第6页。

③ 邓万春：《动员式改革、中国农村改革理论与经验的再探讨》，《社会》2008年第4期。

④ 《中共中央国务院关于"三农"工作的一号文件汇编（1984—2014）》，人民出版社2014年版，第40页。

的合作制度对农村劳力、资金、技术的流动和合理结合的推动作用,并提出了进一步活跃农村经济的十项政策,强调改革农产品统派购制度、调整产业结构。[①] 1986 年中央"一号文件"指出,我国农村在实行了联产承包责任制以及改革农产品统派购制度、调整产业结构后成效显著,农村正沿着综合经营、协调发展的道路前进,并且肯定"农村改革的方针政策是正确的,必须继续贯彻执行",进一步对家庭联产承包责任制给予支持,使家庭联产承包责任制得到正式确立。

可以说,1982—1986 年中央连续出台的 5 个"一号文件"突破了体制束缚,建立了以联产承包为主要内容的生产责任制,推动了家庭承包责任制的广泛发展(见表 5-1)。通过巩固农民的生产经营自主权,充分调动了农民积极性,极大解放了农村生产力,初步构筑起适应发展社会主义市场经济要求的新体制框架,使农村经济焕发出前所未有的新活力。[②]

表 5-1　1980—1984 年中国农村实行土地承包责任制的情况

项目	1980 年 1 月底		1981 年 6 月底		1982 年 6 月底		1983 年 12 月底		1984 年 12 月底	
	生产队数(个)	占合计(%)	生产队数(个)	占合计(%)	生产队数(个)	占合计(%)	生产队数(个)	占合计(%)	生产队数(个)	占合计(%)
合计	4795900	100.0	5879778	100.0	6027940	100.0	5890200	100.0	5692000	100.0
实行责任制	4080402	84.8	5593693	95.1	5981133	99.2	5863000	99.5	5690000	99.9
包干到户	1087	—	661663	11.2	4040629	67.0	5764000	97.8	5630000	98.9
包产到户	49267	1.0	994890	16.9	297517	4.9	—		—	
部分包产(干)到户	1289	—	12225	0.2	133901	2.2	—		—	

---

① 《中共中央国务院关于"三农"工作的一号文件汇编(1984—2014)》,人民出版社 2014 年版,第 55—64 页。

② 王树勤:《改革开放以来推进中国农业现代化的政策轨迹——对十五个涉农中央"一号文件"的回顾与思考》,《农村财政与财务》2013 年第 3 期。

项目	1980年1月底		1981年6月底		1982年6月底		1983年12月底		1984年12月底	
	生产队数（个）	占合计（%）	生产队数（个）	占合计（%）	生产队数（个）	占合计（%）	生产队数（个）	占合计（%）	生产队数（个）	占合计（%）
联产到组	1195011	24.9	808465	13.7	128598	2.1	—	—	—	—
联产到劳	151038	3.2	344004	14.4	759412	12.6				
专业承包	—	—	455820	7.8	292418	4.9	—	—	—	—
定额包干	2672710	55.7	1571283	26.7	310060	5.1				
其他	—	—	245313	4.2	18598	0.4		0.5		0.1
未实行责任制	725498	15.2	286085	4.9	46807	0.8	27200		2000	

资料来源：罗必良：《经济组织的制度逻辑：一个理论框架及其对中国农民经济组织的应用研究》，山西经济出版社2000年版，第64页。

（二）农村双层经营体制的探索确立

1978—1986年家庭承包经营体制兴起、普及、确立的过程，也是人民公社体制逐步消解，家庭承包经营和集体统一经营的农村双层经营体制初步探索的过程。在这一过程中，党和国家一方面充分认识到家庭联产承包经营对解放农民生产束缚和提高家庭生产积极性的重要作用，另一方面也仍然重视集体经济在统一经营方面的服务职能。

1982年中央"一号文件"最早从理论上将家庭经营和集体经济的关系概括为"统分结合、双层经营"，明确了"统""分"的主次地位，指出"目前，我国农村的主体经济形式，是组织规模不等、经营方式不同的集体经济"，强调坚持社会主义集体化的道路，在集体经济内部建立生产责任制，并且指出"包干到户"只是改变经营方式，"生产大队、生产队作为集体经济组织，仍应保留必要的经济职能"，具体包括"由集体统一管理和使用土地、大型农机具和水利设施，接受国家的计划指导，有一定的公共提留，统一安排烈军属、五保户、困难户的生活，有的还在统一规划下进行农业基本建设",除此之外,还强调"必须与当时当地的生产需要相适应,宜统则统,宜分则分,通过承包把统和分协调起来,有统有包"①。1983 年中央"一号文件"则进一步明确"联产承包制采取了统一经营与分散经营相结合的原则,使集体优越性和个人积极性同时得到发挥","分户承包的家庭经营只不过是合作经济中一个经营层次,是一种新型的家庭经济"。同时,为了适应商品生产的需要,文件提出要"发展多种多样的合作经济",为各项生产提供产前产后的社会化服务,并且特别指出关于发展农村合作经济的几大错误观念:"一讲合作就只能合并全部生产资料,不允许保留一定范围的家庭经营;一讲合作就只限于按劳分配,不许有股金分红;一讲合作就只限于生产合作,而把产前产后某些环节的合作排斥在外;一讲合作就只限于按地区来组织,搞所有制的逐级过渡,不允许有跨地区的、多层次的联合。这些脱离实际的框框,现在开始被群众的实践打破了。"②这些都表明党和国家领导人对农村生产方式改革的深思熟虑,从理论上厘清了对包产到户的认识误区,也破除了"左"倾思想的错误影响,为农村基本经营制度"双层经营"体制的确立做了铺垫。③ 1984 年中央"一号文件"首次明确了"统一经营和分散经营相结合的体制"概念④,并且提出其构建完善的思路,如进一步稳定和规范农村家庭承包经营,其核心在于土地的承包经营,统一经营主体的设置及其形式等,对地区性合作经济组织的职能等做了较为详细的勾勒,标志着"农村双层经营"正式作为一种体制被确立。

　　1985 年中央"一号文件"强调在"联产承包责任制和农户家庭经营长期不变"的基础上,提出"按照自愿互利原则和商品经济要求,积极发展

① 《中共中央国务院关于"三农"工作的一号文件汇编(1984—2014)》,人民出版社 2014 年版,第 2—4 页。
② 《中共中央国务院关于"三农"工作的一号文件汇编(1984—2014)》,人民出版社 2014 年版,第 20—25 页。
③ 蒋永穆等:《中国农业改革四十年:回顾与经验》,四川大学出版社 2018 年版,第 77—78 页。
④ 《中共中央国务院关于"三农"工作的一号文件汇编(1984—2014)》,人民出版社 2014 年版,第 43 页。

和完善农村合作制"，不仅要发展和完善地区性合作经济组织，也要允许乃至支持发展其他形式的合作经济。① 1986 年的中央"一号文件"正式明确"双层经营体制"这一概念，提出"地区性合作经济组织，应当进一步完善统一经营与分散经营相结合的双层经营体制""坚持统分结合"，将统一经营的功能定位于"切实做好技术服务、经营服务和必要的管理工作"。② 1987 年《把农村改革引向深入》进一步调整和完善了农村双层经营体制内涵，先是明确"乡、村合作组织"是农村双层经营体制的组织载体，并特别指出"乡、村合作组织主要是围绕公有土地形成的，与专业合作社不同，具有社区性、综合性特点"；再是指出"土地联产承包责任制，是合作经济内部的责任制形式"；最后对乡、村合作组织的性质和职能做了更为明确的界定，"不管名称如何，均应承担生产服务职能、管理协调职能和资产积累职能，尤其要积极为家庭经营提供急需的生产服务。有条件的地方，还要组织资源开发，兴办集体企业，以增强为农户服务和发展基础设施的经济实力"③。

随后，1991 年党的十三届八中全会通过《中共中央关于进一步加强农业和农村工作的决定》，要求"把以家庭联产承包为主的责任制、统分结合的双层经营体制，作为我国乡村集体经济组织的一项基本制度长期稳定下来，并不断充实完善"，同时，对农村双层经营体制内涵的有关表述进行调整，一是将农村双层经营体制的组织载体改称为"乡村集体经济组织"；二是正式提出"统分结合的双层经营体制"概念；三是将"分散经营"层次表述为"以家庭联产承包为主的责任制"；四是整体上将农村双层经营体制的内涵界定为"乡村集体经济组织实行以家庭联产承包为

---

① 《中共中央国务院关于"三农"工作的一号文件汇编（1984—2014）》，人民出版社 2014 年版，第 61 页。

② 《中共中央国务院关于"三农"工作的一号文件汇编（1984—2014）》，人民出版社 2014 年版，第 73—74 页。

③ 中共中央文献研究室编：《十二大以来重要文献选编》（下），人民出版社 1986 年版，第 1233—1242 页。

主、统分结合的双层经营体制"。① 这一内涵的表述也被随后的政策和法律所采纳,并一直沿用至1998年党的十五届三中全会之前。

三、农村集体建设用地制度的初步探索

随着家庭联产承包责任制的全面铺开,农民生产积极性的显著提高,农产品价格的增长以及农村经济剩余的增加,也为农村经济带来了产业结构的变革机遇。乡镇企业的"异军突起",也触发了农村对乡镇企业建设用地管理的探索。同时,随着农民生活水平的提高与对住房条件改善需求的日益增长,农民"建房"热兴起,但宅基地管理约束力却相对较弱,在此矛盾之下,农村宅基地制度改革也开始初步探索。

(一)农村集体建设用地流转的初步探索

1978年改革开放后,在联产承包责任制全面推行的背景下,农民的生产积极性空前提高,农业生产迅速增长,为农村非农产品的发展提供了良好的物质条件。同时,农业劳动生产率的迅速提高产生了大量农村剩余劳动力,迫切需要大力发展非农产业予以吸收,由此催生和发展了社队企业。1984年,《关于开创社队企业新局面的报告》将"社队企业"更名为"乡镇企业",对家庭办和联户办企业给予了充分的肯定,并放宽了企业在生产、销售等方面的限制,乡镇企业迎来了发展高潮。② 由家庭联产承包责任制衍生并推动的乡镇企业,逐渐成为国民经济的重要支柱,并在农村形成了"村村点火、乡乡冒烟"的局面。随着乡镇企业的兴起,企业所需建设用地数量大增,农村集体建设用地开始大量出现,集体建设用地流转也相当活跃,尤其是在经济比较发达和地理位置相对优越的小城镇以及城乡结合地区。因此,加快集体建设用地管理成为迫切需要,乡镇企业建设用地改革也进入了初步探索时期。

1982年,国务院发布的《村镇建房用地管理条例》规定"禁止买卖、出

---

① 《中共中央关于进一步加强农业和农村工作的决定》,人民出版社1991年版,第5—10页。

② 中共中央文献研究室编:《十二大以来重要文献选编》(上),人民出版社1986年版,第439—441页。

租和非法转让建房用地"，要求社队企业、事业单位建设用地要依照条例办理申请、审查、批准手续，并对社队企业、事业单位建设用地的审批权限、土地补偿、用地限额、建设平面图等作出要求①。但这一阶段无论是乡办企业、村办企业管理上都不够规范，社队企业用地管理机制尚不完善，农村建设用地仍然呈现快速扩张之势。1983年，针对农村社队、国家企事业单位等违反国家法律规定，买卖、租赁集体所有和国家所有土地不断发生的情况，《国务院关于制止买卖、租赁土地的通知》严格禁止集体建设用地的买卖、出租和违法转让②，明确将买卖、租赁土地的行为定性为"非法活动"。到了1985年，虽然仍明确禁止买卖、租赁集体所有土地，但为了搞活农村经济，"中央一号"文件规定"规划区内的建设用地，可设土地开发公司实行商品化经营；也允许农村地区性合作经济组织按规划建成店房及服务设施自主经营或出租"③，从政策上为集体建设用地的流转创造了条件。1986年《土地管理法》出台，将国有土地和农村集体土地进行区别化管理，明确乡村企业建设需要使用土地的，需向县级人民政府土地管理部门提出申请，由县级以上地方人民政府批准；乡村公共设施、公益事业建设需要使用土地的，需经乡人民政府审核，报县人民政府批准。此时，法规条例均对集体建设用地所有权、使用权的买卖、租赁采取全面禁止策略，但明确可以通过行政申请审批等方式对乡镇建设用地进行使用。

1988年4月12日，第七届全国人民代表大会第一次会议通过了《中华人民共和国宪法修正案》，明确规定"土地的使用权可以依照法律的规定转让"④。同年12月29日，《全国人民代表大会常务委员会关于修改

---

① 国务院法制局编：《中华人民共和国现行法规汇编（1949—1985）农林卷》，人民出版社1987年版，第102—106页。

② 国务院法制局编：《中华人民共和国现行法规汇编（1949—1985）农林卷》，人民出版社1987年版，第145—146页。

③ 《中共中央国务院关于"三农"工作的一号文件汇编（1984—2014）》，人民出版社2014年版，第62页。

④ 全国人民代表大会常务委员会法制工作委员会编：《中华人民共和国法律汇编（1990—1994）》，人民出版社1996年版，第43页。

〈中华人民共和国土地管理法〉的决定》也明确"任何单位和个人不得侵占、买卖或者以其他形式非法转让土地",但增加了"国有土地和集体所有的土地的使用权可以依法转让"的条款①,农村集体建设用地初步实现了向着允许有限范围内流转方向的转变。1990年,《中华人民共和国城镇国有土地使用权出让和转让暂行条例》和《外商投资开发经营成片土地暂行管理办法》颁布实施,在新的产权制度安排中,土地使用权可以转让、出租、抵押,而划拨土地使用权在一定条件下也可以转让、出租、抵押,由此构建起城市土地市场结构的基本框架。然而,有关集体所有土地使用权转让的相应办法却始终未颁布,关于乡镇建设用地的管理法规机制仍不完善,集体建设用地流转无序、自发流转盛行。在杭州市1990年对175家非法出租、转让土地案例的调查中,有11%的案例发生在1981年之前,有18%发生在1981—1986年,有71%发生在1987—1990年。② 这一阶段对集体建设用地流转的初步探索,在起起落落之间处于稍显停滞状态,未获得法律法规层面允许流转的认可,仅停留在允许通过行政审批获得集体建设用地使用权用于非农建设,并且与现实中集体建设用地流转需求相冲突。

(二)农村宅基地制度改革的初步探索

20世纪80年代初,农村改革取得重大突破,使农村经济发展呈现出积极发展态势。随着人们生活水平的提高,农民对改善住房条件的需求也日益提升。然而由于当时集体对农民宅基地使用权的管理约束还较弱,出现了乱占滥用耕地、在承包地上建房等现象,宅基地管理问题突出。

针对以上问题,1981年4月17日,《国务院关于制止农村建房侵占耕地的紧急通知》的文件,指出"近几年来,随着农村经济形势的好转,农村建房出现了新中国成立以来少有的兴旺景象。这是农村经济发展,农民富裕起来的一个必然趋势,是一件好事。但是,有不少地方对农村建房缺乏全面的规划和必要的管理,农村建房和兴办社队企业乱占滥用耕地

---

① 全国人民代表大会常务委员会法制工作委员会编:《中华人民共和国法律汇编(1988)》,人民出版社1988年版,第105—106页。

② 邹玉川:《当代中国土地管理》(上),当代中国出版社1998年版,第140页。

的现象相当严重。这种情况如果任其发展下去,将会招致严重后果"。因此,要求"农村社队的土地都归集体所有。分配给社员的宅基地、自留地(自留山)和承包的耕地,社员只有使用权,既不准出租、买卖和擅自转让,也不准在承包地和自留地上建房、葬坟、开矿、烧砖瓦等"。同时,规定农村建房用地必须统一规划、合理分布、节约用地。① 根据这一紧急通知的要求,国务院随后又颁布了我国关于农村住房建设用地的第一个法规性文件《村镇建房用地管理条例》,明确"社员对宅基地、自留地、自留山、饲料地和承包的土地,只有按照规定用途使用的使用权,没有所有权。不得在自留地、自留山、饲料地和承包的土地上建房、葬坟、开矿和毁田打坯、烧砖瓦等",并强调在村镇内任何个人和企事业单位使用建设用地,都应按照本条例的规定,办理申请、审查、批准的手续。具体地,一是对宅基地面积作出限制性规定,提出"社员建房用地,由省级人民政府根据山区、丘陵、平原、牧区、城郊、集镇等不同情况,分别规定用地限额,县级人民政府根据省级人民政府规定的用地限额,结合当地的人均耕地、家庭副业、民族习俗、计划生育等情况,规定宅基地面积标准"。二是提出"出卖、出租房屋的,不得再申请宅基地。社员迁居并拆除房屋后腾出的宅基地,由生产队收回,统一安排使用"。三是对某些城镇居民取得宅基地的合法性做了规定,指出"农村社员,回乡落户的离休、退休、退职职工和军人,回乡定居的华侨,建房需要宅基地的,应向所在生产队申请,经社员大会讨论通过,生产大队审核同意,报公社管理委员会批准;确实需要占用耕地、园地的,必须报经县级人民政府批准。批准后,由批准机关发给宅基地使用证明。"②

1986 年《土地管理法》颁布,从法律层面明确"出卖、出租住房后再申请宅基地的,不得批准",提出"其用地面积不得超过省、自治区、直辖市规定的标准"的限定条款,同时,对城镇居民取得农村宅基地的资格作出

---

① 国务院法制局编:《中华人民共和国现行法规汇编(1949—1985)农林卷》,人民出版社 1987 年版,第 80—81 页。

② 国务院法制局编:《中华人民共和国现行法规汇编(1949—1985)农林卷》,人民出版社 1987 年版,第 102—106 页。

规定,但是相比 1982 年的《村镇建房用地管理条例》明确除农村社员外,
回乡落户的离休、退休、退职职工和军人,回乡定居的华侨、集镇内非农业
户也可以经过批准使用宅基地,《土地管理法》则进一步明确"城镇非农
业户口居民建住宅,需要使用集体所有土地的,必须经县级人民政府批
准,其用地面积不得超过省、自治区、直辖市规定的标准,并参照国家建设
征用土地的标准支付补偿费和安置补助费"①。

四、《土地管理法》的出台与实施

过去土地管理事务的推进主要是在针对不同土地管理内容的一系列
法律法规的指引下进行,缺少一部统一完备的土地管理法来指导土地的
有效管理与利用,由此土地管理法的制定被提上日程。1986 年 6 月 25
日,全国人民代表大会常务委员会第十六次会议通过了《土地管理法》,
《土地管理法》的出台实施也为中国土地制度奠定了法律基础。

(一)《土地管理法》的出台

20 世纪 50 年代,我国在进行土地普查之时就已经开始了土地管理
相关法律法规的编制与颁布,如《铁路留用土地办法》《国家建设征用土
地办法》《水土保持暂行纲要》等。20 世纪 60 年代和 70 年代,党和国家
也在一些相关法规中对土地保护和利用作出规定。党的十一届三中全会
以后,在加强社会主义法制的背景下,土地管理方面也曾颁布《村镇建房
用地管理条例》《国家建设征用土地条例》等法规条例。尽管这些土地管
理的法制探索为我国土地法制建设奠定了基础,但实践证明,没有一部完
备的土地管理法会严重影响土地的有效管理和利用。同时,随着经济体
制改革的深入推进,以及国家建设和人民生活用地需求量的迅猛增加,土
地开发管理、利用保护问题也将更加突出。因此,为了有效地利用和保护
宝贵的土地资源,出台一部完备健全的土地管理法十分必要。

1986 年,在以"八二宪法"为依据,以及总结我国土地管理经验、结合

---

① 全国人民代表大会常务委员会法制工作委员会编:《中华人民共和国法律汇编
(1985—1989)》,人民出版社 1991 年版,第 147—148 页。

国情的基础上,我国第一部完整的土地大法得以制定,并于 1986 年 6 月在第六届全国人大常委会第十六次会议通过。这是新中国成立后,我国颁布的第一部关于土地资源管理的法律,标志着中国土地管理立法层次的提高。《土地管理法》的制定出台,奠定了从此往后的城乡土地二元分治原则,对土地所有权和使用权的产权制度安排、土地的利用和保护的法律规定、国家建设用地的使用与征地制度安排、乡(镇)村建设用地的使用以及土地违法利用行为内容及应负的法律责任等基本问题作出全面的规定,初步构建了土地管理法律法规体系的框架。

(二)《土地管理法》的实施

1987 年 1 月 1 日《土地管理法》正式实施,维护了土地的社会主义公有制,实现了全国城乡土地的统一管理,在加强土地管理,保护、开发和利用土地资源等方面发挥了重要的作用,促使有限而珍稀的土地资源走上了依法有序管理和利用的轨道,有效适应了社会主义现代化建设的需要。作为我国土地管理方面的基本法,《土地管理法》在土地管理的相关法群中起到了统率作用,所有与土地有关的法规都不得违背《土地管理法》的基本精神。因此,随着 1986 年《土地管理法》的正式实施,此前的一些已经被《土地管理法》所吸收的管理条例,如 1982 年的《村镇建房用地管理条例》《国家建设征用土地条例》等也随之废止。尽管《土地管理法》是土地管理的根本大法,但在具体实施过程中也需要通过国务院公布实施条例,地方立法机构制定实施办法和其他土地管理单行法规加以贯彻。1990 年,国务院又发布了《土地管理法实施条例》,对该法的一些内容做了细化和补充。

五、基本特点与主要成就

改革开放初期,人民公社体制在土地产权配置上不能充分调动农户积极性,农村仍处于生产力发展薄弱、农民生活艰苦的状况,为解决温饱问题,农民群体自发地开始了"包产到户""包干到户"的探索。在这一阶段中,中国共产党领导的农村土地制度改革始终充分尊重农民的主体地位与改革意愿,促进自下而上的制度需求与自上而下的制度供给相对接,成功推动了新一轮的农村土地制度改革。家庭联产承包责任制的确立，农业生产家庭经营的重新回归，正式开启了农村土地"两权分离"时代，为农村经济社会发展奠定了坚实基础。

（一）基本特点

改革开放初期，在政治氛围的逐渐宽松以及思想桎梏逐渐被突破的背景下，经济发展重新得到重视，农村土地制度改革也实现了一些新突破，主要呈现出以下特点。

其一，以农民自下而上的制度变迁需求为改革动力。在新中国成立初期，为了巩固新民主主义革命成果，党领导的农村土地制度改革是通过自上而下的强硬方式，将地主阶级的土地无偿分配给中农、贫农，从而废除了封建剥削的土地制度。农业合作化和人民公社的农村土地制度改革也是由中央统领全局、各地紧随其后的自上而下的方式，带有鲜明的强制性、计划性的经济特征，农民只是指令的接受者、执行者。改革开放以后，党领导的以家庭联产承包责任制为主的农村土地制度变革则是以农民自发、私下包干土地进行，是以自下而上的制度变迁需求作为改革动力。在这一过程中，中央层面充分尊重农民的主体地位，充分重视农民主体的利益诉求，在自上而下的制度供给与自下而上的制度需求相对应的情况下，成功推动了农村土地制度变革。

其二，农村土地"两权分离"时代正式开启。改革开放初期党领导的农村土地制度改革，第一次将集体所有制下的土地产权一分为二，使土地所有权归集体、土地承包经营权归农户家庭所有，开创了新中国成立以来土地权能"两权分离"时代。农村土地集体所有制通过明确农民成员身份赋予相关土地并用国家法律保障农民不会丧失土地，"家庭联产承包责任制"的改革，提出了土地所有权与土地承包经营权"两权分离"的集体所有制实现形式，将集体所有制下的土地权能进一步细化明晰，将土地的承包经营权赋予了农民，让农户成为土地经营的主体，且保障了农民对土地经营权与农业剩余的索取权。以土地家庭联产承包为基本框架的制度建立，促使了土地所有权与使用权分离，避免了无休止的土地公有与土地私有问题的争辩，将土地制度的重点从"以所有为中心"转向"以利用为中心"①,为农村土地制度改革提供了一个崭新的模式。

其三,农业生产的家庭经营形式再度回归。家庭经营对农业生产的适应性以及家庭组织结构的稳定性,决定了家庭较任何一种组织形态更适合农业和土地经营。人民公社时期耕地实行合作统一经营,使家庭丧失了独立经营的主体地位,成为单纯的消费单位。改革开放初期,党领导的以家庭联产承包责任制为主的农村土地制度改革,使家庭再次作为一个相对独立的经营主体参与农业生产,对农村的财产积累、分工分业,以及相关生产要素的流动和重新组合等规则产生深刻影响。联产承包制的改革使家庭经营重归,农村变革的壮丽画卷就从家庭承包为轴心而开展,家庭这最古老的经营形式重新焕发出旺盛的活力②。同时,这也奠定了农村经济从封闭走向开放,从传统走向现代化的发展基础,可以说没有联产承包和家庭经营,农村经济改革和发展的后续变化都将无从谈起③。

其四,充分尊重和支持农村发展需要。保护有效率的产权是国家经济增长的关键④,随着以"包干到户""包产到户"为代表的农业生产责任制的不断发展,人民公社体制逐渐消解,农村劳动力在经济和政治上摆脱了集体经济的双重束缚,压抑已久的自主性和创造性得到释放⑤。农村生产焕发出新活力,中国乡村工业化迎来发展高潮,越来越多的农民开始创办私人企业。在这一过程中,党和国家一开始就在政策文件中明确可以通过行政申请审批使用乡镇建设用地,并且给予符合规划的集体土地上建成店房及服务设施自主经营可出租的权利。随后更是放开了农村集体建设用地转让的限制,并在《土地管理法》中明确集体所有的土地的使

---

① 甘藏春:《土地正义》,商务印书馆 2021 年版,第 44 页。

② 周其仁:《家庭经营的再发现——论联产承包制引起的农业经营组织形式的变革》,《中国社会科学》1985 年第 2 期。

③ 陈锡文:《中国农村改革:回顾与展望》,知识产权出版社 2020 年版,第 65 页。

④ 周其仁:《中国农村改革:国家和所有权关系的变化(上)——一个经济制度变迁史的回顾》,《管理世界》1995 年第 3 期。

⑤ 陆益龙:《发展与滞后的并存:中国农村建设 60 年——一种农村社会学的视角》,《甘肃行政学院学报》2010 年第 1 期。

用权可以依法转让,虽然没有出台集体建设用地流转的相关办法,但从允许流转的态度上讲也充分尊重农村发展工商业的需求。

(二)主要成就

从1978年开始,以家庭联产承包责任制为主要代表的农村土地制度改革顺利开启,产生了显著的制度绩效,促使农村经济社会发展迎来全面蜕变。

第一,激发农民生产积极性,提高了农业生产水平。改革开放初期,以家庭联产承包责任制为代表的农村土地制度改革不断推行,家庭再次成为独立的生产经营主体,农民可以获得农业生产经营的自主权和农业剩余索取权,由此显著激励了农民生产积极性,促使农业发展呈现"井喷"的态势。已有研究通过计算也证实1978—1984年的家庭责任制改革对农业增长的贡献达到46.89%[①],而1978—1991年,全国农业生产总值实现连续14年增长,由1978年的1117.5亿元增长到了1991年的5146.43亿元,翻了近5倍,年均增长率达到12.6%(见图5-1)。

第二,促进粮食生产,解决了农民温饱问题。农民自下而上地推动家庭联产承包责任制改革,其初衷就是为了解决温饱问题。1978年开始,多种农业生产责任制在全国各地蓬勃发展,农民对新的生产分配方式充满热情,生产积极性也有了大幅度提升。1978—1984年,短短6年时间内,粮食总产量就突破了4亿吨的关卡,1978—1991年,粮食产量基本保持高速增长态势,年均增长率为3.27%,其中,1982年、1983年粮食总量增速在9%以上(见图5-2)。粮食上交国家、留存集体,剩余部分由农民自由支配的安排,也解决了亿万农民温饱问题,1978—1991年全国人均粮食产量360公斤,比1949—1978年人均粮食产量多出84公斤(见图5-3)。

第三,推动农民增收,增强了城乡经济发展实力。以家庭联产承包责任制为代表的农村土地制度改革解放了农村劳动生产力,也带动了农业

[①]　Lin, J. Y., "Rural Reforms and Agricultural Growth in China", *The American Economic Review*, Vol.82, No.1, 1992, pp.34-51.

（单位：亿元）

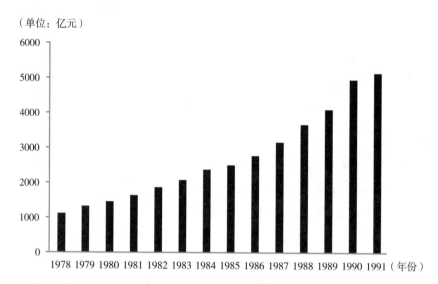

图 5-1   1978—1991 年全国农业总产值情况

资料来源：国家统计局网站，见 http：//data.stats.gov.cn/easyquery.htm？cn＝C01。

（单位：万吨）

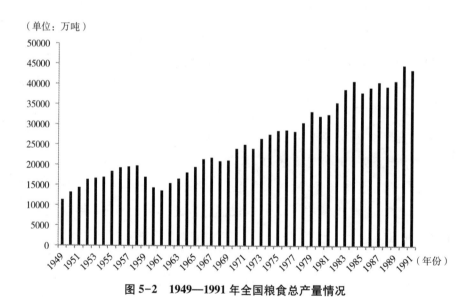

图 5-2   1949—1991 年全国粮食总产量情况

资料来源：国家统计局网站，见 http：//data.stats.gov.cn/easyquery.htm？cn＝C01。

劳动生产率的提升,传统农业出现了大量剩余劳动力并开始进入城乡工业或商业服务领域,由此也显著推动了城乡第二、第三产业发展。最具典

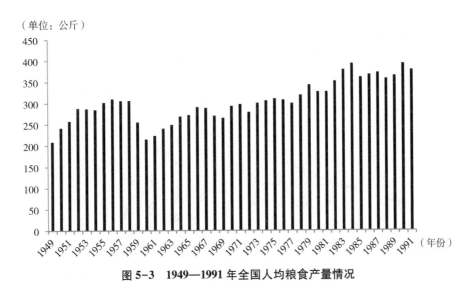

（单位：公斤）

图 5-3　1949—1991 年全国人均粮食产量情况

资料来源：国家统计局网站，见 http://data.stats.gov.cn/easyquery.htm？cn=C01。

型的就是乡镇企业异军突起，随着农村土地制度改革，乡镇企业的总产值
从 1978 年的 493 亿元增加到 1983 年的 1017 亿元，年均增长速度为
21%[①]，到了 1988 年乡镇企业总产值达到农业总产值的 1.45 倍[②]，成为
农村经济的重要支柱。与此同时，农村居民平均收入也有大幅度提升，
1991 年农村居民人均可支配收入较 1978 年相比翻了 5 倍（见图 5-4）。
除此之外，农村贫困问题也得到了有效缓解，农村贫困规模由改革开放初
期的 2.5 亿人下降到 1991 年的 9400 万人，贫困率由 30.7% 降到 10% 左
右（见图 5-5）。

　　第四，为各类经济制度改革提供重要借鉴。家庭联产承包责任制的
建立以及土地产权的"两权分离"设置，为有效解决社会主义公有制下
"公""私"矛盾、实现公平与效率兼顾提供了重要思路。这一阶段党领导
的农村土地制度改革，始终坚持"实践是检验真理的唯一标准"，充分尊
重人民首创精神，坚持渐进式改革方式，以及通过调整产权及收益安排形

　　①　国家统计局：《新中国 50 年系列分析报告之六：乡镇企业异军突起》，国家统计局，
1999 年 9 月 18 日。
　　②　余国耀：《稳定、完善家庭联产承包制的几个问题》，《改革》1990 年第 6 期。

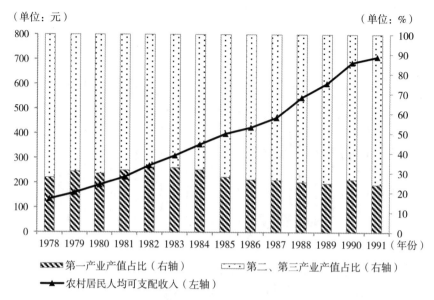

（单位：元）　　　　　　　　　　　　　　　　　　　　　　　　　（单位：%）

图5-4　1978—1991年全国三次产业产值占比与农村人均可支配收入情况

数据来源：国家统计局网站，见 http://data.stats.gov.cn/easyquery.htm? cn＝C01。

成激励机制等有益做法，为其他制度改革提供了参考借鉴，成为中国经济改革发展的重要突破。在农村土地制度改革启发下，1979年，打破"大锅饭"、实行"盈亏包干"的国企改革也由此开启，"分社吃饭"的财政体制改革也在中央和地方之间的财政体制改革中逐渐兴起，划分收支、分级包干、多收可以多支的新财政体制在1980年得以实行，地方经济自主权得以扩大。

第二节　社会主义市场经济体制建设初期党领导农村土地制度变革的历史进程

1990年3月，邓小平同志在谈到农业问题时首次提出农业"两个飞跃"的思想："中国社会主义农业的改革和发展，从长远的观点看，要有两个飞跃。第一个飞跃，是废除人民公社，实行家庭联产承包为主的责任制。这是一个很大的前进，要长期坚持不变。第二个飞跃，是适应科学种

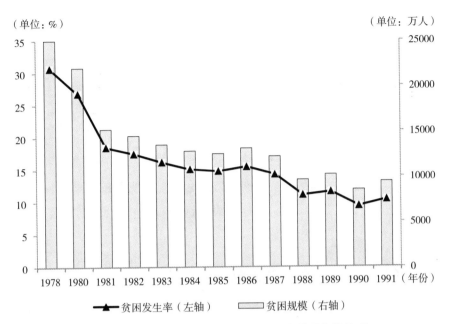

（单位：%）　　　　　　　　　　　　　　　　（单位：万人）

图5-5 1978—1991年农村贫困发生率与贫困规模情况

资料来源：国家统计局农村社会经济调查总队：《中国农村贫困监测报告（2000）》，中国统计出版社
2000年版，第6—7页。

田和生产社会化的需要，发展适度规模经营，发展集体经济。这是又一个
很大的前进，当然这是很长的过程。"①邓小平同志"两个飞跃"的思想既
是对党的十一届三中全会以来中国农村变革成果的积极肯定，也是对20
世纪90年代中国农村变革方向的新展望。1992年7月，邓小平同志在
审阅党的十四大报告时对"两个飞跃"的观点又做了进一步阐述，明确指
出"农村经济最终还是要实现集体化和集约化"②，农业的第二个飞跃是
"走到新的集体化"，并强调"现在还是实行家庭联产承包为主的责任制。
以前提出过，在一定的条件下，走集体化集约化的道路是必要的。但是不
要勉强，不要一股风。如果农民现在还没有提出这个问题，就不要着急。

---

①　《邓小平文选》(第三卷)，人民出版社1993年版，第355页。
②　《邓小平年谱（一九七五——一九九七）》(下卷)，中央文献出版社2004年版，第1349—
1350页。

条件成熟了,农民自愿,也不要去阻碍。"①同年,邓小平同志南方谈话针对农村土地制度变革也指出:"即使没有新的主意也可以,就是不要变,不要使人们感到政策变了。"②

以 1992 年邓小平同志南方谈话和党的十四大召开为标志,中国改革开放和现代化建设事业进入了社会主义市场经济体制建设的初始发展阶段,农业和农村经济的发展也站在了新的历史起点。随着社会主义市场经济体制的建立,传统的农村经济也开始向现代市场经济转变,稳定和深化家庭承包经营制度成为这一时期农村土地制度变革的主题。同时,随着新的现实问题的产生,农村集体建设用地、宅基地等管理制度改革也在进一步推进。

一、家庭承包经营制度的稳定发展

改革开放初期,家庭联产承包责任制的推行取得了显著成就,在提升农民生产积极性的同时促进了农村经济发展。为了给广大农民吃上"定心丸",家庭联产承包责任制进入了以"稳定土地承包关系"为主题的新阶段,并实现了承包制名称上的正本清源,以家庭承包经营为基础、统分结合的双层经营体制得以正式确立。同时,随着土地承包关系的稳定以及农村剩余劳动力的转移,农村土地承包经营流转也进入了探索阶段。

(一)土地承包关系的长期稳定

事实上,自家庭联产承包责任制确立以后,如何稳定农村土地承包关系就成为新阶段的核心任务。早在 1984 年中央"一号文件"就提出将土地承包期延长十五年,给广大农民吃上"定心丸"。③ 到了 20 世纪 90 年

---

① 《邓小平年谱(一九七五——一九九七)》(下卷),中央文献出版社 2004 年版,第1349 页。

② 中共中央文献研究室编:《十三大以来重要文献选编》(下),人民出版社 1993 年版,第1853 页。

③ 《中共中央国务院关于"三农"工作的一号文件汇编(1984—2014)》,人民出版社 2014年版,第40 页。

代，随着第一轮农村土地承包陆续到期，第二轮承包期开启，稳定土地承包关系、延长农民土地承包经营权就成为这一阶段土地政策的重点。1993年3月29日，第八届全国人民代表大会第一次会议再次对宪法进行修正，将家庭承包经营明确写入宪法之中。同年11月，《中共中央、国务院关于当前农业和农村经济发展的若干政策措施》明确规定，"为了稳定土地承包关系，鼓励农民增加投入，提高土地的生产率，在原定的耕地承包期到期之后，再延长三十年不变"，第一次提出了承包期延长30年的说法，同时也提出"为避免承包耕地的频繁变动，防止耕地经营规模不断被细分，提倡在承包期内实行'增人不增地、减人不减地'的办法"①，进一步稳定和完善了土地承包政策。

1995年，国务院批转农业部《关于稳定和完善土地承包关系的意见》指出："广大农民和基层干部对土地承包期再延长三十年的政策普遍拥护。百县调查结果表明，现已有三分之一左右的村完成了延长土地承包期工作"②，并针对干部群众对政策理解的偏差和政策执行的偏差，对稳定和完善土地承包关系、合同严肃性、土地承包期、经营权流转、农民负担和权益等内容做了规定。在第一轮土地承包到期之际，1997年8月27日，《中共中央办公厅、国务院办公厅关于进一步稳定和完善农村土地承包关系的通知》，再次提出"土地承包期再延长三十年不变"，要求"各级党委和政府要充分认识稳定土地承包关系的重大意义，全面、准确地理解中央制定的土地承包政策，坚决贯彻执行""做好延长土地承包期的工作"，明确"开展延长土地承包期工作，要使绝大多数农户原有的承包土地继续保持稳定。不能将原来的承包地打乱重新发包，更不能随意打破原生产队土地所有权的界限，在全村范围内平均承包"，此外也强调承包土地"大稳定、小调整"前提是稳定，要在坚持上述原则的前提下，根据实际需要，在个别农户之间小范围适当调整，但做好"小调整"也要坚持仅

①　中共中央文献研究室编：《新时期经济体制改革重要文献选编》(下)，中央文献出版社1998年版，第987页。
②　中共中央文献研究室编：《新时期经济体制改革重要文献选编》(下)，中央文献出版社1998年版，第1199—1202页。

针对人地矛盾突出的个别农户、不得增加农民负担、经过村民大会或村民代表大会三分之二以上成员同意、不能适用行政命令的办法等影响规定等原则。①

1998 年，中共十五届三中全会审议通过《中共中央关于农业和农村工作若干重大问题的决定》，强调"要坚定不移地贯彻土地承包期再延长三十年的政策，同时要抓紧制定确保农村土地承包关系长期稳定的法律法规，赋予农民长期而有保障的土地使用权"。② 同年修订的《土地管理法》将"土地承包经营期限为三十年"的土地政策上升为法律，稳定承包关系具有了法律的保障。③ 同年 10 月，党的十五届三中全会对农业和农村工作进行研究，提出"长期稳定农村基本政策""长期稳定以家庭承包经营为基础、统分结合的双层经营体制"的要求，又一次提出"要坚定不移地贯彻土地承包期再延长三十年的政策"。④ 而后 2001 年《中共中央关于做好农户承包地使用权流转工作的通知》⑤，以及《中共中央、国务院关于做好二〇〇一年农业农村工作的意见》⑥等文件，均强调要认真落实和坚持土地承包三十年不变的政策。

（二）农村基本经营制度的正式确立

在家庭承包经营制度长期稳定的大前提下，家庭分散经营与集体统一经营两个层次都有了重大发展和变化。1993 年，第八届全国人大第一次会议通过了宪法修改的决议，将以家庭联产承包为主的责任制和统分结合的双层经营体制作为农村经济的一项基本制度载入宪法，以根本大

---

① 中共中央文献研究室编：《十四大以来重要文献选编》（下），人民出版社 1999 年版，第 2595—2601 页。

② 中共中央文献研究室编：《改革开放三十年重要文献选编》（下），中央文献出版社 2008 年版，第 984 页。

③ 全国人民代表大会常务委员会法制工作委员会编：《中华人民共和国法律汇编（1998）》，人民出版社 1999 年版，第 77 页。

④ 《改革开放以来历届三中全会文件汇编》，人民出版社 2013 年版，第 95—98 页。

⑤ 中共中央文献研究室编：《十五大以来重要文献选编》（下），人民出版社 2003 年版，第 2159 页。

⑥ 中共中央文献研究室编：《十五大以来重要文献选编》（中），人民出版社 2000 年版，第 1591 页。

法的形式保障这一制度长期稳定。1993 年党的十四届三中全会《中共中央关于建立社会主义市场经济体制若干问题的决议》再次强调"以家庭联产承包为主的责任制和统分结合的双层经营体制,是农村的一项基本经济制度,必须长期稳定,并不断完善",并要求"乡村集体经济组织,要积极兴办服务性的经济实体,为家庭经营提供服务,逐步积累集体资产,壮大集体经济实力。"①

　　1998 年党的十五届三中全会通过《中共中央关于农业和农村工作若干重大问题的决定》全面总结了中国农村改革 20 年以来的基本经验,对农村双层经营体制理论进行完善,正式确定"以家庭承包经营为基础、统分结合的双层经营体制"的内涵表述,将"乡村集体经济组织"改为"农村集体经济组织",将"家庭联产承包"改为更加准确的"家庭承包经营"②,实现了承包制名称上的正本清源。同时明确农村最基本的生产关系是"实行土地集体所有、家庭承包经营,使用权同所有权分离"的统分结合的双层经营体制,确立了"统"与"分"有机结合的关系。即"分"是"统"的基础,"家庭承包经营是集体经济组织内部的一个经营层次,是双层经营体制的基础,不能把它与集体统一经营割裂开来,对立起来";"统"是"分"的保障,农村集体经济组织"要管理好集体资产、协调好利益关系、组织好生产服务和集体资源开发,壮大经济实力,特别要增强服务功能,解决一家一户难以解决的困难"。③ 1999 年《宪法修正案》明确指出"以家庭承包经营为基础、统分结合的双层经营体制是我国农村集体经济组织的基本经营体制",再次修改农村基本经营制度的提法,并将其写入了我国的根本大法。④ 经过多次演变发展,"以家庭承包经营为基础、统分结合的双层经营体制"被正式确立为我国农村基本经营制度,成为各项农村政策的基石以及我国农村治理体制的重要内容。

① 《改革开放以来历届三中全会文件汇编》,人民出版社 2013 年版,第 75—76 页。
② 《改革开放以来历届三中全会文件汇编》,人民出版社 2013 年版,第 97—99 页。
③ 《改革开放以来历届三中全会文件汇编》,人民出版社 2013 年版,第 97—99 页。
④ 全国人民代表大会常务委员会法制工作委员会编:《中华人民共和国法律汇编(1954—2004)》,人民出版社 2004 年版,第 11 页。

二、土地承包经营权流转的初步探索

20世纪90年代，全国大部分地区进入了第二轮农村土地承包期。在社会主义市场经济体制的建立完善下，随着土地承包关系的不断稳定，一方面，有部分农户出现了兼业化和非农化行为，开始离开承包地，甚至离开农业农村，出现耕地撂荒的情形；另一方面，规模经营的倾向在部分农户逐渐显现，专业户、家庭农场等新型农业经营主体逐渐涌现。两方面影响的叠加导致了耕地无人种植或"一人种多人地"并存的局面，推动了关于土地承包经营权流转的探索。

（一）土地承包经营权流转的政策初探

事实上，早在20世纪90年代之前，农村土地制度改革上就有了土地承包经营权流转的萌芽。1984年中央"一号文件"就明确指出农村土地可以经集体同意后在集体组织内部的社员之间进行转包，同时指出"自留地、承包地均不准买卖，不准出租，不准转作宅基地和其他非农业用地"。[①] 但当时人们对这一规定存在认识偏差，一部分人认为转包是允许农村土地在集体组织内部的有限度流转，另一部分人根据字面意思认为转包是"转让承包经营权"的简称。由于这一阶段农户缺乏转让的自主权以及对价格的协商权，转包也就不能看作为一种市场流转行为。1987年，国务院对沿海发达省市针对土地适度规模经营改革实验进行批复，突破了家庭承包经营的限制，土地经营权得以实现逐渐流转。1988年的宪法修正案规定"土地的使用权可以依照法律的规定转让"[②]，进一步承认了土地使用权有偿转让的合法性。

进入社会主义市场经济体制建立阶段以来，中国共产党领导的农村土地制度改革首先在政策上对农村土地承包经营权流转进行了完善。1993年《中共中央、国务院关于当前农业和农村经济发展的若干政策措

---

① 《中共中央国务院关于"三农"工作的一号文件汇编（1984—2014）》，人民出版社2014年版，第41页。

② 全国人民代表大会常务委员会法制工作委员会编：《中华人民共和国法律汇编（2000—2004）》（上），人民出版社2005年版，第36页。

施》提出，"在坚持土地集体所有和不改变土地用途的前提下，经发包方同意，允许土地的使用权依法有偿转让"①，对土地承包经营权流转予以政策支持和肯定。同年，《中共中央关于建立社会主义市场经济体制若干问题的决定》也提出，在坚持土地集体所有的前提下，"允许土地使用权依法有偿转让。少数经济比较发达的地方，本着群众自愿原则，可以采取转包、入股等多种形式发展适度规模经营，提高农业劳动生产率和土地生产率。"②1995年，国务院批转农业部《关于稳定和完善土地承包关系的意见》提出"建立土地承包经营权流转机制"的建议，认为"农村集体土地承包经营权的流转，是家庭联产承包责任制的延续和发展，应纳入农业承包合同管理范围。在坚持土地集体所有和不改变土地农业用途的前提下，经发包方同意，允许承包方在承包期内，对承包标的依法转包、转让、互换、入股，其合法权益受法律保护，但严禁擅自将耕地转为非耕地"，进一步从政策上支持了土地承包经营权的流转，并且明确了其流转方式、原则等。③

1998年《中共中央关于农业和农村工作若干重大问题的决定》提出"确立农户自主经营的市场主体地位"，并进一步重申"抓紧制定确保农村土地承包关系长期稳定的法律法规，赋予农民长期而有保障的土地使用权"，强调土地使用权的自愿有偿流转，指出"土地使用权的合理流转要坚持自愿、有偿的原则依法进行，不得以任何理由强制农户转让。少数确实具备条件的地方，可以在提高农业集约化程度和群众自愿的基础上，发展多种形式的土地适度规模经营。"④2001年《中共中央关于做好农户承包地使用权流转工作的通知》，进一步完善了对农村承包地流转的规定，明确提出"土地使用权流转"的概念，规定"农户承包地使用权流转必

① 中共中央文献研究室编：《十四大以来重要文献选编》（上），人民出版社1996年版，第481页。

② 《中共中央关于建立社会主义市场经济体制若干问题的决定》，人民出版社1993年版，第22—23页。

③ 中共中央文献研究室编：《新时期经济体制改革重要文献选编》（上），中央文献出版社1998年版，第1201—1202页。

④ 《改革开放以来历届三中全会文件汇编》，人民出版社2013年版，第98页。

须坚持依法、自愿、有偿的原则"，认为"土地流转是农村经济发展、农村劳动力转移的必然结果。只有第二、第三次产业发达、大多数农民实现非农就业并有稳定的工作岗位和收入来源的地方，才有可能出现较大范围的土地流转，发展适度规模经营。总体上看，我国绝大多数农村目前尚不具备这个条件。因此，土地使用权流转一定要坚持条件，不能刮风，不能下指标，不能强制推行，也不能用收走农民承包地的办法搞劳动力转移。"①同时，还对土地流转主体、土地流转收益以及利益关系、企事业单位和城镇居民租赁农户承包地等内容进行了说明。

（二）土地承包经营权流转的模式初探

在实践层面上，各地围绕土地承包经营权的流转探索了一些新模式。

一是20世纪80年代中后期的"两田制"模式。"两田制"模式起源于山东省平度市，它将土地分为口粮田和责任田，口粮田按照平均分配原则人人有份，只负担农业税；责任田按照效率分配原则通过竞标方式配置，除了上缴农业税外，还需向集体缴纳土地承包费，并承担国家粮食的定购任务。"两田制"一度被认为是兼顾公平与效率的制度安排，从东部沿海等经济发达地区兴起后，逐步在全国推广。1992年，全国共有179万个村组，其中32.3%的村组实行了两田制，涉及耕地面积达到5.9亿亩②。然而，事实上"两田制"并不属于彻底的农村土地制度改革，一方面，"动账不动地"不利于农户增收且加重农户承包土地的税费负担；另一方面，口粮田和责任田采取平均分配的方式也不利于农村土地规模化经营。同时，"两田制"强化村干部对土地使用管理的干预权利，也容易导致改革目标偏离等诸多弊端，因此这一模式最终被中央决策层否定，在全国推广失败。

二是20世纪80年代中期的"反租倒包"模式。"反租倒包"模式是在原承包关系不变的前提下，由村集体经济组织出面，租赁农民承包的集体土地。将农户承包地的经营权收归集体，对土地进行统一规划布局整

---

① 中共中央文献研究室编：《十五大以来重要文献选编》（下），人民出版社2003年版，第2158—2159页。

② 骆友生、张红宇：《家庭承包责任制后的农地制度创新》，《经济研究》1995年第1期。

理后,集体再将其租赁给外来的公司,或是再将其倒包给本村的农户。这一过程中土地发包的收益在支付给原承包农户土地租金后,剩余收益归集体所有。这一模式以集体经济组织担任农村土地需求者与供给者之间的桥梁纽带,通过统一的"返租合约",将农户(农地供给者)的土地集中起来,再将经过统一规划整理的农村土地转租给农村土地需求者,显著降低了交易成本,并且促进了农村土地规模化经营。但"反租倒包"模式也存在农户只能获得固定农村土地租金收入,不能获取农村土地重新发包后所产生的经营利润分红的问题,实践中也存在村集体经济组织由中介者转变为支配者,强行将农民承包土地收归集体而违背农民意愿等问题。

三是 20 世纪 90 年代初期的"股份合作制"模式。"股份合作制"模式起源于广东省南海,它在明确"土地所有权属于集体、承包经营权属于农民"的前提下,将土地经营权量化成股份,通过入股的形式,把农民的土地经营权集中起来,由组建的"农业股份合作公司"集中经营,农民在交出土地经营权的同时也就成为该公司的股东。在相关政策的不断推动下,股份合作制模式在广州、深圳、佛山、中山、珠海、东莞、惠州、江口、肇庆等地纷纷开展,成为珠三角地区农村土地流转的普遍形式,并逐步在其他沿海发达地区和大中城市郊区发展起来。股份合作制强化和确认了农户的土地承包权,通过实行土地股份制改革,使集体经济组织成员拥有货币化的土地股权,而不是占有土地实物形态,从而有利于土地资源的优化配置,是实现农业规模经营的有效模式。但其推行一般适用于劳动力多数已转移到非农产业,农业不再是农户的主要收入来源,使农户放弃农村土地使用权成为可能的发达地区。

三、农村集体建设用地制度的积极探索

集体经营性建设用地(乡镇企业用地)、宅基地是集体建设用地的重要组成部分,也是农村宝贵的土地资源。在社会主义市场经济体制建立初期,家庭联产承包责任制得到了进一步稳定发展,但乡镇企业发展不仅没有继续承接上一阶段发展的热潮,反而在一系列内外矛盾制约下逐步走向衰落,由此也带来闲置集体建设用地流转利用盘活的问

题。同时,城市的快速发展以及乡镇企业衰落下,大量农村劳动力向城市转移,导致农村闲置房屋逐渐增多,推动宅基地管理制度进入了新的探索阶段。

(一)农村集体建设用地流转的积极探索

20世纪70年代以来,乡镇企业异军突起,成为国民经济的重要组成部分,到了90年代,随着乡镇企业的改革和转型升级,传统的乡镇企业却逐渐衰落并退出历史舞台。1988年9月,国家发起"治理经济环境,整顿经济秩序"行动,采取"调整、整顿、改造、提高"方针,对一些经济效益差、资源消耗大、污染严重的乡镇企业实行了"关、停、并、转、迁"。由此乡镇企业发展的外部环境变得日益严峻,银行不放贷、企业融资难;生产资料实行专营;企业原材料紧张、煤炭电力价格飞涨、企业生产成本高昂;导致乡镇企业普遍开工不足,经营困难重重。[1] 1989—1991年,乡镇企业经济效益下降,大批乡镇企业被迫关停并转,企业职工人数也在减少,数百万企业职工重新回到农田,乡村创业受到重创。[2] 随着乡镇企业的落败,对于因故停产歇业,没有发生破产兼并而闲置下来的建设用地如何再次利用成为现实问题,同时,这也催生了闲置农村建设用地对外转让的新需求。

然而,自1992年起国家对集体建设用地的政策却发生了转变。《国务院关于发展房地产业若干问题的通知》明确规定:"集体所有土地,必须先行征用转为国有土地后才能出让。"[3]1995年,《国家土地管理局印发非农建设的集体土地交易应征为国有的试点方案的通知》,明确禁止集体土地房地产开发建设,禁止其使用权的单独转让、出租用于非农建设,提出要规范管理非农建设使用集体土地交易;明确非农建设用地的改革要有利于政府垄断土地使用权出让,强调要培育统一、规范的社会主义

---

① 王宝文:《中国乡镇企业发展历程及转型研究》,《经济视角(中旬刊)》2012年第2期。
② 陈剑波:《市场经济演进中乡镇企业的技术获得与技术选择》,《经济研究》1999年第4期。
③ 国务院:《国务院关于发展房地产业若干问题的通知》,中国政府网,1992年11月4日。

土地市场,要理顺国家、农民集体和个人在土地收益上的分配关系;并且要严格限制农用地尤其是耕地转为非农用地,切实保护耕地;同时,敦促试点地区人民政府根据土地利用总体规划和城市规划的需要,并按照年度建设用地计划,确定可以征为国有再出让的集体土地单位,并严格控制数量[1]。这一通知所强调的内容在国有和集体建设用地非农化安排上呈现明显的区别色彩。随后,1996年,国家土地管理局针对集体土地私下流转,发展小产权房的情况,发布《国家土地管理局、国家经济体制改革委员关于小城镇土地使用制度改革若干意见的通知》,规定禁止小城镇内集体非农建设用地直接进入市场,对已发生的集体土地使用权转让、出租、联营、入股等非农建设的,要求依法征为国有并办理出让手续[2]。1998年《土地管理法》的修订,则进一步规定农民集体所有的土地使用权不得出让、转让或出租用于非农业建设;从而形成了国有建设用地和原有的集体建设用地的差别化管理,即国有建设用地可以依法转让,实行有偿使用制度,国家可以依法对集体所有的土地进行征收征用,而集体建设用地的使用仅限定于兴办乡镇企业、建设村民住宅、建设乡村公共设施和公益事业。1999年《国务院办公厅关于加强土地转让严禁炒卖土地的通知》也明确规定:"农民集体土地使用权不得出让、转让或出租用于非农建设;对于符合规划并依法取得建设用地使用权的乡镇企业,因发生破产、兼并等致使土地使用权必须转移的,应当严格依法办理审批手续。"[3]以上法规政策都表明,这一阶段我国暂不支持集体建设用地的直接流转交易,集体非农建设用地流转参加非农建设的条件是必须被征收为国有。

虽然,集体建设用地流转受到中央层面政策的限制,实践中依然出现大量集体建设用地的自发流转,流转形式有抵押、出租、入股、转让等,呈

---

① 本刊记者:《国家土地局发布〈非农建设集体土地交易应征为国有的试点方案〉》,《城市规划通讯》1995年第17期。

② 《国家土地局、体改委〈通知〉要求抓紧抓好抓实小城镇地改》,《全国建设市场信息》1996年第7期。

③ 国土资源部、中共中央文献研究室编:《国土资源保护与利用文献选编(一九七九—二〇〇二年)》,中央文献出版社2003年版,第284页。

现出流转形式多样化特点,形成了比较大的隐性土地市场。与此同时,各地也在自发地对集体建设用地流转进行实践探索,争取中央支持。如1996年苏州市率先提出"集体建设用地能不能流转,能不能进行实验"的问题,在国家土地管理局的支持下,《苏州市农村集体存量建设用地使用权流转管理暂行办法》颁布,明确了农村集体存量建设用地及其使用权流转的内涵,并针对先前出现的集体非农建设用地使用权无序流转的问题进行了规范化管理,要求"在苏州市城区规划区、县级市人民政府所在地的镇以及国家、省开发区范围外的集体建设用地可以实行流转,但范围内的集体建设用地必须征为国有土地后,按有关规定实行出让或划拨"。[①] 由于实践中集体建设用地自发无序流转的不良局面的越发严峻,各地区对放开集体建设用地流转的呼声越来越高,推动了国土资源部在全国组织开展集体建设用地流转试点工作。1999年11月,安徽省芜湖市成为第一个试点市,2000年集体建设用地流转试点范围进一步扩大,广东省南海市、上海市青浦区、江苏省南京市与苏州市、浙江湖州市等被纳入其中,一系列试点工作促进了农村集体建设用地流转的探索。随后,国土资源部多次组织召开"土地制度创新座谈会",总结各试点市在集体建设用地流转过程中的做法,为集体建设用地流转在面上的铺开提供经验借鉴,也为下一阶段推进农村集体建设用地管理制度改革奠定基础。

总的来讲,农村集体建设用地制度改革起先受到了中央政策层面针对集体建设用地流转的限制,随后由于实践层面的强烈需求又逐步放开,以试点的形式开展渐进式改革,进而不断完善发展,进入积极探索时期。

(二)农村宅基地制度改革的积极探索

20世纪90年代,随着大量农村劳动力进城务工以及农民非农收入的提升,促使农村闲置房屋逐渐增多和宅基地超占多占问题并存,此外,快速城镇化带来的高额土地增值收益,使农村地区尤其是城市郊区的宅

---

① 《苏州市农村集体存量建设用地使用权流转管理暂行办法》,《中国土地》2000年第11期。

基地隐性流转问题越发突出,两方面现实问题的叠加对宅基地管理提出了挑战。在此背景下,宅基地管理制度开始了新一轮的探索,出现了一些新规定、新要求。

1. 促进宅基地节约集约利用的新规定与新要求

在促进宅基地节约集约利用方面,1995年3月国家土地管理局发布《确定土地所有权和使用权的若干规定》,对宅基地面积、非农户口建房等进行说明,并特别指出"空闲或房屋坍塌、拆除两年以上未恢复使用的宅基地,不确定土地使用权。已经确定使用权的,由集体报经县级人民政府批准,注销其土地登记,土地由集体收回"①,由此确立了宅基地使用权收回制度。1997年5月《中共中央、国务院关于进一步加强土地管理切实保护耕地的通知》针对宅基地管理,指出"农村居民的住宅建设要符合村镇建设规划",并提出"有条件的地方,提倡相对集中建设公寓式楼房"的建议,规定"农村居民每户只能有一处不超过标准的宅基地,多出的宅基地,要依法收归集体所有"②,农村宅基地集约节约利用得到重视。1998年《土地管理法》修订,确立了宅基地使用权以户为单位申请的原则,并且规定"农村村民一户只能拥有一处宅基地,其宅基地的面积不得超出省、自治区、直辖市规定的标准"③,从法律层面进一步强调了宅基地"一户一宅""面积合规"的要求。2000年6月,为提高宅基地集约节约利用程度,给小城镇建设提供用地支持,《中共中央、国务院关于促进小城镇健康发展的若干意见》发布,提出了要严格限制分散建房的宅基地审批,鼓励农民进镇购房或按规划集中建房,并要求对进镇农户适时置换宅基地,防止闲置浪费。④

---

① 《确定土地所有权和使用权的若干规定》,《中国土地》1995年第6期。

② 国土资源部、中共中央文献研究室编:《国土资源保护与利用文献选编(一九七九一二〇〇二年)》,中央文献出版社2003年版,第169页。

③ 全国人民代表大会常务委员会法制工作委员会编:《中华人民共和国法律汇编(1998)》,人民出版社1999年版,第91页。

④ 《中共中央、国务院关于促进小城镇健康发展的若干意见》,《城乡建设》2000年第8期。

2. 针对宅基地隐性流转的新规定与新要求

在宅基地隐性流转的管理限制方面,1998 年《土地管理法》修订删除了关于城镇非农业居民在农村取得宅基地的规定,使城镇居民在农村建房买房的大门被关闭,同时,还明确"农村村民出卖、出租住房后,再申请新的宅基地的,不予批准。"①然而,随着市场化进程的不断推进,宅基地隐性流转在全国广大的城乡结合地区成为普遍现象,城郊农村集体经济组织大量非法出租、出让宅基地,一些房地产开发商则瞄准农村宅基地,非法利用农村宅基地开发房地产项目牟利②。1999 年 5 月《国务院办公厅关于加强土地转让管理严禁炒卖土地的通知》指出"一些地区存在用地秩序混乱、非法转让土地使用权等问题,特别是非法交易农民集体土地的现象比较严重,出现以开发'果园''庄园'名义炒卖土地、非法集资的情况",明确要求"加强对农民集体土地的转让管理,严禁非法占用农民集体土地进行房地产开发","农民的住宅不得向城市居民出售,也不得批准城市居民占用农民集体土地建住宅,有关部门不得为违法建造和购买的住宅发放土地使用证和房产证"③。这一时期,虽然政策层面上对宅基地隐性流转不断进行严格限制,但由于这些政策规定与实践层面农户的需求有所不符,宅基地隐性流转仍然屡见不鲜。

四、土地管理制度的积极探索

随着社会主义市场经济体制的建立和发展,土地管理面临的社会经济发展形势也产生显著变化,其中,以发展用地需求与耕地保护之间的矛盾最为严峻,因此,1998 年 8 月 29 日第九届全国人民代表大会常务委员会第四次会议对《土地管理法》进行了全面修订,确立了以耕地保护为首要目标的土地用途管制制度。在《土地管理法》的重大修订之下,土地管

---

① 全国人民代表大会常务委员会法制工作委员会编:《中华人民共和国法律汇编(1998)》,人民出版社 1999 年版,第 91 页。

② 中央党校地厅班:《因地制宜推进农村宅基地流转》,《理论前沿》2009 年第 12 期。

③ 国土资源部、中共中央文献研究室编:《国土资源保护与利用文献选编(一九七九—二〇〇二年)》,中央文献出版社 2003 年版,第 283—284 页。

理体制机制也出现了相应调整,随着国土资源部的组建成立,解决了过去
管理部门多而分散,对资源难以统筹规划的难题,有效适应了社会主义市
场经济体制发展需求。

(一)《土地管理法》的修订

随着市场经济体制的不断完善,以及城镇化、工业化的快速推进,土
地制度改革进入深化阶段,土地管理形势更加复杂。特别是 20 世纪 90
年代末期,开发区热、房地产热导致耕地面积锐减、人地矛盾日益尖锐、耕
地保护形势严峻,使 1988 年修正的《土地管理法》表现出了诸多不足,主
要包括对农用地转为建设用地和土地征收征用缺乏严格法律限制,对土
地违法行为缺乏强有力法律监督手段,对国有土地资源和市场管理缺乏
明确规定等。在此情形下,1997 年 4 月 15 日,《中共中央、国务院关于进
一步加强土地管理切实保护耕地的通知》针对人口继续增加、耕地大量
减少的失衡趋势,强调"必须认真贯彻'十分珍惜和合理利用每寸土地,
切实保护耕地'的基本国策",提出"冻结非农业建设项目占用耕地一年,
确实需要占用耕地的,报国务院审批"的要求①,同时将《土地管理法》的
修订提上议程。

1997 年 5 月,国家土地管理局成立土地管理法修改小组,经过 4 个
月修改,于 8 月将形成的《土地管理法》(修订草案)送审并上报国务院,
国务院法制局也在修改小组的配合下进行深入研究修改。1998 年 1 月 9
日,国务院第 65 次常务会议审议了《土地管理法》(修订草案),随后上报
全国人大常委会。1998 年 4 月 26 日,九届全国人大常委会第二次会议
对土地管理法修订草案进行初步审议,并公布全文、公开征求意见。截至
同年 7 月 31 日,全国 31 个省、自治区、直辖市已全部反馈意见,52 个中央
有关部门提出了意见或者建议,法制工作委员会收到人民来信 663 封,形
成了全民讨论土地管理法修订草案氛围,充分体现了立法工作决策民主
化、科学化。1998 年 8 月 29 日,经过全国上下讨论研究,九届全国人大常

---

① 国土资源部、中共中央文献研究室编:《国土资源保护与利用文献选编(一九七九—二
〇〇二年)》,中央文献出版社 2003 年版,第 165—173 页。

委会第四次会议通过了《土地管理法》（修订草案）。

1998 年《土地管理法》的修订不是对个别条文的变动,也不同于一般的法律修改,而是土地管理方式和土地利用方式的重大变革。从体量上看,这是一次全面的修订,1988 年的《土地管理法》有 7 章 56 条,而 1998 年修订的版本有 8 章,条数也增加到了 86 条。从内容上看,1998 年《土地管理法》的修订主要呈现以下几个特点:一是体现了国家管理土地的原则,强化了土地管理部门进行土地管理和监督的职能;二是基于土地总量有限性和土地利用外部性,将用途管制原则作为一个主线贯穿于全部法律始终①,重点将土地管理方式由以往的分级限额审批制度改为用途管制制度,强化土地利用总体规划和土地利用年度计划的效率,通过土地用途管制,加强对农用地特别是耕地的特殊保护;三是土地征用制度、土地规划制度、建设用地管理制度等适应了市场经济的改革,强化了土地利用总体规划的法律地位和作用;四是体现了耕地总体动态平衡的战略目标,突出了对耕地进行特殊保护的原则;五是总结了近几年土地监察的经验,在解决执法难和法律责任等方面有新的突破。总体上,修订前的《土地管理法》是计划经济的产物,是主要保证国家建设用地供应的法,修订后的《土地管理法》则适时地回应了社会经济变革的需求,是市场经济的产物,以保护耕地为根本,通过立法形式确立了“十分珍惜、合理利用土地和切实保护耕地”基本国策,基于土地资源的供需矛盾与落实土地宏观调控,在土地管理方式上确立了用途管制制度,并有条件地兼顾城乡统筹发展的需要。②

（二）国土资源部的成立

机构和法律一般是相伴而生的,在《土地管理法》的重大修订发生之时,土地管理体制机制也会出现相应调整。在国土资源部正式成立之前,原有的国土资源管理体制主要是在长期的计划经济体制背景下形成的,存在管理部门多而分散,对资源难以统筹规划的问题。为适应社会主义

---

① 陈锡文:《关于农村土地制度改革的两点思考》,《经济研究》2014 年第 1 期。
② 陈小君:《我国〈土地管理法〉修订:历史、原则与制度——以该法第四次修订中的土地权利制度为重点》,《政治与法律》2012 年第 5 期。

市场经济体制的建立,按照自然资源整体性、关联性和相似性属性对管理体制的客观要求,在借鉴国外自然资源管理体制成功做法的基础之上,新的国土资源管理体制机制改革被提上了议程。在《土地管理法》修订工作紧锣密鼓地开展之际,新组建的国土资源部"三定"方案获得国务院批准。1998年3月10日,九届人大一次会议第三次全体会议表决通过关于国务院机构改革方案,决定由地质矿产部、国家土地管理局、国家海洋局和国家测绘局共同组建,形成新的国土资源部,并将国家海洋局和国家测绘局保留作为国土资源部的部管国家局。这是中国国土资源管理体制的重大变化,也是中国自然资源管理从分散走向相对集中的重要一步。新组建的国土资源部的主要职能包括对土地资源、矿产资源、海洋资源等自然资源的规划、管理、保护与合理利用。这使中国对自然资源的管理实现了从地面到地下、从陆地到海洋的立体化综合管理,对于提高国土资源的管理水平起到重要作用。同时,这一从法律到管理体制机制的大调整,也充分体现了党和国家对国土资源管理工作的高度重视,以及国土资源在社会经济发展中的重要基础地位,使1998年成为继1986年后我国土地管理史上的又一次重要历史转折点,标志着中国土地管理事业已经扬帆起航。

五、基本特点与主要成就

改革开放初期以家庭联产承包责任制为主的农村土地制度改革取得了显著的改革成效,使农村生产生活的面貌焕然一新。在社会主义市场经济体制建设初期,中国共产党领导的农村土地制度改革继续承接前一阶段的改革思路,一方面继续重视土地承包关系的长期稳定,促进农业基本经营制度的完善,另一方面结合社会经济发展环境,对部分农村土地制度的安排作出探索创新,由此维持了农村发展的向好趋势。

(一)基本特点

社会主义市场经济体制建设初期,为巩固前一阶段农村土地制度改革成果,并充分回应新一阶段社会经济发展形势变化,党领导的农村土地制度改革也实现了一些新突破,呈现出以下特点。

其一，不断推进农村土地承包关系的长期稳定。在社会主义市场经济体制建设初期，党领导的农村土地制度变革始终重视农民土地问题，不断巩固家庭承包经营制度，着重通过各类文件不断稳定和延长农村土地的承包期。第一轮承包时土地承包期规定为 15 年以上，第二轮承包则是土地承包期限则延长 30 年不变，并且通过《土地管理法》修订予以明确。除此之外，相关政策文件还进一步对土地调整的频率和幅度进行规定，土地大调整受到了限制，土地小调整的条件、程序越来越严格。这使农民土地承包经营权更加稳定化，为促进土地流转奠定了制度基础。

其二，不断完善适应社会主义市场经济的农村基本经营制度。农村土地改革最大成就是在制度层面形成了以家庭承包经营为基础、统分结合的双层经营体制，并且成为我国农业的基本经营制度[①]。这一阶段农村基本经营制度在名称上实现了"正本清源"，农村双层经营体制等相关内涵表述被正式明确，"统"与"分"关系之间的辨析得到正确认识。在此基础上，以家庭承包经营为基础、统分结合的双层经营体制是我国农村集体经济组织的基本经营体制被写入宪法，打破了我国农村传统的经营形式，成为各项农村政策的基石以及我国农村治理体制的重要构成内容，为促进现代农业发展，维护农村经济社会稳定供了制度保障。

其三，在"放"与"不放"的协调过程中推动集体建设用地流转改革。不同于改革开放初期中央层面对集体土地使用权可以与国有土地一样依法转让的支持，社会主义市场经济体制建立初期，国有土地市场逐步建立完善，而集体建设用地流转始终没有得到有效关注。受到这一阶段国家优先发展城市工业的战略选择影响，1998 年修订的《土地管理法》对集体建设用地流转进行严格限制，但实践中集体建设用地隐性流转依然存在，地方层面也出现了对集体建设用地流转制度的自主探索，造成了国家对集体建设用地流转放开的限制，同地方实践对集体建设用地流转放开的需求之间的矛盾。在"放"与"不放"的矛盾之中，集体建设用地流转制度

---

① 蒋远胜：《改革开放四十年中国农地制度变迁的成就、逻辑与方向》，《农村经济》2018 年第 12 期。

改革处于艰难推行状态,成为下一阶段农村土地制度改革亟须解决的重要问题。同样地,这一"放"与"不放"的矛盾也体现在宅基地的流转与城市居民是否可以取得农村宅基地使用权方面。

(二)主要成就

1992—2001 年,农村土地制度改革主要是承接前一阶段改革成果,确保农村经济发展、生产生活持续向好,并取得了以下成就。

第一,农业生产活力旺盛,农业机械化水平不断提高。完善农业基本经营制度的核心目标是要保障农产品的有效供给,确保粮食安全和食品安全,促进农业生产效率的改善,确保农民增收和提高经营者收益[①]。社会主义市场经济体制建设初期,党领导的农村土地制度改革延续上一阶段改革总体思路,不断坚持和完善家庭承包经营制度,增强了产权的完整性和产权完全性,从而支撑了中国农业的持续增长[②],使农业生产活力得以保持,农业机械化水平也不断提升。1992—2001 年,全国农业生产总值平均值是改革开放初期(1978—1991 年)的 4.3 倍,且总体呈现持续增长态势。1992—1998 年,农业生产总值的平均增速达 16% 以上,其中,以1994 年和 1995 年增长趋势最为明显。农业生产活力旺盛,而农业机械总动力也呈现出逐年递增趋势,农业机械化水平不断提高(见图 5-6)。

第二,农民收入不断增加,居住条件明显改善。随着农村基本经营制度的巩固完善,农业生产持续保持活力,农村居民的收入也不断提升。1992—2001 年,农村居民纯收入呈持续增长态势,这一阶段农村居民纯收入平均值为 1784 元,是改革开放初期(1978—1991 年)农村居民纯收入平均值的 4.6 倍。与此同时,随着农民收入的提高,农村居民居住条件也得到不断改善,农民家庭人均住房面积基本呈现逐年增长态势,2001年农村居民人均住房面积已超过 25 平方米,是改革开放初期人均住房面积的 3 倍(见图 5-7)。

---

① 朱晓哲、刘瑞峰、马恒运:《中国农村土地制度的历史演变、动因及效果:一个文献综述视角》,《农业经济问题》2021 年第 8 期。
② 冀县卿、钱忠好:《农地产权结构变迁与中国农业增长:一个经济解释》,《管理世界》2009 年第 1 期。

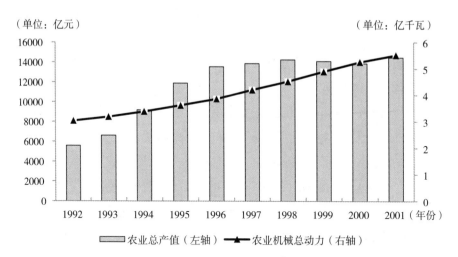

图5-6　1992—2001年全国农业总产值与农业机械总动力情况

资料来源：国家统计局网站，见 http://data.stats.gov.cn/easyquery.htm? cn=C01。

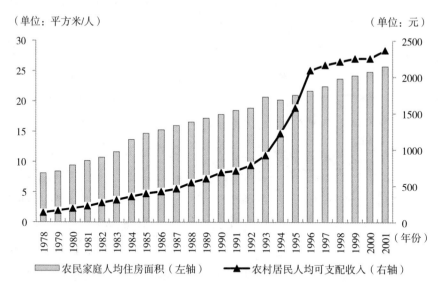

图5-7　1978—2001年农民家庭人均住房面积与农村居民人均可支配收入情况

资料来源：国家统计局网站，见 http://data.stats.gov.cn/easyquery.htm? cn=C01；1985—2002年《中国农村统计年鉴》。

第三，贫困规模与贫困发生率持续下降，农村贫困问题进一步缓解。在农业生产保持旺盛活力、农村居民收入不断提高的背景下下，农

村贫困规模也不断缩小。农村贫困人口由 1992 年的 8000 多万人进一
步缩减到 2001 年的 3000 万人以下,农村贫困率也下降到了 3.2% 左右
(见图 5-8)。

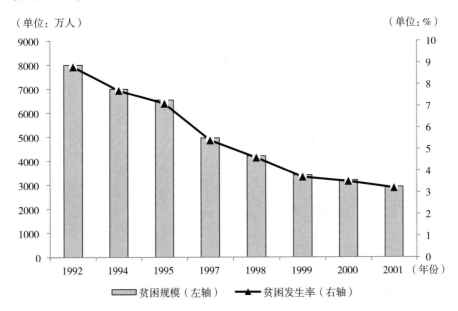

图 5-8　1992—2001 年农村贫困规模与贫困发生率情况

资料来源:2000—2002 年《中国农村贫困监测报告》。

第三节　社会主义市场经济体制完善时期党领导
农村土地制度变革的历史进程

　　随着 21 世纪的到来,中国逐渐进入社会主义市场经济体制完善时期,
在上一阶段农村土地制度变革探索已取得经验的基础上,党的十六届三中
全会《中共中央关于完善社会主义市场经济体制若干问题的决定》明确了
深化农村改革、完善农村经济体制的方向,对长期稳定并不断完善以家庭
承包经营为基础,统分结合的双层经营体制,完善农村土地承包经营权流
转办法,实行严格的耕地保护制度,改革征地制度等进行了说明。[1] 2004

---

　　[1]　《改革开放以来历届三中全会文件汇编》,人民出版社 2013 年版,第 124 页。

年《国务院关于深化改革严格土地管理的决定》针对土地管理中存在的突出问题和薄弱环节,在严格土地执法、加强规划管理、保障农民利益、促进节约用地、健全责任制度等方面作出明确规定,进一步为新一阶段农村土地制度改革全面有序推进指明了方向。[1] 由此,中国共产党领导的农村土地制度改革开始了新一轮的探索。

一、农村基本经营制度的巩固发展

进入社会主义市场经济体制完善时期后,农村土地制度变革依然强调稳定完善农村土地承包关系,土地承包关系"长久不变"被正式提出。同时,《中华人民共和国农村土地承包法》(以下简称《农村土地承包法》)等相关法律的制定实施,以及农村土地承包经营权登记制度的完善等,也进一步巩固和发展了家庭承包经营制。

(一)《农村土地承包法》的制定与实施

党的十五大提出依法治国是党领导人民治理国家的基本方略,而依法治国要求国家各项工作都依法进行。党的十五届三中全会通过《中共中央关于农业和农村工作若干重大问题的决定》,明确强调"要抓紧制定确保农村土地承包关系长期稳定的法律法规,赋予农民长期而有保障的土地使用权"[2]。健全稳定完善农村土地承包关系的法律法规既是依法治国的必然要求,也是这一阶段促进家庭承包经营制度巩固发展的重要举措。为适应农村市场经济发展新形势需要,切实保护农民土地承包经营权益,促进农村长久稳定与发展,全国人大农业与农村委员会开始着手《农村土地承包法》研究与起草工作,并于 2001 年 6 月形成《中华人民共和国农村土地承包法(草案)》提请全国人大常委会审议。2002 年 8 月 29 日《农村土地承包法》经第九届全国人大常务委员会第二十九次会议审议通过,于 2003 年 3 月 1 日正式实施。新颁布的《农村土地承包法》对

---

[1] 中共中央文献研究室编:《十六大以来重要文献选编》(下),中央文献出版社 2008 年版,第 402—412 页。

[2] 中共中央文献研究室编:《十五大以来重要文献选编》(上),人民出版社 2000 年版,第 562 页。

农村土地承包的原则和程序、承包期限、发包方和承包方的权益和责任、承包地流转等方式做了较为详细的规定,并对妇女与男子享有平等的权利,土地承包经营权的流转必须遵循自愿原则,承包期内发包方不得收回承包地,村集体经济组织公地面积不得超过本集体经济组织耕地总面积的 5% 等内容做了特别强调。

总的来讲,《农村土地承包法》的正式颁布和实施赋予了农民长期而有保障的土地使用权,标志着农村土地承包走上了法制化轨道。同时,也改变了中国长期主要依靠政策规定、合同约定的方法界定和规范农民土地承包经营权的状况,将党的农村土地政策的重点确定为维护土地承包经营权,并具体化为国家依法保护农民的土地承包权利、流转权利、收益权利和获取补偿的权利等,使农村土地承包政策有了法律保障,有效调动了广大农民生产积极性。

(二)土地承包关系的长久不变

"有恒产者有恒心",确认并保障稳定持久的上地财产权是实现百姓安心,国家安定的重要基础。稳定土地承包关系有利于增强农民的权利预期,对于维持土地承包主体持续开发的信心,避免在短期经营中出现掠夺性开发行为,促进土地资源合理充分利用和农业农村的稳定持续发展有重要意义。在避免承包地频繁变动,防止耕地经营规模不断细碎化,提倡"增人不增地、减人不减地"①的政策指引下,稳定土地承包关系依然是完善并深化农村土地制度改革的重要制度安排。

随着《农村土地承包法》以及《中华人民共和国物权法》(以下简称《物权法》)的颁布,土地承包关系的稳定在法律层面得到保障。2002 年颁布的《农村土地承包法》对家庭承包的期限、土地承包经营权的内容、保护和流转等问题提供了法律保障,其中第 27 条明确规定"承包期内,发包方不得调整承包地。承包期内,因自然灾害严重毁损承包地等特殊情形对个别农户之间承包的耕地和草地需要适当调整的,必须经本集体经

---

① 中共中央文献研究室编:《新时期经济体制改革重要文献选编》(下),中央文献出版社 1998 年版,第 987—988 页。

济组织成员的村民会议三分之二以上成员或者三分之二以上村民代表的同意,并报乡（镇）人民政府和县级人民政府农业等行政主管部门批准……承包合同中约定不得调整的,按照其约定"①,特别强调了承包经营权的稳定。2007年颁布实施的《物权法》也明确规定"耕地的承包期为三十年。草地的承包期为三十年至五十年。林地的承包期为三十年至七十年;特殊林木的林地承包期,经国务院林业行政主管部门批准可以延长……承包期届满,由土地承包经营权人按照国家有关规定继续承包"②,初步从法律层面对承包期届满之后的土地承包问题做了说明。

2008年,中央有关稳定土地承包关系的提法有了变化,党的十七届三中全会通过了《中共中央关于推进农村改革发展若干重大问题的决定》,明确指出"赋予农民更加充分而有保障的土地承包经营权,现有土地承包关系要保持稳定并长久不变"③,正式提出"长久不变"。随后,2009年中央"一号文件"进一步提出了落实"长久不变"的政策思路,要求"抓紧修订、完善相关法律法规和政策,赋予农民更加充分而有保障的土地承包经营权,现有土地承包关系保持稳定并长久不变。强化对土地承包经营权的物权保护,做好集体土地所有权确权登记颁证工作,将权属落实到法定行使所有权的集体组织;稳步开展土地承包经营权登记试点,把承包地块的面积、空间位置和权属证书落实到农户,严禁借机调整土地承包关系,坚决禁止和纠正违法收回农民承包土地的行为"④。此后,2010年、2012年中央"一号文件"也均提到要确保落实"现有土地承包关系保持稳定并长久不变"。

（三）土地承包经营权登记制度的推进

制度是经济长期增长的关键,产权作为基础性制度安排,对经济增长

---

① 全国人民代表大会常务委员会法制工作委员会编:《中华人民共和国法律汇编（2000—2004）》（下）,人民出版社2005年版,第792—805页。

② 全国人民代表大会常务委员会法制工作委员会编:《中华人民共和国法律汇编（2007）》,人民出版社2008年版,第22—23页。

③ 《改革开放以来历届三中全会文件汇编》,人民出版社2013年版,第151页。

④ 《中共中央国务院关于"三农"工作的一号文件汇编（1984—2014）》,人民出版社2014年版,第190页。

来说更是显得尤其重要,对于农业发展和农村经济增长来说,农村土地产权也具有类似的关键性功能。① 自家庭联产承包责任制实行以来,中央就不断加强农村土地确权政策的实施,然而,推进确权的力度仍远远不够,许多政策也只停留在字面,没有得到有效实施。② 如 2002 年《农村土地承包法》规定"县级以上地方人民政府应当向承包方颁发土地承包经营权证或者林权证等证书,并登记造册,确认土地承包经营权"③,2003 年农业部颁布《中华人民共和国农村土地承包经营权证管理办法》对农村土地承包经营权证的概念和作用进行明确,指出其是农村土地承包合同生效后,国家依法确认承包方享有土地承包经营权的法律凭证,只限承包方使用。但是长期以来,一些地方存在承包地块面积不准、四至不清、登记簿不健全等问题,导致农民土地权益依法保障程度仍处于较低水平。④随着城镇化发展、农村土地流转的频繁发生和农村集体经济组织成员人数和结构的大幅变动,农村人地分离问题日益明显,为了真正让农民吃上"定心丸",保障农民土地权益,中央开始切实推动土地确权登记工作。

2008 年中央"一号文件"强调"各地要切实稳定农村土地承包关系,认真开展延包后续完善工作,确保农村土地承包经营权证到户",并且首次提出"加强农村土地承包规范管理,加快建立土地承包经营权登记制度"。⑤ 2009 年中央"一号文件"进一步提出"强化对土地承包经营权的物权保护,做好集体土地所有权确权登记颁证工作,将权属落实到法定行使所有权的集体组织;稳步开展土地承包经营权登记试点,把承包地块的面积、空间位置和权属证书落实到农户"⑥,促进了土地承包经营权登记

---

① 罗必良等:《农地确权的制度含义》,中国农业出版社 2019 年版,第 1 页。

② 张莉、金江等:《农地确权促进了劳动力转移吗?——基于 CLDS 数据的实证分析》,《产业经济评论》2018 年第 5 期。

③ 全国人民代表大会常务委员会法制工作委员会编:《中华人民共和国法律汇编(2000—2004)》(下),人民出版社 2005 年版,第 797 页。

④ 韩长赋:《中国农村土地制度改革》,《农业经济问题》2019 年第 1 期。

⑤ 《中共中央国务院关于"三农"工作的一号文件汇编(1984—2014)》,人民出版社 2014 年版,第 172 页。

⑥ 《中共中央国务院关于"三农"工作的一号文件汇编(1984—2014)》,人民出版社 2014 年版,第 190 页。

试点的稳步开展。2010 年中央"一号文件"①和 2012 年中央"一号文件"②均进一步明确要求扩大"农村土地承包经营权登记试点范围"。除此之外，为有效落实中央对推进农村土地承包经营权登记工作的要求，2011 年，《国土资源部、财政部和农业部关于加快推进农村集体土地确权登记发证工作的通知》，切实推进农村集体土地确权登记发证工作。由此，农村土地承包经营权登记制度得以不断完善，通过赋予农民具有法律效力的土地产权的登记证书，给予其更加完备的土地产权保障，进一步巩固了农村土地承包关系。

二、土地承包经营权流转的继续完善

邓小平同志"两个飞跃"思想的核心就是要将规模经营和发展集体经济相结合，走社会主义农业、农村集约化道路。这是农村改革和发展的重要指导原则，也是实现农业现代化的有效途径③，而土地流转和适度规模经营是实现农业现代化的前提④。因此，促进土地流转、实现农村土地适度规模经营始终是中央政策层面所关心的内容。在"刘易斯转折点"的到来，加快推进农业现代化关键任务的阶段⑤，家庭承包经营制度的巩固发展，农村土地承包的法律法规和相关政策的健全完善为实现适度规模经营奠定了基础，但农村土地流转存在程序不规范、面临潜在风险，统一经营层次方面发挥效果不佳等问题，也对实现农村土地适度规模经营造成一定的阻碍。因此，这一阶段中央政策上不断强调农村土地适度规模经营的重要性，积极稳妥推进农村土地承包经营权流转，重

---

① 《中共中央国务院关于"三农"工作的一号文件汇编（1984—2014）》，人民出版社 2014 年版，第 212 页。

② 《中共中央国务院关于"三农"工作的一号文件汇编（1984—2014）》，人民出版社 2014 年版，第 240 页。

③ 屈冬玉：《深刻领会邓小平"两个飞跃"思想积极稳妥推进农村土地经营权流转——农村土地经营权流转机制与模式探讨》，《农业经济问题》2010 年第 4 期。

④ 北京天则经济研究所《中国土地问题》课题组、张曙光：《土地流转与农业现代化》，《管理世界》2010 年第 7 期。

⑤ 刘守英、章元：《"刘易斯转折点"的区域测度与战略选择：国家统计局 7 万户抽样农户证据》，《改革》2014 年第 5 期。

视创新农业经营方式,由此进一步推动农村土地承包经营权流转制度
的完善。

(一)农村土地适度规模经营的发展

20世纪70—80年代中期,以均田承包为主要特征的家庭联产承包
责任制有效促进了中国农业生产的迅速发展,农民收入显著提高,城乡收
入差距明显缩小。随着制度安排效应的逐渐显现,家庭经营制度带来的
农村土地细碎化问题、效益低下问题以及难以与市场接轨等问题逐渐显
露端倪,制约了农村土地配置效率和农户农业收入的提升空间,成为现代
农业发展的一大障碍。土地是农业生产的基础性要素,实现农业现代化
的首要环节就是实现农村土地适度规模经营,中央政策方面较早就体现
出对农村土地适度规模经营的关注(见表5-2)。

表5-2　2002年之前中央有关"适度规模经营"的政策一览

年份	政策文本	政策内容
1984	《中共中央关于一九八四年农村工作的通知》(1984年中央"一号文件")	鼓励土地逐步向种田能手集中
1986	《中共中央、国务院关于一九八六年农村工作的部署》(1986年中央"一号文件")	鼓励耕地向种田能手集中,发展适度规模的种植专业户
1987	《把农村改革引向深入》	从长远看,过小的经营规模会影响农业进一步提高积累水平和技术水平;应大力组织机耕、灌溉、植保、籽种等共同服务,以实现一定规模效益;对于京、津、沪郊区、苏南地区和珠江三角洲等地区,可分别选择一两个县,有计划地兴办具有适度规模的家庭农场或合作农场,也可以组织其他形式的专业承包,以便探索土地集约经营的经验
1993	《中共中央、国务院关于当前农业和农村经济发展的若干政策措施》	在少数第二、第三产业比较发达,大部分劳动力专项非农产业并有稳定收入的地方,可以从实际出发,尊重农民的意愿,对承包土地做有必要的调整,实行适度的规模经营
1993	《中共中央关于建立社会主义市场经济体制若干问题的决定》	少数经济比较发达的地方,本着群众自愿原则,可以采取转包、入股等多种形式发展适度规模经营,提高农业劳动生产率和土地生产率

21世纪初期,农村土地适度规模经营得到了进一步的重视,中央关于适度规模经营的政策也开始强调长期和自愿性,出现杜绝行政命令硬性推广以及采取多种形式实现适度规模经营的新提法。如2002年党的十六大报告指出:"有条件的地方可按照依法、自愿、有偿的原则进行土地承包经营权流转,逐步发展规模经营。"①2008年"中央一号"文件提出"在有条件的地方培育发展多种形式适度规模经营的市场环境",并且针对地方为推进农村土地适度规模经营而产生的问题做法,强调要"坚决防止和纠正强迫农民流转、通过流转改变土地农业用途等问题,依法制止乡、村组织通过'反租倒包'等形式侵犯农户土地承包经营权等行为"。②同年,党的十七届三中全会通过《中共中央关于推进农村改革发展若干重大问题的决定》,对农村土地适度规模经营提出要求,即"加强土地承包经营权流转管理和服务,建立健全土地承包经营权流转市场,按照依法自愿有偿原则,允许农民以转包、出租、互换、转让、股份合作等形式流转土地承包经营权,发展多种形式的适度规模经营"③。此后,2010年的中央"一号文件"也继续强调"在依法自愿有偿流转的基础上发展多种形式的适度规模经营"。④

（二）土地承包经营权流转的规范

自家庭联产承包责任制实行以来,农民获得了生产经营自主权。随着中国经济增长与社会发展进入工业化中期阶段和城市化加速期,越来越多的农民走出农村,融入第二、第三产业生产之中,土地流转也就应运而生。20世纪80—90年代,农村土地承包经营权流转尚且处于初步探索阶段。随着农村土地流转实践探索的逐渐深入,中央决策层越发重视土地承包经营权流转的规范化、制度化建设。

---

① 《中国共产党第十六次全国代表大会文件汇编》,人民出版社2002年版,第23页。
② 《中共中央国务院关于"三农"工作的一号文件汇编(1984—2014)》,人民出版社2014年版,第172页。
③ 《中共中央关于推进农村改革发展若干重大问题的决定》,人民出版社2008年版,第12—13页。
④ 《中共中央国务院关于"三农"工作的一号文件汇编(1984—2014)》,人民出版社2014年版,第212页。

　　2002 年,党的十六大报告指出"有条件的地方可按照依法、自愿、有偿的原则进行土地承包经营权流转,逐步发展规模经营"①。同年《农村土地承包法》颁布,专门列出土地承包经营权的流转一节,为规范农村土地承包经营权流转行为提供了法律准则,首次以法律形式允许家庭承包取得的土地承包经营权可以依法采取转包、出租、互换、转让或者其他方式流转,并明确土地承包经营权流转应遵循的原则、流转主体、流转费用、合同条款等内容。2003 年,党的十六届三中全会指出"农户在承包期内可依法、自愿、有偿流转土地承包经营权,完善流转办法,逐步发展适度规模经营"②,充分肯定了土地承包经营权流转的积极作用,并强调了土地承包经营权流转要遵循的原则。2005 年农业部下发了《农村土地承包经营权流转管理办法》,进一步详细规定了农村土地承包经营权流转的总则、流转当事人、流转方式、流转合同、流转管理等内容,明确"农村土地承包经营权流转不得改变承包土地的农业用途,流转期限不得超过承包期的剩余期限,不得损害利害关系人和农村集体经济组织的合法权益"③,有效规范了农村土地承包经营权流转行为,推动我国农村土地流转进入市场化发展阶段。2007 年《物权法》则从产权属性上将农村土地承包经营权明确为用益物权,并赋予承包经营权的承包户在保留承包经营权的前提下,可以流转土地使用权的权利④,为土地使用权流转提供了法律依据,进一步解决了农村土地使用权流转法律层面的制度障碍。随着农村土地承包经营权流转在政策制度层面的不断完善,实践中农村土地承包经营权流转逐步从沿海向内地扩展。截至 2007 年末,全国农村土地承包经营权流转总面积达 6372 万亩,占家庭承包耕地总面积

---

　　①　《中国共产党第十六次全国代表大会文件汇编》,人民出版社 2002 年版,第 23 页。

　　②　《改革开放以来历届三中全会文件汇编》,人民出版社 2013 年版,第 124 页。

　　③　中华人民共和国农业农村部:《农村土地承包经营权流转管理办法》,农业农村部网站,2005 年 3 月 20 日。

　　④　全国人民代表大会常务委员会法制工作委员会编:《中华人民共和国法律汇编(2007)》,人民出版社 2008 年版,第 22—23 页。

的 5.2%①。

此后,对农村土地流转制度改革的探索进入深化期。2008 年,中央"一号文件"提出"按照依法自愿有偿原则,健全土地承包经营权流转市场"②。党的十七届三中全会针对农村土地承包经营权流转问题,强调"加强土地承包经营权流转管理和服务,建立健全土地承包经营权流转市场,按照依法自愿有偿原则,允许农民以转包、出租、互换、转让、股份合作等形式流转土地承包经营权,发展多种形式的适度规模经营"③。2009 年中央"一号文件"强调了建立健全土地承包经营权流转市场的重要性和紧迫性。④ 2010 年的《中共中央国务院关于加大统筹城乡发展力度进一步夯实农业农村发展基础的若干意见》则对土地承包经营权权能实现途径和流转规范问题做了更详细的规定。⑤ 与此同时,各地推动农村土地流转的改革也风起云涌,全国大约有 20 多个省、自治区、直辖市颁布了有关推进农村土地承包经营权流转的文件,各地也制定了推进农村土地承包经营权流转的多种举措,并成立农村土地流转工作领导机构,加强对土地流转工作的领导。通过积极创新土地流转方式,农村土地流转制度逐渐完善,土地承包经营权流转也进入加速发展期⑥。

(三)农村统一经营方式的创新

在中央层面始终重视农村土地适度规模经营以及农村土地流转进入

---

① 陈晓华:《切实加强农村土地承包经营权流转管理和服务》,《农村经营管理》2009 年第 1 期。

② 《中共中央国务院关于"三农"工作的一号文件汇编(1984—2014)》,人民出版社 2014 年版,第 172 页。

③ 《中共中央关于推进农村改革发展若干重大问题的决定》,人民出版社 2008 年版,第 12—13 页。

④ 《中共中央国务院关于"三农"工作的一号文件汇编(1984—2014)》,人民出版社 2014 年版,第 190—191 页。

⑤ 《中共中央国务院关于加大统筹城乡发展力度进一步夯实农业农村发展基础的若干意见》,人民出版社 2009 年版,第 16—17 页。

⑥ 刘润秋:《十七届三中全会以来我国农村土地流转现状评估》,《学术评论》2012 年第 1 期。

加速发展阶段的背景下,如何充分发挥统一经营层次的重要作用成为一个重大而紧迫的问题①,这对农业经营方式的创新提出了新要求。

2002 年,第九届全国人大常委会第三十一次会议对《中华人民共和国农业法》进行了修改,对"土地承包经营制度""农村集体经济组织""各类专业合作经济组织"以及"农业产业化经营""农产品行业协会"等制度在农业生产经营体制中的地位与作用内容进行了补充,赋予了"有统有分、统分结合"的双层经营体制新内涵②。随后,2004—2007 年,中央采取了以下创新统一经营的思路,即一方面通过农民合作组织为农民提供生产服务,将其培育为现代农业的新型农业经营主体,提高农业的产业化程度,让农民从产业化经营中得到更多实惠;另一方面对深化农业科技推广体系改革和建设作出部署,提出通过公益性服务与经营性服务相结合的方法,完善农技推广的社会化服务机制。③ 2006 年 10 月 31 日,第十届全国人民代表大会常务委员会第二十四次会议正式通过《中华人民共和国农民专业合作社法》,明确规定农民专业合作社的设立和登记、成员、组织机构、财务管理、合并、分立、解散和清算、扶持政策以及法律责任等内容,为促进统一经营提供法律支撑。④

2008—2012 年,中央以连续以"一号文件"形式对统一经营层次的改革与完善作出相关规定,明确要求加大对农业专业合作社的扶持工作,从财政、金融、登记等方面向其倾斜,不断培育和壮大农民专业合作社等新型农业经营主体的发展,更加关注统一经营中的集体经济组织的有效实现形式,尤其强调壮大集体经济组织的实力是其为农民提供服务的前提条件,并且拓展了社会化服务的内容,将服务内容涵盖农业产前、产中、产

---

① 王骏、刘畅:《我国农村基本经营制度的历史进程与基本启示》,《农村经济》2018 年第 3 期。

② 全国人民代表大会常务委员会法制工作委员会编:《中华人民共和国法律汇编 (1954—2004)》,人民出版社 2004 年版,第 464—471 页。

③ 蒋永穆等:《中国农业改革四十年:回顾与经验》,四川大学出版社 2018 年版,第 87 页。

④ 全国人民代表大会常务委员会法制工作委员会编:《中华人民共和国法律汇编 (2005—2009)》(上册),人民出版社 2010 年版,第 420—433 页。

后环境,关注新型服务主体的培育①。

三、农村集体建设用地制度的深入探索

在社会主义市场经济体制建立初期,针对农村建设用地制度改革已积累一定经验,而到了社会主义市场经济体制完善时期,农村集体建设用地制度改革方面创新地提出了城乡建设用地增减挂钩制度,集体建设用地使用权流转也进入深化阶段。同时,面对实践中日益严峻的"小产权房"问题以及各地出现较为严重的农村宅基地的闲置浪费现象,农村宅基地管理制度也继续不断完善。

（一）农村集体建设用地流转的深入探索

1. 城乡建设用地增减挂钩的探索

随着 2000 年左右集体建设用地流转试点的推进,以及国土资源部的数次"土地制度创新座谈会"的召开,农村集体建设用地制度改革进入深入探索阶段。2004 年 10 月,自《国务院关于深化改革严格土地管理的决定》提出"鼓励农村建设用地整理,城镇建设用地增加要与农村建设用地减少相挂钩",由此正式提出"城乡建设用地增减挂钩"的要求,同时,明确规定"在符合规划的前提下,村庄、集镇、建制镇中农民集体所有建设用地使用权可以依法流转",为集体建设用地流转提供了有利的政策保障②。至此,新一阶段农村集体建设用地制度改革主要围绕"建设用地增减挂钩"和"建设用地使用权流转"两个方面开展。

"城乡建设用地增减挂钩"探索方面,《国务院关于深化改革严格土地管理的决定》发布后,2005—2008 年"建设用地增减挂钩"进入试点探索阶段,相关政策内容按照"提出开展改革试点—划定试点地区—明确试点开展办法"的方式不断完善(见表 5-3)。

---

① 蒋永穆等:《中国农业改革四十年:回顾与经验》,四川大学出版社 2018 年版,第 87—88 页。

② 中共中央文献研究室编:《十六大以来重要文献选编》(中),中央文献出版社 2006 年版,第 405 页。

表5-3　城乡建设用地增减挂钩试点探索阶段相关政策一览表

年份	政策文件名	具体内容
2005	《关于规范城镇建设用地增加与农村建设用地减少相挂钩试点工作的意见》	提出开展"增减挂钩"试点,明确了增减挂钩试点的工作基本要求、项目管理、相关配套政策等,进一步落实了"建设用地增减挂钩"试点探索
2006	《关于坚持依法依规管理节约集约用地支持社会主义新农村建设的通知》	强调"稳步推进城镇建设用地增加和农村建设用地减少相挂钩试点"
2006	《关于天津等五省(市)城镇建设用地增加与农村建设用地减少相挂钩第一批试点的批复》	国土资源部批复在津、苏、鲁、鄂、川5个省(市)开展第一批"挂钩"试点探索
2007	《关于进一步规范城乡建设用地增减挂钩试点工作的通知》	明确建设用地增减挂钩工作指导原则,并强调突出规划引导,严格管控试点范围和规模,促进试点工作有序开展,强调尊重并保障农民意愿和权益
2008	《城乡建设用地增减挂钩试点管理办法》	从工作原则、政策指导、监督检查、管理方式等方面进一步规范挂钩试点工作,并且明确了挂钩的内涵,还规定挂钩试点工作必须经国土资源部批准,未经批准不得自行开展试点工作

随后"建设用地增减挂钩试点"进入反思与整治阶段。2010年《国务院关于严格规范城乡建设用地增加挂钩试点　切实做好农村土地整治工作的通知》,要求严格规范增减挂钩试点,"坚决扭转片面追求城镇建设用地指标的倾向""坚决制止以各种名义擅自开展土地置换等行为""严禁突破挂钩周转指标""严禁盲目大拆大建和强迫农民住高楼""严禁侵害农民利益"[①]。针对试点范围被擅自扩大,挂钩周转质变,使用收益分配不合理,违背农民意愿,侵害农民利益等问题,国土资源部也在2011年开展了"挂钩"试点的专项突击检查。

2. 集体建设用地使用权流转的进一步探索

"集体建设用地使用权流转"探索方面,基于上一阶段"集体建设用地使用权流转"试点的探索,以及已有相关政策的有力支持,集体建设用

---

① 国务院:《国务院关于严格规范城乡建设用地增减挂钩试点切实做好农村土地整治工作的通知》,中国政府网,2010年12月27日。

地使用权流转试点政策进一步得到推广和完善。2005年10月，广东省根据集体建设用地流转的实际情况，颁布《广东省集体建设用地使用权流转管理办法》①，界定了集体建设用地使用权出让、出租、转让、转租和抵押的内涵，明确除了不符合规划、权属存在争议、土地权利受限制以及村民住宅用地以外，其余集体建设用地使用权可以出让、出租、转让、转租和抵押，并对土地收益分配进行了规定。重庆市和成都市被确定为全国统筹城乡综合改革配套试验区后，也针对集体建设用地制度改革进行了创新探索。重庆市在控制城乡建设用地总规模的前提下，通过创新建设用地挂钩指标交易，推动"城乡建设用地增减挂钩"，逐步建立了城乡统一的建设用地市场。成都市则针对集体建设用地流转构建起相应的政策配套体系，确定具体交易方式规则等，并建立了交易平台，大大推动了集体建设用地流转的进程。在地方试点有序推动的同时，中央层面对"集体建设用地使用权流转"的政策也在进一步完善。

随后，2006年3月，出台了《国土资源部关于坚持依法依规管理节约集约用地支持社会主义新农村建设的通知》，针对集体非农建设用地使用权流转试点工作的推进，要求"不断总结试点经验，及时加以规范完善"。② 2008年党的十七届三中全会通过《中共中央关于推进农村改革发展若干重大问题的决定》，首次提出"逐步建立城乡统一的建设用地市场"，明确"对依法取得的农村集体经营性建设用地，必须通过统一有形的土地市场、以公开规范的方式转让土地使用权，在符合规划的前提下与国有土地享有平等权益"。③ 这一文件赋予了集体经营性建设用地在城乡建设用地市场上的平等产权主体地位④，为我国城乡建设用地市场由割裂走向统一，以及最终实现"集体土地与国有土地同地、同价、同权"提

---

① 广东省人民政府办公厅：《广东省集体建设用地使用权流转管理办法》，广东省人民政府门户网站，2005年6月23日。

② 国土资源部：《关于坚持依法依规管理节约集约用地支持社会主义新农村建设的通知》，自然资源部门户网站，2006年3月27日。

③ 《改革开放以来历届三中全会文件汇编》，人民出版社2013年版，第152—153页。

④ 王新军、张凤娥、王学斌：《城乡建设用地市场一体化进程回顾与展望》，《城乡规划》2018年第2期。

供了政策空间,也为推进相关领域的改革指明了方向。①

(二)农村宅基地制度改革的深入探索

进入社会主义市场经济体制完善时期的宅基地管理制度的探索,一方面是针对出现的"小产权房"现象进一步进行严格管控,另一方面则是针对提高宅基地利用效率做进一步规定。

1. 针对"小产权房"问题的宅基地管理探索

在"小产权房"现实问题突出的背景下,2004年《国务院关于深化改革严格土地管理的决定》提出:"改革和完善宅基地审批制度,加强农村宅基地管理,禁止城镇居民在农村购置宅基地。"②同年11月,原国土资源部《关于加强农村宅基地管理的意见》则进一步强调严禁城镇居民在农村购置宅基地,强调严禁为城镇居民在农村购买和违法建造的住宅发放土地使用证③。2007年12月《国务院办公厅关于严格执行有关农村集体建设用地法律和政策的通知》再次提出"农村住宅用地只能分配给本村村民,城镇居民不得到农村购买宅基地、农民住宅或'小产权房'。单位和个人不得非法租用、占用农民集体所有土地搞房地产开发",强调"农村村民出卖、出租住房后,再申请宅基地的,不予批准"。④ 2007年,《物权法》则以基本法的形式对宅基地进行了规定,确立了宅基地使用权的用益物权性质,但并未赋予宅基地收益权。虽然国家三令五申对宅基地流转进行限制,对"小产权房"予以严禁,但是隐性的农村宅基地使用权流转市场依旧屡禁不止,甚至愈演愈烈。据国土部门不完全统计,截至2007年上半年,全国"小产权房"面积已经达到66亿平方米,占全国村镇房屋建筑面积的20%以上,以农民先在宅基地上建房然后

---

① 张合林、贾晶晶:《我国城乡统一建设用地市场构建及配套政策研究》,《地域开发与研究》2013年第5期。
② 中共中央文献研究室编:《十六大以来重要文献选编》(中),中央文献出版社2006年版,第405页。
③ 《关于加强农村宅基地管理的意见》,《中国国土资源报》2004年11月15日。
④ 国务院办公厅:《国务院办公厅关于严格执行有关农村集体建设用地法律和政策的通知》,中国政府网,2007年12月30日。

出售的类型为主①。可以看出，这一阶段宅基地制度改革未正面回应农民对宅基地流转的诉求，未根本地解决"小产权房"问题。

2. 关于多占超占与闲置浪费问题的宅基地管理探索

在宅基地多占超占以及宅基地闲置浪费的背景下，宅基地制度改革始终强调"一户一宅"的原则，提出按照地区具体情况完善人均住宅面积相关标准来控制农民超标建房，要求对多占超占宅基地进行清理，推进空心村改造，以给予适当奖励的方式鼓励宅基地退出，退出的宅基地可复垦为耕地或调剂为建设用地，明确从规划指引、宅基地分配、审批、确权发证等方面完善宅基地管理制度，相关政策内容梳理如表5-4所示。

表5-4　宅基地退出相关政策一览表

年份	政策文本	政策内容
2004	《国务院关于深化改革严格土地管理的决定》	对"一户多宅"和空置住宅，各地要制定激励措施，鼓励农民腾退多余宅基地。凡新建住宅后应退出旧宅基地的，要采取签订合同等措施，确保按期拆除旧房，交出旧宅基地
2007	《国务院办公厅关于严格执行有关农村集体建设用地法律和政策的通知》	强调"农村村民一户只能拥有一处宅基地，其面积不得超过省、自治区、直辖市规定的标准"
2008	《国务院关于促进节约集约用地的通知》	对村民自愿腾退宅基地或符合宅基地申请条件购买空闲住宅的，当地政府可给予奖励或补助；严格执行农村一户一宅政策，各地要结合本地实际完善人均住宅面积等相关标准，控制农民超用地标准建房，逐步清理历史遗留的一户多宅问题，坚决防止产生超面积占用宅基地和新的一户多宅现象
2008	《中共中央关于推进农村改革发展若干重大问题的决定》	完善农村宅基地制度，严格宅基地管理，依法保障农户宅基地用益物权；农村宅基地和村庄整理所节约的土地，首先要复垦为耕地，调剂为建设用地的必须符合土地利用规划、纳入年度建设用地计划，并优先满足集体建设用地

---

① 季雪：《"小产权房"的问题、成因及对策建议——基于对北京地区实情的考察》，《中央财经大学学报》2009年第7期。

续表

年份	政策文本	政策内容
2010	《国土资源部关于进一步完善农村宅基地管理制度切实维护农民权益的通知》	强调加强规划计划控制引导,合理确定村庄宅基地用地布局规模;从面积标准、宅基地分配、宅基地审批程序、宅基地取得权维护、宅基地确权登记发证方面提出完善宅基地管理制度,从严控总量盘活存量、引导居住适度集中、推进"空心村"治理和旧村改造方面提出探索宅基地管理新机制,并提出了宅基地管理新秩序等进行规定

四、其他农村土地制度的新变化

随着社会主义市场经济体制的不断完善,社会经济发展形势发生了显著变化。一是随着工业化、城镇化的快速推进,经济发展对大量建设用地的需求和耕地保护之间矛盾越发严峻,实行最严格的耕地保护制度迫在眉睫;二是过去征地制度的特殊安排,保障了城市发展建设的用地需求,但也剥夺了农民应享有的土地增值收益,带来了社会隐性风险和征地冲突问题,改革征地制度势在必行。由此,进入社会主义市场经济体制完善时期耕地保护制度和农村土地征收制度改革都出现了明显变化,改革力度大幅提升。

(一)实行最严格的耕地保护制度

在我国耕地资源总量多、人均耕地面积少,耕地后备资源少、高质量耕地数量少的现实背景下,耕地保护在我国土地资源管理事业上显得尤为重要。

事实上,早在20世纪80年代,耕地保护制度就进入了初步探索阶段。1981年的《政府工作报告》明确提出"十分珍惜每寸土地,合理利用每寸土地",《国务院关于制止农村建房侵占耕地的紧急通知》则提出耕地保护概念①。此后,1982年、1983年的中央"一号文件"也均对保护耕地进行强调,而1986年《中共中央、国务院关于加强土地管理、制止乱占耕地的通知》更是将"十分珍惜和合理利用每寸土地,切实保护耕地"明

---

① 国务院法制局编:《中华人民共和国现行法规汇编(1949—1985)农林卷》,人民出版社1987年版,第80—81页。

243

确为我国必须长期坚持的一项基本国策①。

20世纪90年代，中央在政策法规层面继续强调耕地保护问题，如1997年《中共中央、国务院关于进一步加强土地管理切实保护耕地的通知》指出"土地管理和耕地保护是事关全国大局和中华民族子孙后代的大问题，必须采取严格措施，认真贯彻'十分珍惜和合理利用每一寸土地，切实保护耕地'的基本国策，扭转在人口继续增加情况下耕地大量减少的失衡趋势"②。1998年修订的《土地管理法》则更是以独立的章节规定了耕地占补平衡、基本农田保护、土地利用规划和土地开发整理等内容，突出了耕地保护的重要性，被广泛称为耕地保护法。除此之外，1998年《基本农田保护条例》，明确规定基本农田保护区经依法划定后，任何单位和个人不得改变和占用，进一步加深了对耕地保护的强度。国土资源部也相继下发了《关于切实做好耕地占补平衡工作的通知》《关于查处土地违法行为如何适用〈土地管理法〉有关问题的通知》《关于加强土地违法案件查处工作的通知》《关于认真贯彻执行〈基本农田保护条例〉进一步做好基本农田保护工作的通知》《关于进一步加强和改进耕地占补平衡工作的通知》等相关文件，针对新修订的《土地管理法》的适用、加大土地违法案件查处力度、加强基本农田保护等内容进行规定，进一步深化了耕地保护制度改革。

进入21世纪以后，随着工业化和城镇化进程的不断加快，以及"西部大开发"战略的提出，全国掀起了一阵"用地热"，耕地保护形势更加紧张。2003年耕地保护形势尤为严峻，7月国务院连续下发《国务院办公厅关于暂停审批各类开发区的紧急通知》和《国务院办公厅关于清理整顿各类开发区加强建设用地管理的通知》，提出要严肃追究和突击审批设立开发区的有关行政领导及当事人责任，10月，党的十六届三中全会

---

① 中共中央文献研究室、国务院发展研究中心编：《新时期农业和农村工作重要文献选编》，中央文献出版社1992年版，第394页。

② 国土资源部、中共中央文献研究室编：《国土资源保护与利用文献选编（一九七九—二〇〇二年）》，中央文献出版社2003年版，第165页。

提出中国要实行最严格的耕地保护制度①，而后 2004 年《国务院关于深化改革严格土地管理的决定》也进一步指出"实行最严格的土地管理制度，是由我国人多地少的国情决定的，也是贯彻落实科学发展观，保证经济社会可持续发展的必然要求"②，耕地保护的重要性被进一步提升。随后，国土资源部也进一步下发各类完善耕地保护的相关政策文件，包括《关于开展补充耕地数量质量实行按等级折算基础工作的通知》《关于进一步做好基本农田保护有关工作的意见》《关于规范城镇建设用地增加与农村建设用地减少相挂钩试点工作的意见》以及《查处土地违法行为立案标准》等，进一步强调并规范耕地保护。国务院出台《省级政府耕地保护责任目标考核办法》，提出耕地保护实行省长负责制，并实行土地督察制度，严格督察破坏耕地等土地违法行为。

2007 年《政府工作报告》明确宣布 18 亿亩耕地是不可逾越的红线③，并进一步强调了耕地保护底线的重要性。此后，2008—2010 年中央"一号文件"主要强调耕地保护责任制的严格落实，2012 年中央"一号文件"则提出了启动耕地保护补偿试点，进一步完善了耕地保护制度。除此之外，面对耕地保护和经济增长的双重压力，国土资源部在 2009 年、2010 年也分别开展了"双保行动"（保增长、保红线行动）和"双保工程"（保经济增长、保耕地红线工程）。

可以说，从 2004 年开始，我国的耕地保护政策进入了完善强化时期，实行最严格的耕地保护制度表明了中央对耕地保护的决心和毅力，18 亿亩耕地保护红线成为自上而下必须严格守住的底线。这一阶段最严格的耕地保护制度也呈现强调规范耕地征用预审和审批管理，重视耕地保护政策与税费政策之间的互动性，重视耕地质量和耕地生态管控的特点④。

---

①　《改革开放以来历届三中全会文件汇编》，人民出版社 2013 年版，第 124 页。

②　中共中央文献研究室编：《十六大以来重要文献选编》（中），中央文献出版社 2006 年版，第 402 页。

③　全国人民代表大会常务委员会办公厅：《中华人民共和国第十届全国人民代表大会第五次会议文件汇编》，人民出版社 2007 年版，第 19 页。

④　刘丹、巩前文、杨文杰：《改革开放 40 年来中国耕地保护政策演变及优化路径》，《中国农村经济》2018 年第 12 期。

（二）土地征收制度的改革探索

新中国成立初期,计划经济体制下以优先发展重工业为目标的赶超战略,在保障工业发展的低成本发展下,形成了"高强制、低补偿"的征地制度。1997 年 8 月国家土地管理局提交了《关于报送〈中华人民共和国土地管理法（修订草案）〉》,提议土地征用制度应做以下几个方面重大改革——界定土地征收范围,征地批准权集中在中央和省两级,改革传统征地补偿安置方式,加强征地过程中的农民司法救济手段。然而,1998 年修订的《土地管理法》却并未完全采纳,"高强制、低补偿"的传统征地制度仍然延续①。除此之外,1998 年修订的《土地管理法》第四十三条明确规定"任何单位和个人进行建设,需要使用土地的,必须依法申请使用国有土地",第六十三条也明确规定"农民集体所有的土地的使用权不得出让、转让或者出租用于非农业建设"②。在 1998 年修订的《土地管理法》在征地制度安排上仍存在不完善的地方,以及城镇化和工业化加速阶段的 21 世纪之际,大量农村土地通过征收转化为非农建设用地,年均征地面积数量剧增、征地冲突爆发、农民土地纠纷成为农民维权焦点的背景下,征地制度针对征地范围、征地补偿等开始新一轮的改革。

2004 年 3 月,第十届全国人大第二次会议审议通过了宪法修正案,修正后的《中华人民共和国宪法》（以下简称《宪法》）第十条第三款修改为"国家为了公共利益的需要,可以依照法律规定对土地实行征收或征用并给予补偿"③,这是宪法第一次明确规定征收土地须给予补偿。同年《土地管理法》也根据宪法进行修改,明确了土地"征收"和"征用"概念,将原条款中的"国家为了公共利益的需要,可以依法对集体所有的土地实行征用"改为"国家为了公共利益的需要,可以依法对土地实行征收或

---

① 丰雷、张清勇:《20 世纪 90 年代中后期以来的征地制度变迁——兼论 1998 年〈土地管理法〉修订的影响》,《公共管理与政策评论》2020 年第 2 期。

② 全国人民代表大会常务委员会法制工作委员会编:《中华人民共和国法律汇编（1998）》,人民出版社 1999 年版,第 91 页。

③ 全国人民代表大会常务委员会法制工作委员会编:《中华人民共和国法律汇编（2004）》,人民出版社 2004 年版,第 47 页。

者征用并给予补偿"①,一定程度上缩小了征地范围。党的十六届三中全会《中共中央关于完善社会主义市场经济体制若干问题的决定》提出"按照保障农民权益、控制征地规模的原则,改革征地制度,完善征地程序。严格界定公益性和经营性建设用地,征地时必须符合土地利用总体规划和用途管制,及时给予农民合理补偿"②,明晰了改革征地制度的要求。

2004年10月,《国务院关于深化改革严格土地管理的决定》在完善征地补偿办法方面创新地提出"被征地农民生活水平不因征地而降低",要求"妥善安置被征地农民""使被征地农民的长远生计有保障",并对健全征地程序和加强征地实施过程监管进行了规定③。为贯彻这一决定,同年11月,国土资源部发布《关于完善征地补偿安置制度的指导意见》再次强调要保障被征地农民生活水平不降低,提出按法定的统一年产值倍数计算的征地补偿安置费用,按30倍计算土地补偿费和安置补助费,不足以支付因征地而导致无地农民社会保障费用的,以及尚不足以使被征地农民保持原有生活水平的情况,经省级人民政府批准应当提高倍数,由当地人民政府统筹安排,从国有土地有偿使用收益中划出一定比例给予补贴,而经依法批准占用基本农田的,征地补偿按当地人民政府公布的最高补偿标准执行。除此之外,还提出了要考虑地类、产值、土地区位、农用地等级、人均耕地数量、土地供求关系、当地经济发展水平和城镇居民最低生活保障水平等因素的要求制订区片综合地价。可以说,国务院和国土资源部这两个文件在土地征收补偿方面取得了相当的进展,但其形式仅是政策文件而未上升到法律法规层面,且内容尚不够明确,加上土地征收及其补偿牵涉的利益较为复杂,因此,实施效果仍较为有限。

2005年,《中共中央关于制定国民经济和社会发展第十一个五年规划的建议》明确提出"加快征地制度改革,健全对被征地农民的合理补偿

---

① 全国人民代表大会常务委员会法制工作委员会编:《中华人民共和国法律汇编(2004)》,人民出版社2004年版,第358页。
② 《改革开放以来历届三中全会文件汇编》,人民出版社2013年版,第124页。
③ 中共中央文献研究室编:《十六大以来重要文献选编》(中),中央文献出版社2006年版,第406—407页。

机制""建立健全与城镇化健康发展相适应的财税、征地、行政管理和公共服务等制度"的要求①。2006 年，《中共中央关于构建社会主义和谐社会若干重大问题的决定》提出"从严控制征地规模，加快征地制度改革，提高补偿标准，探索确保农民现实利益和长期稳定收益的有效办法，解决好被征地农民的就业和社会保障"②。这些文件都充分表明了中央层面对征地制度改革的重视程度。2007 年，《物权法》第 42 条第 2 款明确要求"足额支付"土地征收补偿，并以法律形式将被征地农民的社会保障问题纳入土地征收补偿范畴内，体现了对农民合法权益的关注。2008 年，党的十七届三中全会继续针对征地制度改革提出要求，明确要"严格界定公益性和经营性建设用地，逐步缩小征地范围，完善征地补偿机制"③。2010 年，《中共中央关于制定国民经济和社会发展第十二个五年规划的建议》则以更高视角提出："按照节约用地、保障农民权益的要求推进征地制度改革，积极稳妥推进农村土地整治，完善农村集体经营性建设用地流转和宅基地管理机制。"④

总的来讲，"高强制、低补偿"征地制度为推动城镇化发展提供了充足的动力，但也损害了农民利益。自进入 20 世纪以来，面临征地面积大幅增加、征地矛盾冲突爆发的严峻形势，征地制度改革围绕着缩小征地范围和完善征地补偿开始有了突破探索。

五、基本特点与主要成就

社会主义市场经济体制完善时期，党领导的农村土地制度变革通过"还权赋能"不断完善农村土地产权制度，并针对土地管理亟须解决的现实问题，以试点先行的方式开启了土地制度的全面变革。在城镇化、工业化快速推进的背景下，这一时期的制度变革促进了农村土地流转率的显

---

① 中共中央文献研究室编：《十六大以来重要文献选编》（中），中央文献出版社 2006 年版，第 1067—1072 页。
② 《改革开放三十年重要文献选编》（下），中央文献出版社 2008 年版，第 1645 页。
③ 《改革开放以来历届三中全会文件汇编》，人民出版社 2013 年版，第 153 页。
④ 中共中央文献研究室编：《十七大以来重要文献选编》（中），中央文献出版社 2011 年版，第 980 页。

著提升,农业生产规模扩大和农业生产效率的有效提高,也守住了耕地保护红线和粮食安全底线。

(一)基本特点

这一阶段中国共产党领导的农村土地制度变革仍以完善农村土地产权制度为核心,在社会主义市场经济体制建立初期的土地制度改革经验基础上,根据社会经济发展形势变化,开启了土地制度的全面探索,具体呈现出以下特点。

其一,不断完善还权赋能的农村土地产权制度。要解决土地问题首先要明晰土地产权,进入社会主义市场经济体制完善时期,以"还权赋能"为核心的农村土地确权颁证的实施,进一步明确了农村各类产权权属、赋予了农民真正意义上的财产权益、夯实了集体经济组织成员从身份权向财产权转变的制度基础,通过土地产权证书的颁发保障了农民的"排他性"土地财产权利,进一步扫清农村土地流转和农业规模化经营的土地产权制度安排障碍。

其二,根据社会经济发展动态推进土地制度全面改革。土地是重要的生产要素,土地制度安排必须要顺应社会经济发展客观需要,以保障中国改革发展全局和现代化事业建设的顺利进行。进入社会主义市场经济体制完善时期,我国的社会经济发展形势有了明显变化,随着城镇化、工业化的高速发展,耕地保护形势越发严峻、农村宅基地多占超占、闲置浪费问题严重,"高强制、低补偿"的征地制度引起的农村农民发展利益严重受损、城乡收入差距不断扩大等,对土地制度改革提出了新要求。在现实问题的紧逼之下,农村土地制度改革进入了全面探索阶段,耕地保护制度上升到"最严格"层次,在政策文件中不断强调征地制度改革、集体建设用地制度改革、宅基地制度改革的内容,而地方实践中也形成了大量的改革经验,为新一阶段农村土地制度改革奠定了重要基础。

其三,推广试点先行的农村土地制度改革方式。进入社会主义市场经济体制完善时期以来,"政策先开口、试点做探索"的土地制度改革方式越发完善,成为党领导的农村土地制度改革普遍采用的手段。无论是土地承包经营权流转制度改革,还是承包地确权登记颁证、城乡建设用地增减挂钩、集体建设用地使用权流转的改革，都是在中央层面先明确改革目标要求的基础上，通过确定改革试点，由试点地区的深入实践探索并总结相应经验，以"顶层设计"加"摸着石头过河"的方式探索土地制度改革的有效路径，由此确保了农村土地制度改革平稳有序持续推进。

（二）主要成就

2002—2012年，在城镇化、工业化的快速推进下，社会经济发展形势出现了新变化，党领导的农村土地制度变革主要取得了以下成就。

第一，农村土地流转逐渐规范，土地流转率显著提升。进入社会主义市场经济体制完善时期，随着城镇化、工业化的快速推进，大量农村剩余劳动力向城市转移，对农村土地流转提出了需求，为实现农业适度规模经营带来了契机。这一阶段党领导的农村土地制度改革对土地流转进行了规范完善，保障了农民在土地流转中的主体地位，确保农民有权依法自主决定承包地是否流转和流转的形式，由此解决了农民的后顾之忧，农村土地流转面积逐步扩大、流转比例逐步提升，2012年土地流转面积已占到家庭承包面积的21.5%（见图5-9）。

第二，农业经营规模不断提升，生产效率有所提高。进入社会经济体制完善时期以来，随着土地承包关系的稳定强化，农村土地确权登记制度的推行，以及土地承包经营权流转不断规范化，使土地流转率稳步提升，由此又进一步促进了农业经营规模的扩大。2003—2012年，农村居民家庭经营耕地面积保持在2亩/人的水平之上，并始终稳步提升。同时，随着农业生产规模的逐渐扩大，劳动生产率也有所提升，以粮食生产为例，劳均粮食产量在2003—2012年呈稳定增长态势，其中，2011年劳均粮食产量已突破2000公斤/人（见图5-10）。

第三，耕地数量基本稳定，粮食安全得到保障。耕地资源是粮食生产的基本保障，耕地资源安全是粮食安全的关键，耕地保护是关系国计民生的头等大事。进入社会主义市场经济体制完善时期以来，在推动城市建设发展与耕地保护的复杂矛盾之下，中央越发重视和强调耕地保护问题，通过重新修改《土地管理法》、划定18亿亩耕地红线、实行最严格的耕地保护制度等一系列方针政策，不断完善我国的耕地保护制度。2002—

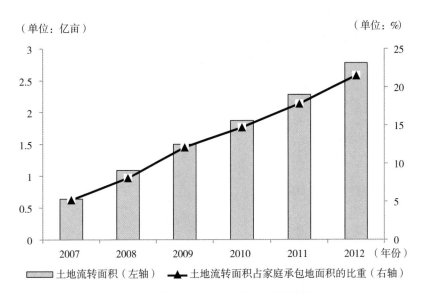

图 5-9　2007—2012 年全国土地流转情况

资料来源：土流网网站，见 https://www.tuliu.com/data/nationalprogress.html。

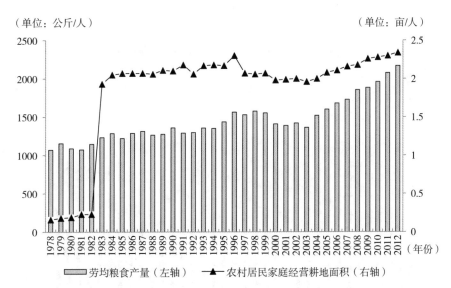

图 5-10　1978—2012 年农村居民家庭经营耕地面积与劳均粮食产量情况

资料来源：国家统计局网站，见 http://data.stats.gov.cn/easyquery.htm？cn=C01。

2012 年,整体上呈现年均耕地减少量有所缩减的趋势,耕地保有成就突出,各年份年末耕地数量始终在 18 亿亩耕地红线以上(见图 5-11)。2003—2012 年,人均粮食产量呈持续增长趋势,粮食安全得到了有效保障(见图 5-12)。

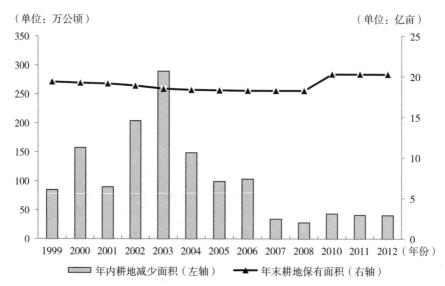

图 5-11　1999—2012 年全国年内耕地减少与年末耕地保有面积情况

资料来源:2005—2013《国土资源统计年鉴》。

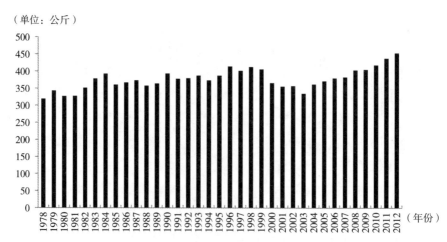

图 5-12　1978—2012 年全国人均粮食产量情况

资料来源:国家统计局网站,见 http://data.stats.gov.cn/easyquery.htm? cn＝C01。

第六章　中国特色社会主义新时代党领导的农村土地制度变革

　　"巩固和完善农村基本经营制度,深化农村土地制度改革,完善承包地'三权分置'制度。保持土地承包关系稳定并长久不变,第二轮土地承包到期后再延长三十年。深化农村集体产权制度改革,保障农民财产权益,壮大集体经济。"①

——习近平:《决胜全面建成小康社会　夺取新时代
中国特色社会主义伟大胜利——在中国共产党
第十九次全国代表大会上的报告》(2017 年 10 月
18 日)

　　"新时代推进农村土地制度改革,要坚持把依法维护农民权益作为出发点和落脚点,坚持农村土地农民集体所有制不动摇,坚持家庭承包经营基础性地位不动摇。要运用农村承包地确权登记颁证成果,扎实推进第二轮土地承包到期后再延长 30 年工作,保持农村土地承包关系稳定并长久不变。"②

——习近平对新时代推进农村土地制度改革、做好农
村承包地管理工作作出的重要指示(2020 年 11
月 3 日)

---

　　①　《习近平谈治国理政》(第三卷),外文出版社 2020 年版,第 25 页。
　　②　《习近平对推进农村土地制度改革、做好农村承包地管理工作作出重要指示强调　坚持把依法维护农民权益作为出发点和落脚点　扎实推进第二轮土地承包到期后再延长 30 年工作　使农村基本经营制度始终充满活力》,《人民日报》2020 年 11 月 3 日。

进入中国特色社会主义新时代以来,农村土地问题仍是农村发展的基础性问题,农村土地制度的变革完善对农村发展仍然至关重要。深化农村土地制度改革,是党的十八大以来以习近平同志为核心的党中央用新理念新战略,解决"三农"发展新变化、新矛盾、新问题的重要举措,是中国特色社会主义新时代深化农村改革的核心内容。[①] 新时代以来的这十年,农村土地制度变革总体上以进一步分解和细分产权、认定土地产权经济职能、继续细化土地产权市场化运作规则、加强对农民权益的保障等。在前一阶段的政策及实践探索的基础上,中国共产党进一步领导和推进了农村承包地与农村宅基地的"三权分置"改革。与此同时,随着农村土地征收、集体经营性建设用地入市以及宅基地等制度改革的同步推进,以及相关土地法律法规的修订与完善,党领导的农村土地制度变革基本进入新阶段,综合协同的改革格局逐渐形成。

第一节　中国特色社会主义新时代党领导
农村土地制度变革的时代背景

中国特色社会主义新时代下经济社会的进一步发展,加剧了我国农村劳动力的社会流动。原本以"两权分离"为特征的农村土地制度安排,逐渐产生一些与现实生产力发展不相适应的矛盾冲突,农用地和建设用地的开发利用效率也面临瓶颈。而这一系列的形势变化,也对党领导的农村土地制度变革提出了新的挑战。

一、适应工业化与城镇化发展要素流动的需要

随着工业化和城镇化的深入推进,与原有制度安排相契合的社会经济环境发生了改变,农村土地承包主体与经营主体正在逐渐分离。2013年,《中共中央　国务院关于加快发展现代农业进一步增强农村发展活

---

① 中央党史和文献研究院机构改革小组科研管理组编:《2016 年度文献研究个人课题成果集》(上),中央文献出版社 2016 年版,第 10 页。

力的若干意见》一文指出,我国正面临着"农村社会结构加速转型……农村劳动力大量流动,农户兼业化、村庄空心化、人口老龄化趋势明显……农业资源要素流失加快"的形势。①

　　农村人口流动带动了就业结构、就业地点的变化,为农村土地流转创造了条件。对于农村土地流转的大规模发生,2014 年 12 月,李克强总理在中央农村工作会议上的讲话指出,"现在农村已有二亿六千万人转移到城镇,还将有大量农村人口转移出去。这些人特别是长期在城镇就业或已落户的农民工,有的无力或不愿意再经营承包地,希望进行有偿流转……各地要正确理解和贯彻中央精神,积极引导、做好服务"②。相关数据显示,2013 年全国农民工人数为 2.69 亿人,其中外出农民工达到 1.66 亿人,在外出农民工中有 3400 多万人是举家外出。③ 据农业农村部统计,截至 2018 年年底,全国农村土地流转面积达 5.4 亿亩,占承包耕地面积的 40.33%。④ 随着流转规模的不断扩大(见表 6-1),建立在原有农户联产承包经营基础上的土地产权关系发生了实际上的分化。承包经营权在农村土地流转过程中,渐渐地分化为农村土地实际经营者的经营权和集体农户的承包权。并且随着农村土地流转规模的扩大,承包地经营权也在农村土地产权关系的实际调整中实现了动态稳定。⑤ 2013 年,党在农业农村工作的总体要求中,明确提出要"加大农村改革力度………着力构建集约化、专业化、组织化、社会化相结合的新型农业经营体系"⑥。构建新型农业经营体系的重要内涵之一,在于构建适应农村生产实际的新

---

　　① 中共中央文献研究室编:《十八大以来重要文献选编》(上),中央文献出版社 2014 年版,第 94 页。

　　② 中共中央文献研究室编:《十八大以来重要文献选编》(中),中央文献出版社 2016 年版,第 258 页。

　　③ 高伟:《住有所居:农民工住房问题实证研究》,人民出版社 2020 年版,第 11 页。

　　④ 张应良、徐亚东:《乡村振兴背景下农地"三权分置"制度改革的深化研究》,《西南大学学报》(社会科学版)2020 年第 4 期。

　　⑤ 李停:《从两"分"到两"合":新中国成立以来农村土地制度演变的内在逻辑——兼评"三权分置"的时代正当性》,《理论月刊》2021 年第 1 期。

　　⑥ 中共中央文献研究室编:《十八大以来重要文献选编》(上),中央文献出版社 2014 年版,第 93 页。

型承包经营体制,以在土地流转过程中有效实现并切实保障农户的土地权益。为此,2014 年 11 月,中共中央办公厅、国务院办公厅印发《关于引导农村土地经营权有序流转发展农业适度规模经营的意见》,提到"农户承包土地的经营权流转明显加快,发展适度规模经营已成为必然趋势",要在"坚持农村土地集体所有权,稳定农户承包权,放活土地经营权,以家庭承包经营为基础,推进家庭经营、集体经营、合作经营、企业经营等多种经营方式共同发展"的基础上推动农村土地经营权流转。①

表 6-1　2005—2020 年全国农村土地流转情况

年份	2005	2006	2007	2008	2009	2010	2011	2012	2013	2014	2015	2016	2017	2018	2019	2020
流转面积（亿亩）	0.55	0.56	0.64	1.09	1.52	1.87	2.28	2.78	3.41	4.03	4.49	4.71	5.12	5.39	5.5	5.32
流转率（%）	4.57	4.57	5.24	8.84	12.00	14.65	17.84	21.24	25.70	30.36	33.30	35.00	37%	40.33%	36%	34.07%

资料来源:匡远配、陆钰凤:《我国农地流转"内卷化"陷阱及其出路》,《农业经济问题》2018 年第 9 期;国家统计局。

　　城镇化和工业化的快速发展使城市建设用地规模扩张的压力剧增,而作为城市发展的重要用地来源,城市用地的压力很自然地转移到土地征收之上。事实上,在城镇扩张背景下,城镇化的发展背后是农村土地在作支撑,农民在土地征收中牺牲较大。2011 年 12 月,温家宝在中央农村工作会议上讲话指出:"我国经济发展水平有了很大提高,不能再靠牺牲农民土地财产权利降低工业化城镇化成本,有必要、也有条件大幅度提高农民在土地增值收益中的分配比例。"②据统计,从 1996 年到 2009 年,我国城市数量由 666 个减少至 655 个,然而同期城市人口净增长了 2.4 亿人,增长率为 66.7%,城市建成区的面积则由 1981 年的 20214.18 平方千米扩展到 2009 年的 38107.30 平方千米,增长了 88.5%,城市土地面积几

---

　　①　《关于引导农村土地经营权有序流转发展农业适度规模经营的意见》,人民出版社 2014 年版,第 1 页。
　　②　中共中央文献研究室编:《十七大以来重要文献选编》(下),人民出版社 2013 年版,第 737 页。

乎翻了一倍。① 2003—2011 年,我国土地征收面积从 28.60 万公顷,增加到了 39.58 万公顷,8 年间增加了 10.98 万公顷,年均增加 4.15%。② 加之土地征收所面临的征地矛盾突出、公益性目的争议大、征地补偿标准过低等问题日益突出,农村土地征收制度改革较为紧迫。

随着农户的外出流动,承包地与经营者"人地分离"的现象越来越普遍,从而使农村土地经营与利用的"人地矛盾"越来越突出。2014 年 1 月,中共中央、国务院印发的《关于全面深化农村改革加快推进农业现代化的若干意见》中指出,"我国经济社会发展正处在转型期,农村改革发展面临的环境更加复杂、困难挑战增多……社会经济结构深刻变化对创新农村社会管理提出了亟待破解的课题"③。"人地矛盾"的突出表现是农村土地资源的闲置问题。农村土地闲置主要体现为农村人口与居住地分离所导致的宅基地闲置。农村人口兼业程度的提高,促使大部分人与农村居住地相分离。不同程度的兼业现象带来的人口流动,使农村宅基地被闲置,导致农村出现了不同程度的"空心村"现象。据资料显示,2018 年,中国农村宅基地空置率约为 20%,农村宅基地闲置问题严重。④

二、响应宏观经济发展方式转变的需要

经济发展效益是国家发展一直以来的关注重点,早在党的十二大上,中央就明确指出"要把全部经济工作转到以提高经济效益为中心的轨道上来"⑤,党的十三大继续强调要将经济发展方式"从粗放经营为主逐步

① 成德宁:《改革农村土地征收制度　优化城市扩展模式》,《学习与实践》2012 年第 5 期。

② 钱忠好、牟燕:《征地制度、土地财政与中国土地市场化改革》,《农业经济问题》2015 年第 8 期。

③ 中共中央文献研究室编:《十八大以来重要文献选编》(上),中央文献出版社 2014 年版,第 702 页。

④ 覃志敏:《脱贫攻坚与乡村振兴衔接:基层案例评析》,人民出版社 2020 年版,第 20 页。

⑤ 中共中央文献研究室编:《十二大以来重要文献选编》(上),人民出版社 1986 年版,第 17 页。

转上集约经营为主的轨道"①。2007 年,党的十七届五中全会提出以科学发展观为主题以经济发展方式转变为主线。2013 年,《中共中央关于全面深化改革若干重大问题的决定》中则提出,要"紧紧围绕使市场在资源配置中起决定性作用深化经济体制改革,坚持和完善基本经济制度……加快转变经济发展方式……推动经济更有效率、更加公平、更可持续发展"的重要指引。② 2014 年 12 月,李克强总理在省部级主要领导干部学习贯彻十八届三中全会精神全面深化改革专题研讨班上的讲话中指出:"低效益的粗放发展方式已不可为继。如果不加快转方式调结构,不仅难以实现长期持续发展,就是眼前也过不去。"③

可见,面对发展条件限制,集约、可持续经济成为经济发展方式转变下的重要经济模式。实现生产要素的优化配置、产业结构调整升级、资源集约节约型利用是新形势下经济发展的内在要求。对于我国这样的人口大国来说,土地利用方式的转型对经济调整发展具有重要意义,尤其是在推动城镇化、工业化和农业现代化的进程中,推进"三权分置"改革,完善宅基地管理制度,优化征地制度,构建"同地同权、同等入市"的城乡统一建设用地市场,对优化土地资源配置和转变经济发展方式意义重大。

三、满足新农村建设和城乡统筹发展的需要

进入 21 世纪之后,农村面临着农业现代化发展步伐缓慢、农民收入持续增长动力弱、城乡收入差距不断扩大的问题。为此,党和国家提出了一系列战略思想,全面推进新农村建设,努力向全面建成小康社会的目标奋斗。党的十六大提出了"统筹城乡经济社会发展的战略思

---

① 中共中央文献研究室编:《十三大以来重要文献选编》(上),人民出版社 1991 年版,第 17 页。

② 中共中央文献研究室编:《十八大以来重要文献选编》(中),中央文献出版社 2016 年版,第 512 页。

③ 中共中央文献研究室编:《十八大以来重要文献选编》(上),中央文献出版社 2014 年版,第 801 页。

路",十六届三中全会提出了"五个统筹"的发展要求,并将统筹城乡发展置于首位。党的十六届五中全会通过了《中共中央关于制定国民经济和社会发展第十一个五年规划的建议》,指出"我国总体上已进入以工促农、以城带乡的发展阶段""十一五时期必须抓住机遇,加快改变农村经济社会发展滞后的局面"①。自 2007 年党的十七大报告提出"统筹城乡发展、推进社会主义新农村建设"的重大战略以来,新农村建设一直是党中央解决农村、农业、农民问题的重要举措。2013 年《中共中央关于全面深化改革若干重大问题的决定》提出,"必须健全体制机制,形成以工促农、以城带乡、工农互惠、城乡一体的新型工农城乡关系",以及"坚持走中国特色新型城镇化新型发展道路,推进以人为核心的城镇化,推动大中小城市和小城镇协调发展、产业和城镇融合发展,促进城镇化和新农村建设协调推进"。② 面对城乡发展的现实差距以及农村发展的瓶颈,城乡统筹发展的战略地位不断提高,加快城乡一体化市场建设,推动城乡基本公共服务均等化等成为中央政策的主要着力点。2014 年 1 月,《中共中央、国务院关于全面深化农村改革加快推进农业现代化的若干意见》提出,要"城乡统筹联动……推进城乡要素平等交换和公共资源均衡配置"③。新农村建设和城乡统筹联动要求对农村土地资源进行更为合理有效的配置,然而我国现行的城乡"二元"土地管理体制,严格限制了农村土地资源的市场化配置,因此,重构完善相关土地制度,推动城乡要素资源的畅通流动,也成为城乡一体化统筹发展的要点所在。

四、回应推进乡村振兴与城乡融合发展的需要

为指引新阶段"三农"工作,2017 年党的十九大报告中首次提出"乡

① 中共中央文献研究室编:《十六大以来重要文献选编》(下),中央文献出版社 2008 年版,第 140 页。

② 中共中央文献研究室编:《十八大以来重要文献选编》(中),中央文献出版社 2014 年版,第 524 页。

③ 中共中央文献研究室编:《十八大以来重要文献选编》(上),中央文献出版社 2014 年版,第 702 页。

村振兴"战略，要求"建立健全城乡融合发展体制机制和政策体系"①。2018 年中央"一号文件"则作出了全面推进乡村振兴的战略部署，擘画了乡村发展的新蓝图。"振兴乡村，不能就乡村论乡村，还是要强化以工补农、以城带乡，加快形成工农互促、城乡互补、协调发展、共同繁荣的新型工农城乡关系。"②乡村振兴战略和城乡融合发展的提出，对农村土地制度改革提出了新要求，使农村土地制度改革有了新的目标指引。

2018 年中共中央、国务院出台了《乡村振兴战略规划（2018—2022年）》，提出统筹城乡发展空间、优化乡村发展布局等规划内容，为乡村振兴战略的实施以及农村土地制度的深化改革提供了重要基础。这一规划也指出，要发展多种形式适度规模经营，"完善农村承包地'三权分置'制度，在依法保护集体所有权和农户承包权前提下，平等保护土地经营权"，并提出了"完善农民闲置宅基地和闲置农房政策，探索宅基地所有权、资格权、使用权'三权分置'，落实宅基地集体所有权，保障宅基地农户资格权和农民房屋财产权，适度放活宅基地和农民房屋使用权"的改革部署。③ 2019 年《中共中央国务院关于建立健全城乡融合发展体制机制和政策体系的意见》，则在要素配置、公共服务、基础设施和农民增收等方面，要求"改革完善农村承包地制度""稳慎改革农村宅基地制度"以及"建立集体经营性建设用地入市制度"④，通过协调工农城乡关系，助力乡村振兴和农业农村现代化的实现。

随着乡村振兴战略和城乡融合发展的提出，农村发展的目标由主攻扶贫脱贫转变到稳固扶贫成果、实现农村富强发展，农村土地制度改革目标也实现了相应转变。尤其是农村承包地制度和宅基地制度的改革完善，不仅成为乡村振兴背景下实现农村发展的重要支撑，同时也提出了改

---

① 习近平：《决胜全面建成小康社会夺取新时代中国特色社会主义伟大胜利——在中国共产党第十九次全国代表大会上的报告》，人民出版社 2017 年版，第 32 页。

② 习近平：《坚持把解决好"三农"问题作为全党工作重中之重　举全党全社会之力推动乡村振兴》，《求是》2022 年第 7 期。

③ 《乡村振兴战略规划（2018—2022 年）》，人民出版社 2018 年版，第 34、94 页。

④ 《中共中央国务院关于建立健全城乡融合发展体制机制和政策体系的意见》，人民出版社 2019 年版，第 6—7 页。

革的新指引。

一方面,承包地制度改革有了新指引。在乡村振兴战略提出以前,农村承包地"三权分置"改革的指向是促进农村产业发展,促进农村土地规模化经营和提高农民收入,这与乡村振兴战略的产业兴旺与生活富裕目标是相契合的,但在其他三个目标领域却关系不大。要与乡村振兴的总目标完全契合,这就为中国特色社会主义新时代农村土地"三权分置"改革提出了新的要求。一是生态宜居目标方面,面对农村生态环境保护的现状,根据习近平总书记关于"绿水青山就是金山银山"的系列论述,承包地"三权分置"改革的深化要求是"转变农业生产经营方式,推进农业绿色发展,探索生态农业的实现路径"[1]。二是乡风文明目标方面,在保护和传承优秀乡村文化,融合城市文化与乡村文化,改善农村精神生活条件,增强农民的乡村文化认同感的指引下,承包地"三权分置"改革的深化要求是激活传统优秀农耕文化,与农业农村产业相融合,探索农业文化创新。三是治理有效目标方面,由于基层治理的有效性和领导干部的积极性是推动农村发展以及制度改革的重要动力之一,承包地"三权分置"改革的新要求是推动农村基层"组织有效",在稳定群众的同时推进土地制度改革。

另一方面,宅基地制度改革也有了新的指引。这一"新"体现在农村宅基地产权制度改革的新举措——宅基地"三权分置"。农村宅基地"三权分置"改革对乡村振兴的重要意义在于"盘活土地资源""增加农民收入"和"改善居住环境"。无论从乡村振兴战略的哪一个目标来看,宅基地"三权分置"的作用都是显著的。[2] 乡村振兴战略与宅基地"三权分置"改革在政策层面几乎是同时期提出的,政策目标具有一定的一致性。宅基地"三权分置"改革是实施乡村振兴战略的"一步棋",是贯彻落实农村发展五个总目标的重要抓手。

①　张应良、徐亚东:《乡村振兴背景下农地"三权分置"制度改革的深化研究》,《西南大学学报》(社会科学版)2020年第4期。
②　刘锐:《乡村振兴战略框架下的宅基地制度改革》,《理论与改革》2018年第3期。

五、解决逐渐凸显的农村土地制度安排缺陷的需要

随着时代发展,经济社会环境发生改变,也要求土地制度不断革新,尤其是在外部性利益逐渐显化,却难以在现有土地制度安排下有效将其内部化的情况下,原有的土地制度安排将不利于社会经济的发展进步。在经济发展条件大幅改善的情况下,农村土地承包经营制度、集体建设用地管理制度、土地征收制度等都存在或多或少的缺陷,阻碍了农业农村的发展。

(一)承包地"两权分离"安排的缺陷

20世纪80年代,所有权与承包经营权两权分离的改革释放了农村生产力,为农村农业发展提供了优越的制度条件。这样的安排与当时"人口不流动、土地不流转"的大环境相契合,保障了我国粮食产量的稳步提升和农业农村的发展。然而,制度供给发生变化所带来的边际效益是递减的,到21世纪初,家庭承包经营制的制度红利释放逐渐下降。2013年12月,习近平总书记在中央农村工作会议上的讲话提到"随着农村分工分业发展和大量农民进城务工,相当一部分承包土地的农户不种地了……承包经营权流转的农民家庭越来越多,土地承包权主体同经营权主体发生分离,这是我国农业生产关系变化的新趋势……要不断探索农村土地集体所有制的有效实现形式,落实集体所有权、稳定农户承包权、放活土地经营权"[1]。这是中央会议中首次涉及所有权、承包权和经营权相分离的政策表述,也反映出,党中央已认识到原有两权分离制度设计不适应农村生产关系变化的新趋势,并逐渐暴露出产权制度安排的缺陷。

制度缺陷主要体现在两个方面:一方面,人口的流出导致承包经营制下的家庭生产难以为继。随着现代市场经济的发展,以家庭为单位的生产无论是生产规模,还是市场应对能力都难以适应经济环境。加之新一

---

[1] 中共中央文献研究室编:《十八大以来重要文献选编》(上),中央文献出版社2014年版,第668页。

代生产技术的应用发展,农业生产方式以及组织方式也在不断发生改变,以家庭为单位的传统农耕经营无论是资本投入能力,还是农业生产技术的掌握能力,都难以适应现代农业生产的要求。发展家庭农场、农民合作社、农业经营企业等新型农业经营主体,成为现代农业发展的客观要求,代表着农业、农村发展的趋势。①

另一方面,家庭承包经营制主张公平的制度安排逻辑阻碍了效率提升,导致了农村土地规模经营难以发展。《中共中央国务院关于加大改革创新力度加快农业现代化建设的若干意见》明确提出,进一步激发农村经济社会发展活力,要"坚持和完善农村基本经营制度,坚持农民家庭经营主体地位,引导土地经营权规范有序流转,创新土地流转和规模经营方式,积极发展多种形式适度规模经营"②。除此之外,多个重要中央文件以及农村工作会议的部署,也都表达出党和国家对发展农村土地适度规模经营的积极态度和决心。然而,原有的家庭承包经营制将承包地"均分"给农户并明晰承包经营权,虽然实现了对家庭农业生产的经济激励,但牺牲了规模经营发展的条件。

(二)农村土地征收制度安排的缺陷

多年来,农村土地征收为城市发展提供了充足的用地保障,但在实践过程中,由于征地制度存在或多或少的缺陷,大规模征地带来了诸多仍未解决的问题,主要表现为公共利益保障不够以及征收程序的不规范,这影响着农村和城市两方面的发展利益。

一方面,在快速发展过程中征地目的背弃了"公共利益",导致征地范围过宽。虽然《宪法》和《土地管理法》中都对征地制度进行了规定,但是对征地的"公共利益"目的却没有进行明确的界定,仅以"公共利益"代指。因此,在农村实际征地操作中,往往含糊其征地目标,给经营性用地戴上公益性帽子,以顺理成章地启动征地程序。③ 这不仅盲目增加了城

---

① 朱道林:《"三权分置"的理论实质与路径》,《改革》2017 年第 10 期。

② 《中共中央国务院关于加大改革创新力度加快农业现代化建设的若干意见》,人民出版社 2015 年版,第 17 页。

③ 刘振伟:《乡村振兴中的农村土地制度改革》,《农业经济问题》2018 年第 9 期。

市经营性用地的供给,对农业发展以及耕地保护造成了极大压力,也使农村集体的土地权益受到侵害。

另一方面,农村土地征收的程序不规范,导致征地过程缺乏正义。按照《宪法》和《土地管理法》的规定,征收农村集体土地的主要程序包括"两公告一登记",即土地征收方案公告、补偿安置方案公告、集体土地所有权人和使用权人办理补偿登记。① 虽然法律有所规定,但是执行程序设计不尽完善,特别是缺乏关于如何约束政府行为和保障被征收人知情权、参与权、表达权、监督权的规定,导致法律法规以及政策文件赋予被征收人(农民和集体)的实体权利无法确定。② 在土地征收过程中,普遍存在公告不到位、信息公开不全面、不认真听取甚至不听取农民意见等问题。2014 年,国土资源部办公厅印发《国土资源部办公厅关于进一步做好市县征地信息公开工作有关问题的通知》,指出"征地工作事关群众切身利益与社会和谐稳定,做好征地信息公开是加强征地管理,促进依法征地、阳光征地、和谐征地的基本要求,也是保障被征地农民享有知情权、参与权和监督权的重要渠道……从目前征地信息公开工作情况看,还普遍存在征地信息公开不到位问题,主要体现在基层征地信息公开内容不全面、公开行为不规范、公开程序不健全、群众获知公开信息不便捷不及时等方面"③。征地过程中存在的这些问题严重影响了征地工作的实施,为征地制度进一步改革埋下了伏笔。2014 年,中共中央办公厅、国务院办公厅印发《关于农村土地征收、集体经营性建设用地入市、宅基地制度改革试点工作的意见》,明确指出"针对征地范围过大、程序不够规范、被征地农民保障机制不完善等问题,要缩小土地征收范围,探索制定土地征收目录,严格界定公共利益用地范围"④。

---

① 刘振伟:《乡村振兴中的农村土地制度改革》,《农业经济问题》2018 年第 9 期。

② 施春风:《新时代我国征地制度的创新与发展》,《行政管理改革》2020 年第 6 期。

③ 本书编写组:《十八大以来治国理政新成就》(上册),人民出版社 2017 年版,第 259 页。

④ 中共中央党史和文献研究院:《中国共产党一百年大事记(1921 年 7 月—2021 年 6 月)》,人民出版社 2021 年版,第 212 页。

（三）农村集体建设用地制度安排的缺陷

进入 21 世纪以来,随着市场经济改革的不断深入,农村土地资源的财产价值逐渐显化。但农村与城市经济发展的差距仍然较大,农村土地资源与城市土地资源在"双轨"体制下难以同等利用,农村土地资源财产价值也难以实现。这主要涉及农村集体建设用地中的宅基地和经营性建设用地两大块土地资源。一方面,由于农村住宅和城市住宅在土地产权性质上的差异,决定了农村农民对宅基地并没有处置权和剩余索取权,即使在城镇化工业化发展的背景下农村土地迅速增值,农民大多也无法凭借现有制度安排下的宅基地使用权获取财产收益,从而使农村农民收入增长缓慢且缺乏可持续性。另一方面,集体经营性建设用地作为集体土地资产的重要组成部分,其盘活利用也受到城乡二元土地市场制度安排的限制,导致闲置的建设用地难以有效进入流转市场,实现与城市国有建设用地同样的交易配置。为此,2013 年,国务院办公厅发布《关于深化收入分配制度改革重点工作分工的通知》,提出"合理分享土地增值收益……完善农村宅基地制度,保障农户宅基地用益物权。改革征地制度,依法保障农民合法权益,提高农民在土地增值收益中的分配比例"。[①]2013 年,国务院办公厅印发《关于金融支持经济结构调整和转型升级的指导意见》,提出要加大对"三农"领域的信贷支持力度,探索农村宅基地抵押贷款试点。[②] 2013 年党的十八届三中全会通过《中共中央关于全面深化改革若干重大问题的决定》,提出要"建立城乡统一的建设用地市场"[③],意味着在保障农民户有所居的情况下,农村集体经营性建设用地将得到有效盘活,宅基地也将被赋予更为完善的财产权能,农民的土地权益将能得到更好的实现。2015 年,关于开展农村土地三项制度改革试点工作的《关于农村土地征收、集体经营性建设用地入市、宅基地制度改革试点工

---

① 中共中央文献研究室编:《十八大以来重要文献选编》(上),中央文献出版社 2014 年版,第 151 页。

② 国务院办公厅政府信息与政务公开办公室编:《国务院大众创业万众创新政策选编》,人民出版社 2015 年版,第 87 页。

③ 中共中央文献研究室编:《十八大以来重要文献选编》(上),中央文献出版社 2014 年版,第 518 页。

作的意见》强调："建立兼顾国家、集体、个人的土地增值收益分配机制,合理提高个人收益。针对土地增值收益分配机制不健全,兼顾国家、集体、个人利益不够等问题,要建立健全土地增值收益在国家与集体之间、集体经济组织内部的分配办法和相关制度安排。"①这一系列的相关政策文件说明,现有的农村集体建设用地制度对实现资源合理有效配置、保障农村集体以及农民权益仍存在一定阻碍,制度重构优化具有现实迫切性。

第二节　中国特色社会主义新时代党领导的农村土地"三权分置"改革

　　党的十六大以来,在科学发展观的指导下,中国特色的农业现代化道路得到有益探索,显著促进了农业农村发展。随着社会主义市场经济的发展和农村土地制度的改革,农业农村发展进入了新阶段,农村社会结构加速转型、城乡社会加快融合,农民与土地的关系产生了新变化。面对如何发展农村经济、如何解决中国特色社会主义新时代的农村土地经营方式的新问题和新矛盾,以习近平同志为核心的党中央提出了"深化农村土地制度改革"的重要举措。自党的十八届三中全会通过《中共中央关于全面深化改革若干重大问题的决定》以来,我国出台了一系列农村土地改革政策措施。2014 年,农村承包地"三权分置"改革正式提出。经过中央政策与地方改革实践的互动推进,党对农村土地"三权分置"改革的思路日益清晰,地方改革的实践探索也逐步成熟。2018 年,农村宅基地"三权分置"改革战略正式提出,农村土地"三权分置"的探索全面展开。

一、农村土地"三权分置"改革的总体进程

　　党和政府对农村土地"三权分置"的认识经历了一个循序渐进的过程,以 2014 年为界,"三权分置"的改革探索由地方独立实践转变为中央

---

　　①　国家行政学院经济学教研部:《中国供给侧结构性改革》,人民出版社 2016 年版,第 60 页。

与地方互动式推进,经历了自下而上、由地方到中央的一个过程。在经过地方实践主导的诱致性变迁后,中央深化改革的部署让"三权分置"开始了在政策层面的探索并随之确立。央地的互动则逐渐推动着"三权分置"改革的深化完善。因此,自党的十八大以来,农村土地"三权分置"改革的发展进程可以分为初步探索时期(2012—2013年)、正式确立时期(2014—2017年)与深化发展时期(2018—2021年)三个阶段。

(一)初步探索时期

早在20世纪80年代,农村承包地产权制度就已出现"三权分置"的雏形①。1984年中央"一号文件"提出,"鼓励耕地向种田能手集中"②。伴随代耕、出租(转包)和入股等农村土地流转形式的出现和发展以及农村承包地流转规模的扩大,不少地区在农村土地流转实践中就已逐渐演变出除所有权和承包经营权之外的承包地独立产权,"三权分置"的形式已经存在③。尽管在党的十八大以前"三权分置"迹象已经出现,但这一时期关于农村承包地的政策基调仍然是"稳定承包关系、规范农村土地流转"。对于地方改革实践,中央也给予了关注,"三权分置"渐渐走进中央政策视野。2013年,习近平总书记在视察武汉农村产权交易所时首次提出了"三权分置",并在2013年底中央农村工作会议上进一步阐述了该政策设想。习近平总书记指出,"改革前,农村集体土地是所有权和经营权合一,土地集体所有、集体统一经营……搞家庭联产承包制,把土地所有权和经营权分开,所有权归集体,承包经营权归农户,这是我国农村改革的重大创新……现在,顺应农民保留土地承包权、流转土地经营权的意愿,把农民土地承包经营权分为承包权和经营权,实现承包权和经营权分置并行,这是我国农村改革的又一次重大创新"④,"承包经营权流转的

---

① 朱道林:《"三权分置"的理论实质与路径》,《改革》2017年第10期。
② 《中共中央国务院关于"三农"工作的一号文件汇编(1972—2014)》,人民出版社2014年版,第68页。
③ 何国平:《"三权分置"的发生与演进——基于交易费用和制度变迁理论的分析》,《云南财经大学学报》2019年第8期。
④ 中共中央文献研究室编:《十八大以来重要文献选编》(上),中央文献出版社2014年版,第670页。

农民家庭越来越多,土地承包权主体同经营权主体发生分离,这是我国农业生产关系变化的新趋势……要不断探索农村土地集体所有制的有效实现形式,落实集体所有权、稳定农户承包权、放活土地经营权"①。这一转变标志着实践中承包地"三权分置"概念已逐渐被确认。虽然中央在相关场合已经提出"三权分置"的制度构想,但政策和法律仍未确定"三权分置"和"田地经营权"的确切概念,涉及农村土地流转的表述时权利主体仍沿用"田地承包经营权"。

（二）正式确立时期

2014 年年初,中央"一号文件"正式提出,"在落实农村集体土地所有权的基础上,稳定农户承包权、放活土地经营权"②,土地经营权作为农村土地流转的相关概念在中央政策层面首次被提出,③这一文件也为承包地"三权分置"确定了具体的权能结构。2014 年 9 月,习近平总书记在中央全面深化改革领导小组第五次会议的讲话中指出,要在坚持农村土地集体所有的前提下,促使承包权和经营权分离,形成所有权、承包权、经营权三权分置,经营权流转的格局。④ 2014 年《关于引导农村土地经营权有序流转发展农业适度规模经营的意见》在深化农村土地制度改革方面提出:"坚持农村土地集体所有,实现所有权、承包权、经营权三权分置。"⑤农村"土地经营权"独立于"土地承包经营权"被提出,意味着所有权、承包权和经营权,这一全新的承包地产权架构在政策层面予以确立。随后,中央政策对农村土地承包经营权的表述开始出现变化,李克强总理在《关于深化经济体制改革的若干问题》的报告中讲道:"加快实施土地承

① 中共中央文献研究室编:《十八大以来重要文献选编》(上),中央文献出版社 2014 年版,第 669 页。

② 中共中央文献研究室编:《十八大以来重要文献选编》(上),中央文献出版社 2014 年版,第 709 页。

③ 杨璐璐:《新中国土地政策变迁的历史与逻辑》,国家行政学院出版社 2015 年版,第 295 页。

④ 新华月报:《新中国 70 年大事记(1949.10.1—2019.10.1)》(下),人民出版社 2020 年版,第 1597 页。

⑤ 《关于引导农村土地经营权有序流转发展农业适度规模经营的意见》,人民出版社 2014 年版,第 2 页。

包经营权及农村集体建设用地使用权确权登记颁证,引导承包地经营权有序流转,发展适度规模经营。"①农村承包地经营权的表述开始确定,反映出中央和地方关于农村土地"三权分置"的政策认知逐渐统一,政策日益成熟。

虽然"三权分置"改革探索获得了国家政策的认可,但是"三权"之间的权能关系、权能性质以及土地经营权的流转方式等内容,都尚待规范法律文件的明确,亟待更为全面的改革探索。2014 年,《关于全面深化农村改革加快推进农业现代化的若干意见》提出保持农村土地承包关系长久不变,为相关改革探索提供了持续稳定的制度条件。除了调整承包地改革政策外,农村集体建设用地的改革探索也进一步深化,2015 年,中央全面深化改革领导小组第七次会议审议通过了《关于农村土地征收、集体经营性建设用地入市、宅基地制度改革试点工作的意见》,将农村土地征收、集体经营性建设用地、宅基地也纳入土地制度改革范畴,土地制度改革协同局面逐渐形成,为建设用地的"三权分置"改革提供了有益的制度环境,奠定了政策基础。

国家政策层面正式提出"三权分置"设想的同时,考虑到在实践中可能出现的各种风险与难题,始终将"慎重稳妥"作为农村土地制度改革尤其是"三权分置"改革的总基调。李克强总理在 2014 年的《政府工作报告》中指出,要"保持农村土地承包关系长久不变,抓紧土地承包经营权及农村集体建设用地使用权确权登记颁证工作,引导承包地经营权有序流转,慎重稳妥进行农村土地制度改革试点"②。2015 年中央"一号文件"明确要求"界定农村土地集体所有权、农户承包权、土地经营权之间的权利关系"③。完善农村土地产权登记颁证工作,理顺产权关系,成为推进"三权分置"改革的重要内容。

---

① 中共中央文献研究室编:《十八大以来重要文献选编》(上),中央文献出版社 2014 年版,第 803 页。

② 中共中央文献研究室编:《十八大以来重要文献选编》(上),中央文献出版社 2014 年版,第 845—846 页。

③ 中共中央文献研究室编:《十八大以来重要文献选编》(中),中央文献出版社 2014 年版,第 288 页。

在"三权分置"改革正式提出之前,农村承包地流转支持体系就已有发展,但从实践来看,总体上仍滞后于土地流转的需要,致使承包地"三权分置"制度改革效能难以完全释放。据第三次农业普查数据显示,截至 2016 年底,全国规模农业经营户仅占农业经营户总数约 1.92%。[①] 有学者对 235 个山区村庄的调查发现,78.3%的村庄都存在耕地撂荒,撂荒率达到 14.32%。[②] 而隐性撂荒(全年实际耕种的季数少于本可以耕种的季数)占比则更高,达 31.34%。[③] 可见,"三权分置"改革下农村土地经营权流转仍存在诸多障碍。在央地互动关系下,2016 年《中共中央国务院关于落实新发展理念加快农业发展现代化实现全面小康目标的若干意见》和 2017 年《中共中央　国务院关于深入推进农业供给侧结构性改革加快培育农业农村发展新动能的若干意见》明确提出要继续完善落实"三权分置"办法,为破解农村土地流转难题寻找出路。

(三)深化发展时期

在农村土地"三权分置"政策构想提出并走向实践后,党和国家对农村土地产权制度改革有了更加深刻和清晰的认知,宅基地产权制度的细分变革也被渐渐纳入中央视野。2018 年的中央"一号文件"部署了乡村振兴战略,并首次提出要探索宅基地所有权、资格权、使用权"三权分置"改革,标志着农村土地"三权分置"改革迈入新的发展时期。与此同时,承包地"三权分置"改革也开始进入了政策法规规范阶段。2018 年 12 月 29 日《全国人民代表大会常务委员会关于修改〈中华人民共和国农村土地承包法〉的决定》经十三届全国人大常委会第七次会议通过,2019 年 1 月 1 日起实施。此次修改将"三权分置"正式列入,并在"三权"权利和义务、土地经营权的设立及流转方面新增了诸多内容。同时,党和政府进一步谋划了农村土地"三权分置"制度改革的新内容,为地方改革实践指明

[①] 国家统计局:《第三次全国农业普查主要数据公报》(第二号),国家统计局网站,http://www.stats.gov.cn/tjsj/tjgb/nypcgb/qgnypcgb/201712/t20171215 1563539 html.

[②] 李升发等:《中国山区耕地撂荒程度及空间分布——基于全国山区抽样调查结果》,《资源科学》2017 年第 10 期。

[③] 杨军:《农地撂荒:现实案例与制度归因》,《南方农村》2018 年第 6 期。

了新前进方向。2020年中央"一号文件"提出"以探索宅基地所有权、资格权、使用权'三权分置'为重点,进一步深化农村宅基地制度改革试点"①。同年6月,《深化农村宅基地制度改革试点方案》提出要"积极探索落实宅基地集体所有权、保障宅基地农户资格权和农民房屋财产权、适度放活宅基地和农民房屋使用权的具体路径和办法",并部署选取了全国104个县(市、区)和3个地级市,重点围绕"三权分置"的实现路径与形式,开展新一轮改革试点,宅基地"三权分置"改革有了新的政策指导。② 2021年中央"一号文件"继续提出要"探索宅基地所有权、资格权、使用权分置有效实现形式"③,宅基地"三权分置"改革政策部署持续推进,农村土地制度改革进入深化发展时期,并与承包地"三权分置"改革一起,逐渐构建起农村土地"三权分置"的整体改革格局。相关政策内容见表6-2。

表6-2　农村土地"三权分置"改革的政策梳理

年份	政策文本	政策内容
2014	《关于全面深化农村改革加快推进农业现代化的若干意见》(2014年中央"一号文件")	在落实农村土地集体所有权的基础上,稳定农户承包权,放活土地经营权,允许承包土地的经营权向金融机构抵押融资
2014	《中共中央办公厅、国务院办公厅关于引导农村土地经营权有序流转发展农业适度规模经营的意见》	坚持农村土地集体所有,实现所有权、承包权、经营权"三权分置"
2015	《中共中央国务院关于加大改革创新力度加快农业现代化建设的若干意见》(2015年中央"一号文件")	抓紧修改农村土地承包方面的法律,明确现有土地承包关系保持稳定并长久不变的具体实现形式,界定农村土地集体所有权、农户承包权、土地经营权之间的权利关系

---

① 中共中央党史和文献研究院编:《十九大重要文献选编》(中),中央文献出版社2021年版,第369页。

② 国家发展和改革委员会编:《〈中华人民共和国国民经济和社会发展第十四个五年规划和二〇三五年远景目标纲要〉辅导读本》,人民出版社2021年版,第317页。

③ 《中共中央国务院关于全面推进乡村振兴加快农业农村现代化的意见》,人民出版社2021年版,第20页。

年份	政策文本	政策内容
2015	《关于落实发展新理念加快农业现代化实现全面小康目标的若干意见》（2016 年中央"一号文件"）	稳定农村土地承包关系，落实集体所有权，稳定农户承包权，放活土地经营权，完善"三权分置"办法，明确农村土地承包关系长久不变的具体规定
2016	《关于完善农村土地所有权承包权经营权分置办法的意见》	完善"三权分置"办法，不断探索农村土地集体所有制的有效实现形式，落实集体所有权，稳定农户承包权，放活土地经营权，充分发挥"三权"的各自功能和整体效用，形成层次分明、结构合理、平等保护的格局
2016	《中共中央国务院关于深入推进农业供给侧结构性改革加快培育农业农村发展新动能的若干意见》（2017 年中央"一号文件"）	落实农村土地集体所有权、农户承包权、土地经营权"三权分置"办法
2018	《中共中央国务院关于实施乡村振兴战略的意见》（2018 年中央"一号文件"）	完善农村承包地"三权分置"制度，在依法保护集体土地所有权和农户承包权前提下，平等保护土地经营权
2019	《中共中央国务院关于坚持农业农村优先发展做好"三农"工作的若干意见》（2019 年中央"一号文件"）	完善落实集体所有权、稳定农户承包权、放活土地经营权的法律法规和政策体系
2020	《中共中央国务院关于抓好"三农"领域重点工作确保如期实现全面小康的意见》（2020 年中央"一号文件"）	制定农村集体经营性建设用地入市配套制度。扎实推进宅基地使用权确权登记颁证。以探索宅基地所有权、资格权、使用权"三权分置"为重点，进一步深化农村宅基地制度改革试点
2020	《深化农村宅基地制度改革试点方案》	要积极探索落实宅基地集体所有权、保障宅基地农户资格权和农民房屋财产权、适度放活宅基地和农民房屋使用权的具体路径和办法
2021	《中共中央国务院关于全面推进乡村振兴加快农业农村现代化的意见》（2021 年中央"一号文件"）	加强宅基地管理，稳慎推进农村宅基地制度改革试点，探索宅基地所有权、资格权、使用权分置有效实现形式。规范开展房地一体宅基地日常登记颁证工作
2022	《中共中央国务院关于做好二〇二二年全面推进乡村振兴重点工作的意见》（2022 年中央"一号文件"）	稳慎推进农村宅基地制度改革试点，规范开展房地一体宅基地确权登记

资料来源：笔者根据历年中央政策文件整理。

二、农村承包地"三权分置"改革

在总结农村改革实践的有益经验基础上,2018 年 12 月,《农村土地承包法》修改决定经十三届全国人大常委会第七次会议通过,"三权分置"作为自家庭联产承包经营制度实施以来农村承包地产权制度最重要的革新,被正式载入其中。农村土地"三权分置"改革是在央地互动中不断演进发展的,其相关内涵来源于对实践探索的总结,再由国家政策文件予以确立。同时,农村承包地"三权分置"改革在各地的实践探索中逐渐成熟,也发展出了多种模式。

(一)农村承包地"三权分置"改革的地方实践

农村承包地"三权分置"改革来自对地方农村土地流转实践的规范。根据现有资料,较早的与承包地"三权分置"相关的产权分置描述,出现在 2004 年 9 月出台的《合肥市人民政府办公厅关于规范农村土地承包和经营权流转的若干意见》。该意见规定:"土地经营权流转应由当事人双方进行协商,签订流转合同,并经村集体经济组织鉴证。任何个人和组织都不得强迫农民进行土地经营权流转"。[①] 虽然没有将承包权与经营权并列提出,但是该文件明确提出了"土地经营权"这一概念,开始对实践中形成的承包地产权关系的新内容予以关注。2007 年,《重庆市人民政府办公厅关于加快农村土地流转促进规模经营发展的意见(试行)》规定:"农村土地流转和发展规模经营,要稳定家庭承包经营体制,在不改变土地承包关系的前提下,实行土地所有权、承包权和土地使用权分离,创新流转机制,探索有效形式,放活土地使用权。"[②] 2007 年,《嘉兴市人民政府办公室关于加快推进农村土地承包经营权流转的意见》提出:"鼓励农村集体土地的所有权、承包权、经营权相分离,稳定承包权,搞活经营

---

① 合肥市人民政府:《关于规范农村土地承包和经营权流转的若干意见》,合肥市人民政府网站,https://www.hefei.gov.cn/public/1741/40410131.html。

② 重庆市人民政府:《重庆市人民政府办公厅关于加快农村土地流转促进规模经营发展的意见(试行)》,《重庆市人民政府公报》2007 年第 18 期。

权,规范土地承包经营权的流转"①,明确地提出了与现有分置办法相同的"三权"概念。但 2009 年中共浙江省委办公厅、浙江省人民政府办公厅《关于积极引导农村土地承包经营权流转促进农业规模经营的意见》中,并未涉及"三权分置"的有关内容。各地关于土地经营权、土地使用权的政策表达,反映出地方层面关于农村土地流转经营形式的有益探索,为农村土地"三权分置"改革正式提出提供了基础。但在省级和中央层面,早期对农村土地"三权分置"态度仍较为慎重。

（二）农村承包地"三权分置"改革的制度内涵

进入中国特色社会主义新时代之后,党中央对农村土地问题和农村土地制度改革的关切度不断提高,随着全面深化改革的部署,农村承包地"三权分置"改革持续推进,其制度内涵也逐渐清晰。2016 年 10 月底,中共中央办公厅、国务院办公厅印发了《关于完善农村土地所有权承包权经营权分置办法的意见》,以专门文件的形式明确了承包地"三权分置"改革的制度内涵,提出"不断探索农村土地集体所有制的有效实现形式,落实集体所有权,稳定农户承包权,放活土地经营权,充分发挥'三权'的各自功能和整体效用,形成层次分明、结构合理、平等保护的格局",以及"科学界定'三权'内涵、权利边界及相互关系,逐步建立规范高效的'三权'运行机制,不断健全归属清晰、权能完整、流转顺畅、保护严格的农村土地产权制度"。② 与"两权分离"相比,"三权分置"制度安排着眼于不同的"目标靶向、主体构成、制度绩效",通过明确"三权"权能,完善"三权"关系,着力构建适应中国特色社会主义新时代农业农村发展需要的农村土地产权制度新格局。③ 可见,实施农村承包地"三权分置"改革,关键在于把握好"三权"的实现,即要落实集体所有权、稳定农户承包权、放活土地经营权。从具体政策文本分析来看,三个方面的相关内涵主要表现为:

---

① 嘉兴市人民政府:《关于加快推进农村土地承包经营权流转的意见》,嘉兴市人民政府网站,https://www.jiaxing.gov.cn/art/2007/7/24/art-1229567743_2363101.html。

② 农业农村部政策与改革司、赵阳主编:《农村土地承包管理与改革》,人民出版社 2020 年版,第 182—183 页。

③ 张红宇:《准确把握农地"三权分置"办法的深刻内涵》,《农村经济》2017 年第 8 期。

1. 落实集体所有权

宅基地"三权分置"改革中,落实集体所有权的关键之一在于"稳"。在农村土地制度改革中,这一"稳"的含义为,集体所有制作为《宪法》明确规定的农村最基本的制度,必须始终坚持、不能动摇。2016 年,《关于完善农村土地所有权承包权经营权分置办法的意见》指出:"始终坚持农村土地集体所有权的根本地位。农村土地农民集体所有,是农村基本经营制度的根本"[1]。习近平总书记也指出,坚持农村土地农民集体所有就是坚持农村基本经营制度的"魂"。"坚持农村土地集体所有,能够确保广大农民群众平等享有基本生产资料,是实现共同富裕的重要基础"[2]。在三权分置改革中,无论怎样变革,作为农村制度支柱的集体所有制不能变。

落实集体所有权的关键之二在于"明",即"明确界定集体经济组织主体""明确界定集体资产""明确界定集体所有权权能""明确界定农村集体成员权利"。2015 年 11 月,中共中央办公厅、国务院办公厅印发了《深化农村改革综合性实施方案》,该方案明确指出:"落实集体所有权,就是落实'农民集体所有的不动产和动产,属于本集体成员集体所有'的法律规定,明确界定农民的集体成员权,明晰集体土地产权归属,实现集体产权主体清晰"[3]。2016 年,《关于完善农村土地所有权承包权经营权分置办法的意见》也指出,农村土地集体所有权"必须得到充分体现和保障,不能虚置""农民集体是土地集体所有权的权利主体,在完善'三权'分置办法过程中,要充分维护农民集体对承包地发包、调整、监督、收回等各项权能"。[4]

这意味着,在进行农村土地"三权分置"制度创新的过程中,不仅不

---

[1] 农业农村部政策与改革司、赵阳主编:《农村土地承包管理与改革》,人民出版社 2020 年版,第 183 页。

[2] 张红宇:《准确把握农地"三权分置"办法的深刻内涵》,《农村经济》2017 年第 8 期。

[3] 《中共中央办公厅、国务院办公厅印发〈深化农村改革综合性实施方案〉》,中国政府网,https://www.gov.cn/zhengce/2015-11/02/content_295878/htm。

[4] 农业农村部政策与改革司、赵阳主编:《农村土地承包管理与改革》,人民出版社 2020 年版,第 183 页。

能变动所有权这一存在,集体所有权还必须得到更加充分的体现和保障,
不能虚置集体所有权。从相关法规政策以及实践来看,主要在以下三方
面实现集体所有权的落实。一是通过集体成员权制度实现农村集体产权
主体的清晰。① 2007 年颁布的《物权法》第一次以法律形式确认了农民
集体成员权这一新型的民事权利,2016 年《关于完善农村土地所有权承
包权经营权分置办法的意见》对集体成员的知情权、决策权、监督权作出
了更加清晰的规定②,2016 年《中共中央国务院关于稳步推进农村集体
产权制度改革的意见》则首次提出"要形成有效维护农村集体经济组织
成员权利的治理体系"③,集体成员权与集体所有权的价值目标是一致
的,集体成员作为集体权利拥有者和集体义务的履行者,集体成员权集中
体现了集体所有权,国家明确和强化集体成员权的意图就是要落实集体
所有权主体。④ 二是明确和保障集体所有权权能,包括发包、调整、监督
等。如"农民集体有权依法发包集体土地,因自然灾害严重毁损等特殊
情形依法调整承包地,对承包农户和经营主体使用承包地进行监督,采取
措施防止和纠正长期抛荒、毁损土地、非法改变土地用途行为等方面"。⑤
三是要健全集体所有权的行使机制。通过建立健全集体经济组织民主议
事机制,切实保障集体成员的知情权、监督权、决策权,确保农民集体有效
行使集体土地所有权,防止少数人在改革过程中通过虚置的集体产权谋
取私利。

2. 稳定农户承包权

承包地"三权分置"改革中,稳定农户承包权的关键在于"稳"和
"实",即一方面要严格保护农户承包权,"农村集体土地由作为本集体经

---

① 管洪彦、孔祥智:《农村土地"三权分置"的政策内涵与表达思路》,《江汉论坛》2017 年
第 4 期。

② 童禅福:《走进新时代的乡村振兴道路——中国"三农"调查》,人民出版社 2018 年版,
第 440 页。

③ 《中共中央国务院关于稳步推进农村集体产权制度改革的意见》,人民出版社 2017 年
版,第 6 页。

④ 管洪彦、孔祥智:《农村土地"三权分置"的政策内涵与表达思路》,《江汉论坛》2017 年
第 4 期。

⑤ 张红宇:《准确把握农地"三权分置"办法的深刻内涵》,《农村经济》2017 年第 8 期。

济组织成员的农民家庭承包,不论经营权如何流转,集体土地承包权都属于农民家庭";另一方面要切实维护好农民的土地承包权益,构建农民承包权实在、完善的权能实现机制。2016年《关于完善农村土地所有权承包权经营权分置办法的意见》指出,"农户享有土地承包权是农村基本经营制度的基础,要稳定现有土地承包关系并保持长久不变"①。土地承包权作为农民最重要的土地财产权利之一,在当前以及今后很长一段时间发挥着重要的保障功能。农户享有土地承包权是农村基本经营制度实现的基础,保护农民的承包权益是中央一以贯之的政策取向。习近平总书记指出,"农民家庭承包的土地,可以由农民家庭经营,也可以通过流转经营权由其他经营主体经营,但不论承包经营权如何流转,集体土地承包权都属于农民家庭"②。《深化农村改革综合性实施方案》明确提出要落实农民土地承包权,坚持家庭经营在农业经营中的基础性地位,因为"家庭承包经营蕴藏着巨大潜力,具有广阔发展前景"③。《关于完善农村土地所有权承包权经营权分置办法的意见》也指出,要"严格保护农户承包权",通过保护农户承包权实现农户承包权的稳定。稳定农户承包权首先必须做到农户的土地承包关系长久不变,只有长久不变才能实现农村社会的稳定,保持稳定且长久不变的土地承包关系已经为《物权法》《农村土地承包法》等多项法律所确定。

更具体来看,稳定农户承包权,一是需要严格按照《物权法》《农村土地承包法》等法律"依法公正"地保障现行法律赋予农民的土地承包权益。《农村土地承包法》对稳定农户承包权设计了一系列保障措施,如土地承包关系长期稳定性的确认(第4条);集体成员依法要求承包权(第5条);妇女的同等承包权(第6条);土地承包的公开、公平、公正原则(第7条);承包方权益的不可侵犯性(第9条);土地承包中依法平等原则,民

---

① 农业农村部政策与改革司,赵阳主编:《农村土地承包管理与改革》,人民出版社2020年版,第183页。

② 中共中央文献研究室编:《十八大以来重要文献选编》(上),中央文献出版社2014年版,第322页。

③ 孔祥智、毛飞:《中国农村改革之路》,中国人民大学出版社2014年版,第75—98页。

主协商原则,公平合理原则;承包程序合法原则等(第33条)。① 此外,也包括农户有权占有、使用承包地,自主组织生产经营和处置产品并获得收益等,通过转让、互换、出租(转包)、入股或其他方式流转承包地并获得收益。承包土地被征收的承包农户,有权依法获得相应补偿。二是需要承认农户承包权的权利主体具有特殊性,即承包权仅限于本集体组织的农户。本集体成员以外的其他组织和自然人等均不能随意取得,这一点也是与其成员权性质相一致的。三是要做好土地承包经营权的确权颁证。我国农村承包地普遍存在"面积不准、空间位置不明、登记簿不健全"等问题②,导致土地流转中的农民权益难以保障。农村土地"三权分置"在促进土地流转的同时,关键要搞好承包土地的确权登记颁证工作,强化对农民权益的物权保护,为土地经营权流转奠定坚实的产权基础和构建友好的流转环境。③

3. 放活土地经营权

放活土地经营权关键在于土地经营权能否"用活"。《关于完善农村土地所有权承包权经营权分置办法的意见》明确提出,"加快放活土地经营权。赋予经营主体更有保障的土地经营权,是完善农村基本经营制度的关键",以及"土地经营权人对流转土地依法享有在一定期限内占有、耕作并取得相应收益的权利。在依法保护集体所有权和农户承包权的前提下,平等保护经营主体依流转合同取得的土地经营权,保障其有稳定的经营预期"④。加快放活土地经营权能更好地实现农民土地财产权益,更优地配置土地资源,实现"农地农民有、农地农业用",促进农业规模经营和现代化发展。2015年《深化农村改革综合性实施方案》以及2016年《关于完善农村土地所有权承包权经营权分置办法的意见》对

---

① 全国人民代表大会常务委员会法制工作委员会编:《中华人民共和国法律汇编·2018》(中册),人民出版社2019年版,第698—699、705页。

② 《"三权分置"改革是重大制度创新》,《人民日报》2014年12月22日。

③ 农业农村部政策与改革司,管洪彦、孔祥智:《农村土地"三权分置"的政策内涵与表达思路》,《江汉论坛》2017年第4期。

④ 农业农村部政策与改革司,赵阳主编:《农村土地承包管理与改革》,人民出版社2020年版,第184页。

放活土地经营权的内涵做出阐释：其一，"放活土地经营权"意味着农村土地的经营主体更加多元，放活土地经营权之后，除本集体原有经营者农户以外，集体外的其他新型农业经营主体也能参与到农村土地经营中，并且"要依法维护经营主体从事农业生产所需的各项权利"①。其二，放活经营权后，农户能够自愿把土地配置给有经营意愿和经营能力的主体，政策支持"按照依法自愿有偿原则，引导农民以多种方式流转承包土地的经营权"②，土地流转更加自由。其三，放活土地经营权意味着新型农业经营主体将有更多的发展机会，"经营主体有权使用流转土地自主从事农业生产经营并获得相应收益，经承包农户同意，可依法依规改良土壤、提升地力，建设农业生产、附属、配套设施，并依照流转合同约定获得合理补偿；有权在流转合同到期后按照同等条件优先续租承包土地"③。

从总体来看，承包地"三权分置"改革的持续推进还要逐步完善"三权"关系。《关于完善农村土地所有权承包权经营权分置办法的意见》指出："农村土地集体所有权是土地承包权的前提，农户享有承包经营权是集体所有的具体实现形式，在土地流转中，农户承包经营权派生出土地经营权。"④中央政策也支持"在实践中积极探索农民集体依法依规行使集体所有权、监督承包农户和经营主体规范利用土地等的具体方式"，并且"鼓励在理论上深入研究农民集体和承包农户在承包土地上、承包农户和经营主体在土地流转中的权利边界及相互权利关系等问题"⑤。

---

① 农业农村部政策与改革司，赵阳主编：《农村土地承包管理与改革》，人民出版社 2020 年版，第 184 页。

② 《中共中央办公厅国务院办公厅印发〈深化农村改革综合性实施方案〉》，中国政府网，https://www.gov.cn/zhengce/2015-11/02/content_295878/htm。

③ 农业农村部政策与改革司，赵阳主编：《农村土地承包管理与改革》，人民出版社 2020 年版，第 184 页。

④ 农业农村部政策与改革司，赵阳主编：《农村土地承包管理与改革》，人民出版社 2020 年版，第 184 页。

⑤ 农业农村部政策与改革司，赵阳主编：《农村土地承包管理与改革》，人民出版社 2020 年版，第 184 页。

三、农村宅基地"三权分置"改革

随着城镇化发展,农村经济社会状况的变迁使宅基地所具有的财产价值不断凸显,制度外效益逐渐显现。宅基地"三权分置"来源于实践中宅基地制度改革的经验总结,2018 年在中央"一号文件"中与乡村振兴战略一同提出。宅基地"三权"即"所有权、资格权、使用权"的权利架构类似于承包地"三权",然而在实际权利内涵上又存在较大差异。

（一）农村宅基地"三权分置"改革的地方实践

宅基地"三权分置"的探索始于农村土地三项制度改革部署之后的地方实践。2015 年,中共中央印发包括宅基地制度改革在内的农村土地三项制度改革试点工作意见后,宅基地制度改革试点工作在 15 个县(市、区)拉开帷幕,其中浙江省义乌市作为试点地区于 2015 年 4 月在全国率先提出并探索实施宅基地"三权分置"改革。在试点改革中,义乌市探索建立了农村宅基地"三权分置"制度体系,从农村宅基地"取得置换、抵押担保、产权明晰、入市转让、有偿使用、自愿退出及民主管理"七个方面进行制度创新,赋予农民更多财产权利。[1] 2016 年 4 月,义乌市委、市政府印发《中共义乌市委市人民政府关于推进农村宅基地制度改革试点工作的若干意见》,明确在"落实宅基地所有权和保障集体经济组织成员资格权"的前提下,允许宅基地使用权通过合法方式有条件转让。[2]

2018 年,中央在"一号文件"《中共中央国务院关于实施乡村振兴战略的意见》中首次提出宅基地"三权分置"的改革指向,随后全国多地开始推进探索宅基地"三权分置"的实现路径。2018 年 3 月,河南省在出台的《中共河南省委省人民政府关于推进乡村振兴战略的实施意见》中明

---

① 浙江省自然资源厅:《关于省级层面引导地方规范开展宅基地"三权分置"改革的建议——从闲置农房激活看浙江宅基地"三权分置"改革》,浙江省自然资源厅网站,https://zrzyt.zj.gov.cn/art/2018/9/10/art_1289955_20995194.html。

② 义乌市自然资源和规划局:《中共义乌市委人民政府关于推进农村宅基地制度改革试点工作的若干意见》,义乌政府门户网站,www.yw.gov.cn/art/2018/1/20/art_1229355313_894259.html。

确提出要探索宅基地"三权分置"。① 2018年4月,湖南省出台的《关于实施乡村振兴战略开创新时代"三农"工作新局面的意见》中也明确指出:"在符合农村宅基地管理规定和相关规划的前提下,允许返乡下乡人员和当地农民合作改建自住房,或下乡租用农村闲置房用于返乡养老或开展经营性活动。"②2018年6月,湖州市德清县出台《德清县农村宅基地管理办法(试行)》,提出对农村宅基地实行"所有权、资格权、使用权"三权的分置管理。③ 2018年7月,山东省在出台的《关于开展农村宅基地"三权分置"试点促进乡村振兴的实施意见》中,对集体所有权人享有的权利、宅基地资格权的实现形式及保留、退出条件、宅基地使用权放活后的具体用途等作出了明确规定。④ 2018年10月,浙江省舟山市嵊泗县出台《中共嵊泗县委嵊泗县人民政府关于嵊泗县推动农村宅基地"三权分置"实施意见(试行)》,规定农村集体经济组织是宅基地所有权人,要维护所有权人对宅基地的调整、监督和回收等权能;宅基地资格权权利主体是农村集体经济组织成员;在确保户有所居、"一户一宅"和所有权性质不改变、成员资格不改变的前提下,其他社会主体可以通过合法流转途径获得宅基地使用经营权。⑤

(二)农村宅基地"三权分置"改革的制度内涵

在宅基地"三权分置"的制度设计进入中央的政策视野后,其制度内

① 河南省人民政府:《中共河南省委河南人民政府关于推进乡村振兴战略的实施意见》,中华人民共和国农业农村部网站,https://www.moa.gov.cn/ztzl/xczx/yj/201811/t20181129-6164025.htm。

② 湖南省人民政府:《中共湖南省委省人民政府关于实施乡村振兴战略开创新时代"三农"工作新局面的意见》,中华人民共和国农业农村部网站,https://www.gov.cn/ztcl/xczx/yj/201811/t20181128_6163860.htm。

③ 德清县人民政府:《德清县人民政府关于印发德清县农村宅基地管理办法(试行)的通知》,德清县人民政府网站,www.deqing.gov/cn/art/2018/7/15/art_1229518656_1638940.html。

④ 蒙阴县人民政府:《省委办公厅、省政府办公厅印发〈关于开展农村宅基地"三权分置"试点促进乡村振兴的实施意见〉,蒙阴县人民政府网站,www.mengying.gov.cn/info/1937/78882.htm。

⑤ 嵊泗县人民政府办公室:《中共嵊泗县委县人民政府关于嵊泗县推动农村宅基地"三权分置"实施意见(试行)》,嵊泗县人民政府网站,www.shengsi.gov.cn/art/2018/8/19/art.1229561936_1638338.html。

涵也逐渐明晰。2018 年中央"一号文件"关于宅基地"三权分置"改革的内涵表达为："落实宅基地集体所有权,保障宅基地农户资格权和农民房屋财产权,适度放活宅基地和农民房屋使用权。"①由于实践探索尚未形成较为成熟和完善的经验,中央政策层面对宅基地"三权分置"的制度内涵没有作出更为细致的阐述,但从宅基地"三权分置"的相关政策文件及地方改革实践中依然可以窥探出具体内涵和未来改革部署的方向。

1. 落实宅基地集体所有权

长期以来,我国以"集体所有、成员使用、无偿取得、长期占有、限制流转"为主要特征的宅基地制度安排,造成了宅基地权利边界模糊、权能关系混乱,宅基地所有权遭到严重忽视的问题。② 在一些农村地区,由于所有权主体的缺位以及权能界定的模糊,宅基地使用权实际沦为农民"私有权",宅基地管理利用无序、低效。集体经济组织作为宅基地的所有者,在多年的实际运行过程中仅仅享有分配、调整和监督管理的职能,很少实现宅基地的占有、使用以及收益的权能,这对宅基地的合理利用与管理造成了极大的阻碍。③ 因此,宅基地"三权分置"改革需要发挥出改革的效能,明晰宅基地所有权主体及其权能。对宅基地所有权主体集体经济组织来说,宅基地"三权分置"不仅有利于坚持和巩固集体所有制,彰显集体经济组织的产权主体地位,也有利于明确宅基地所有权权能范围,实现集体的合理权益。

从中央政策文件来看,宅基地制度改革与承包经营土地制度改革一样,必须坚持集体所有权的根本地位④。中共中央办公厅、国务院办公厅印发的《关于农村土地征收、集体经营性建设用地入市、宅基地制度改革试点工作的意见》《深化农村改革综合性实施方案》,以及《国务院关于开展农村承包土地的经营权和农民住房财产权抵押贷款试点的指导意

---

① 《中共中央国务院关于实施乡村振兴战略的意见》,人民出版社 2018 年版,第 33 页。

② 李怀、陈享光:《乡村振兴背景下宅基地"三权分置"的权能实现与深化路径》,《西北农林科技大学学报》(社会科学版)2020 年第 6 期。

③ 陈振、罗遥、欧名豪:《宅基地"三权分置":基本内涵、功能价值与实现路径》,《农村经济》2018 年第 11 期。

④ 董祚继:《"三权分置"——农村宅基地制度的重大创新》,《中国土地》2018 年第 3 期。

见》、原国土资源部印发的《农村土地征收、集体经营性建设用地入市和宅基地制度改革试点实施细则》等文件，都将"坚持和依法保护集体所有权"作为改革推进的重要原则。宅基地集体所有制作为土地公有制的重要组成部分，也是国家实现对农村进行宏观管理与控制的重要前提。[1]如同承包地"坚持农村土地集体所有，能够确保广大农民群众平等享有基本生产资料与资源"一般，"坚持宅基地集体所有能够发挥其福利保障功能，确保广大农民群众平等享有基本居住资源，这也是实现共同富裕的重要基础"。[2] 宅基地"三权分置"改革中，坚持宅基地集体所有制是不能变的，必须始终维护好、落实好宅基地集体所有权。

从地方改革来看，宅基地集体所有权的落实也是"三权分置"的重要前提。2018 年 6 月，湖州市德清县出台《德清县农村宅基地管理办法（试行）》，规定"坚持农村土地集体所有制，本县范围内的农村宅基地所有权由村股份经济合作社统一行使；属村民小组的，由村民小组委托村股份经济合作社统一行使"[3]。2018 年 7 月，山东省在出台的《关于开展农村宅基地"三权分置"试点促进乡村振兴的实施意见》中，明确指出要"完善集体经济组织对宅基地所有权实现方式。探索宅基地作为集体经济组织所有的确权登记，明晰集体土地产权归属。保障集体所有权人对集体土地依法享有占有、使用、收益和处分的权利，依法依规行使村庄规划以及宅基地分配、使用、退出、流转等的管理职责"。[4] 2018 年 10 月，浙江省舟山市嵊泗县出台《嵊泗县推动农村宅基地"三权分置"实施意见（试行）》，意见明确提出"集体经济组织是宅基地的所有权人，在'三权分置'过程中，要因地制宜地建立土地民主管理机制。要维护农村集体经济组织对

[1] 于水、王亚星、杜焱强：《农村空心化下宅基地三权分置的功能作用、潜在风险与制度建构》，《经济体制改革》2020 年第 2 期。
[2] 张红宇：《准确把握农地"三权分置"办法的深刻内涵》，《农村经济》2017 年第 8 期。
[3] 德清县人民政府：《德清县人民政府关于印发德清县农村宅基地管理办法（试行）的通知》，德清县人民政府网站，www.deqing.gov/cn/art/2018/7/15/art_1229518656_1638940.html。
[4] 蒙阴县人民政府：《省委办公厅、省政府办公厅印发关于开展农村宅基地"三权分置"试点促进乡村振兴的实施意见》，蒙阴县人民政府网站，www.mengying.gov.cn/info/1937/78882.htm。

283

宅基地调整、监督和收回等各项权能，充分发挥村民自治组织作用，探索建立农村集体经济组织对宅基地取得、使用、收回、流转退出等管理制度"。① 从相关政策文件中可以看出，落实宅基地集体所有权关键是要做到"明晰"，即集体所有权主体明晰、集体所有权权能明晰。

2. 保障宅基地农户资格权

从权利性质上来看，"三权分置"下的宅基地资格权对应于承包地的承包权，以延续居住保障功能为目标而设立，明确了获取农村宅基地的资格，一定程度上可以看作为一种身份性权利，但也存在一些争议。从权能范围上来看，资格权对应的是集体经济组织成员，具有身份限制，并且还应具有一定的流动性，即可以适时地流转和退出，流转的范围则限制在本集体经济组织之内或是一定区域范围。因此，其权能范围应包括占有、收益、处分等权能。收益权主要表现为有偿流转（转让、互换、出租）的权利、获取征收补偿的权利和有偿退出的权利；处分权能主要表现为具有集体资格的农户转让、退出和继承宅基地的权利。处理好宅基地居住功能与财产功能的关系是保障农户资格权在产权权能范围之外不受侵害的关键。居住功能是农户作为集体经济组织成员享有的基本权利，无论宅基地如何流转或者使用权如何变动，都不能改变农户作为集体经济组织成员应有的居住权利。

在中央层面，政策文件并没有给出明确的宅基地农户资格权内涵，而是处于待探索状态。从各地的实践来看，宅基地"三权分置"改革中，保障农户资格权的关键在于清晰界定农户资格权的权利性质及其范围、农户资格权的认定、资格权的保障、资格权的退出以及处理好宅基地居住权能与财产权能的关系。2018 年 11 月，江苏宿迁市国土资源局印发《关于开展农村宅基地"三权分置"试点助力乡村振兴建设的指导意见（试行）》，对宅基地农户资格权作出如下规定："依照'按人核算、按户审批'的宅基地分配模式"进行资格权认定；资格权的退出方面，"对有退出意

---

① 嵊泗县人民政府办公室：《中共嵊泗县委县人民政府关于嵊泗县推动农村宅基地"三权分置"实施意见（试行）》，嵊泗县人民政府网站，www.shengsi.gov.cn/art/2018/8/19/art.1229561936_1638338.html。

向但又不想彻底失去宅基地的,可采取'留权不留地'的方式保留资格权";权益保障方面,"资格权人自行依法盘活利用宅基地及农房的,集体经济组织不得参与收益分成;集体经济组织对宅基地统一盘活利用的,资格权人依法享有参与分配收益的权利"。① 2018 年,浙江省舟山市嵊泗县出台的《嵊泗县推动农村宅基地"三权分置"实施意见(试行)》明确提出:"探索建立农村宅基地和农民住房流转机制,符合宅基地和农民住房有偿退出条件的可以申请有偿退出,规范农村宅基地使用权流转行为,维护宅基地资格权人的合法权益",并"允许宅基地和农民住房在县域范围内通过买卖、赠予、互换或其他合法方式在集体经济组织内部或跨集体经济组织流转调剂"。② 不同于承包地"三权分置"把承包经营权分离开来,宅基地"三权分置"的创新点在新设置了资格权这一宅基地产权权能,并且资格权对应主体是农户,是农村农民居住安全的保障,发挥着较为显著的社会稳定作用,需要保持长期不变。对于新生成的农户宅基地资格权有必要给予产权保障,其必要的方法就是明确界定其权能,包括权利性质及其范围。只要权能界定清晰明确,那么产权能够相应稳定。

3. 适度放活宅基地使用权

适度放活宅基地使用权是"三权分置"改革中实现宅基地有效利用的核心议题,其模式和路径的主要经验来源于地方实践,关键在于农民宅基地权益的保护和使用权的合理有效流转。《物权法》对宅基地使用权的规定为"宅基地使用权人依法对集体所有的土地享有占有和使用的权利,有权依法利用该土地建造住宅及其附属设施"③。这一规定主要关注宅基地的保障属性,并未说明宅基地的财产要素属性。在宅基地"三权分置"的

① 宿迁市国土资源局:《关于开展农村宅基地"三权分置"试点助力乡村振兴建设的指导意见(试行)》,宿迁市自然资源和规划局网站,www. suqian. gov. cn/szrghj/czfg/201811//aab5cec569304654876684264365boqc.shtml。
② 嵊泗县人民政府办公室:《中共嵊泗县委县人民政府关于嵊泗县推动农村宅基地"三权分置"实施意见(试行)》,嵊泗县人民政府网站,www. shengsi. gov. cn/art/2018/8/19/art. 1229561936_1638338.html。
③ 《中华人民共和国物权法》,中国法制出版社 2007 年版,第 152 页。

制度框架下,宅基地使用权的财产属性更为突出。

从中央和地方的改革意图中可以看出,适度放活宅基地使用权关键在于发挥宅基地财产功能,通过盘活利用宅基地使用权实现其财产价值。从权利性质来看,宅基地"三权分置"改革中的宅基地使用权的目标定位为促进农村发展、合理利用土地资源、实现农民增收,而要实现该功能,则需要将宅基地使用权定位为可流转、具有完善权能的物权。这也符合《物权法》中对宅基地使用权的用益物权属性规定。这样的宅基地使用权的基本特征为可流转,取得主体以及流转范围不局限于集体经济组织内部,并且不同于"三权分置"改革之前的宅基地使用权,存续期限为有限期,具体由宅基地资格权人和使用权受让人共同约定。因此,从权能范围来看,宅基地使用权应该具有以下权能:占有权、收益权、处分权。占有权表现为合法取得宅基地使用权的主体有权占有宅基地;收益权表现为作为用益物权的宅基地使用权可以流转取得收益,还包括宅基地农户资格权"被动灭失"(征收等形式)后受偿的权利;处分权则表现为使用权人在符合规定情况下抵押宅基地的权利。在许多学者看来,宅基地使用权的流转可以有效盘活宅基地[1],促进宅基地有偿退出和有偿使用,从而提高宅基地集约利用水平和效益[2]。同时,引导社会资本、技术、人员进入乡村也可以释放宅基地价值潜能,促进农民收入提高和农村产业发展。[3]但也要关注改革风险与公平正义,严格限定宅基地使用权的流转条件,规范宅基地使用权流转程序,在依法保护集体所有权和农户资格权的前提下,设置宅基地使用权流转的规则[4]。

从地方颁布的政策文件来看,放活宅基地使用权的主要制度内涵包括探索建立有偿使用机制、探索宅基地和农房使用权的流转以及宅基地

---

① 刘广明、张俊慈:《"适度放活"视阈下宅基地使用权流转的理路探索与制度重构》,《世界农业》2021年第3期。
② 董新辉:《新中国70年宅基地使用权流转:制度变迁、现实困境、改革方向》,《中国农村经济》2019年第6期。
③ 周其仁:《城乡中国》(下),中信出版社2014年版,第218—219页。
④ 李玲玲、贺彦菘:《城乡融合发展中宅基地使用权流转的必要限制与合理扩张》,《西北农林科技大学学报》(社会科学版)2022年第3期。

使用权的"空间位移"。① 山东省委办公厅、省政府办公厅印发的《关于开展农村宅基地"三权分置"试点促进乡村振兴的实施意见》指出,放活宅基地使用权要"按照房地一体的原则,合理确定宅基地和农民房屋通过转让、互换、赠予、继承、出租、入股等方式流转的适用范围,设定流转期限、途径和用途。探索放活宅基地和农民房屋使用权,城镇和乡村居民可以利用自有住宅依法从事休闲、旅游经营等"②。江苏宿迁市印发的《关于开展农村宅基地"三权分置"试点助力乡村振兴建设的指导意见(试行)》,在宅基地使用权适度放活方面提出了三方面内容:一是"自行开发使用宅基地,即鼓励城镇和乡村居民利用自有和闲置农房院落发展富有乡村特色的民宿、农家乐和养生养老基地"。二是"宅基地使用权流转,受让人在流转期限内依法享有宅基地使用权及地上建(构)筑物的占有、使用、收益和处分权利"。三是"探索宅基地使用权空间位移","通过利用城乡建设用地增减挂钩、同一乡镇范围内村庄建设用地布局调整试点等政策"实现宅基地使用权空间位移,以提高宅基地流转使用效率和流转收益。③

第三节　中国特色社会主义新时代党领导的农村土地三项制度改革

党的十八届三中全会对推进土地制度的深化改革作出了全面部署。在经济社会发展步入新阶段、农村现代化发展要求更为迫切的现实背景下,农村各项土地改革政策相继出台。2014年,中共中央办公厅、国务院

①　陈振、罗遥、欧名豪:《宅基地"三权分置":基本内涵、功能价值与实现路径》,《农村经济》2018年第11期。
②　蒙阴县人民政府:《省委办公厅、省政府办公厅印发关于开展农村宅基地"三权分置"试点促进乡村振兴的实施意见》,蒙阴县人民政府网站,www.mengying.gov.cn/info/1937/78882.htm。
③　宿迁市国土资源局:《关于开展农村宅基地"三权分置"试点助力乡村振兴建设的指导意见(试行)》,宿迁市自然资源和规划局网站,www.suqian.gov.cn/szrghj/czfg/201811//aab5cec569304654876684264365boqc.shtml。

办公厅印发《关于农村土地征收、集体经营性建设用地入市、宅基地制度改革试点工作的意见》，在全国范围内展开土地征收制度改革、集体经营性建设用地入市改革、宅基地制度改革试点工作。通过土地制度改革试点，总结实践经验，修改《土地管理法》等相关法律，以满足时代所需，推动乡村振兴与农业农村现代化发展。

一、农村土地征收制度改革

在城镇化进程中，随着城市规模扩张，农村土地征收数量迅速增加，但土地征收过程中拆迁冲突和矛盾不断。为稳定农村社会秩序，促进新型城镇化发展，真正实现"人"的城镇化，农村土地征收制度经历了不断改革完善的发展历程。2013 年，《中共中央关于全面深化改革若干重大问题的决定》指出要"缩小征地范围，规范征地程序，完善对被征地农民合理、规范、多元保障机制"①，对农村征地制度改革作出了初步规划。2015 年，农村土地三项制度改革试点任务部署，农村土地征收制度改革工作正式启动。试点地区经过多年的实践探索，在总结农村土地征收制度改革有益经验的基础上，2019 年新修改的《土地管理法》出台，农村土地征收制度改革的成果正式入法，标志着农村土地征收制度改革取得阶段性胜利。

（一）农村土地征收制度改革历程

自 2013 年中共中央作出全面深化改革的部署以来，农村土地征收制度改革在多个场合和政策文件中被提及。进入 2014 年后，农村土地制度改革系列任务的实施，加快了农村土地征收制度改革的进度。

1. 改革试点部署

2014 年，《关于农村土地征收、集体经营性建设用地入市、宅基地制度改革试点工作的意见》中对征地制度改革试点内容界定为，"针对征地范围过大、程序不够规范、被征地农民保障机制不完善等问题，要缩小土

---

① 《中共中央关于全面深化改革若干重大问题的决策》，人民出版社 2013 年版，第13 页。

地征收范围,探索制定土地征收目录,严格界定公共利益用地范围;规范土地征收程序,建立社会稳定风险评估制度,健全矛盾纠纷调处机制,全面公开土地征收信息;完善对被征地农民合理、规范、多元保障机制"。意见还指出,要"建立兼顾国家、集体和个人的土地增值收益分配机制,合理提高个人收益"[①]。针对土地增值收益分配机制不健全,国家、集体、个人之间利益不协调等问题,要建立健全土地增值收益在国家与集体之间、集体经济组织内部的分配办法和相关制度安排。

2015年2月,全国人大常委会授权国务院在北京市大兴区等33个试点县(市、区)行政区域,暂时调整实施土地管理法、城市房地产管理法中涉及农村土地征收、集体经营性建设用地入市、宅基地管理制度的有关规定,开展三项改革试点,其中河北省定州县、山东省禹城县、内蒙古自治区和林格尔县3个县被选取承担进行征地制度改革的试点任务。关于开展农村土地征收制度改革试点,规定"暂时调整《土地管理法》第四十七条关于征收集体土地补偿的规定"明确"综合考虑土地用途和区位、经济发展水平、人均收入等情况,合理确定土地征收补偿标准,安排被征地农民住房、社会保障。加大就业培训力度,符合条件的被征地农民全部纳入养老、医疗等城镇社会保障体系。有条件的地方可采取留地、留物业等多种方式,由农村集体经济组织经营。"[②]在试点过程中,试点区域合理提高被征地农民土地增值收益的比例,保障了农民利益。国务院有关部门则通过推进征地信息公开、完善征地程序等方式,加强群众对征地过程的监督。

2. 改革试点推进与经验总结

2015年6月,33个试点县(市、区)行政区域的试点实施方案经国土资源部农村土地制度改革三项试点工作领导小组批复,改革试点工作全面推进。经过两年多的试点,2017年10月,国土资源部部长姜大明在十

---

①　国家行政学院经济学教研部:《中国供给侧结构性改革》,人民出版社2016年版,第60—61页。

②　全国人民代表大会常务委员会法制工作委员会编:《中华人民共和国法律汇编(2015)》(下册),人民出版社2016年版,第945页。

二届全国人大常委会第三十次会议上概括指出，"农村土地征收制度改革中一些重点、难点、热点问题开始破题。按照中央部署和《决定》中'按程序、分步骤审慎稳妥'的精神，河北省定州县、山东省禹城县、内蒙古自治区和林格尔县率先开展土地征收制度改革试点，各试点地区"围绕缩小征地范围、规范征地程序、完善合理规范多元保障机制、建立土地增值收益分配机制等任务，积极开展政策研究和实践探索。""以用地类型、用地主体、是否盈利及规划管制等为依据，出台了土地征收目录……提高了土地征收补偿标准，完善了被征地农民住房、养老保险等补偿办法"，并且"积极探索土地增值收益在中央政府、地方政府、集体、农民之间的分配机制"，取得了不错的改革效果，"截至 2017 年 9 月，河北定州等三个试点地区按新办法实施征地共 63 宗 3.9 万亩，其他试点地区在土地征收制度改革上也开始进入操作阶段"。①

但考虑到一个试点地区只承接一项试点改革任务，不利于形成改革合力，仅 3 个地区进行试点改革，不利于总结系统性的制度成果。2016年，国土资源部先后与中央改革办、中央财办、中央农办等部门沟通，8 月31 日正式向中央全面深化改革领导小组请示，建议进一步统筹协调农村土地制度改革三项试点，在坚守土地公有性质不改变、耕地红线不突破、粮食生产力不减弱、农民利益不受损四条底线前提下，把土地征收制度改革和农村集体经营性建设用地入市改革试点扩大到 33 个试点地区。同年 9 月，中央批准请示，三项改革试点改革协同综合推进局面形成。2017年 2 月，《中共中央国务院关于深入推进农业供给侧结构性改革加快培育农业农村发展新动能的若干意见》也指出要"统筹协调推进农村土地征收、集体经营性建设用地入市、宅基地制度改革试点"②。

农村土地征收制度改革被普遍认为是推进难度最高的一项改革试点

---

① 姜大明：《对〈关于延长授权国务院在北京大兴区等 33 个试点县（市、区）行政区域暂时调整实施有关法律规定期限的决定（草案）〉的说明》，《中华人民共和国全国人民代表大会常务委员会公报》2017 年第 6 期。

② 《中共中央国务院关于深入推进供给侧结构性改革加快培育农业农村发展新动能的若干意见》，人民出版社 2017 年版，第 25 页。

工作。2015年12月,国土资源部副部长王世元在土地征收制度改革试点专题交流会上指出,"大家一直认为土地征收制度改革在三项改革试点中,难度最大、困难最多,进展也相对缓慢"[①]。因此在实践中,征地制度改革推进力度较大,投入资源较多,地方形成了较丰富的成果,2017年2月,国土资源部办公厅印发的工作总结中表明,农村土地三项制度改革中,试点地区坚持问题和目标导向,积极开展政策研究,因地制宜形成了23个配套制度并进行了实践探索。2017年11月,十二届全国人大常委会第三十次会议通过决定,将三项改革试点期限延长1年至2018年12月31日。2018年12月,全国人大常委会审议又决定将农村土地制度三项改革试点法律调整实施的期限再延长1年至2019年12月31日,为征地制度改革实践经验总结提供了充裕时间。

经过两次延期,农村土地三项制度改革试点在2019年底结束。根据2018年3月国家发改委发布的《关于统筹推进自然资源资产产权制度改革的指导意见》"系统总结农村土地制度改革三项试点经验,加快土地管理法修订步伐"[②]的要求,有关部门从2018年底开始对试点改革成效进行评估、总结和验收,并在此基础上修改法律。经过对试点经验的总结和吸收,2019年8月,十三届全国人大常委会第十二次会议审议通过了关于修改《土地管理法》的决定,农村土地征收制度改革的成果经验正式入法,并从2020年1月1日起开始实施。

(二)农村土地征收制度改革内容

土地征收制度的改革内容体现于《土地管理法》的修正。2019年8月,《土地管理法》修改通过,此次修法是对我国农村土地征收制度多年试点改革经验的总结,修法的重点在于要平衡好保障社会经济发展与维护农民权益的关系,明确土地征收的公共利益目的,确保征地程序公开民主,完善征地补偿安置标准,构建被征地农民的保障机制。因此,关于土

---

① 王世元:《在土地征收制度改革试点专题交流会上的讲话》,《国土资源通讯》2015年第12期。

② 《关于统筹推进自然资源资产产权制度改革的指导意见》,人民出版社2019年版,第13页。

地征收制度改革的内容主要集中在"明确公共利益目的、规范征地程序、完善补偿保障机制"三个方面。①

1. 明确公共利益目的

清晰界定土地征收的公共利益目的是征地制度改革的首要内容。界定公共利益有多种的方式，主要包括概括式、列举式及概括加列举式。②概括式对公共利益的界定比较宽泛，且不要求公共利益为直接目的，只要在结果中有公共利益的实现即可；列举式对公共利益限定较为严格，列举穷尽所有可能情形，不加兜底性规定。③ 2011 年国务院制定的《国有土地上房屋征收与补偿条例》采取了概括式的方式对征地目的进行了界定，条例规定因"公共利益"征收国有土地上房屋的情形包括"国防和外交的需要；由政府组织实施的能源、交通、水利等基础设施建设的需要；由政府组织实施的科技、教育、文化、卫生、体育、环境和资源保护、防灾减灾、文物保护、社会福利、市政公用等公共事业的需要"等。④ 在此基础上，2019 年修正的《土地管理法》采用列举式与概括式相结合的方式，进一步明确公共利益的范围，新增了一条专门界定公共利益的法律条款。该条款列举了六种情形，严格限定了公共利益范围，体现了征地的公益性和强制性。⑤

2. 规范征地程序

规范征地程序，就是要解决既有法律中关于征地运行规定的不完善之处，探索土地征收制度在实际改革中规范运行所需弥补的程序。针对前法规定的不完善之处，2019 年修正的《土地管理法》弥补了原法征地批准前程序的空白，强化了农民的知情权、话语权，增加了社会风险评估内

---

① 施春风：《新时代我国征地制度的创新与发展》，《行政管理改革》2020 年第 6 期。

② 段文技、宋熳青：《土地征收中公共利益前置界定及争议裁决机制探讨》，《行政管理改革》2020 年第 9 期。

③ 江国华、向雪宁：《我国土地征收制度的困境与出路》，《中南民族大学学报》（人文社会科学版）2014 年第 4 期。

④ 《国有土地上房屋征收与补偿条例》，人民出版社 2011 年版，第 5 页。

⑤ 施春风：《新时代我国征地制度的创新与发展》，《行政管理改革》2020 年第 6 期。

容,并将补偿安置协议的签订,作为上级批准征地决定的重要依据。① 具体法律内容包括:一是"开展拟征收土地现状调查和社会稳定风险评估"。土地利用现状调查是征地准备工作的重要基础性工作,对于核实被征地块信息、制定补偿标准具有重要的参考意义。社会稳定风险评估,是指与人民群众利益密切相关的重大决策、重要政策、重大改革措施、重大工程建设项目、与社会公共秩序相关的重大活动等重大事项进行科学的风险预测、分析和评估,并制定防范策略,对于防范征地风险、减轻征地风险程度意义重大。二是"公告征地信息",即将征收范围、土地现状、征收目的、补偿标准、安置方式和社会保障等事关被征收土地群众的切身利益的信息在村小组范围内进行公告,在保障征地相关利益主体的知情权的同时,充分发挥广大民众的民主监督作用,促进征地程序阳光、公开推进。

3. 完善补偿保障机制

土地征收补偿,是国家实行集体土地征收的必然性要求,也是保障被征地农民群体的生活水平以及长远生计的合理性要求。从1982年开始,《国家建设征用土地条例》就第一次明确了以"就业安置为主、货币补偿为辅"的征地补偿安置模式。② 1986年《土地管理法》确认了这种模式,补充规定征收土地应按照"土地前3年平均年产值的法定倍数"补偿,并对土地征收后多余劳动力的"农转非"内容进行规定,在一定程度上保障了被征地农民的生计。1988年《土地管理法》的修改对征地补偿模式进行了调整,改为"货币补偿为主、就业安置为辅"的模式,并且考虑到经济社会的发展,将货币补偿的标准提高到原来的两倍。③ 2004年《国务院关于深化改革严格土地管理的决定》开始向"货币补偿和就业补偿并重"的模式转变,要求各省区按照统一年值或区片综合地价标准进行补偿,并要求采取纳入城镇就业体系、社会保障制度,留有必要耕作土地,建设用地

---

① 施春风:《新时代我国征地制度的创新与发展》,《行政管理改革》2020年第6期。
② 潘嘉玮:《城市化进程中土地征收法律问题研究》,人民出版社2009年版,第97页。
③ 全国人民代表大会常务委员会法制工作委员会编:《中华人民共和国法律汇编(2019)》,人民出版社2020年版,第196页。

使用权入股或者异地移民安置等方式妥善安置被征地农民。[①] 2019 年《土地管理法》着眼于确定更合适的土地补偿原则和更为合理的保障机制,对征地补偿条款进行修改,并将保障机制改革内容表达为"征收土地应当给予公平、合理的补偿,保障被征地农民原有生活水平不降低、长远生计有保障"。[②]

二、农村集体经营性建设用地入市制度改革

作为农村集体经营性建设用地,在我国农村土地制度改革进程中一直是变革幅度最小的一块。自进入 21 世纪以来,随着经济社会的发展,农村土地财产价值日益显化,加之农村土地制度改革措施的综合推进以及资源配置市场化机制的建设完善,集体经营性建设用地的有效利用逐渐成为土地制度改革的关注内容之一。党的十八届三中全会作出的《中共中央关于全面深化改革若干重大问题的决定》提出:"在符合规划和用途管制的前提下,允许农村集体经营性建设用地出让、租赁、入股,实行与国有土地同等入市、同权同价"[③]。集体经营性建设用地制度改革推进的核心任务是实现"入市交易流通",由此"完善农村集体经营性建设用地产权制度"以及"构建同权同价、同等入市的城乡统一建设用地市场"是制度改革的主要目标。2019 年《土地管理法》关于集体经营性建设用地入市的修改内容主要在于两个方面:一是明确了集体经营性建设用地的入市条件,二是规范了入市后的基本管理措施。

(一)农村集体经营性建设用地入市制度改革历程

在 20 世纪 90 年代乡镇企业大发展时期,农村集体经营性建设用地大量形成,其实际发展变迁经历了"扩张""限制"和"统筹"几个阶段,制度变迁也呈现相同的特征。以集体经营性建设用地入市制度改革部署为

---

① 施春风:《新时代我国征地制度的创新与发展》,《行政管理改革》2020 年第 6 期。
② 全国人民代表大会常务委员会法制工作委员会编:《中华人民共和国法律汇编(2019)》,人民出版社 2020 年版,第 287 页。
③ 中共中央文献研究室编:《十八大以来重要文献选编》(上),中央文献出版社 2014 年版,第 518 页。

界,可以将其分为农村土地三项制度改革以前的制度演进和农村土地三项制度改革以后的制度演进。

1. 农村土地三项制度改革以前的制度演进

20世纪的农村集体经营性建设用地管理基调以经济发展为主,在乡镇企业快速建立的时期,由于国家政策管制较为宽松,农村集体经营性建设用地面积迅速扩张。随着家庭联产承包责任制的推行,农村兴起了一股建房热,农村建设用地需求大增,而农村建设用地扩张也带来了一系列矛盾问题。在此背景下,国家逐步规范乡镇企业发展,开始对农村建设用地使用进行严格整治。1998年12月发布的《中华人民共和国土地管理法实施条例》强调要控制乡村建设用地指标和规范农户建设用地的批准权。① 在规范建设用地的同时,国家对耕地保护的重视程度也越来越高,严格的耕地保护制度也使农村集体经营性建设用地增量速度持续放缓,集体经营性建设用地效率逐渐下降。但是集体经营性建设用地作为集体资产的重要部分,在农村建设用地资源中占据着不小的比例。如何盘活集体经营性建设用地这部分土地资源,提高农村土地的利用效率,从而促进城乡统筹发展、实现农村产业发展和农民增收,成为农村土地改革的一个重要议题。由此,对集体经营性建设用地的流转利用的探索在全国许多地区相继开始,中央也陆续出台相关政策对集体经营性建设用地制度改革作出部署。2008年召开党的十七届三中全会,基本确立了构建"城乡统一"的建设用地市场的政策方向。2013年党的十八届三中全会通过了《中共中央关于全面深化改革若干重大问题的决定》,从拓宽集体经营性建设用地的流转交易方式、建设城乡一体的"同地""同价""同权"建设用地市场方面,为集体经营性建设用地的有效利用给出了新的指引。② 2014年12月,习近平总书记主持召开中央全面深化改革领导小组第七次会议,审议了《关于农村土地征收、集体经营性建设用地入市、宅基地制度改革试点工作的意见》,并指出要"坚持土

---

① 徐万刚:《城乡统一建设用地市场论》,西南财经大学出版社2016年版,第51页。
② 中共中央文献研究室编:《十八大以来重要文献选编》(上),中央文献出版社2014年版,第518页。

地公有制性质不改变、耕地红线不突破、农民利益不受损三条底线,在试点基础上有序推进"①,进一步明确部署了构建城乡统一建设用地市场的试点工作。

2. 农村土地三项制度改革以后的制度演进

2014 年 12 月,《关于农村土地征收、集体经营性建设用地入市、宅基地制度改革试点工作的意见》明确指出,针对农村集体经营性建设用地权能不完整,不能同等入市、同权同价和交易规则亟待健全等问题,要完善农村集体经营性建设用地产权制度,赋予农村集体经营性建设用地出让、租赁、入股权能,以及明确农村集体经营性建设用地入市范围和途径,建立健全市场交易规则和服务监管制度等,标志着农村集体经营性建设用地入市制度改革进入新试点阶段。2015 年,《关于授权国务院在北京市大兴区等 33 个试点县(市、区)行政区域暂时调整有关法律规定的决定》为试点工作排除了法律障碍,允许存量农村集体经营性建设用地进行出租、出让、入股等流转交易,与国有土地实现"同地、同权、同价"等,为试点地区探索建立城乡统一的建设用地市场奠定了坚实制度基础。2019 年《中共中央国务院关于坚持农业农村优先发展做好"三农"工作的若干意见》,对集体经营性建设用地入市改革进行全面部署,将改革目标定为着力推动城乡之间土地要素的自由流动,提高城乡资源要素的市场化配置水平。2019 年 5 月,发布的《中共中央国务院关于建立健全城乡融合发展体制机制和政策体系的意见》,更为细致地构建了建立集体经营性建设用地入市制度的框架。2019 年 8 月《土地管理法》再次修正,集体经营性建设用地入市制度改革的成功经验被写入其中,此次入法为构建城乡统一的建设用地市场破除了法律障碍,提供了坚实的法律基础。2020 年 4 月印发的《中共中央国务院关于构建更加完善的要素市场化配置体制机制的意见》,进一步指出应加快探索建立全国性的建设用地交易机制,将农村集体经营性建设用地的配置逐渐交由全国土地交易的总

---

① 新华月报编:《新中国 70 年大事记(1949.10.1—2019.10.1)》(下),人民出版社 2020 年版,第 260 页。

体市场,以实现更为高效合理的利用。①

(二)农村集体经营性建设用地入市制度改革内容

按照《关于农村土地征收、集体经营性建设用地入市、宅基地制度改革试点工作的意见》的内容,要构建城乡统一的建设用地市场,其关键在于完善农村集体经营性建设用地产权制度,明确农村集体经营性建设用地入市范围和途径,以及改变集体土地参与市场交易的方式和土地增值收益的分配方式,从而实现"同地、同权、同价"的改革目标。②

1. 完善农村集体经营性建设用地产权制度

集体经营性建设用地作为农村集体建设用地的重要组成部分之一,是集体土地资源的重要内容,其产权制度的构建是集体产权制度改革的核心内容,农村集体产权制度改革又是"三农"领域具有"四梁八柱"性质的重大改革③。作为深化农村改革的一项重大举措,它也是发展壮大集体经济的基础前提。④ 实践中对集体产权制度的改革可以追溯到 20 世纪 90 年代,当时发达地区的部分农村就开始探索多种类型的股份制改革。2013 年,《中共中央关于全面深化改革若干重大问题的决定》指出:"积极发展农民股份合作,赋予农民对集体资产股份占有、收益、有偿退出及抵押、担保、继承权"⑤,为集体产权制度改革工作作出了新指引。2014 年,中共中央审议通过了《积极发展农民股份合作赋予农民对集体资产股份权能改革试点方案》,并在全国选取 29 个单位开展试点,标志着农村集体产权制度改革的规范试点工作正式启动。2016 年印发的《中共中央国务院关于稳步推进农村集体产权制度改革的意见》对集体产权制

---

① 《中共中央国务院关于构建更加完善的要素市场化配置体制机制的意见》,人民出版社 2020 年版,第 4 页。
② 杨振、韩磊:《城乡统一建设用地市场构建:制度困境与变革策略》,《学习与实践》2020 年第 7 期。
③ 《深化农村集体产权制度改革方向》,《人民日报》2017 年 4 月 19 日。
④ 高强、鞠可心:《农村集体产权制度的改革阻点与破解路径——基于江苏溧阳的案例观察》,《南京农业大学学报》(社会科学版)2021 年第 2 期。
⑤ 中共中央文献研究室编:《十八大以来重要文献选编》(上),中央文献出版社 2014 年版,第 524 页。

度改革进行了顶层设计和全面部署。2017 年,全国新增 100 个县(市、区)开展集体资产清产核资、加强农村集体资产财务管理试点。2018 年又确定在吉林、江苏、山东 3 个省开展农村集体产权制度改革的整省试点,于河北石家庄市等 50 个地市开展整市试点,于天津市武清区等 150 个县级行政单位开展整建制试点。[①] 2017 年,党的十九大报告明确指出要持续"深化农村集体产权制度改革,保障农民财产权益,壮大集体经济"[②],农村集体产权制度改革方案不断细化。

　　由于各地农村资源禀赋差异较大,集体经济发展不平衡,改革采取了"先易后难、由点及面、试点推进"的方式有序推进,兼顾东部地区、中部地区和西部地区,先在有条件的地区探索,再总结经验逐步推广至全国各地。自改革试点工作推进以来,全国先后组织开展了 5 批农村集体产权制度改革试点,共有 28 个省份、89 个地市、442 个县整建制开展试点试验。据统计,2017 年底,查清核实全国集体经济组织账面资产总额 3.44 万亿元,村均 610.3 万元。其中,东部地区经核实的集体资产占全国集体总资产的 75.8%,村均资产 1116.2 万元,远高于中部地区、西部地区的 300.6 万元、199.4 万元[③],展现出东部地区、中部地区和西部地区之间集体经济发展的明显差异。到 2019 年,全国已有 47.8 万个完成清产核资报表填报的行政村,总行政村数量完成率达 81.6%,村集体经济组织年收入达到 4627 亿元,年经营收益超过 5 万元的村占比接近 30%,集体经济组织确认集体成员 3 亿多人,年人均分红 315 元。[④] 到 2020 年,这些指标继续上涨,全国已有 43.8 万个村完成集体产权制度改革,确认集体成员已达 6 亿多人,共清查核实集体经济组织账面资产总额 6.5 万亿元,相较

---

① 农业农村部政策与改革司、赵阳主编:《农村集体产权制度改革》,人民出版社 2020 年版,第 39 页。

② 中共中央党史和文献研究室编:《十九大以来重要文献选编》(上),中央文献出版社 2019 年版,第 23 页。

③ 陈建荣:《苏州农村集体资产产权制度改革的"四化"之路》,《江苏农村经济》2014 年第 11 期。

④ 郭晓鸣、王蔷:《深化农村集体产权制度改革的创新经验及突破重点》,《经济纵横》2020 年第 7 期。

于 2017 年增长 88.95%,核实资源性资产总面积 65.5 亿亩,集体成员累计分红已超过 3800 亿元。①

2. 建立集体经营性建设用地参与市场的高效途径

集体经营性建设用地入市交易,构建城乡统一的建设用地市场,将改变长期以来建设用地依赖征地的供给模式,但同时也会带来地方政府参与构建统一市场的低积极性问题。② 因此,要避免政府不作为问题、降低集体土地市场交易成本,保证集体经营性建设用地能够顺利参与城乡土地市场交易,必须减少建设用地供需双方的中间制度性环节,从而进行"面对面"交易。③ 通过引入市场化的谈判和交易模式,让土地市场供需双方直接交易,一方面有利于提高交易效率,另一方面能够优化和调整政府的职能定位,从而更好地推进城乡统一的建设用地市场的完善发展。

3. 建立公平合理的土地增值收益分配机制

城乡统一的建设用地市场一定是兼顾城乡两方面的多个主体的,包括政府、村集体、农民以及土地使用者,集体土地增值收益也应该实现在多个主体间实现合理、公平配置,这是实现农村集体经营性建设用地高效交易流转的重要基础,也是农村集体经营性建设用地入市交易的必然要求。由于农村集体经济组织在集体土地流转过程中的法律地位普遍被架空,集体要求收益分配的话语权小,集体和农民个人增值收益分配比例普遍较低。建立城乡统一的建设用地市场,要尽可能保障土地增值收益权更多向农村倾斜,认真处理土地增值收益分配调节金,维护好农民的权益。④ 因此,要强化农村建设用地的集体所有制,加快集体经营性建设用地的成员确权工作,促进集体产权向农民股权的转变,形成明晰而完备的

---

① 高强、鞠可心:《农村集体产权制度的改革阻点与破解路径——基于江苏溧阳的案例观察》,《南京农业大学学报》(社会科学版)2021 年第 2 期。

② 林超、刘宝香:《"构建城乡统一的建设用地市场"内涵再认识》,《世界农业》2019 年第 3 期。

③ 杨振、韩磊:《城乡统一建设用地市场构建:制度困境与变革策略》,《学习与实践》2020 年第 7 期。

④ 沈开举、邢昕:《加快建立城乡统一的建设用地市场》,《人民论坛》2019 年第 27 期。

产权结构,这也是优化合理分享土地增值收益格局的制度前提。①

4. 构建完善的集体土地纠纷解决机制

城乡统一的建设用地市场建设涉及的土地规模大、利益群体多、影响范围广,构建好完善的土地纠纷解决机制是城乡统一用地市场平稳运行的重要保障。农村集体经营性建设用地流转不仅关涉相关行政机关,也可能涉及特定法人或个人之间的纠纷,因而需完善行政复议、行政诉讼、民事诉讼等司法救济机制,明确复议、诉讼等司法救济举措,以合法方式更好地保护农民权益。集体经营性建设用地入市涉及面广、波及范围大、相关不稳定因素多,应当积极拓展调解、仲裁等方式,多管齐下,及时发现和解决集体经营性建设用地入市及其市场化流转过程中可能存在的问题。②

三、农村宅基地制度改革

农村宅基地制度改革是解决农村发展问题的重要手段。2013 年,《中共中央关于全面深化改革若干重大问题的决定》指出,要"保障农户宅基地用益物权,改革完善农村宅基地制度"③。宅基地制度改革的实践探索早已有之,但中央的改革政策长期保持"审慎稳妥"的原则。直到2014 年 12 月,《关于农村土地征收、集体经营性建设用地入市、宅基地制度改革试点工作的意见》部署了农村土地三项制度改革试点,由此明确了宅基地制度改革重点,即要完善宅基地权益保障和取得方式,对因历史原因形成超标准占用宅基地和一户多宅等情况探索有偿使用,探索进城落户农民在本集体经济组织内部自愿有偿退出或转让宅基地等,具体可概括为确权登记、宅基地有偿使用和宅基地退出 3 个重点方向。④

---

① 杨振、韩磊:《城乡统一建设用地市场构建:制度困境与变革策略》,《学习与实践》2020年第 7 期。

② 沈开举、邢昕:《加快建立城乡统一的建设用地市场》,《人民论坛》2019 年第 27 期。

③ 中共中央文献研究室编:《十八大以来重要文献选编》(上),中央文献出版社 2014 年版,第 524 页。

④ 国家行政学院经济学教研部:《中国供给侧结构性改革》,人民出版社 2016 年版,第59 页。

(一)农村宅基地确权登记制度改革

农村宅基地确权登记是完善宅基地权益保障和取得方式,探索农民住房保障在不同区域户有所居的重要基础,党中央始终重视对农民土地权益的保障。党的十七届三中全会指出要"搞好农村土地确权、登记、颁证工作",党的十八届三中全会以后,农村土地确权颁证工作全面推进。经过多年努力,农村土地确权成效显著。

1. 宅基地确权登记制度改革的演进

党的十七届三中全会提出要"健全严格规范的农村土地管理制度","搞好农村土地确权、登记、颁证工作。完善土地承包经营权权能,依法保障农民对承包土地的占有、使用、收益等权利"①,明确了承包地确权登记的改革目标。2011 年,国土资源部会同相关部门出台了《国土资源部、财政部、农业部关于推进农村集体土地确权登记发证工作的通知》,以及《国土资源部、中央农村工作领导小组办公室、财政部、农业部关于推进农村集体土地确权登记发证的若干意见》,对农村土地确权登记工作提出进一步要求,将整个集体土地的确权登记都纳入到改革范围内。2012年中央"一号文件"指出"推进包括农户宅基地在内的农村集体建设用地使用权确权登记颁证工作,稳步扩大农村土地承包经营权登记试点"②,明确了宅基地确权登记的改革任务。

2012 年,国土资源部下发《关于规范土地登记的意见》,为规范农村土地确权登记秩序提供了制度保障。同年《农村集体土地所有权确权登记发证成果检查验收办法》出台,统一规范了确权登记工作检查验收的程序、内容和方法。2013 年国务院决议开展整合不动产登记职责、建立不动产统一登记制度等,对于进一步推进农村土地确权登记工作意义重大。当年中央"一号文件"还明确提出要用五年的时间完成农村土地承包经营权确权登记颁证工作,"加快包括农村宅基地在内的农村集体土

---

① 中共中央文献研究室编:《十七大以来重要文献选编》(上),中央文献出版社 2009 年版,第 674—675 页。

② 《关于加快推进农业科技创新持续增强农产品供给保障能力的若干意见》,人民出版社 2012 年版,第 7 页。

地所有权和建设用地使用权地籍调查,尽快完成确权登记颁证工作……农村土地确权登记工作经费纳入地方财政预算,中央财政予以补助"①。2014 年中央"一号文件"继续提出要"切实加强组织领导,抓紧抓实农村土地承包经营权确权登记颁证工作,充分依靠农民群众自主协商解决工作中遇到的矛盾和问题。"② 2014 年,国土资源部等 5 部门联合印发《关于进一步加快推进宅基地和集体建设用地使用权确权登记发证工作的通知》,要求在国家建立和实施不动产统一登记制度的同时,稳妥高效推进农村宅基地和集体建设用地使用权确权登记工作。③ 2015 年 1 月,中央部署了农村土地三项制度改革任务,在农村土地制度改革的协同推进格局下,开展农村集体建设用地确权颁证工作的必要性和迫切性提到了更高的程度。2020 年 5 月,为确保年底完成党中央部署的宅基地确权登记任务,《自然资源部关于加快宅基地和集体建设用地使用权确权登记工作的通知》发布,对全国农村宅基地确权登记工作作出了保障部署。

2. 宅基地确权登记制度的改革内容

根据中央政策文件以及农村登记工作实践,农村宅基地确权登记工作开展的主要内容包括依法依规开展确权、开展农村土地地籍调查、明确宅基地使用权主体以及化解宅基地确权的历史遗留问题。

（1）依法依规开展农村宅基地确权

依法依规是开展土地确权的基本原则。2012 年《国土资源部、中央农村工作领导小组办公室、财政部、农业部关于农村集体土地确权登记发证的若干意见》提出:"按照《中华人民共和国物权法》《中华人民共和国土地管理法》《土地登记办法》《土地权属争议调查处理办法》《确定土地所有权和使用权的若干规定》等有关法律政策文件以及地方性法规、规

①《中共中央国务院关于加快发展现代农业进一步增强农村发展活力的若干意见》,人民出版社 2013 年版,第 16 页。
②《关于全面深化农村改革加快推进农业现代化的若干意见》,人民出版社 2014 年版,第 14 页。
③ 国土资源部:《国土资源部财政部住房和城乡建设部农业部国家林业局关于进一步加快推进宅基地和集体建设用地使用权确权登记发证工作的通知》,中华人民共和国自然资源部网站,http://www.mnr.gov.cn/clt/zb/2016/ys/beijingzi/ial201612/t-20161205_2127941.html。

章的规定,本着尊重历史、注重现实、有利生产生活、促进社会和谐稳定的原则,在全国土地调查成果以及年度土地利用变更调查成果基础上,依法有序开展确权登记发证工作。"① 农村集体土地确权登记依据的文件资料主要包括:"人民政府或者有关行政主管部门的批准文件、处理决定;县级以上人民政府国土资源行政主管部门的调解书;人民法院生效的判决、裁定或者调解书;当事人之间依法达成的协议;履行指界程序形成的地籍调查表、土地权属界线协议书等地籍调查成果;法律、法规等规定的其他文件等"。② 明确宅基地确权登记的依据法规文件是进行宅基地确权登记工作的重要基础,也是减少确权登记工作冲突、提高登记效果的重要保障。

(2)开展宅基地地籍调查

地籍调查是进行农村土地确权的重要数据基础以及权属保障的基本参考。2020 年《自然资源部关于加快宅基地和集体建设用地使用权确权登记工作的通知》明确提出,要"因地制宜,加快开展地籍调查","全面查清宅基地和集体建设用地底数,对已调查登记、已调查未登记、应登记未登记、不能登记等情况要清晰掌握。正在开展地籍调查的,要加快推进调查和确权登记工作。尚未开展地籍调查的,要按照《地籍调查规程》《农村不动产权籍调查工作指南》等,因地制宜抓紧开展,形成满足确权登记需要的房地一体地籍调查成果。"③ 对于宅基地地籍调查的方式,可采取多种灵活方式进行,如"对权利人因外出等原因无法实地指界的,可采取委托代理人代办、'先承诺、后补签'或网络视频确认等方式进行"。关于调查的技术方法,"要结合本地实际,选取合适的地籍测绘技术","有条件或靠近城镇的,可采用解析法。不具备条件的,可利用现势性强的国土三调、农村土地承包经营权登记等形成的航空或高分辨率卫星遥感正射影像图,采用图解法获取界址、面积等信息。对暂不具备解析法和图解法

---

① 《国土资源部、中央农村工作领导小组办公室、财政部、农业部关于农村集体土地确权登记发证的若干意见》,《中国自然资源报》2011 年 11 月 10 日。

② 《国土资源部、中央农村工作领导小组办公室、财政部、农业部关于农村集体土地确权登记发证的若干意见》,《中国自然资源报》2011 年 11 月 10 日。

③ 《〈中共中央关于制定国民经济和社会发展第十四个五年规划和二〇三五年远景目标的建议〉辅导读本》,人民出版社 2020 年版,第 173 页。

条件的,可由市、县自然资源主管部门会同村委会组织人员,利用'国土调查云'软件结合勘丈法进行地籍测绘"①。

（3）明确宅基地使用权主体

明确宅基地使用权主体是进行宅基地确权颁证的最重要工作之一,对于保障使用权主体相关财产权益、促进宅基地合理高效利用意义重大。2012年,《国土资源部、中央农村工作领导小组办公室、财政部、农业部关于农村集体土地确权登记发证的若干意见》指出,在农村集体建设用地确权登记工作中要"严格规范确认宅基地使用权主体",并作出详细规定:"宅基地使用权应该按照当地省级人民政府规定的面积标准,依法确认给本农民集体成员。非本农民集体的农民,因地质灾害防治、新农村建设、移民安置等集中迁建,在符合当地规划的前提下,经本农民集体大多数成员同意并经有权机关批准异地建房的,可按规定确权登记发证。已拥有一处宅基地的本农民集体成员、非本农民集体成员的农村或城镇居民,因继承房屋占用农村宅基地的,可按规定登记发证……非农业户口居民(含华侨)原在农村合法取得的宅基地及房屋,房屋产权没有变化的,经该农民集体出具证明并公告无异议的,可依法办理土地登记。"②还规定"对于没有权属来源证明的宅基地,应当查明土地历史使用情况和现状,由村委会出具证明并公告30天无异议,经乡(镇)人民政府审核,报县级人民政府审定,属于合法使用的,确定宅基地使用权。"

（4）化解宅基地确权的历史遗留问题

解决宅基地利用过程中遗留的历史问题是推动土地颁证高效实施,保障农民权益,提高政策满意度的关键措施。2012年《国土资源部、中央农村工作领导小组办公室、财政部、农业部关于农村集体土地确权登记发证的若干意见》③、2014年《国土资源部 财政部、住房和城乡建设部、农

---

① 《〈中共中央关于制定国民经济和社会发展第十四个五年规划和二〇三五年远景目标的建议〉辅导读本》,人民出版社2020年版,第173页。

② 《国土资源部、中央农村工作领导小组办公室、财政部、农业部关于农村集体土地确权登记发证的若干意见》,《中国自然资源报》2011年11月10日。

③ 《国土资源部、中央农村工作领导小组办公室、财政部、农业部关于农村集体土地确权登记发证的若干意见》,《中国自然资源报》2011年11月10日。

业部、国家林业局关于进一步加快推进宅基地和集体建设用地使用权确权登记发证工作的通知》、2016 年《国土资源部关于进一步加快宅基地和集体建设用地确权登记发证有关问题的通知》等文件，都要求"充分发挥乡村基层组织作用，推动解决宅基地'一户多宅'、缺少权属来源材料、超占面积、权利主体认定等问题，按照房地一体要求，统一确权登记、统一颁发证书，努力提高登记率。市、县自然资源主管部门可会同乡（镇）人民政府、村委会，组织群众以行政村为单位，统一申请登记，实现批量受理、集中办证"。

对于登记工作中存在的历史遗留问题，《自然资源部关于加快宅基地和集体建设用地使用权确权登记工作的通知》规定："1982 年《村镇建房用地管理条例》实施前，农村村民建房占用的宅基地，在《村镇建房用地管理条例》实施后至今未扩大用地面积的，可以按现有实际使用面积进行确权登记；1982 年《村镇建房用地管理条例》实施起至 1987 年《土地管理法》实施时止，农村村民建房占用的宅基地，超过当地规定的面积标准的，超过部分按当时国家和地方有关规定处理后，可以按实际使用面积进行确权登记，1987 年《土地管理法》实施后，农村村民建房占用的宅基地，超过当地规定的面积标准的，按照实际批准面积进行确权登记"。[1]

对于其他存在的疑难问题，《自然资源部关于加快宅基地和集体建设用地使用权确权登记工作的通知》也进行了规定，如"对合法宅基地上房屋没有符合规划或建设相关材料的，地方已出台相关规定，按其规定办理。未出台相关规定，位于原城市、镇规划区内的，出具规划意见后办理登记""对乱占耕地建房、违反生态保护红线管控要求建房、城镇居民非法购买宅基地、小产权房等，不得办理登记，不得通过登记将违法用地合法化"等。[2]

---

[1]　自然资源部：《自然资源部关于加快宅基地和集体建设用地使用权确权登记工作的通知》，中华人民共和国自然资源部网站，gi.mnr.gor.cn/202005/t20200518.2514094.html。

[2]　自然资源部：《自然资源部关于加快宅基地和集体建设用地使用权确权登记工作的通知》，中华人民共和国自然资源部网站，gi.mnr.gor.cn/202005/t20200518.2514094.html。

（二）农村宅基地有偿使用制度改革

作为土地管理的经济手段，宅基地有偿使用制度经历了性质的变迁，从行政性的资源收费制度转为解决历史遗留问题的制度①，并再转变为提高宅基地利用效率、引导宅基地利用行为的制度手段。2015 年，中央部署宅基地制度改革试点工作以来，在实践探索中，宅基地有偿使用制度发展出多种模式。

1. 宅基地有偿使用制度改革的演进

宅基地有偿使用制度早在 20 世纪 90 年代就被中央提出，并作为宅基地利用管理的先进经验和重要手段，在引导农民合理使用土地方面发挥过有益作用。进入 21 世纪尤其是党的十八大以来，中央深化改革的步伐加快，农村系列制度改革统一部署，宅基地利用管理的新形势对有偿使用提出了新要求，有偿使用制度也有了新发展。

1990 年，为提高宅基地的公平获取和管理效率，国务院在批转《国家土地管理局关于加强农村宅基地管理工作请示的通知》中提出进行农村宅基地有偿使用改革试点，主要做法是"以规定用地标准为红线，进行差别性收费"。在这一政策支持下，全国各地进行了大量实践。但在有偿使用制度推广实施两年后，出于为农民减负的考虑，1993 年中央下发了《关于涉及农民负担项目审核处理意见的通知》，取消宅基有偿使用费用。该通知指出"减轻农民负担不单纯是经济问题，而且是政治问题。它关系国民经济的发展和农村乃至全国的政治稳定"②。在此之后的很长一段时间，宅基地的有偿使用在政策上和实践中都少有涉及。而随着城市化、工业化的快速推进，大量农村人口不断涌入城镇地区，越来越多乡村呈现出"空心化"局面。农村土地利用规划的缺乏以及现实宅基地利用管理制度的缺失，导致"一户多宅、面积超标"、无序扩张、闲置浪费的问题严重，对宅基地有偿使用提出了要求。2015 年 1 月和 11 月中共中央办公厅、国务院办公厅印发了《关于农村土地征收、集体经营性建设用地入市、宅基地制度改革试点工

---

① 夏柱智：《土地制度改革背景下的宅基地有偿使用制度探索》，《北京工业大学学报》（社会科学版）2018 年第 1 期。

② 《中国农村百科全书》，人民出版社 2007 年版，第 854 页。

作的意见》以及《深化农村改革综合性实施方案》,两文件都提出要在宅基地制度改革中探索实行宅基地有偿使用制度。此后,农村宅基地有偿使用制度在农村宅基地制度改革的推进背景下开始了新的实践探索。

2. 宅基地有偿使用制度改革的内容

1990 年《国家土地管理局关于加强农村宅基地管理工作请示的通知》中将宅基地有偿使用制度的内容规定为两方面,一方面,是要"确定宅基地有偿使用收费标准""对在规定用地标准以内的,既要体现有偿原则,又要照顾群众的经济承受能力,少用少交费,多用多交费;超标准用地的,应规定较高的收费标准;对级差收益较高地段,收费标准要适当提高"①。另一方面,是要"建立和完善土地使用费管理制度""宅基地使用费要本着'取之于户,收费适度;用之于村,使用得当'的原则,实行村有、乡管、银行立户制度。专款专用,主要用于村内基础设施和公益事业建设,不得挪作他用"。② 可见,当时宅基地有偿使用的制度内涵在于对宅基地取得、保有环节的超标准占用收费,主要制度内容包括收费对象的界定、收费范围的界定以及收费标准的明确。

1993 年之后,农村宅基地有偿使用制度探索经历了较长时间的沉寂。2015 年农村土地三项制度改革的部署开启了有偿使用制度探索的新历程。在这一时期,宅基地有偿使用的制度内涵同样关注取得和保有两个环节。2015 年所确定的 15 个宅基地制度改革试点地区,在宅基地取得和保有两个环节,针对宅基地初始取得、超标准占用、非本集体成员使用、用于经营活动等情形,建立了农村集体经济组织主导的有偿使用制度。从有偿取得来看,宅基地有偿取得包含两层含义:一是申请取得新宅基地需要缴纳一定的费用;二是申请新宅基地免费,但利用区位较好的宅基地需缴纳一定的费用。在经济发展相对较好地区的农村,如浙江义乌、台州等地在宅基地的分配取得上,探索出了"拍卖竞价""抽签加付费"的

① 庄开明等:《农村闲置宅基地有偿退出与优化利用:基于四川省农地改革与探索的实践》,人民出版社 2017 年版,第 71 页。

② 庄开明等:《农村闲置宅基地有偿退出与优化利用:基于四川省农地改革与探索的实践》,人民出版社 2017 年版,第 71 页。

取得方式,实现了对宅基地的差别化分配,更加有效地利用了宅基地资源。有偿保有方面,宅基地有偿保有涉及宅基地有偿保有费收取范围、有偿使用标准和收缴方式等内容的确定。相较于20世纪90年代的有偿保有,中国特色社会主义新时代以来的有偿保有也有了新内容。如在有偿保有收费范围上,主要对因历史原因形成的少批多占、一户多宅、非本集体经济组织成员因继承房屋或其他方式占有使用宅基地的行为,收取有偿使用费,不再同于以前针对所有宅基地的保有进行收费。在收费标准上,也制定了"差别化、阶梯式"的收费标准,即超占面积越大、有偿使用费越高,不再是"胡子眉毛一把抓",笼统性地进行有偿收费。如在湖南省岳阳市农村实行的宅基地有偿使用费收取标准,采用了阶梯递增的方式分区段收费,超出使用面积从1平方米到150平方米划分出5个收费区段,按照不同等级进行超占面积的有偿使用费用收取。这体现出中国特色社会主义新时代有偿使用制度的合理性和科学性。

(三)农村宅基地退出改革

农村宅基地退出改革的关键任务在于如何规范推进农村闲置宅基地资源有偿退出,实现农村土地资源更合理配置。"宅基地退出是盘活农村宅基地使用权的关键"[①],也是实现农村宅基地资源有效利用的重点,更是中国特色社会主义新时代农村土地制度深化改革的主要任务之一。宅基地退出改革经历了从实践自主探索,到央地联合规范改革,再到"三权分置"战略背景下深化改革的发展历程。2019年修正的《土地管理法》将农户宅基地自愿有偿退出以法律条文形式写入其中,标志着农村宅基地退出改革取得阶段性成果。未来"三权分置"下宅基地的有效利用,将是农村宅基地退出改革进一步探索的方向。

1. 农村宅基地退出改革的演进

根据农村宅基地制度的改革内容和阶段目标,宅基地退出改革的演进历程可划分为初步探索阶段、规范试点改革阶段和乡村振兴背景下深化改革阶段。

---

① 吴爽:《农村宅基地退出实践的法律反思》,《学习与实践》2019年第8期。

(1)初步探索阶段

农村宅基地退出改革的地方实践可以追溯到 20 世纪末及 21 世纪初,在农村宅基地闲置资源合理配置利用的需求逐渐显现的背景下,宅基地腾退探索开始渐渐展开。在中央政府层面,为提高宅基地利用效率,破解日益严重的农村空心化问题,进入 21 世纪以后,国家也开始鼓励农民腾退宅基地,但是主体限制为"进城农民"。2004 年 11 月,国土资源部印发的《关于加强农村宅基地管理的意见》指出,对"一户多宅"和空置住宅,各地要制定激励措施,鼓励农民腾退多余宅基地。2008 年 1 月,国务院发布《国务院关于促进节约集约用地的通知》规定:"对村民自愿腾退宅基地或符合宅基地申请条件购买空闲住宅的,当地政府可给予奖励或补助。"①2007 年颁布的《物权法》明确了宅基地使用权的用益物权属性,这为农村宅基地退出改革提供了坚实的法律基础,有利于此后实践进行宅基地使用权退出机制的探索。

2009 年 3 月,《国土资源部关于促进农业稳定发展农民持续增收推动城乡统筹发展的若干意见》指出,"对'一户多宅'、超标准占地依法应退出而不能退出的,积极探索由集体经济组织实行有偿使用,形成超标宅基地逐步退出机制"②。"宅基地退出"的提法开始正式在政策文件中使用,标志着农村基层宅基地退出实践探索已取得初步成效。2011 年 9月,《国土资源"十二五"科学和技术发展规划》明确提出要开展农村宅基地退出和补偿机制的研究。宅基地退出改革有了"十二五规划"的引领指导,也反映出进入新发展时期后,探寻科学完善的宅基地退出机制的形势迫切。2011 年《国务院办公厅关于积极稳妥推进户籍管理制度改革的通知》规定:"农民工落户城镇,是否放弃宅基地和承包的耕地、林地、草地,必须完全尊重农民本人的意愿,不得强制或变相强制收回"。③ 2013

---

① 国务院办公厅:《国务院关于促进节约集约用地的通知》,中华人民共和国中央人民政府门户网站,www.gov.cn/02wgk/2008-01/07/content_851750.htm.

② 《〈国土资源部关于促进农业稳定发展农民持续增收推动城乡统筹发展的若干意见〉出台》,《中国国土资源报》2009 年 3 月 18 日。

③ 中共中央文献研究室编:《十七大以来重要文献选编》(下),中央文献出版社 2013 年版,第 192 页。

年，《中共中央关于全面深化改革若干重大问题的决定》则明确提出要"保障农户宅基地用益物权，改革完善农村宅基地制度"[①]，为中国特色社会主义新时代宅基地制度改革提供了重要的原则依据，奠定了总基调。对于宅基地退出的有益探索应该肯定，而对于宅基地退出中暴露的矛盾和问题，相关政策文件也给予了足够关注。2014 年《国务院关于进一步推进户籍制度改革的意见》明确指出："不得以退出土地承包经营权、宅基地使用权、集体收益分配权作为农民进城落户的条件。"[②] 这一系列政策文件展示出中央层面在农村宅基地退出改革中，始终关注农村稳定和农民权益保护的倾向。这一时期宅基地退出改革的地方实践对宅基地退出机制进行了有益的探索，为后期农村土地三项制度改革试点的全面部署和宅基地改革的深化打下了良好的基础。

（2）规范试点改革阶段

经过多年的政策探索后，农村宅基地退出改革迎来了全面推进时期。为贯彻落实《中共中央关于全面深化改革若干重大问题的决定》以及党的十八届三中全会对推进全面深化改革的决策部署，2015 年 1 月，中共中央、国务院联合印发《关于农村土地征收、集体经营性建设用地入市、宅基地制度改革试点工作的意见》，明确了农村土地制度改革的三大任务。宅基地制度改革中，探索农村农民宅基地资源有偿退出机制成为主要任务。2015 年 2 月，《全国人民代表大会常务委员会关于授权国务院在北京市大兴区等三十三个试点县（市、区）行政区域暂时调整实施有关法律规定的决定》在全国选取 33 个试点县（市、区）部署了农村土地三项制度改革试点工作，在法律层面上扫清了宅基地制度改革试点的障碍。2015 年 11 月，中共中央、国务院发布《深化农村改革综合性实施方案》，明确宅基地退出改革的基本思路是"在保障农户依法取得的宅基地用益物权基础上，探索宅基地有偿使用制度和自愿有偿退出机制"，强调宅基地使用权对农民生活保障的重要作用，为试点改革工作明确了基本原则。

---

① 《中国共产党第十八届中央委员会第三次全体会议文件汇编》，人民出版社 2013 年版，第 40 页。

② 《国务院关于进一步推进户籍制度改革的意见》，人民出版社 2014 年版，第 7 页。

经过两年的改革实践后,农村宅基地制度改革试点工作历经两次延期,到2019年底,改革试点正式收尾。在土地制度改革中,宅基地制度作为最为独特、最为敏感,也是最难决断的一项改革,从而也成为农村土地三项制度改革中进度最为滞后的一项。① 这一时期的农村宅基地退出改革在政策与法律规定双重规范下开展,农村改革实践有了较强目的性和可操作性,积累了许多改革有益经验。

（3）乡村振兴背景下深化改革阶段

2018年中央"一号文件"正式全面部署了乡村振兴战略,并作出了关于探索农村宅基地"三权分置"改革的重要决定,要求在宅基地制度改革过程中落实宅基地集体所有权,保障宅基地农户资格权和农民房屋财产权,适度放活宅基地和农民房屋使用权。在宅基地"三权分置"改革背景下,宅基地退出改革进入了新的深化完善期。2019年中央"一号文件"提出推进农村宅基地制度改革,要进一步拓展改革试点、丰富试点内容、完善制度设计。2020年中央"一号文件"明确提出,要"以探索宅基地所有权、资格权、使用权'三权分置'为重点,进一步深化农村宅基地制度改革试点"②。同年6月,《深化农村宅基地制度改革试点方案》提出要"积极探索落实宅基地集体所有权、保障宅基地农户资格权和农民房屋财产权、适度放活宅基地和农民房屋使用权的具体路径和办法"③,并部署选取了全国104个县(市、区)和3个地级市,重点围绕"三权分置"的实现路径与形式,开展新一轮宅基地制度改革试点。2021年中央"一号文件"继续提出:"稳慎推进农村宅基地制度改革试点,探索宅基地所有权、资格权、使用权分置有效实现形式……研究制定依法自愿有偿转让具体办法。"④在此背景下,中央开始将宅基地退出改革纳入宅基地"三权分置"的改革

① 刘守英、熊雪锋:《经济结构变革、村庄转型与宅基地制度变迁——四川省泸县宅基地制度改革案例研究》,《中国农村经济》2018年第6期。
② 中共中央党史和文献研究院编:《十九大以来重要文献选编》(中),中央文献出版社2021年版,第369页。
③ 赵艾:《改革开放与构建新发展格局研究》,人民出版社2021年版,第33页。
④ 《中共中央国务院关于全面推进乡村振兴加快农业农村现代化的意见》,人民出版社2021年版,第20页。

体系中,并将其作为解决农户宅基地资格权保障和使用权有效实现的机制,进一步探索宅基地退出在"三权"框架下的实现形式。具体改革政策内容见表6-3。

表6-3　农村土地三项制度改革以来农村宅基地退出相关政策梳理

年份	政策文件	主要内容
2014	《关于农村土地征收、集体经营性建设用地入市和宅基地制度改革试点工作的意见》	探索进城落户农民在本集体经济组织内部自愿有偿退出或转让宅基地
2015	《中共中央国务院关于加大改革创新力度加快农业现代化建设的若干意见》(2015年中央"一号文件")	分类实施农村土地征收、集体经营性建设用地入市、宅基地制度改革试点
2015	《全国人民代表大会常务委员会关于授权国务院在北京市大兴区等三十三个试点县(市、区)行政区域暂时调整实施有关法律规定的决定》	在全国选取33个试点县(市、区)进行农村土地三项制度改革试点
2015	《深化农村改革综合性实施方案》	在保障农户依法取得的宅基地用益物权基础上,改革完善农村宅基地制度,探索农民住房保障新机制,对农民住房财产权作出明确界定,探索宅基地有偿使用制度和自愿有偿退出机制,探索农民住房财产权抵押、担保、转让的有效途径
2016	《国务院关于深入推进新型城镇化建设的若干意见》	加快推进农村土地确权登记颁证工作,鼓励地方建立健全农村产权流转市场体系,探索农户对土地承包权、宅基地使用权、集体收益分配权的自愿有偿退出机制,支持引导其依法自愿有偿转让上述权益
2016	《中华人民共和国国民经济和社会发展第十三个五年规划纲要》	维护进城落户农民土地承包权、宅基地使用权、集体收益分配权,并支持引导依法自愿有偿转让
2016	《国务院批转发展改革委关于2016年深化经济体制改革重点工作意见的通知》	维护进城落户农民在农村的合法权益,探索土地承包权、宅基地使用权、集体收益分配权依法自愿有偿退出机制
2016	《国土资源部关于进一步做好新型城镇化建设土地服务保障工作的通知》	研究制定农村闲置建设用地有序退出机制,鼓励和引导农业转移人口自愿有偿退出旧的宅基地

续表

年份	政策文件	主要内容
2016	《关于建立城镇建设用地增加规模同吸纳农业转移人口落户数量挂钩机制的实施意见》	充分尊重农民意愿,不搞强迫命令、不搞"一刀切",切实维护进城落户农民土地承包权、宅基地使用权、集体收益分配权,支持引导其依法自愿有偿转让上述权益,完善权益流转机制
2016	《国务院关于实施支持农业转移人口市民化若干财政政策的通知》	维护进城落户农民土地承包权、宅基地使用权、集体收益分配权。地方政府不得强行要求进城落户农民转让在农村的土地承包权、宅基地使用权、集体收益分配权,或将其作为进城落户条件
2016	《关于印发推动 1 亿非户籍人口在城市落户方案》	探索形成农户对"三权"的自愿有偿退出机制
2016	《国务院办公厅关于完善支持政策促进农民持续增收的若干意见》	有效维护进城落户农民土地承包权、宅基地使用权、集体收益分配权,支持引导其依法自愿有偿转让上述权益
2016	《国家人口发展规划（2016—2030 年）》	深化农村集体产权制度改革,探索建立进城落户农民土地承包权、宅基地使用权、集体收益分配权维护和自愿有偿退出机制
2016	《中共中央国务院关于深入推进农业供给侧结构性改革加快培育农业农村发展新动能的若干意见》（2017 年中央"一号文件"）	允许地方多渠道筹集资金,按规定用于村集体对进城落户农民自愿退出承包地、宅基地的补偿
2017	《全国人民代表大会常务委员会关于延长授权国务院在北京大兴区等三十三个试点县（市、区)行政区域内暂时调整实施有关法律规定期限的决定》	农村土地三项制度改革试点期限延长一年至 2018 年 12 月 31 日
2018	《中共中央国务院关于实施乡村振兴战略的意见》（2018 年中央"一号文件"）	维护进城落户农民土地承包权、宅基地使用权、集体收益分配权,引导进城落户农民依法自愿有偿转让上述权益
2018	《乡村振兴战略规划（2018—2022 年）》	建立健全依法公平取得、节约集约使用、自愿有偿退出的宅基地管理制度。维护进城落户农民土地承包权、宅基地使用权、集体收益分配权,引导进城落户农民依法自愿有偿转让上述权益

续表

年份	政策文件	主要内容
2018	《全国人大常委会关于再次延长授权国务院在北京市大兴区等33个试点县（市、区）行政区域暂时调整实施有关法律规定期限的决定草案》	将农村土地制度三项改革试点法律调整实施的期限再延长一年至2019年12月31日
2019	《农业农村部关于进一步做好贫困地区集体经济薄弱村发展提升工作的通知》	鼓励村集体稳妥开展闲置宅基地整治，农民自愿腾退的宅基地优先用于村级公共服务设施建设和乡村产业发展
2019	《中华人民共和国土地管理法》（2019年修正）	国家允许进城落户的农村村民依法自愿有偿退出宅基地，鼓励农村集体经济组织及其成员盘活利用闲置宅基地和闲置住宅
2019	《中央农村工作领导小组办公室农业农村部关于进一步加强农村宅基地管理的通知》	不得以各种名义违背农民意愿强制流转宅基地和强迫农民"上楼"，不得违法收回农户合法取得的宅基地，不得以退出宅基地作为农民进城落户的条件
2019	《农业农村部关于积极稳妥开展农村闲置宅基地和闲置住宅盘活利用工作的通知》	要切实维护农民权益，不得以各种名义违背农民意愿强制流转宅基地和强迫农民"上楼"，不得违法收回农户合法取得的宅基地，不得以退出宅基地作为农民进城落户的条件
2020	《中共中央 国务院关于抓好"三农"领域重点工作确保如期实现全面小康的意见》（2020年中央"一号文件"）	扎实推进宅基地使用权确权登记颁证。以探索宅基地所有权、资格权、使用权"三权分置"为重点，进一步深化农村宅基地制度改革试点
2020	《深化农村宅基地制度改革试点方案》	要积极探索落实宅基地集体所有权、保障宅基地农户资格权和农民房屋财产权、适度放活宅基地和农民房屋使用权的具体路径和办法，坚决守住土地公有制性质不改变、耕地红线不突破、农民利益不受损这三条底线，实现好、维护好、发展好农民权益
2020	"中央农办、农业农村部召开深化农村宅基地制度改革试点电视电话会议"	在全国104个县（市、区）和3个地级市启动新一轮农村宅基地制度改革试点，探索宅基地有偿使用制度和退出机制
2021	《中共中央 国务院关于全面推进乡村振兴加快农业农村现代化的意见》（2021年中央"一号文件"）	保障进城落户农民土地承包权、宅基地使用权、集体收益分配权，研究制定依法自愿有偿转让的具体办法
2022	《中共中央 国务院关于做好2022年全面推进乡村振兴重点工作的意见》（2022年中央"一号文件"）	稳慎推进农村宅基地制度改革试点，规范开展房地一体宅基地确权登记

资料来源：笔者根据历年政策文件整理。

2. 农村宅基地退出的主要内涵

农村宅基地退出的方式和手段因地方实际操作不同而各有差异,理解宅基地退出的内涵需以宅基地退出的目的、宅基地退出的模式、宅基地退出的主体意愿、宅基地退出中的权利变动等为切入点。

从宅基地退出目的来看,宅基地在不同目的的退出过程中也扮演了不同的角色,宅基地退出目的主要可以划分为两种。一种是充分发挥市场作用将宅基地作为交易指标进行空间替代,利用市场手段使宅基地资源发挥最大的经济效用。在该种目的下宅基地退出过程中会涉政府、集体、农户等多方利益主体,多适用于经济发展较差、宅基地财产价值不突出的农村地区。另一种是将宅基地作为村内的稀缺建设用地资源,在村集体主导下实现内部合理配置。该种形式是通过对多占、超占、闲置宅基地等进行退出引导从而达到有效利用宅基地的目的,多发生于村内新增建设用地需求较高但无地可批,人多地少的地区。

从宅基地退出模式来看,由于改革环境因素的差异,宅基地退出在全国各地的实践中发展出多种模式。从退出操作角度出发,宅基地退出可以分为三种模式:一是通过村庄宅基地整理复垦缩小宅基地使用面积,增加耕地或林地面积;二是通过农民主动放弃宅基地使用权,减少农村建设用地总规模;三是通过各种途径将宅基地转为其他用途的建设用地。[1]从宅基地退出后处置方式的角度出发,宅基地退出也可以被认为是对宅基地进行资产化处置或是对宅基地的直接处置。[2]从宅基地退出的实施主体角度出发,宅基地退出可以划分为四种模式:一是由地方政府和农村集体经济组织合作实施的村庄整治;二是由政府主导的城市化进程中的宅基地退出;三是集体经济组织主导实施的宅基地退出;四是由集体村民自发组织实施的宅基地退出。从退出形式或置换对象角度出

---

① 张秀智、丁锐:《经济欠发达与偏远农村地区宅基地退出机制分析:案例研究》,《中国农村观察》2009 年第 6 期。

② 刘同山:《资产化与直接处置:农民宅基地退出意愿研究》,《经济经纬》2016 年第 6 期。

发,宅基地退出又可以划分为货币补偿的退出模式和宅基地置换房屋的退出模式。① 此外,还可从不同的治理结构下去理解宅基地退出内涵,如划分为层级制、混合制和市场制等退出方式。②

从宅基地退出过程中的权利变化来看,《物权法》规定宅基地使用权是宅基地使用者所拥有的一种用益物权,宅基地退出主要是使用权权利变动的过程,并符合物权变动的规律,但是从权利变动形式及变动方向不同角度来看,宅基地退出内涵也有差异。从宅基地权利变动形式来看,宅基地退出不仅仅是指宅基地使用权回归集体经济组织这一变动形式,也包括因宅基地"流转""抵押""抛弃"等原因将宅基地使用权让渡于其他主体的情况。如有学者将宅基地退出理解为"基于我国特殊国情,介于禁止流转与自由流转之间的一种制度设计",在宅基地退出后,其不再承担保障农民居住的功能。③ 除了宅基地长期闲置之外,宅基地权利变动的原因也可能是集体成员之间的转让行为,但是从这一角度来看宅基地并没有发生退出。④ 因此,理解宅基地退出需要抓住宅基地使用权的变动方向。从退出后宅基地使用权变动方向的角度来看,宅基地使用权的变动方向应该是宅基地所有权人,即宅基地退出是指宅基地使用权人将合法的使用权交还给宅基地所有权人,使宅基地所有权与使用权相统一的过程。⑤ 我国宅基地退出实际上是宅基地使用权的退出,是宅基地使用权人自愿将作为宅基地的用益物权消灭,从而恢复集体经济组织对宅基地的完全支配状态。⑥

四、《土地管理法》的修改与完善

《土地管理法》作为我国土地管理领域的根本大法,见证了改革开放以来

---

① 张娴:《上海郊区宅基地置换试点模式及案例研究》,《城市规划》2010年第5期。
② 胡银根、王聪、廖成泉、吴欣:《不同治理结构下农村宅基地有偿退出模式探析——以金寨、蓟州、义乌3个典型试点为例》,《资源开发与市场》2017年第12期。
③ 岳永兵:《宅基地退出:内涵、模式与机制建立》,《改革与战略》2016年第11期。
④ 梁亚荣:《论农村宅基地使用权退出制度的完善》,《法学论坛》2015年第6期。
⑤ 付坚强、郭彩玲:《农村宅基地使用权退出的必要性与可行性分析》,《求实》2014年第10期。
⑥ 刁其怀:《宅基地退出概念辨析》,《中国土地》2017年第3期。

农村土地制度的变迁演进历史,见证了农村土地制度改革所取得的辉煌胜利与丰硕成果。《土地管理法》的完善过程也是我国农村土地制度改革的过程。1986年以来,《土地管理法》经历了四次修订和修正,其修改的时间都处于时代发展的关键节点。此次《土地管理法》其修改内容直观反映出农村土地制度改革的成果,且集中表现为农村土地三项制度改革的成果。[①]

(一)土地征收制度的修改与完善

土地征地制度主要修改完善了三个方面:第一,首次对土地征收的公共利益进行明确界定,缩小土地征收范围,且立法采取了列举与概括的折中模式。新《土地管理法》(2019年修正版)新增的第45条对土地征收进行了前提性的规定,详细列举了土地征收的公共利益情形。第二,首次明确了土地征收补偿的基本原则,完善了对被征地农民的合理、规范、多元的保障机制。《土地管理法》(2019年修正版)第48条,强调了征地补偿的公平、合理原则,补偿目标可归纳为被征地农民原有生活水平不降低、长远生计有保障。第三,改革修改了征地程序,更加注重征收实践对农民利益的维护,改革力度前所未有。[②]《土地管理法》(2019年修正版)第47条对征收程序作出了详细的规定,包括进行社会稳定风险评估、征收详细信息的公示、提取被征地集体和农民意见、办理征地补偿登记等,彰显了"公开、公平、公正"的原则。

(二)宅基地管理制度的修改与完善

宅基地管理制度修改完善体现在三个方面:一是健全了宅基地权益保障方式,在原来一户一宅的基础上增加了户有所居的规定,吸取了农村土地制度改革的经验,体现出对农村社会稳定的重视。《土地管理法》(2019年修正版)第62条第2款规定:"人均土地少、不能保障一户拥有一处宅基地的地区,县级人民政府在充分尊重农村村民意愿的基础上,可以采取措施,按照省、自治区、直辖市规定的标准保障农村村民实现户有所居"。[③] 二

---

① 陈小君:《〈土地管理法〉修法与新一轮土地改革》,《中国法律评论》2019年第5期。
② 陈小君:《〈土地管理法〉修法与新一轮土地改革》,《中国法律评论》2019年第5期。
③ 全国人民代表大会常务委员会法制工作委员会编:《中华人民共和国法律汇编(2019)》,人民出版社2020年版,第291页。

是明确将宅基地有条件的自愿有偿退出机制纳入法规。第62条第5款规定:"国家允许进城落户的农村村民依法自愿有偿退出宅基地,鼓励农村集体经济组织及其成员盘活利用闲置宅基地和闲置住宅。"①三是完善宅基地审批管理制度。第62条第4款规定"农村村民住宅用地,由乡(镇)人民政府审核批准;其中,涉及占用农用地的,依照本法第四十四条的规定办理审批手续"。②

(三)集体经营性建设用地入市制度的修改与完善

涉及集体经营性建设用地入市的主要修改在于两个方面:一是明确集体经营性建设用地的入市条件。《土地管理法》(2019年修正版)第63条第1款规定"土地利用总体规划、城乡规划确定为工业、商业等经营性用途,并经依法登记的集体经营性建设用地,土地所有权人可以通过出让、出租等方式交由单位或者个人使用",第2款规定"集体经营性建设用地出让、出租等,应当经本集体经济组织成员的村民会议三分之二以上成员或者三分之二以上村民代表的同意"。③ 可见集体经营性建设用地入市的主体是"已经规划确认"的集体经营性建设用地,即农村存量土地,这未对调整转用土地进行规定,从而也留下了一定的政策操作空间,更多地照顾农村集体的共同意志。二是规范入市后的基本管理措施。《土地管理法》(2019年修正版)第63条第3、4款规定:"通过出让等方式取得的集体经营性建设用地使用权可以转让、互换、出租、赠与或者抵押……集体经营性建设用地的出租,集体建设用地使用权的出让及其最高年限、转让、互换、出租、赠与、抵押等,参照同类用途的国有建设用地执行。"④集体经营性建设用地入市部分的法律修改被认为是本次土地管理

---

① 全国人民代表大会常务委员会法制工作委员会编:《中华人民共和国法律汇编(2019)》,人民出版社2020年版,第291页。

② 全国人民代表大会常务委员会法制工作委员会编:《中华人民共和国法律汇编(2019)》,人民出版社2020年版,第291页。

③ 全国人民代表大会常务委员会法制工作委员会编:《中华人民共和国法律汇编(2019)》,人民出版社2020年版,第292页。

④ 全国人民代表大会常务委员会法制工作委员会编:《中华人民共和国法律汇编(2019)》,人民出版社2020年版,第292页。

法修改的最大亮点和突破创新,其拓展了农村集体土地的利用方式,为构建城乡统一的建设用地市场、提高资源要素市场化配置水平提供了制度基础。

第四节　中国特色社会主义新时代党领导农村土地制度变革的基本特点与主要成就

中国特色社会主义新时代农村土地制度的变革是继 20 世纪"两权分离"改革之后,农村改革红利新一轮释放的过程,是在坚持党的领导下全面深化农村改革进程中迈出的坚实步伐,是在坚持农村土地公有制性质基础上不断优化土地资源市场配置效率的必然选择。中国特色社会主义新时代的土地制度变革既具有中国特色社会主义新时代制度变革的特点,也适应了经济社会发展的新要求,并取得了显著的成就。

一、基本特点

中国特色社会主义新时代以来,我国的农村土地制度变革始终强调农村闲置建设用地资源的盘活利用,持续细化并完善农村土地产权体系,不断加强农村土地管理法律体系建设,为农业农村现代化发展提供了强劲动力。

(一)"三权分置"改革推进土地产权细分

农村土地产权制度改革是土地制度改革中具有"四梁八柱"性质的重要内容,关系构建实施乡村振兴战略、推进农业现代化发展的制度基础。[1] 党的十八大以来,完善农村土地产权制度一直是农村土地制度改革的核心任务,承包地"三权分置"改革、宅基地"三权分置"改革都围绕着土地产权制度这一重要议题推进。作为我国农村土地产权制度的第二次重大变革创新,"三权分置"改革适应了中国特色社会主义新时代农村

---

[1]　陈慈、孙素芬:《中国农业农村发展七十年:成就、经验与展望——中国农业经济学会第十次会员代表大会暨 2019 年学术研讨会综述》,《农业经济问题》2020 年第 1 期。

土地制度改革和经济社会条件变更的需要，有益于促进我国农村农业生产力的再一次释放，推动农村土地要素配置市场化，助力乡村振兴战略的实施。经过实践探索，承包地的"三权分置"改革创新性地将农村土地经营权从承包经营权中独立出来，在丰富承包地产权权能结构的同时，也维护了集体和农民的土地权益。宅基地"三权分置"改革则细分了宅基地使用权和资格权，赋予了宅基地使用权用益物权权能，通过设立资格权保护农民对宅基地的取得和使用资格，在保障农户和集体应有权益的同时盘活了农村闲置土地资源，促进了城乡之间资源要素的平等互换，为城乡融合发展奠定了坚实制度基础。

（二）集体建设用地制度改革持续深化

中国特色社会主义新时代农村土地制度改革的一大明显特点，就是中央对农村宅基地、集体经营性建设用地等类型土地的改革关注度不断提高。作为农村农民的重要居住保障，宅基地制度安排一直较为稳定，集体经营性建设用地也因为形成原因的特殊性以及城乡土地市场的区隔，利用效率难以有效提高。进入新发展阶段，农村宅基地利用效率低下、财产价值不断显化、阻碍城乡融合发展的问题越来越突出，在城乡建设用地配置紧张的背景下，集体经营性建设用地对优化城乡间资源要素配置、统筹城乡一体化建设的重要作用也逐渐凸显，农村建设用地制度改革的重要性日益提高，盘活利用农村建设用地的需求迫切。2013年《中共中央关于全面深化改革若干重大问题的决定》拉开了农村深化改革的大幕，宅基地制度由此进入改革新阶段，集体经营性建设用地制度也掀开了改革新篇章。2015年，农村土地制度改革的三项试点任务正式部署，宅基地制度改革以及集体经营性建设用地入市改革名列其中，《深化农村改革综合性实施方案》的印发则为农村建设用地制度改革作出了进一步指引。随后，多项政策文件对宅基地以及集体经营性建设用地入市制度改革作出指示，2016年和2017年中央"一号文件"都明确提出要持续深化农村宅基地制度改革和集体经营性建设用地入市，2018年中央"一号文件"提出推动农村宅基地"三权分置"改革。此后，农村集体建设用地制度的改革不断得到中央关注，集体经营性建设用地制度与宅基地制度、农村土地征收制度改革的协同性不断提高,农村建设用地制度改革形成合力,并在农村土地制度改革的总体指引下持续推进。

(三)新型农业经营方式和经营主体不断涌现

家庭承包经营制在解放农村生产力的同时,也遗留了农业经营规模小、农业收益低、市场对接困难等问题,不利于农业现代化的发展。党的十八大以来,随着农村一系列制度改革措施的实施,尤其是承包地"三权分置"改革的深入推进,农业经营的适度规模方式快速普及并得到极大发展,一二三产业融合发展能力不断增强,农业功能持续拓展,革新的土地制度不断催生出新的经营方式和经营主体,强化农业现代化发展的动力。农村土地"三权分置"改革鼓励农民土地经营权通过多种方式进行流转,推动了农村土地经营规模的扩大。根据第三次全国农业普查结果,2016年耕地规模化(南方省份50亩以上、北方省份100亩以上)耕种面积占全部实际耕地耕种面积的比重为28.6%,到2018年,全国家庭承包耕地流转面积已超过5.3亿亩。[①] 规模经营的快速发展对稳定农业生产、稳定农产品供应、稳定农产品市场、提高农业收益、加快现代农业建设的意义显著。同时,农村土地制度改革的深化推进也催生了大量的新型农业经营主体和服务主体,农民专业合作社、家庭农场、龙头企业和新型职业农民等农业生产主体逐渐成为农业现代化发展的主力军。随着国家对新型农业经营主体的扶持力度继续加大,截至2020年底,我国农民合作社总注册数为225.1万家,带动了全国近半数小农户的生产经营活动。[②] 我国农业社会化服务组织的总数也于2019年达到44万余个,托管了15亿亩次的农地,为6000万户小农户提供了生产服务。[③] 新型农业生产主体的发展为农村农业发展带来了新动力。

---

① 高峰、王学真、公茂刚:《资源约束、国际粮价波动与中国粮食安全》,人民出版社2021年版,第220页。

② 高杨、王军、魏广成、孙艺荧:《2021中国新型农业经营主体发展分析报告(一)》,《农民日报》2021年12月17日。

③ 中华人民共和国农业农村部:《农业现代化成就辉煌全面小康社会根基夯实》,中华人民共和国农业农村部网站,http://www.moa.gov.cn/xw/zxfb/202105/t20210510_6367489.htm。

（四）农村土地依法管理程度进一步加强

1986 年《土地管理法》的出台,为我国土地管理事业打开了有法可依的新局面。经过几十年的变迁,《土地管理法》不断修改和完善,尤其是在农村土地管理领域,法律体系更加完善。《物权法》的实施、《中华人民共和国农村土地承包法》的修改、《中华人民共和国城乡规划法》的修正、《中华人民共和国民法典》(以下简称《民法典》)的施行,以及各省市《农村宅基地管理条例(办法)》等一系列法规条例的出台,构建出了中国特色社会主义新时代农村土地管理的法制新格局,农村土地依法管理程度不断加强。2019 年《土地管理法》的修正,重点关注农村土地制度改革的试点成果,将三项试点任务的有益经验进行总结吸纳,在农村土地征收、集体经营性建设用地入市、农村宅基地自愿有偿退出方面对已有条例进行了完善,并新增了许多规定,适应了农村土地管理的新形势,为土地制度改革提供了“根本大法”的保障。2018 年《农村土地承包法》的修改则将“三权分置”这一承包经营制度改革的重要成果列入其中,标志着承包地“三权分置”在法律层面被正式确立。2007 年《物权法》则对农村土地承包经营权、宅基地使用权等进行了权属和权能的详细规定,进一步完善了农村土地产权制度。2020 年《民法典》将《物权法》的相关观点新编入“物权编”,更新并增添了许多关于集体土地产权的规定,如明确了承包经营权人的自主权益、宅基地使用权的用益物权权能等。这一系列法律条例的更新完善,都标志着农村改革实践取得重大成果,反映出改革过程中法律制度和实践探索的有益互动关系。

二、主要成就

中国特色社会主义新时代农村土地制度的变革释放了中国特色农村土地制度安排的潜在活力,激发了农民群众的生产积极性,使农业生产效率大幅提高,保障了粮食安全,也促进了农业农村发展与农民收入的提升,助力脱贫攻坚的推进。同时,地方改革实践也推动农村土地产权制度的不断优化,形成了诸多先进成果和有益经验,不断完善着土地法律体系。

（一）国家粮食安全获得进一步保障

在城镇化、工业化快速推进的趋势下,中央在农村土地制度改革过程中始终强调保障粮食生产、维护粮食安全的重要性。农村土地制度改革也始终围绕节约集约利用建设用地资源、严格限制侵占耕地资源、保护粮食生产的原则进行。通过推进承包地"三权分置"、宅基地退出、农村土地综合整治、集体经营性建设用地入市和征地制度改革,一方面推动了农业规模化发展程度提升,增加耕地产出效率;另一方面,持续提高农村土地资源尤其建设用地资源利用效率,增加了农村复垦耕地面积。征地制度的进一步规范,也减少了耕地面积的消减速率,同时,村庄规划中对耕地资源保护红线的设定进一步强化了耕地资源保护,为粮食生产提供了用地保障,从而也推动了农业生产发展,自2004年以来,我国粮食生产实现连年丰收,取得了重要成就。根据国家统计数据,进入中国特色社会主义新时代以来,我国粮食总产量虽经历了波动,但仍持续稳步提升,与2012年相比,2020年粮食总产量提升了13.56%(见表6-4)。对于庞大的基数来说,这是显著且巨大的提升,展现了我国农村生产力的进步和农业现代化发展的成果。与此同时,在城镇化持续推进,城镇化率不断提高的背景下,我国始终坚守农村耕地总量红线,耕地减少速度逐年减缓,耕地"非农化""非粮化"问题得到一定程度遏制(见图6-1)。在农村土地制度的改革协调下,城镇化进程稳步推进,耕地总量也得以保持。随着最严格耕地保护政策的执行和永久基本农田建设的推广,国家粮食安全得到了进一步保障。

表6-4　2005年以来我国粮食总产量变化情况

年份	粮食产量（万吨）	粮食产量比上年增长（%）	棉花产量（万吨）	棉花产量比上年增长（%）	油料产量（万吨）	油料产量比上年增长（%）
2005	48402.19	3.1	571.42	-9.6	3077.14	0.4
2006	49804.23	2.9	753.28	31.8	2640.31	-14.2
2007	50413.85	1.2	759.71	0.9	2786.99	5.6
2008	53434.29	6.0	723.23	-4.8	3036.76	9.0

续表

年份	粮食产量（万吨）	粮食产量比上年增长（%）	棉花产量（万吨）	棉花产量比上年增长（%）	油料产量（万吨）	油料产量比上年增长（%）
2009	53940.86	0.9	623.58	-13.8	3139.42	3.4
2010	55911.31	3.7	577.04	-7.5	3156.77	0.6
2011	58849.33	5.3	651.89	13.0	3212.51	1.8
2012	61222.62	4.0	660.80	1.4	3285.62	2.3
2013	63048.20	3.0	628.16	-4.9	3348.00	1.9
2014	63964.83	1.5	629.94	0.3	3371.92	0.7
2015	66060.27	3.3	590.74	-6.2	3390.47	0.6
2016	66043.51	0.0	534.28	-9.6	3400.05	0.3
2017	66160.73	0.2	565.25	5.8	3475.24	2.2
2018	65789.22	-0.6	610.28	8.0	3433.39	-1.2
2019	66384.00	0.9	588.90	-3.5	3493.00	1.7
2020	66949.20	0.9	591.00	0.4	3586.40	2.7
2021	68285.00	2.0	573.10	-3.0	3613.00	0.78

资料来源：笔者根据 2006—2022 年《中国统计年鉴》数据整理计算所得。

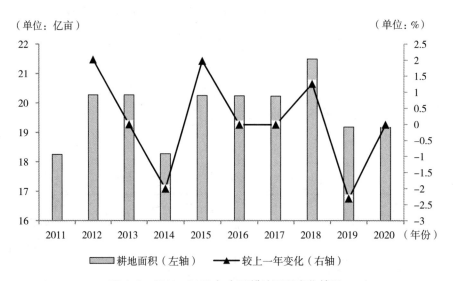

（单位：亿亩）　　　　　　　　　　　　　　　　　　　　（单位：%）

图 6-1　2011—2020 年全国耕地面积变化情况

资料来源：笔者根据历年《中国国土资源公报》《全国土地利用变更调查报告》《中国土地矿产海洋资源统计公报》《中国农业年鉴》统计数据整理。

（二）助力农村脱贫攻坚取得重大胜利

贫困县清零，是我国农村脱贫攻坚所取得的重大胜利，是党中央领导下数十年脱贫工作所取得的辉煌成果。自进入中国特色社会主义新时代以来，在中央关于农村土地制度改革的一系列任务部署下，革新效益日益显现，农村土地资源利用效率不断提高，农业规模化发展程度加深，农村资源要素市场化配置程度提高，土地制度改革与农村脱贫攻坚的联系也不断加深。在集体经营性建设用地入市改革、农村承包地"三权分置"、宅基地制度改革等措施推动下，农村闲置资源得到盘活，农村扶贫工作有效开展，从而激活了贫困乡村发展动力，为扶贫工作提供了制度支持。通过土地制度改革与扶贫工作的联动开展，贫困地区农村依托易地扶贫搬迁实现了居住条件的改善；依托乡村产业融合发展，贫困地区农村实现了经济条件的改善；资源要素价值的激活，则保障了贫困地区的可持续发展能力。国家统计数据显示，2020年第四季度，新疆、云南、宁夏、四川、广西、甘肃6个省份贫困县相继"清零"。2020年11月，贵州省最后9个深度贫困县退出贫困县行列，标志着我国如期完成了脱贫攻坚目标任务。2020年我国实现551万贫困人口脱贫，52个贫困县摘帽，其中西部地区贫困人口减少323万人，中部地区贫困人口减少181万人，东部地区贫困人口减少47万人，"三区三州"深度贫困地区建档立卡贫困人口减少43万人。全国832个贫困县全部摘帽，12.8万个贫困村全部出列，现行标准下9899万农村贫困人口实现脱贫，历史性地消除了绝对贫困现象。①

（三）试点改革积累先进模式和有益经验

中国特色社会主义新时代以来，农村土地制度改革部署了多项试点任务，各个试点改革地区充分发挥自主能动性，因地制宜地探索改革模式，涌现出许多改革先进示范经验。如在农村承包地"三权分置"改革方面，针对如何实现分置、推动经营权流转，地方改革探索出经营权流转、经营权互换、经营权共享等多种模式，通过丰富的途径有效盘活了农村承包地经营权的流转使用。在宅基地"三权分置"改革方面，四川省泸县、浙

---

① 《2020年中国农业经济发展报告发布》，《经济日报》2021年3月30日。

江省义乌市、安徽省旌德县、浙江省象山县等地区探索出了宅基地"三权"的有效分置办法,形成了各具特色的"三权分置"模式。在集体经营性建设用地入市改革方面,比较具有代表性的入市改革模式包括贵州省湄潭县"分割登记"模式、浙江省义乌市"集地券"模式和广东省佛山市南海区"土地整备"模式,这些地区根据自身资源禀赋和社会经济条件,探索出具有地方特色的集体经营性建设用地的入市路径。宅基地退出改革方面的实践探索较多,形成的先进经验较为丰富,东部、中部、西部,城市郊区、远郊区、山区等不同条件的地区都有相适应的退出模式,较具代表性的有浙江省义乌市、江西省余江区、安徽省金寨县、四川省泸县、宁夏回族自治区平罗县等试点地区的宅基地退出模式。在不同方面、不同地区、不同时期下所形成的土地制度改革先进模式和典型案例,为农村土地制度改革工作的进一步推广提供了有益经验,也为其他试点地区的改革推进提供了借鉴参考,是中国特色社会主义新时代农村土地制度改革进程中积累的宝贵财富。

（四）农村土地管理法律体系更加完善

随着农村土地制度改革的推进,通过对改革实践经验的总结,国家土地管理法律不断优化,法律体系更加完善。从改革上升为修法,是在改革实践中形成的完善农村土地制度的一种有效模式。中国特色社会主义新时代以来,多方面的农村土地制度改革为修法提供了支撑,修改后的法律适应我国经济社会发展的新形势和农村生产力发展的新要求,既以法律形式体现中央的改革精神和政策要求,又将地方成功的实践经验上升到法律条文加以确定,为巩固和完善农村基本经营制度、深入实施乡村振兴战略、保护农民合法权益提供了法律保障和制度基础。2018年12月修改的《中华人民共和国农村土地承包法》从两方面完善了法律体系:一是始终坚持"保持农村土地承包关系稳定并长久不变"不动摇;二是将"三权分置"这一制度创新上升为法律规范,进一步完善了农村土地承包经营制度。2019年8月修改的《土地管理法》则在三个方面对农村土地制度进行了完善调整:一是农村土地征收范围更加合理和程序更加规范,保障农民利益;二是农村集体经营性建设用地入市条件更为明确,完善城乡土地市场架构;三是鼓励依法自愿有偿退出宅基地,减少土地资源闲置浪费。此次修法新增了多条法令,很大程度上完善了农村集体建设用地利用管理的法律体系。土地管理法律的修改既来源于改革实践,也会反过来作用于改革实践,完善的土地法律体系也将推动我国农村土地利用管理工作更好地开展。

第七章　中国共产党领导农村土地制度百年变革的基本经验

"只有在我们把土地分配给农民,对农民的生产加以提倡奖励以后,农民群众的劳动热情才爆发了起来,伟大的生产胜利才能得到。"[1]

　　　　　　　　　　　　——毛泽东:《我们的经济政策》(1934年1月)

"实行家庭联产承包,是中国农民的伟大创造。党中央尊重群众愿望,积极支持试验,几年功夫在全国推开。废除人民公社,又不走土地私有化道路,而是实行家庭联产承包为主,统分结合、双层经营,解决了我国社会主义农村体制的重大问题。"[2]

　　　　　　　　　　——江泽民:《加快改革开放和现代化建设步伐,夺取有中国
　　　　　　　　　　　　特色社会主义事业的更大胜利》(1992年10月12日)

"农村土地制度改革是个大事,涉及的主体、包含的利益关系十分复杂,必须审慎稳妥推进。不管怎么改,不能把农村土地集体所有制改垮了,不能把耕地改少了,不能把粮食产量改下去了,不能把农民利益损害了。"[3]

　　　　　　　　　　——习近平:《坚持和完善农村基本经营制度》(2013年12月23日)

---

　　① 《毛泽东选集》(第一卷),人民出版社1991年版,第131页。
　　② 《江泽民文选》(第一卷),人民出版社2006年版,第214页。
　　③ 中共中央党史和文献研究院编:《习近平关于"三农"工作论述摘编》,中央文献出版社2019年版,第54—55页。

农村土地制度变迁的百年历史,既是中国农民从穷困贫弱到丰衣足食的进程,也是中国农业从传统落后的小农经济逐渐转向规模化现代化农业的过程,更是中国农村从贫穷凋敝走向全面振兴的征程。"从党的百年历程看,什么时候'三农'问题得到重视、解决得好,经济社会发展形势就好,各方面工作就主动。"①尽管农村土地制度百年变革的进程不乏挫折困难和曲折反复,但党始终坚持以人民为中心的价值取向,在坚持马克思主义理论的科学指导下,牢牢把握社会主要矛盾的变化,不断地加强和改进党对农村土地制度变革的领导,从而推进农村经济社会的全面发展。党领导人民群众在农村土地制度的改革和完善方面所积累的丰富经验,也为下一步农村土地制度的深化改革提供了重要借鉴。

第一节　坚定以人民为中心的价值取向

"为什么人的问题,是检验一个政党、一个政权性质的试金石。"②马克思主义群众史观将广大人民群众视为社会历史发展的动力源泉,而中国共产党作为坚定的马克思主义政党,也始终秉承全心全意为人民服务的宗旨,坚定以人民为中心的价值取向。党在各个历史时期领导农村土地制度变革的进程中,充分尊重农民群众的主体性和创造性,坚决维护农民群众的土地权益,在协调和改善工农城乡关系的同时,团结带领广大农民群众为中国的革命、建设和改革作出重要贡献。

一、尊重农民的主体地位与首创精神

广大人民群众作为社会历史发展的真正动力,也是决定党和国家事业前途的根本力量。而农民群众作为农村社会历史的创造者,更是农村土地制度变迁中最重要、最活跃的因素,因此,必须"坚持以人为本,尊重

---

① 唐仁健:《百年伟业"三农"华章——中国共产党在"三农"领域的百年成就及其历史经验》,《中共党史研究》2021年第5期。
② 习近平:《决胜全面建成小康社会夺取新时代中国特色社会主义伟大胜利——在中国共产党第十九次全国代表大会上的报告》,人民出版社2017年版,第44—45页。

人民主体地位,发挥群众首创精神,紧紧依靠人民推动改革"①。尽管在领导农村土地制度变迁的各个历史阶段中,中国共产党审时度势地采取了不同的策略,但总体上保持了制度变革的整体趋向和价值导向的稳定及延续性,即"充分尊重人民群众的主观能动性,探索适合中国国情的农村土地制度"②。

在新中国成立之前,中国共产党顺应中国农民数千年来对土地的期望,动员和组织广大农民群众"打土豪、分田地",不断探索"耕者有其田"的实现形式,并依靠农民支持积蓄了夺取革命胜利的经济和军事力量。新中国成立初期,中国共产党推行了彻底的土地改革,放手发动农民翻身成为土地的主人,极大地激发了农民恢复发展农业生产的积极性。而随着分散落后小农经营的弊端逐渐暴露,农民群众为克服生产资料和劳动力不足等问题,开始自发组织生产互助合作。党审时度势地发扬了这一创举,引导农村建设农业合作社,提高农业生产效率,并逐步推动农民土地所有制向集体土地所有制转变。面对人民公社低效率土地制度引发的农业生产滞后和农民生活困难等问题,1978年安徽小岗村农民自发开展"包产到户"的尝试。邓小平同志提出:"农村搞家庭联产承包,这个发明权是农民的。农村改革中的好多东西,都是基层创造出来,我们把它拿来加工提高作为全国的指导。"③中国共产党充分尊重农民群众的创造力,通过不断探索将家庭联产承包经营的土地制度确定下来,在保持土地集体所有的前提下实现"两权分离",让农民真正成为农业生产经营的独立主体。20世纪90年代以来,中国共产党为稳定广大农民群众长期经营土地的信心,通过党和国家重要政策文件实现农村土地承包期的确定和延长,并在"大稳定、小调整"的原则下实现了土地承包关系的长期稳定。面对工业化、城市化趋势下出现的农民职业分化和自发性土地流转等现

---

① 中共中央文献研究室编:《十八大以来重要文献选编》(上),中央文献出版社2014年版,第554页。

② 唐皇凤:《百年大党有效领导经济社会发展的历史进程和基本经验》,《武汉大学学报(哲学社会科学版)》2021年第74卷第2期。

③ 《邓小平文选》(第三卷),人民出版社1993年版,第382页。

象,中国共产党再一次顺应农村剩余劳动力转移就业的需求和农民增收的实际需要,一方面通过承包地的确权登记颁证和农村土地所有权、承包权、经营权的"三权分置",保障和扩展农民的土地收益;另一方面积极推进农村集体建设用地和宅基地制度的相关改革,拓宽农民土地财产收益的渠道。有学者认为,家庭承包经营制度以及后来的"三权分置"改革属于"农民主导的一场农村土地产权改革",是农民按照利益需求设计改革方案、获得更多土地权益的表现。①

邓小平同志在总结中国改革的重要经验时指出:"改革开放中许许多多的东西,都是群众在实践中提出来的。"②习近平总书记在提升改革决策科学性的方面也尤其强调:"要广泛听取群众意见和建议,及时总结群众创造的新鲜经验,充分调动群众推进改革的积极性、主动性、创造性。"③纵观中国共产党领导农村土地制度变迁的百年历程,凡是释放出正向绩效的土地制度创新,都是"尊重农民意愿和维护农民权益,把选择权交给农民"④的积极成果。反之,如"一大二公"的人民公社之类的忽略人民群众主体地位的制度变革,就会使农民表达真实利益诉求、发挥能动创造性的空间受限,从而产生消极影响。

二、关切和维护农民的利益诉求

"党在农村实行任何一种政策,开展任何一项工作,都必须照顾农民的经济利益和尊重农民的民主权利"⑤。马克思主义经典作家认为,人们在社会生活中奋斗争取的一切事物都与其利益相关。中国共产党作为最广大人民的根本利益的代表,其制定土地政策和策略、推动土地制度变革

①　罗玉辉:《新中国成立70年农村土地制度改革的历史经验与未来思考》,《经济学家》2020年第2期。
②　《邓小平年谱(一九七五——一九九七)》(下卷),中央文献出版社2004年版,第1350页。
③　《习近平谈治国理政》(第一卷),外文出版社2018年版,第98页。
④　中共中央文献研究室编:《十八大以来重要文献选编》(上),中央文献出版社2014年版,第671页。
⑤　中共中央文献研究室编:《三中全会以来重要文献选编》(上),人民出版社1982年版,第548—549页。

的首要考虑正是农民群众的利益诉求，即"必须在经济上充分关心农民的物质利益，在政治上切实保障他们的民主权利"①。

中国共产党在领导农村土地制度变革的百年进程中，始终"以维护好、实现好、发展好广大农民的利益为根本出发点和落脚点"②。在建党初期，作为以马克思主义理论为指导思想的无产阶级政党，中国共产党受共产国际指示精神的影响，主张实现农村土地制度的国有化。但"土地国有"与农民对土地的产权渴望相冲突，为争取农民群众对土地革命的支持和信任，中国共产党明确了"耕者有其田"的土地政策导向。20世纪30年代，为缓和农村阶级矛盾、满足农民内部各阶层的土地需求，党又对"地主不分田，富农分坏田"的过"左"策略进行调整，并进一步从巩固抗日民族统一战线的角度出发，提出停止没收地主土地、"减租减息"的土地政策，最大限度地照顾了农民阶级的土地利益诉求。在解放战争时期再一次推行"耕者有其田"时，党也强调土地改革的基本原则是"满足贫农和雇农的要求"和"坚决地团结中农，不要损害中农的利益"③，并由此团结了广大农民群众，有效地推动了新民主主义革命的胜利进程。在新中国成立之初，中国共产党将恢复农业生产、改善农民生活作为土地改革的目标，满足了农民群众渴望土地、摆脱贫困的物质利益需求。尽管在20世纪50—60年代的曲折探索中，党和国家对农民的土地利益诉求的满足力度相对弱化，但通过解放思想、实事求是，党的十一届三中全会提出了农村改革的整体思路，突出了满足农民的经济和政治利益的重要性。以家庭承包生产责任制为主要形式的农村土地制度改革拉开了中国改革开放的序幕，农民对土地承包经营权和农业生产剩余的利益需求得到满足，农业生产积极性得以激发和提高。20世纪90年代以来，中国共产党在坚持农村土地集体所有制的前提下，从农民对土地权利的稳定需要出发，逐渐确定和不断延长农村土地的承包期限，实现了农村土地承包关系的稳定。面对新时期农民非农就业转移和土地财产增收的迫切愿望，党

---

① 《江泽民文选》（第二卷），人民出版社2006年版，第209页。
② 王海文：《90年来党的农村土地政策发展演变与启示》，《中州学刊》2011年第5期。
③ 《毛泽东选集》（第四卷），人民出版社1991年版，第1251页。

和国家再次顺应农民需求,推进了承包地"三权分置"和农村土地三项制度联动改革,并通过逐步完善农村土地制度相关法律法规,"让土地要素更好地服务于农民的生产经营和财富创造,让农民成为土地的真正主人"①。

农村土地制度的变革与农民的切身利益、农业农村现代化的进程、整个经济社会的发展与稳定都紧密相关。中国共产党领导农村土地制度百年变革的具体形式虽然经过了多次调整,但始终围绕着满足农民群众的现实利益诉求,聚焦于调动农民群众的生产积极性,不断促进农民利益与国家利益的协同。历史生动地说明,"城乡土地制度必须尊重最广大人民的根本利益,始终以增进人民生活福祉为根本目的,吸引广大人民群众广泛参与,让全体人民共享更多土地发展成果,为人民创造更美好生活,才能确保土地制度改革成功"②。

三、统筹协调公平与效率的关系

"农村土地产权的分配及农村土地产权关系,是体现一个国家经济运行公平与效率的核心制度配置。"③农村土地兼具农业农村生产资料和农民家庭生活保障等功能,因此,农村土地制度改革一方面有利于提升农村土地的生产效率、发展农业生产力,另一方面有利于保证农村土地的财产价值、提高农民生活水平,同时"通过必要的调节手段来最大限度地消除贫富悬殊与分配不公现象"④。中国共产党以人民为中心进行农村土地制度安排的价值取向,也表现为在领导农村土地制度变迁进程中,对公平与效率动态关系的统筹协调。

---

① 罗玉辉:《新中国成立 70 年农村土地制度改革的历史经验与未来思考》,《经济学家》2020 年第 2 期。

② 陈利根、龙开胜:《新中国 70 年城乡土地制度演进逻辑、经验及改革建议》,《南京农业大学学报》(社会科学版)2019 年第 19 卷第 4 期。

③ 程世勇:《中国农村土地制度变迁:多元利益博弈与制度均衡》,《社会科学辑刊》2016 年第 2 期。

④ 任辉、赖昭瑞:《中国农村土地经营制度:现实反思与制度创新》,《经济问题》2001 年第 3 期。

中国共产党成立百年以来，农村土地制度"公平"与"效率"的具体目标在各个历史阶段中不断发生变化，党也在领导农村土地制度变迁的进程中与时俱进地调整改革措施与策略。在新民主主义革命时期，封建和半封建的剥削性土地制度使广大农民群众生活困苦，而地主阶级盘剥地租和高利贷的短视行为也阻碍了农业生产力的发展，土地制度既缺乏公平，也缺乏效率。中国共产党通过满足农民对土地占有的要求、实现土地制度安排的公平，进而发动农民提高农业生产效率、积极参军参战，依靠公平来提高效率。毛泽东同志在土地委员会第一次扩大会议上指出，解决土地问题的意义在于解放农民、增加生产力和保护革命，强调"土地问题不解决，经济落后的国家不能增加生产力，不能解决农民的生活痛苦，不能改良土地"，并且"兵士能否永久参加革命，亦即在土地问题解决，因农民要保护他们的土地，必勇敢作战"。[①] 党在按照农村人口进行土地平均分配的同时，也主张反对农民的绝对平均主义，强调在完成土地改革之后将主要精力转向恢复和发展农业生产方面。从新中国成立到改革开放之前，中国共产党在推进农村土地制度变革方面经历了对公平与效率关系的曲折认识。虽然新中国成立初期通过彻底的土地改革实现了"耕者有其田"，但农民所有、自主经营的制度模式很快引发了生产效率低下、土地买卖兼并等现象。为提升农业生产效率、防止农村两极分化，中国共产党提出"只有完成了由生产资料的私人所有制到社会主义所有制的过渡，才利于社会生产力的迅速向前发展"[②]，并在完成三大改造、建立社会主义制度之后逐步推进了农业合作化、人民公社化。但到人民公社阶段，集体所有、统一经营的生产模式与"吃大锅饭"的平均分配模式，超越了农村生产力的实际水平，这种片面追求公平而忽视效率的制度变革抑制了农业农村的生产效率。在改革开放之后，中国共产党对农村土地制度变革中公平与效率关系的认识更加成熟。在坚持农村土地集体所有权的前提下，党和国家逐步通过探索建立家庭联产承包责任制、稳定农村土地

---

① 《毛泽东文集》（第一卷），人民出版社 1993 年版，第 43 页。

② 中共中央文献研究室编：《建国以来重要文献选编》（第四册），中央文献出版社 1993年版，第 702 页。

承包关系、推动农村土地经营权流转、发展农业合作社、推动农业生产的适度规模经营等措施,在推动农业生产发展的同时,不断赋予农民更多的土地权益,持续保证农村社会的稳定和公平。

"改革发展搞得成功不成功,最终的判断标准是人民是不是共同享受到了改革发展成果。"①统筹协调公平与效率的动态关系是党领导农村土地制度变革的重要抓手,党一方面通过完善土地产权安排、优化土地资源配置,提升农业生产效率;另一方面注重土地权属公平、保障农民土地权益,协调农村社会关系,从而实现了农村土地制度变迁的协调推进。

第二节　坚持基于社会主要矛盾的变革导向

由生产力与生产关系、经济基础与上层建筑组成的社会基本矛盾是推动社会历史发展的动力和源泉,也是中国农村土地制度变革方向的重要遵循。"当着革命的形势已经改变的时候,革命的策略,革命的领导方式,也必须跟着改变"②,中国的社会主要矛盾随着历史环境和国情实际不断转化,从而决定了农村土地制度变革的阶段目标及具体任务的时代差异。中国共产党在领导农村土地制度变革的进程中,始终通过立足社会主要矛盾确定党的政治路线及农村土地策略,通过稳定性与灵活性相统一、稳定性和连续性相结合,不断推进农村土地制度的良性变迁。

一、立足基本国情制定农村土地制度的变革策略

在革命、建设和改革时期,党均强调"从中国的实际出发,我们首先解决农村问题"③。正确地认识和把握国情实际是中国共产党进行农村土地制度安排的重要前提,也是党在认识社会基本矛盾的前提下,领导农

---

① 中共中央文献研究室编:《习近平关于社会主义社会建设论述摘编》,中央文献出版社2017年版,第35页。

② 《毛泽东选集》(第一卷),人民出版社1991年版,第152页。

③ 中共中央文献研究室编:《新时期经济体制改革重要文献选编》(上),中央文献出版社1998年版,第237页。

村土地制度变革所依据的策略主线。基于我国人多地少的基本国情，"农村土地经营制度的变革与创新，应适时适度地选择农民与土地的结合方式，使农民家庭拥有足以最大限度地调动其生产经营积极性的土地产权要素"①。中国共产党牢牢把握中国社会主要矛盾变化的整体形势，从中国具体国情实际出发，不断地探索和完善协调人地矛盾、优化资源配置的农村土地制度形式。

中国共产党成立百年以来，党在各个历史阶段采取了不同的土地制度安排，与时俱进地调整着农村土地变革策略。在土地革命前期，由于党缺乏对中国国情和农村实际的深刻认识，在共产国际指示精神和苏联建设经验的影响下采取了"土地国有"的激进策略，使农村土地制度安排脱离了当时社会阶级矛盾对农村生产关系的要求，从而使革命遭遇挫折。随着党思想路线和政治路线的纠偏与成熟，中国共产党于抗日战争时期准确地把握了民族矛盾上升为社会主要矛盾的形势，果断将没收地主土地、"耕者有其田"的土地革命策略转为"减租减息"的土地政策，有力地巩固了抗日民族统一战线。在新中国成立之初，中国共产党着眼于快速恢复国民经济的迫切需要，通过"耕者有其田"的农民土地所有制赋予农民充分的土地产权，尽可能地激发了农民发展生产的积极性。随着经济社会发展形势的好转，中国共产党在马克思主义集体所有制理论指导下，通过"促进土地的私有制向集体所有制过渡，让农民自己通过经济的道路来实现这种过渡"②，逐步实现了农业生产资料公有制的社会主义改造，为发展农业生产、促进共同富裕提供了制度前提。

尽管在探索社会主义建设的进程中，党因缺乏对社会主义初级阶段国情的正确把握，过多地拔高了农村土地制度在生产、经营、分配方面实现公有的重要性，但通过改革开放、拨乱反正，农村土地制度的改革发展再次步入正轨。邓小平同志指出："无论是革命还是建设，都要注意学习和借鉴外国经验。但是，照抄照搬别国经验、别国模式，从来不能得到成

---

① 张丽萍：《改革开放 20 多年来农村土地制度的实践经验与启示》，《青海社会科学》2006 年第 3 期。

② 《马克思恩格斯选集》（第 3 卷），人民出版社 2012 年版，第 338 页。

功。这方面我们有过不少教训。把马克思主义的普遍真理同我国的具体实际结合起来,走自己的道路,建设有中国特色的社会主义,这就是我们总结长期历史经验得出的基本结论。"①当前,中国正处于并将长期处于社会主义初级阶段是我国最基本的国情,农村土地的集体所有是我国农村最大的制度。改革开放以来中国共产党领导农村土地制度的历次变革与调整,正是基于农村土地集体所有的基本性质,通过还权赋能赋予农民更多的财产权利②的探索进程。正如江泽民同志在安徽省考察时强调:"改革中形成的农村基本经济制度和经营制度,符合我国社会主义初级阶段农村的实际,能够极大地促进农村生产力发展,要长期坚持不变。"③

历史的曲折探索经验证明,正确认识和把握国情实际、立足农村生产力和生产关系现实状态的土地制度安排,是激发农民生产积极性、提升农业生产效率、保障土地资源配置效益的重要依托。而忽视国情实际、违背农业农村发展规律的土地制度安排,则会阻碍经济发展、影响社会稳定。

二、遵循政治路线确立农村土地制度的变革方向

中国共产党的政治路线是党"根据一定历史发展阶段的社会、政治、经济情况和所要解决的主要矛盾,提出的党在不同时期的总路线、总任务或总政策"④。党的政治路线由社会主要矛盾所决定,又决定着党制定政策、推进工作的发展方向,与党和国家事业的前途命运息息相关,"党的历史证明,党的政治路线正确时,我们的党就能巩固发展,兴旺发达"⑤。中国共产党依托强大的战略定力和高效的领导部署,坚持"既不走封闭僵化的老路,也不走改旗易帜的邪路"⑥,立足于国情实际、紧紧围绕党的政治路线,不断推进农村土地制度的调整和完善。

---

① 《邓小平文选》(第三卷),人民出版社 1993 年版,第 2—3 页。
② 许经勇:《我国农村土地制度改革的演进轨迹》,《湖湘论坛》2017 年第 30 卷第 2 期。
③ 《江泽民文选》(第二卷),人民出版社 2006 年版,第 211 页。
④ 王海文:《90 年来党的农村土地政策发展演变与启示》,《中州学刊》2011 年第 5 期。
⑤ 中共中央文献研究室编:《新时期党的建设文献选编》,人民出版社 1991 年版,第 432 页。
⑥ 《习近平谈治国理政》(第三卷),外文出版社 2020 年版,第 14 页。

回顾中国共产党领导农村土地制度变迁的峥嵘历史，每一时期土地制度的形式选择都是遵循党的政治路线、服务于党在不同时期历史任务的生动体现。在新民主主义革命时期，中国共产党的总路线是"在无产阶级领导之下的人民大众的反帝反封建"①的革命路线，重点是依靠工农群众的力量完成推翻"三座大山"的历史任务，实现国家独立、民族解放。因此这一阶段党领导农村土地制度变革的主要任务是消灭封建半封建的剥削式土地制度，从而建立"耕者有其田"、农民所有的土地制度，以争取广大农民群众对革命的支持。土地革命时期党明确提出"耕者有其田"的土地主张，为巩固革命政权凝聚了群众力量。抗日战争时期党制定"减租减息"的土地策略，为建立和巩固最广泛的抗日民族统一战线，争取全民族的抗战胜利提供了有利环境。而解放战争时期国内阶级矛盾再次上升为社会主要矛盾，党又及时将"减租减息"政策转变为革命性的"耕者有其田"政策，尽可能地争取农民群众参军参战、发展生产。毛泽东同志在《〈共产党人〉发刊词》中总结中国共产党建党以来政治路线的建设经验，指出"党更加布尔什维克化，党就能、党也才能更正确地处理党的政治路线，更正确地处理关于统一战线问题和武装斗争问题"②。

在新中国成立之后，中国共产党基于国民经济的基本恢复和逐渐发展的现实国情，提出了党在建立社会主义制度前的过渡时期的总路线，即"在一个相当长的时期内，逐步实现国家的社会主义工业化，并逐步实现国家对农业、对手工业和对资本主义工商业的社会主义改造"③。围绕着这一时期我国的社会主要矛盾和社会发展任务，党领导农村土地制度从转变土地经营形式入手，逐步将土地所有形式由农民所有向社会主义生产资料公有制的方向转变。在社会主义制度建立之后，农村土地制度在较短时间内很快完成了从"农民所有、家庭经营"向"农民所有、互助合

---

① 中共中央文献研究室编：《中国共产党历史》（上卷），人民出版社1991年版，第558页。

② 《毛泽东文选集》（第二卷），人民出版社1991年版，第605页。

③ 中共中央文献研究室编：《毛泽东思想年编（一九二一——一九七五）》，中央文献出版社2011年版，第763页。

作"乃至"集体所有、统一经营"的形式变更。在党的十一届三中全会召开以后,中国共产党正视了当前的社会主要矛盾和国情实际,重新确立正确的思想路线和政治路线,并逐步提出和完善了党在社会主义初级阶段"一个中心、两个基本点"的基本路线。在正确政治路线的指导下,党领导农村土地制度完成了家庭联产承包责任制的改革,农村土地制度集体所有、家庭承包经营、统分结合的生产经营模式得到完善发展,并进一步展开了农村土地流转、适度规模经营、"三权分置"等创新和变革工作,为农村经济社会的转型发展、农民生活水平的提高改善提供了强大助力。

三、采取稳定性与灵活性相统一的制度变革形式

"正确认识党和人民事业所处的历史方位和发展阶段,是我们党明确阶段性中心任务、制定路线方针政策的根本依据,也是我们党领导革命、建设、改革不断取得胜利的重要经验。"[1]中国共产党成立百年以来,始终将分析各个阶段的社会主要矛盾,研判各个时期的发展形势,定位各个阶段的历史方位,作为制定党的政治路线及农村土地方针政策的基本前提和基础条件,进而在各历史阶段的土地制度改革中,采取比较稳定的整体方针和相对灵活的具体策略。一方面,党领导农村土地制度变革的政策"是根据该阶段社会的政治、经济、文化的实际需要提出来的"[2],需要保证该阶段稳定的政策目标。另一方面,农村土地制度变革的形式也要与同一时期的经济社会发展水平相适应,在实践中采取灵活的实现方式。

数千年的农村土地私有制是中国共产党领导农村土地制度变迁起步的背景,由此新民主主义革命时期的土地制度变革重点是在土地私有的背景下,从封建地主土地所有制转变为"耕者有其田"的农民土地所有制。但在建党之初,中国共产党在共产国际指示精神和苏联建设经验的影响下提出了"土地国有"的主张,而这种非稳定式的制度质变超过了当

<hr>

① 习近平:《论把握新发展阶段、贯彻新发展理念、构建新发展格局》,中央文献出版社 2021 年版,第 470 页。

② 胡穗、李屏南:《论 20 世纪 30 年代党的地主富农土地政策演变的特点与启示》,《求索》2004 年第 1 期。

时社会经济发展水平和农民的心理认知水平，因此推行起来困难重重。在深化对革命形势和农村情况认识的基础上，中国共产党确立了这一阶段"耕者有其田"的整体目标，并在稳定这一土地制度变革导向的前提下，根据土地革命时期、抗日战争时期、解放战争时期和新中国成立初期等各个历史阶段的实际需要，分别推行了"限租""地主不分田、富农分坏田""减租减息""耕者有其田""农民的土地所有制"等多种阶段性的制度变革形式，并同时补充了多种灵活性的辅助政策。通过服务于各阶段主要历史任务，尽可能地争取广大人民群众的支持，中国共产党依托农村土地制度的变革，推动了新民主主义革命的最终胜利。在社会主义制度建立之后，中国共产党逐步将农民土地所有制推行到土地的集体所有制，并采取高度集中的生产经营方式。尽管这种变革保证了农村土地生产资料所有制的社会主义性质，但脱离了当时农村生产力的实际水平，因此也产生了一定的消极影响。自改革开放建立家庭联产承包责任制以来，中国共产党领导农村土地制度在保持集体所有制的稳定导向下，从"包工到组""包产到户""包干到户"，再到以家庭承包为基础、统分结合的双层经营体制，基本保持了农村土地制度变革的稳定性和灵活性的动态平衡。"稳定性"体现为农村土地集体所有制的稳定和农村土地承包关系的"长久不变"，"灵活性"则尤其表现为农村土地生产经营形式的丰富和发展。面对新时期工业化、城镇化和农民就业分化对农村土地制度形式的影响，中国共产党始终坚持稳中求进的工作方针，通过引入市场机制、完善土地流转管理办法、逐步推动适度规模经营等举措，在稳定农民土地权益的同时，不断丰富农村土地的经营形式，为农村土地制度的良性变迁提供了有利的政策环境。

"农村土地产权关系作为国家制度体系中一项基本的产权制度安排，客观上需要保持连续性和稳定性，以便建立一种稳定的预期与经济激励。"[①]在中国共产党领导农村土地制度变革的百年进程中，虽然在

---

① 程世勇：《中国农村土地制度变迁：多元利益博弈与制度均衡》，《社会科学辑刊》2016年第2期。

个别阶段呈现出土地政策与实际国情不相符合之处,但整体上保持了阶段性制度变迁的政策稳定性。与此同时,党根据革命、建设、改革各阶段的具体实践要求,通过将"政策演进的力度和速度与社会可以承受的程度协调起来,化改革阻力为改革动力,做到循序渐进,实现稳中求进"①,以灵活多样的制度变革形式推动了农村土地制度的向好发展。

第三节　贯彻马克思主义理论的科学指导

"马克思主义为中国革命、建设、改革提供了强大思想武器,使中国这个古老的东方大国创造了人类历史上前所未有的发展奇迹。"②理论基础和指导思想是支撑一个政党不断发展壮大的精神旗帜和文化力量。中国共产党自成立以来始终坚持以马克思主义为指导思想,将马克思主义科学理论同中国革命、建设、改革的实践相结合。在领导和推进农村土地制度变革的各个历史阶段中,党坚持将解放思想与实事求是、整体推进与重点突破、底线思维和稳中求进等方法论有机结合,不断推进马克思主义在农村土地领域的实际运用和创新发展。

一、坚持解放思想与实事求是的有机结合

"冲破思想观念的障碍、突破利益固化的藩篱,解放思想是首要的"③,农村土地制度作为国家经济社会的基础性制度安排,其变革历程也体现出中国共产党领导思想的发展。"理念更新是党有效领导经济社会发展的首要前提"④,作为坚定的马克思主义政党,中国共产党将解放

---

① 胡穗:《论中国共产党制定农村土地政策的历史经验》,《湖南师范大学社会科学学报》2007年第1期。

② 习近平:《在纪念马克思诞辰200周年大会上的讲话》,人民出版社2018年版,第14页。

③ 《习近平谈治国理政》(第一卷),外文出版社2018年版,第87页。

④ 唐皇凤:《百年大党有效领导经济社会发展的历史进程和基本经验》,《武汉大学学报(哲学社会科学版)》2021年第74卷第2期。

思想、实事求是作为主要思想路线，通过解放思想看清利益固化的症结，为农村土地制度变革找出方向和着力点，进而为立足中国农村实际、开展实事求是的制度变革工作提供科学指导。

在领导农村土地制度变革的百年进程中，中国共产党坚持以马克思主义科学理论为指导思想，坚持与时俱进地解放思想、深入认识，从中国农村实际情况出发，创造性地制定和完善各个历史阶段中党的农村土地政策，实事求是地推进农村土地制度的变革完善。在新民主主义革命时期，中国共产党着眼于国家独立、民族解放的奋斗目标，将农村土地制度变革作为凝聚工农群众支持革命的重要抓手，从理论和实践两个方面对"耕者有其田"的农村土地制度进行反复探索。通过与"左"倾、"右"倾等党内错误思想进行持续斗争，中国共产党在深化对革命性质和道路的认识进程中，不断地对"土地国有""地主不分田、富农分坏田"等激进政策进行调整，逐步将封建地主土地所有制转变为农民土地所有制，顺利推进了新民主主义革命的胜利进程，并为新中国成立初期国民经济的恢复和发展创造了条件。在社会主义改造完成之后，中国共产党顺利建立起农村土地的社会主义集体所有制，也为社会主义现代化建设奠定了重要基础，但此时党对马克思主义又出现教条式理解。从高级农业合作社到人民公社阶段，农村土地制度呈现从集体所有制向全民所有制的急切过渡，对农业生产效率和农村社会稳定产生消极影响。党的十一届三中全会之后，中国共产党重新确立了解放思想、实事求是的思想路线，从放开生产队生产经营的自主权到"包产到户""包干到户"，从确立家庭联产承包生产责任制到完善以家庭承包经营为基础、统分结合的双层经营体制，党立足于具体的时代背景和实践形势，领导农村土地制度逐步实现变革发展。中国特色社会主义进入新时代，党又通过推进农村土地制度的深化改革，进一步释放土地的生产力和资源价值，为经济社会的持续稳定发展提供重要动力。

思想领域变革是农村土地制度变革实践的先导，只有通过解放思想，破除陈旧落后的思想观念和不合时宜的体制机制，才能实事求是地促进我国农村土地制度的变革。"坚持中国共产党的领导，始终贯彻落实正确的土地制度建设指导思想"①是我国农村土地制度演进的重要经验,如果脱离中国农村实际,执着于马克思主义经典作家的某一具体论述,僵化、教条式地理解马克思主义,就会扭曲农村土地的变革方向、阻碍党和国家的事业发展。解放思想、实事求是的步伐不会停滞,农村土地制度改革的事业也只有"进行时"没有"完成时"。

二、坚持整体推进与重点突破的辩证统一

"整体推进不是平均用力、齐头并进,而是要注重抓主要矛盾和矛盾的主要方面,注重抓重要领域和关键环节,努力做到全局和局部相配套、治本和治标相结合、渐进和突破相衔接,实现整体推进和重点突破相统一。"②农村土地制度具有特定的内在矛盾和阶段性问题,在各个历史时期的变革要求也各不相同。因此党在领导农村土地制度变革时,一方面将其同其他领域的改革展开协同推进,另一方面重点突破农村土地制度领域的具体问题,逐步深化对农村土地制度变革的规律性认识。

始终坚持系统观念,统筹农村土地制度和其他配套制度改革的整体推进。农村土地制度作为农村生产关系的主要表现形式,直接关系到农业发展水平、农民生活水平和农村社会稳定等问题,是一项需要多部门、多领域统筹协同的系统性、综合性工程。中国共产党成立以来,坚持从经济社会发展全局出发谋划农村土地制度改革工作,通过协同农村土地制度与其他配套制度的联动改革,及时将土地制度创新创造的成功经验上升到法律形式,提高农业用地制度改革的系统性、整体性、协调性。在新民主主义革命时期,中国共产党聚焦于实现"耕者有其田"的农村土地制度变革目标,在各个历史阶段中与时俱进地调整着对地主阶级及富农经营工商业的政策,创造性地探索和完善抗日民主政权的"三三制"结构,通过开办农民运动讲习所和党内整风运动,从经济、政治、文化等多个领

---

① 陈利根、龙开胜:《新中国70年城乡土地制度演进逻辑、经验及改革建议》,《南京农业大学学报》(社会科学版)2019年第19卷第4期。

② 中共中央文献研究室编:《习近平关于全面深化改革论述摘编》,中央文献出版社2014年版,第44页。

域开展制度和政策改革,配合和推动着农村土地制度的变革。新中国成立之后,中国共产党领导广大人民群众顺利完成了社会主义改造,并在农村土地集体所有制的基础上不断地推进农村土地经营方式的变革。在社会主义市场经济体制的建设进程中,党通过协同推进财税制度改革、户籍制度改革等工作,为农村土地制度的深化改革持续提供政策、资金和人力支持。

牢固树立问题导向,实现农村土地制度内在架构变革的重点突破。马克思主义唯物辩证法强调主要矛盾和矛盾的主要方面在事物发展中的决定和主导作用,而问题正是矛盾的现实表现。"我们既要讲两点论,又要讲重点论,没有主次,不加区别,眉毛胡子一把抓,是做不好工作的。"①农村土地制度改革在各历史阶段中的重点领域和关键环节是实现整体推进的突破口,只有立足于中国农村发展实际、牢固树立问题导向,才能针对社会发展形势的变化与时俱进地提出制度改革策略。中国共产党自成立以来始终保持高度的问题意识,在领导农村土地制度变革进程中,满足不同时期发展农村社会生产力和稳定农村社会生产关系的实际需求。在革命时期,中国共产党紧紧围绕广大人民群众对土地的迫切需求,以多种形式推进"耕者有其田"制度的建立和完善。在建设时期,中国共产党聚焦于解放和发展生产力的第一要务,通过探索"耕者有其田"向人民公社的集中统一生产,实现"包产到户""包干到户"、家庭联产承包责任制等形式的转变,逐步构建起中国特色社会主义农村土地制度的框架。新时期党面对农业现代化和农民增收对农村土地资产价值显化的需求,进一步推动农村土地制度从"两权分离"向"三权分置"的转变。

三、坚持底线思维和稳中求进的协同保障

"农村土地制度改革是个大事,涉及的主体、包含的利益关系十分复杂,必须审慎稳妥推进。不管怎么改,不能把农村土地集体所有制改垮

---

① 《习近平谈治国理政》（第二卷）,外文出版社 2017 年版,第 23 页。

了，不能把耕地改少了，不能把粮食产量改下去了，不能把农民利益损害了。"①农村土地制度作为中国经济社会发展的基础性制度安排，其变革发展所包含的机遇和风险都较大。因此，必须审慎稳妥地协调改革力度和社会的可承受度，既要壮大"胆子"、勇于进取、啃动"硬骨头"，又要迈稳"步子"、稳扎稳打、不在根本问题上犯颠覆性错误。中国共产党在领导农村土地制度变革的历史进程中，始终坚守底线思维、贯彻稳中求进的工作总基调，坚持"能变的大胆地变，不能变的坚决不变；不因变而失了方寸、乱了阵脚，不因不变而停滞不前、一潭死水"②。

坚持底线思维，守住农村土地制度变革的方向和边界。习近平总书记多次强调："要善于运用'底线思维'的方法，凡事从坏处准备，努力争取最好的结果，这样才能有备无患、遇事不慌，牢牢把握主动权。"③底线思维要求把握事物发展的"度"和临界点，既要看到制度变革的机遇、促进制度完善发展，又要看到制度变革的挑战、始终保持忧患意识。中国共产党领导农村土地制度变革中的底线思维不是消极防范、无所作为，而是在警惕颠覆性错误、守住制度变革边界的同时确保制度变革效益，将守住最低利益点和争取最大期望值有机结合。一方面，中国共产党强调要守住农村土地制度变革的方向底线。"我国是一个大国，决不能在根本性问题上出现颠覆性错误，一旦出现就无法挽回、无法弥补。"④在推动农村土地制度变革的百年历程中，党立足于社会主要矛盾和中国国情实际的变化，大胆地发动基层群众主体力量，探索推进农村土地制度的产权结构、经营方式等的创新。与此同时，在政策方针加强顶层设计，反复讨论、研究和论证具体土地策略的可行性，不断地修改和完善农村土地制度的相关策略，牢牢守住制度变革的正确方向。另一方面，中国共产党强调要

---

①　中共中央党史和文献研究院编：《习近平关于"三农"工作论述摘编》，中央文献出版社 2019 年版，第 54—55 页。

②　陈曙光：《理解"中国模式"的方法论原则》，《求是》2014 年第 12 期。

③　中共中央宣传部编：《习近平总书记系列重要讲话读本》（2016 年版），人民出版社 2016 年版，第 288 页。

④　中共中央文献研究室编：《习近平关于全面深化改革论述摘编》，中央文献出版社 2014 年版，第 42 页。

守住农村土地制度变革的边界底线。"我们的政策举措出台之前必须经过反复论证和科学评估，力求切合实际、行之有效、行之久远，不能随便'翻烧饼'。"①确保法治的轨道上推进农村土地制度改革，有助于稳定人民群众的改革信心，保障制度变革政策的稳定性和连续性，因此中国共产党领导农村土地制度百年变革的进程，也是农村土地制度法治化不断完善的进程。从新民主主义革命时期的土地法令、土地法案，再到新中国成立后的《土地改革法》《土地管理法》《农村土地承包法》《物权法》《民法典》等，党和国家通过将群众实践创造的成功经验上升为法律，不断充实完善中国特色的土地管理法律体系，有力地限制了打政策"擦边球"的违法违规行为，牢牢守住制度变革的安全边界。

坚持稳中求进，促进农村土地制度变革的发展和创新。"稳中求进工作总基调是我们治国理政的重要原则，也是做好经济工作的方法论"②，其中"稳"是基础和前提，"进"是目标和方向，二者是辩证统一的，农村土地制度变革既要坚守底线、不越"红线"，又要循序渐进、逐步推动。面对全民族抗日战争时期社会主要矛盾的变化，中国共产党在坚持"耕者有其田"总体方针的基础上，将土地革命时期"地主不分田、富农分坏田"政策转变为地主分坏田、富农财产不没收等策略，再逐步调整为地主减租减息、农民交租交息的策略。改革开放以来，党在探索农村土地制度改革进程中，也经历了从不允许"包产到户""包干到户"，到逐步放开农业生产责任制多种形式的发展，完成了从农村土地承包期"15 年不变"到"30 年不变""长期稳定""长久不变"的渐进式完善。邓小平同志指出，改革工作的方针是"胆子要大，步子要稳，走一步，看一步"③，党在领导农村土地制度变革的各个阶段中，始终坚持在坚守底线的前提下做到稳中求进，既不因方向和界限约束而踌躇不前，也不因发展形势变化而急

① 中共中央文献研究室编：《习近平关于全面深化改革论述摘编》，中央文献出版社 2014 年版，第 42 页。
② 中共中央文献研究室编：《习近平关于社会主义经济建设论述摘编》，中央文献出版社 2017 年版，第 322 页。
③ 《邓小平文选》（第三卷），人民出版社 1993 年版，第 113 页。

于求成,在探索遵循农村经济社会发展规律的基础上,稳扎稳打地推进相关工作。

第四节　持续加强和改进党对农村工作的领导

"办好农村的事情,关键在党。党管农村工作是我们的传统。这个传统不能丢。"①中国共产党作为坚定的马克思主义政党,始终坚持贯彻马克思主义理论的科学指导,聚焦于解放和发展生产力的根本目的,坚定以人民为中心的价值趋向,在革命、建设、改革等各个历史时期高度重视解决农民的土地问题,并及时根据社会主要矛盾的变化调整农村生产关系。通过强化正确的政治和思想领导、优化党的农村基层组织建设、发扬党员干部的模范带头作用、完善农村党群联系的长效机制,中国共产党不断加强和改进农村工作的领导方式,依托自身把方向、谋大局、定政策、促改革的能力和定力的提升,持续推进我国农村土地制度的良性变迁。

一、不断强化党的政治领导和思想引领

中国共产党的领导是中国特色社会主义最本质的特征和中国特色社会主义制度最大的优势,也是推动中国农村土地制度变迁的主导力量。党对农村土地制度变革的领导不是事无巨细、无所不包,而是基于总揽全局、协调各方的定位,充分发挥党集中统一领导的资源凝聚优势。通过立足于社会主要矛盾变化和农村发展实际,持续强化对农村工作的政治领导和思想引领,团结带领广大农民群众切实推进农村土地制度的创新和发展。

强化政治领导,凝聚农村土地制度的改革共识。党对农村工作的全面领导首先是政治领导,"旗帜鲜明讲政治是我们党作为马克思主义政党的根本要求"②,也是保持党和人民在农村土地制度变革的政治方面、

①　中共中央党史和文献研究院编:《习近平关于"三农"工作论述摘编》,中央文献出版社 2019 年版,第 188 页。

②　《习近平谈治国理政》(第三卷),外文出版社 2020 年版,第 48 页。

思想方面和行动方面团结统一的题中之义。中国共产党强大的政治领导力体现为"崇高的政治理想、坚定的政治信念和百折不挠的革命意志，能够在各种风险考验中保持清醒头脑和政治定力"①，进而凝聚全党全社会在农村土地制度问题方面的改革共识。在新民主主义革命时期，中国共产党立足于党在不同历史阶段的总体任务，制定出党的政治路线和相应的农村土地制度变革路线，推动封建半封建的土地所有制转变为"耕者有其田"的农民土地所有制。新中国成立之后，党提出的过渡时期总路线，则为新民主主义革命向社会主义革命的转变、农村土地私有制向农村土地公有制的转变指明了坚定的政治方向。改革开放以来，中国共产党坚持发挥战略定力，牢牢把握住农村土地制度改革的社会主义方向和旗帜，强调避免走封闭僵化的"老路"和改旗易帜的"邪路"，始终将解决好"三农"问题作为全党工作的重点。通过贯彻党在社会主义初级阶段的基本路线、推动家庭联产承包责任制改革、深化农村土地制度的创新发展，农村土地的资源和资产价值功能不断显化，农民群众生活水平显著提升。

强化思想引领，巩固农村土地制度变革的理论武装。"回顾党的奋斗历程可以发现，中国共产党之所以能够历经艰难困苦而不断发展壮大，很重要的一个原因就是我们党始终重视思想建党、理论强党，使全党始终保持统一的思想、坚定的意志、协调的行动、强大的战斗力。"②理想信念是共产党人的精神之'钙'，而理想信念的坚定来自思想理论的坚定，作为坚定的马克思主义政党，中国共产党始终坚持为中国人民谋幸福、为中华民族谋复兴的初心和使命，"坚持马克思主义与中国实际相结合，不断推进理论创新，用马克思主义中国化最新理论成果武装全党、教育人民、指导工作"③。在土地革命时期，中国共产党及时纠正照搬共产国际政策

---

① 丁俊萍：《坚持和完善党的领导制度体系应深刻把握的若干关系》，《理论探索》2020年第2期。

② 习近平：《在纪念马克思诞辰200周年大会上的讲话》，人民出版社2018年版，第24页。

③ 丁俊萍：《坚持和完善党的领导制度体系应深刻把握的若干关系》，《理论探索》2020年第2期。

和苏联经验的问题,勇敢同党内"左"倾错误进行斗争,明确了"耕者有其田"的政策导向,转变了对待地主和富农的过"左"策略,在最大程度上争取了广大农民群众对革命的支持。在抗日战争时期,中国共产党通过开展党内整风运动,保证了党领导农村工作的正确思想路线。新中国成立以来,中国共产党始终坚持马克思主义在意识形态领域的指导地位,始终秉承刀刃向内的勇气和自我革命的优良传统,"坚持用科学理论武装广大党员、干部的头脑"[1],将党的理论创新成果成功转化为领导农村土地制度变革的实践力量。

二、着力优化党的农村基层组织建设

"农村基层组织是农村各项改革事业的决策者和执行者,如何发挥坚持农民主体地位,发挥农民首创精神,加强农村基层组织建设是关键。"[2]中国共产党之所以成为在革命、建设、改革等阶段推动农村土地制度变革的坚强领导核心,一个关键点就在于始终坚持全面从严治党、不懈推进党的自我革命,勇敢直面执政党遇到的各种危险和考验。通过铁腕手段整顿党的基层组织建设、治理党内不正之风和腐败现象,中国共产党在组织建设和纪律建设等方面保持了农村基层党组织的生命力和战斗力,为推进农村土地制度变革工作提供了组织支持。

优化组织建设,贯彻落实农村土地制度变革的决策部署。"党政军民学,东西南北中,党是领导一切的"[3],要实现党对农村土地制度变革工作的集中统一领导,则需要依靠中国共产党从中央到基层的严密体系和严明的组织纪律,依靠农村基层党组织对党的政治路线和中心任务的贯彻落实。中国共产党在领导农村土地制度变迁的百年进程中,重点围绕广大农民群众的经济和政治权益,不断优化农村基层党组织的建设、提升

---

① 《习近平谈治国理政》(第二卷),外文出版社2017年版,第67页。
② 郑淋议、钱文荣、郭小琳:《农村土地制度改革的研究进展与经验深化——来自改革先行地浙江的探索》,《当代经济管理》2020年第42卷第2期。
③ 习近平:《决胜全面建成小康社会　夺取新时代中国特色社会主义伟大胜利——在中国共产党第十九次全国代表大会上的报告》,人民出版社2017年版,第20页。

党在农村中的领导地位。一方面,农村基层党组织将解决土地问题作为服务农民利益诉求的核心环节。在大革命时期,中国共产党在联合全体农民反对军阀政府的苛捐杂税时,就提出"应在每个最低级的农会内,均有本党支部的组织,为这个农会行动指导的核心"①。在土地革命战争时期,中国共产党在调整对富农的土地策略时,强调"不论在农民委员会或农民协会中,党必须单独组织雇农小组,必须到处组织共产党支部"②,将农民群众团结在党的周围。在新中国成立之后,农村基层党组织又通过引导农民开展互助合作、助力农村土地制度深化改革,持续解决农民群众最为关切的土地利益问题。另一方面,农村基层党组织将保障政治权利作为拓宽农民利益表达的重要渠道。中国共产党在农村革命根据地建立苏维埃政权时,就主张保障农民群众拥有选举等政治权利,使之感受到"只有在苏维埃政权下面,生产力才能够大大的提高,人民才可以安居乐业"③。在抗日战争时,中国共产党实行"三三制"的抗日民主政权,各边区的农村支部也创造出"豆选""烟头烧洞"等方便农民群众参与政权的形式。在新中国成立之后,农村基层党组织则在贯彻落实党的路线方针政策中,不断地组织和带领农民群众推进农村土地制度变革工作。

优化纪律建设,巩固提升农村土地制度变革的执行能力。中国共产党成立百年以来,一直重视自身领导能力和执政本领的提升,强调保持严格的组织纪律和优良的党性修养。"以党的自我革命来推动党领导人民进行的伟大社会革命"④,是中国共产党领导人民开展"三农"工作,推动农村土地制度变迁发展的关键,"党的农村基层组织是团结广大群众前进的核心和战斗堡垒。欲正民风,必先正党风"⑤。一方面,农村基层党

---

① 中共中央文献研究室、中央档案馆编:《建党以来重要文献选编(一九二一一一九四九)》(第三册),中央文献出版社 2011 年版,第 305 页。

② 中共中央文献研究室、中央档案馆编:《建党以来重要文献选编(一九二一一一九四九)》(第十二册),中央文献出版社 2011 年版,第 501 页。

③ 中共中央文献研究室、中央档案馆编:《建党以来重要文献选编(一九二一一一九四九)》(第十二册),中央文献出版社 2011 年版,第 501 页。

④ 《习近平谈治国理政》(第三卷),外文出版社 2020 年版,第 71 页。

⑤ 中共中央文献研究室编:《三中全会以来重要文献选编》(下),人民出版社 1982 年版,第 1078 页。

组织坚持教育和锤炼党员干部的思想品格。在新民主主义革命时期，党通过开展农民运动讲习所、向农村支部派指导员，对党员干部和农民群众的文化教育、纪律素养展开有针对性的培训。在社会主义革命和建设时期，党也高度重视农村基层党组织的思想斗争，不断地推进和完善整党整风运动。另一方面，农村基层党组织坚持实行和维护严格的组织纪律，坚决处理违规违纪现象。如在抗日战争时期，陕甘宁边区就对农村基层党组织的整顿工作予以高度重视，并组织审查委员会深入农村支部，为农村土地制度变革工作中基层党组织的纯洁性和战斗性提供组织保障。改革开放以来的全面深化改革、全面从严治党，则进一步体现了党中央的正确领导和农村基层党组织的带动优势，农村土地制度的深化改革也彰显出党组织在农村政治建设、经济建设、文化建设、社会建设等多方面发挥科学引领作用。

三、大力发扬党员干部的先锋模范作用

"搞好农村党组织建设，发挥党员先锋模范作用，是加强党对农村工作领导的基础一环。"①中国共产党对农村土地制度变革的领导作用，主要表现为理念引领、政策主导、制度构建和组织动员等形式，重点依托马克思主义科学理论的真理力量、党员干部优良作风的人格力量加以贯彻。"政治路线确定之后，干部就是决定的因素"②，农村党员干部的言行举止作为党的路线方针政策在农村工作中的具体化和形象化③，也是人民群众眼中党的意志和风气的现实表现。中国共产党在领导农村土地制度变革的百年进程中，始终重视农村党员干部的教育管理，"使广大党员平常时候看得出来、关键时刻站得出来、危急关头豁得出来，充分发挥先锋模

---

① 中共中央文献研究室、国务院发展研究中心编：《新时期农业和农村工作重要文献选编》，中央文献出版社 1992 年版，第 602 页。

② 《毛泽东选集》（第二卷），人民出版社 1991 年版，第 526 页。

③ 张俊国：《延安时期党员干部的先锋模范作用及其启示》，《思想理论教育导刊》2018 年第 2 期。

范作用"①。

在建党初期和大革命时期，处在幼年阶段的中国共产党已经在探索国家独立、民族解放的道路中，对党的农村干部教育进行了诸多尝试和探索。尤其在第一次国共合作期间，党基于农民运动蓬勃发展的形势，为"研究革命的理论和行动""唤起这广大的农民群众，领导他们起来，打倒我们的敌人，解除农民群众的痛苦"②，陆续开办了各种农民运动讲习所和农民运动训练班，并进一步筹办了中央农民运动讲习所，旨在"训练一般能领导农村革命的人材出来，对于农民问题有深切的认识，详细的研究，正确解决的方法，更锻炼着有农运的决心"③。在土地革命时期，随着中国共产党"农村包围城市""工农武装割据"的策略推进，"环绕着革命战争的各个重大工作如查田运动、经济建设……都需要大批干部"④，党迫切需要教育培养大批党员和干部，以提升领导农村土地革命的理论和政治水平。通过"支部建在连上""军队党帮助地方党发展"，革命根据地农村的广大党员干部和红军战士对党的农村土地方针政策有了更加深刻的理解，进而主动带头和积极动员农民群众开展土地革命。在抗日战争时期，中国共产党针对敌后抗日根据地的开拓和"双减双交"土地政策对党员干部的需要，陆续开办了中国人民抗日军政大学、陕北公学、延安马列学院等一系列教育机构，并通过开展整风运动、厉行勤俭节约、发扬艰苦奋斗精神等，以身作则地赢得了农民群众的尊敬和拥护。部分党员干部在"减租减息"政策推行中主动带头献田献地等行为，也促进了党群干群关系的和谐融洽。自党的十一届三中全会之后，中国共产党在思想路线、政治路线和组织路线上完成了拨乱反正，并进一步开展农村的社会主义思想教育，在社会主义市场经济体制的建立、发展和完善背景下推动着

① 习近平：《建设一支宏大高素质干部队伍确保党始终成为坚强领导核心》，《人民日报》2013年6月30日。

② 人民出版社编辑：《第一次国内革命战争时期的农民运动资料》，人民出版社1983年版，第114页。

③ 人民出版社编辑：《第一次国内革命战争时期的农民运动资料》，人民出版社1983年版，第119—120页。

④ 《人民委员会第48次会议》，《红色中华》1933年8月21日。

农村土地制度的变革。"在农村实行家庭联产承包责任制,发展社会主义有计划商品经济的形势下,怎样搞好农村党组织建设,发挥党员先锋模范作用,是一个新课题。"①在 1986 年中央农村工作会议上,万里谈到四川省农村基层党组织建设的先进事例,指出其"紧紧围绕如何发展商品经济、带领群众致富这个中心,研究如何发挥党员的先锋模范作用,把克服小生产观念、增强商品经济观念的教育贯穿于整党全过程,要求党员带头更新观念,已取得明显效果"②。通过培养和提升农村党员的科学文化素质和市场经济知识,党员干部在农村土地制度变革中带领农民群众勤劳致富的先锋模范作用得以彰显。

在革命、建设和改革时期,中国共产党始终将强化农村党员干部教育、发挥共产党员先锋模范作用,作为推进农村土地制度变革工作的重要内容。"党员是党的肌体的细胞。党的先进性和纯洁性要靠千千万万党员的先进性和纯洁性来体现,党的执政使命要靠千千万万党员卓有成效的工作来完成。"③中国共产党的百年历程证明,农村党员干部的先锋模范作用发挥得越好,党完成农村土地制度变革阶段性任务的凝聚力和战斗力就强,农民群众对中国共产党的支持和信任也就越加坚定。

四、奋力促进农村党群关系的密切融洽

"密切党群、干群关系,保持同人民群众的血肉联系,始终是我们党立于不败之地的根基……要从人民伟大实践中汲取智慧和力量,办好顺民意、解民忧、惠民生的实事,纠正损害群众利益的行为。"④作为代表中国最广大人民根本利益的马克思主义政党,中国共产党在革命、建设、改革时期于党群关系方面建立了优良的群众路线传统和政治、组织优势。"群众路线是我们党的生命线和根本工作路线,是我们党永葆青春活力

①　中共中央文献研究室、国务院发展研究中心编:《新时期农业和农村工作重要文献选编》,中央文献出版社 1992 年版,第 602 页。

②　《万里文选》,人民出版社 1995 年版,第 550 页。

③　习近平:《建设一支宏大高素质干部队伍确保党始终成为坚强领导核心》,《人民日报》2013 年 6 月 30 日。

④　《习近平谈治国理政》(第一卷),外文出版社 2018 年版,第 15—16 页。

和战斗力的重要传家宝。不论过去、现在和将来，我们都要坚持一切为了群众，一切依靠群众，从群众中来，到群众中去，把党的正确主张变为群众的自觉行动，把群众路线贯彻到治国理政全部活动之中。"①通过领导农民群众推进农村土地制度改革，农村基层党组织在促进农村党群关系、干群关系的密切和融洽方面积累了丰富而宝贵的经验。

在第一次国共合作失败之后，中国共产党的战略重心发生转移，在"工农武装割据""农村包围城市"的策略指引下，党从革命主力军和革命道路的选择出发，在独立领导中国革命的探索进程中建设农村党群关系。在土地革命战争时期，中国共产党就指出工农红军是来源于群众的真正的人民军队，"红军决不是单纯地打仗的，它除了打仗消灭敌人军事力量之外，还要负担宣传群众、组织群众、武装群众、帮助群众建立革命政权以至于建立共产党的组织等项重大的任务"②。1934年年初，毛泽东同志又于第二次全国工农兵代表大会上提出："我们应该深刻地注意群众生活的问题，从土地、劳动问题，到柴米油盐问题。"③中国共产党通过在农村发展组织、宣传土地政策，唤醒和强化了农民的阶级意识和自我解放意识，使之"能够发自内心地认识到剥削的罪恶，认识到地主富农的罪恶，从而充满自信地进行土改"④。在抗日战争时期，中国共产党在建立和巩固抗日民族统一战线的进程中，进一步完善了党群关系建设思想。如在延安整风运动中，党中央强调"要密切联系群众，而不要脱离群众"⑤。在抗日战争取得胜利后，毛泽东同志总结道："我们共产党人区别于其他任何政党的又一个显著的标志，就是和最广大的人民群众取得最密切的联系。"⑥中国共产党抓住了农民土地问题这一关键，通过动员、组织和领导广大人民群众为自身和民族利益的斗争，不断制定和完善符合农民群众

---

① 《习近平谈治国理政》（第一卷），外文出版社2018年版，第27页。
② 《毛泽东选集》（第一卷），人民出版社1991年版，第86页。
③ 《毛泽东选集》（第一卷），人民出版社1991年版，第138页。
④ 陈冬生、贺雪瑞、徐黎明：《农民对党的土地政策认同的历史经验与当代启示》，《探索》2013年第6期。
⑤ 《毛泽东选集》（第三卷），人民出版社1991年版，第826页。
⑥ 《毛泽东选集》（第三卷），人民出版社1991年版，第1094页。

利益和诉求的土地政策,从而获得广大人民群众尤其是农民对革命的拥护和支持。在新中国成立之后,中国共产党通过整顿农村基层党组织,为党领导全国性的农村土地改革和农业社会主义改造做了有力的组织准备。党围绕发展农业生产、改善农民生活的工作重心,依托农村基层党组织帮助农民实现互助合作、推进农业合作化运动。尽管后期人民公社体制下的党群关系经历了一定的挫折,但改革开放后中国共产党重新协调了农民、集体与国家利益的关系,并由党员干部带头示范、主动求变,顺应历史发展潮流和农民主体意愿推动农村土地生产经营体制的转型和发展,巩固了新时期党群关系密切融洽的基础。

　　总体而言,在中国共产党领导农村土地制度变革的百年历程中,中国共产党秉承全心全意为人民服务的宗旨,强化党和农民群众的利益整合,探索并形成一系列密切联系群众的制度①。在加强党的作风建设、保持党与人民群众血肉联系的同时,持续丰富和发展中国化马克思主义的群众路线②,从而引领农民群众推动着农村土地制度的良性变迁。

---

　　①　中组部党建所课题组:《新时期党群关系调研报告(四篇)》,《当代世界与社会主义》2005 年第 1 期。
　　②　张传鹤:《党群关系的经验反思与借鉴》,《理论学刊》2010 年第 6 期。

主要参考文献

1．《马克思恩格斯选集》(第1至第4卷)，人民出版社2012年版。

2．《列宁专题文集　论辩证唯物主义和历史唯物主义》，人民出版社2009年版。

3．《列宁斯大林论中国》，人民出版社1963年版。

4．《毛泽东选集》(第一至第四卷)，人民出版社1991年版。

5．《毛泽东农村调查文集》，人民出版社1982年版。

6．《邓小平文选》(第一至第三卷)，人民出版社1993年、1994年版。

7．《江泽民文选》(第一至第三卷)，人民出版社2006年版。

8．《习近平谈治国理政》(第一至第四卷)，外文出版社2018年、2017年、2020年、2022年版。

9．中共中央党史和文献研究院编：《习近平关于"三农"工作论述摘编》，中央文献出版社2019年版。

10．中央档案馆、中共中央文献研究室编：《中共中央文件选集(一九四九年十月—一九六六年五月)》，人民出版社2013年版。

11．中共中央文献研究室、中央档案馆编：《建党以来重要文献选编(一九二一——一九四九)》，中央文献出版社2011年版。

12．中共中央文献研究室编：《建国以来重要文献选编》(第一至第十四册)，中央文献出版社1992—1997年版。

13．中共中央文献研究室编：《三中全会以来重要文献选编》(上、下)，人民出版社1982年版。

14．中共中央文献研究室编：《十八大以来重要文献选编》(上、中)，中央文献出版社2014年、2016年版。

15．中共中央党史和文献研究院编：《十八大以来重要文献选编》(下)，中央文献出版社2018年版。

16．中共中央文献研究室编：《新时期党的建设文献选编》，人民出版社1991

年版。

17．中共中央文献研究室编：《新时期经济体制改革重要文献选编》（上、下），中央文献出版社 1998 年版。

18．中共中央文献研究室、国务院发展研究中心编：《新时期农业和农村工作重要文献选编》，中央文献出版社 1992 年版。

19．中国社会科学院经济研究所中国现代经济史组：《第一、二次国内革命战争时期土地斗争史料选编》，人民出版社 1981 年版。

20．《第一次国内革命战争时期的农民运动资料》，人民出版社 1983 年版。

21．《李大钊选集》，人民出版社 1959 年版。

22．《三边地主拥护土地改革》，《解放日报》1947 年 1 月 21 日。

23．《深化农村集体产权制度改革方向》，《人民日报》（理论版）2017 年 4 月 19 日。

24．《五二〇运动资料》（第一辑），人民出版社 1985 年版。

25．新华月报编：《新中国 70 年大事记（1949.10.1—2019.10.1）》（上、中、下），人民出版社 2020 年版。

26．中共中央文献研究室科研管理部：《中国共产党 90 年研究文集》（上、中、下），中央文献出版社 2011 年版。

27．中共中央党史研究室：《中国共产党历史》，外文出版社 2018 年版。

28．中共中央党史和文献研究院：《中国共产党一百年大事记（1921 年 7 月—2021 年 6 月）》，人民出版社 2021 年版。

29．薄一波：《若干重大决策与事件的回顾》（上、下），中共中央党校出版社 1991 年版。

30．北京天则经济研究所《中国土地问题》课题组，张曙光：《土地流转与农业现代化》，《管理世界》2010 年第 7 期。

31．陈冬生、贺雪瑞、徐黎明：《农民对党的土地政策认同的历史经验与当代启示》，《探索》2013 年第 6 期。

32．陈利根、龙开胜：《新中国 70 年城乡土地制度演进逻辑、经验及改革建议》，《南京农业大学学报》（社会科学版）2019 年第 19 卷第 4 期。

33．陈曙光：《理解"中国模式"的方法论原则》，《求是》2014 年第 12 期。

34．陈锡文：《关于农村土地制度改革的两点思考》，《经济研究》2014 年第 1 期。

35．陈锡文：《中国农村改革：回顾与展望》，知识产权出版社 2020 年版。

36．陈锡文：《中国农村改革研究文集》，中国言实出版社 2019 年版。

37．陈小君：《〈土地管理法〉修法与新一轮土地改革》，《中国法律评论》2019 年第 5 期。

38．陈小君：《我国〈土地管理法〉修订：历史、原则与制度——以该法第四次修订中的土地权利制度为重点》,《政治与法律》2012 年第 5 期。

39．成汉昌：《中国土地制度与土地改革——20 世纪前半期》,中国档案出版社 1994 年版。

40．程世勇：《中国农村土地制度变迁：多元利益博弈与制度均衡》,《社会科学辑刊》2016 年第 2 期。

41．邓大才：《效率与公平：中国农村土地制度变迁的轨迹与思路》,《经济评论》2000 年第 5 期。

42．邓中夏：《中国农民状况及我们运动的方针》,《中国青年》1924 年第 13 期。

43．丁俊萍：《坚持和完善党的领导制度体系应深刻把握的若干关系》,《理论探索》2020 年第 2 期。

44．董景山：《我国农村土地制度 60 年：回顾、启示与展望——以政策与法律制度变迁为视角》,《江西社会科学》2009 年第 8 期。

45．董长贵：《解放战争时期国共两党土地政策及其对全局的影响》,《中共党史研究》2007 年第 6 期。

46．董志凯、陈廷煊：《土地改革史话》,社会科学文献出版社 2011 年版。

47．董祚继：《"三权分置"——农村宅基地制度的重大创新》,《中国土地》2018 年第 3 期。

48．杜敬：《关于"五四指示"和〈中国土地法大纲〉的几个问题》,《天津社会科学》1985 年第 3 期。

49．杜润生：《中国农村改革决策记事》,中央文献出版社 1999 年版。

50．方草：《晋察冀解放区的土地政策》,《群众》1945 年第 10 期。

51．丰雷、张清勇：《20 世纪 90 年代中后期以来的征地制度变迁——兼论 1998 年〈土地管理法〉修订的影响》,《公共管理与政策评论》2020 年第 2 期。

52．冯继康：《"三农"难题与中国农村土地制度创新》,山东人民出版社 2006 年版。

53．甘藏春：《土地正义》,商务印书馆 2021 年版。

54．高云才：《土地制度改革试点大幕开启》,《人民日报》2014 年 12 月 15 日。

55．革命根据地财政经济史编写组：《革命根据地财政经济史长编　土地革命时期》(上),《经济》杂志社 1978 年版。

56．顾钰民：《建国 60 年农村土地制度四次变革的产权分析》,《当代世界与社会主义》2009 年第 4 期。

57．广东省社会科学学会联合会、广东省中共党史学会、中共陆丰县委党史办公室、中共海丰县委党史办公室编：《海陆丰革命根据地研究》,人民出版社 1988 年版。

58．郭德宏：《中国近现代农民土地问题研究》,青岛出版社 1993 年版。

59．郭雪剑：《中国古代土地制度演变的特点和规律》,《学习与探索》2016 年第

1 期。

60．国家统计局编：《伟大的十年　中华人民共和国经济和文化建设成就的统计》，人民出版社 1959 年版。

61．国家统计局编：《新中国 60 年》，中国统计出版社 2009 年版。

62．韩俊：《把农村土地制度改革纳入法治化轨道》，《中国党政干部论坛》2014 年第 9 期。

63．韩俊：《新中国 70 年农村发展与制度变迁》，人民出版社 2019 年版。

64．韩长赋：《中国农村土地制度改革》，《农业经济问题》2019 年第 1 期。

65．何东、清庆瑞等：《中国共产党土地改革史》，中国国际广播出版社 1993 年版。

66．胡乔木：《中国共产党的三十年》，人民出版社 2008 年版。

67．中共中央党史研究室著、胡绳主编：《中国共产党的七十年》，中共党史出版社 1991 年版。

68．胡穗、李屏南：《论 20 世纪 30 年代党的地主富农土地政策演变的特点与启示》，《求索》2004 年第 1 期。

69．黄正林：《陕甘宁边区社会经济史（1937—1945）》，人民出版社 2006 年版。

70．季雪：《"小产权房"的问题、成因及对策建议——基于对北京地区实情的考察》，《中央财经大学学报》2009 年第 7 期。

71．冀县卿、钱忠好：《农地产权结构变迁与中国农业增长：一个经济解释》，《管理世界》2009 年第 1 期。

72．翦伯赞：《中国史纲要》（上），北京大学出版社 2007 年版。

73．蒋永穆、安雅娜：《我国农村土地制度变迁的路径依赖及其创新》，经济学家 2003 年第 3 期。

74．蒋永穆、孟林：《把握好"十四五"规划和二〇三五年远景目标建议的"变"与"不变"》，《思想理论教育导刊》2020 年第 12 期。

75．蒋永穆等：《新中国"三农"十大理论问题研究》，社会科学文献出版社 2019 年版。

76．蒋永穆等：《中国农业改革四十年：回顾与经验》，四川大学出版社 2018 年版。

77．蒋远胜：《改革开放四十年中国农地制度变迁的成就、逻辑与方向》，《农村经济》2018 年第 12 期。

78．李停：《从两"分"到两"合"：新中国成立以来农村土地制度演变的内在逻辑——兼评"三权分置"的时代正当性》，《理论月刊》2021 年第 1 期。

79．李新等：《中国新民主主义革命时期通史》（第一、四卷），人民出版社 1962 年版。

80．李学桃：《中国近代土地所有权思想研究（1905—1949）》，中国社会科学出版社 2015 年版。

81．梁方仲：《中国历史户口、田地、田赋统计》，上海人民出版社 1980 年版。

82．廖盖隆、庄浦明：《中华人民共和国编年史（1949—2009）》，人民出版社 2010 年版。

83．林甘泉：《中国封建土地制度史》，中国社会科学出版社 1990 年版。

84．林毅夫：《制度、技术与中国农业发展》，格致出版社、上海三联书店、上海人民出版社 2014 年版。

85．刘丹、巩前文、杨文杰：《改革开放 40 年来中国耕地保护政策演变及优化路径》，《中国农村经济》2018 年第 12 期。

86．刘广栋、程久苗：《1949 年以来中国农村土地制度变迁的理论和实践》，《中国农村观察》2007 年第 2 期。

87．刘润秋、姜力月：《农村土地承包关系长久不变——历史进程、理论维度与实践逻辑》，《福建论坛》（人文社会科学版）2021 年第 1 期。

88．刘润秋、王丽程：《利益协调推进中国农村改革：理论、历史与展望》，《当代经济研究》2020 年第 12 期。

89．刘润秋：《十七届三中全会以来我国农村土地流转现状评估》，《学术评论》2012 年第 1 期。

90．刘守英、颜嘉楠：《体制秩序与地权结构——百年土地制度变迁的政治经济学解释》，《中国土地科学》2021 年第 8 期。

91．刘守英：《农村土地制度改革：从家庭联产承包责任制到三权分置》，《经济研究》2022 年第 2 期。

92．刘守英：《土地制度与中国发展》，中国人民大学出版社 2018 年版。

93．刘守英：《我们党领导土地制度变革的重大意义》，《人民日报》2021 年 9 月 10 日。

94．刘守英：《中国农地制度的合约结构与产权残缺》，《中国农村经济》1993 年第 2 期。

95．刘书楷主编：《土地经济学》，农业出版社 1996 年版。

96．刘同山：《资产化与直接处置：农民宅基地退出意愿研究》，《经济经纬》2016 年第 6 期。

97．刘元胜、于千舒：《坚持和完善农村土地集体所有制这个制度优势》，《红旗文稿》2017 年第 23 期。

98．刘正山：《大国地权：中国五千年土地制度变革史》，华中科技大学出版社 2014 年版。

99．陆红生主编：《土地管理学总论》，中国农业出版社 2007 年版。

100．陆益龙：《发展与滞后的并存：中国农村建设 60 年——一种农村社会学的视角》，《甘肃行政学院学报》2010 年第 1 期。

101．鹿心社：《积极探索　勇于创新　大力推进征地制度改革——在征地制度改革试点工作座谈会上的讲话》，《国土资源通讯》2001 年第 9 期。

102．罗必良：《农村土地制度：变革历程与创新意义》，《南方经济》2008 年第 11 期。

103．罗必良等：《农地确权的制度含义》，中国农业出版社 2019 年版。

104．罗玉辉：《新中国成立 70 年农村土地制度改革的历史经验与未来思考》，《经济学家》2020 年第 2 期。

105．骆友生、张红宇：《家庭承包责任制后的农地制度创新》，《经济研究》1995 年第 1 期。

106．牛若峰：《中国农业的变革与发展》，中国统计出版社 1997 年版。

107．彭俊平、王文滋：《新中国党的农村土地政策述论》，《理论导刊》2002 年第 11 期。

108．齐武：《一个革命根据地的成长——抗日战争和解放战争时期的晋冀鲁豫边区概况》，人民出版社 1957 年版。

109．钱忠好：《中国农村土地制度研究》，中国农业出版社 2021 年版。

110．乔思伟：《农村土地制度实现重大突破》，《中国自然资源报》2019 年 8 月 27 日。

111．秦宣：《中国共产党百年历史分期的多维解读——以党的文献为依据》，《中国人民大学学报》2021 年第 3 期。

112．曲青山：《百年光荣：中国共产党和中国人民》，《人民论坛》2021 年第 3 期。

113．屈冬玉：《深刻领会邓小平"两个飞跃"思想积极稳妥推进农村土地经营权流转——农村土地经营权流转机制与模式探讨》，《农业经济问题》2010 年第 4 期。

114．任辉、赖昭瑞：《中国农村土地经营制度：现实反思与制度创新》，《经济问题》2001 年第 3 期。

115．沙健孙主编：《中国共产党与新中国的创建(1945—1949)》(上、下)，中央文献出版社 2009 年版。

116．邵彦敏：《中国农地制度变革的历史考察与启示》，《理论学刊》2005 年第 10 期。

117．史敬棠等：《中国农业合作化运动史料》(上、下册)，生活·读书·新知三联书店 1957 年、1959 年版。

118．孙健：《中华人民共和国经济史：1949—90 年代初》，中国人民大学出版社 1992 年版。

119．孙武霞、许俊基：《共产国际与中国革命资料选辑(1919—1924)》，人民出版社 1985 年版。

　　120．孙晓勇、王晓睿：《中国土地制度的变迁：传统与现代化》，《法律适用》2019年第 13 期。

　　121．唐皇凤：《百年大党有效领导经济社会发展的历史进程和基本经验》，《武汉大学学报(哲学社会科学版)》2021 年第 2 期。

　　122．唐仁健：《百年伟业　"三农"华章——中国共产党在"三农"领域的百年成就及其历史经验》，《中共党史研究》2021 年第 5 期。

　　123．王海文：《90 年来党的农村土地政策发展演变与启示》，《中州学刊》2011 年第 5 期。

　　124．王景新：《中国农村土地制度变迁三十年》，《现代经济探讨》2008 年第6 期。

　　125．王敬尧、魏来：《当代中国农地制度的存续与变迁》，《中国社会科学》2016年第 2 期。

　　126．王绍光等：《共和国六十年：回顾与展望》，《开放时代》2008 年第 1 期。

　　127．王文旭、曹银贵、苏锐清等：《基于政策量化的中国耕地保护政策演进过程》，《中国土地科学》2020 年第 7 期。

　　128．王新军、张凤娥、王学斌：《城乡建设用地市场一体化进程回顾与展望》，《城乡规划》2018 年第 2 期。

　　129．乌廷玉：《中国历代土地制度史纲》(上)，吉林大学出版社 1987 年版。

　　130．吴承明、董志凯：《中华人民共和国经济史(1949—1952)》，社会科学文献出版社 2001 年版。

　　131．吴象：《伟大的历程——中国农村改革起步实录》，浙江人民出版社 2019年版。

　　132．习近平：《坚持把解决好"三农"问题作为全党工作重中之重　举全党全社会之力推动乡村振兴》，《求是》2022 年第 7 期。

　　133．习近平：《建设一支宏大高素质干部队伍确保党始终成为坚强领导核心》，《人民日报》2013 年 6 月 30 日。

　　134．夏柱智：《土地制度改革背景下的宅基地有偿使用制度探索》，《北京工业大学学报(社会科学版)》2018 年第 1 期。

　　135．徐亚东：《建党百年中国农地制度变迁：动态演进与逻辑》，《农业经济问题》2021 年第 12 期。

　　136．许涤新：《政治经济学辞典》(上、中、下)，人民出版社 1981 年版。

　　137．许经勇：《我国农村土地制度改革的演进轨迹》，《湖湘论坛》2017 年第 30卷第 2 期。

　　138．严金明、郭栋林、夏方舟：《中国共产党百年土地制度变迁的"历史逻辑、理论逻辑和实践逻辑"》,《管理世界》2021 年第 7 期。

139．杨振、韩磊:《城乡统一建设用地市场构建:制度困境与变革策略》,《学习与实践》2020 年第 7 期。

140．余国耀:《稳定、完善家庭联产承包制的几个问题》,《改革》1990 年第 6 期。

141．臧知非、周国林等:《唯物史观视阈下的中国古代土地制度变迁》,《中国社会科学》2020 年第 1 期。

142．张传鹤:《党群关系的经验反思与借鉴》,《理论学刊》2010 年第 6 期。

143．张合林、贾晶晶:《我国城乡统一建设用地市场构建及配套政策研究》,《地域开发与研究》2013 年第 5 期。

144．张红宇:《新中国农村土地制度变迁》,湖南人民出版社 2014 年版。

145．张红宇:《准确把握农地"三权分置"办法的深刻内涵》,《农村经济》2017 年第 8 期。

146．张俊国:《延安时期党员干部的先锋模范作用及其启示》,《思想理论教育导刊》2018 年第 2 期。

147．张兰、冯淑怡:《建党百年农村土地制度改革的基本历程与历史经验》,《农业经济问题》2021 年第 12 期。

148．张履鹏等:《中国农田制度变迁与展望》,中国农业出版社 2009 年版。

149．张永泉、赵泉钧:《中国土地改革史》,武汉大学出版社 1985 年版。

150．赵德馨:《中国近现代经济史(1949—1991)》,河南人民出版社 2003 年版。

151．赵冈:《历史上的土地制度与地权分配》,中国农业出版社 2003 年版。

152．赵效民:《中国土地改革史(1921—1949)》,人民出版社 1990 年版。

153．赵延安、张蚌蚌:《我国封建社会土地法律制度演替及当代启示》,《西北农林科技大学学报(社会科学版)》2019 年第 5 期。

154．赵云旗:《论隋代土地制度的改革与财政的关系》,《学术界》1998 年第 1 期。

155．中组部党建所课题组:《新时期党群关系调研报告(四篇)》,《当代世界与社会主义》2005 年第 1 期。

156．钟祥财:《中国土地思想史稿》,上海人民出版社 2014 年版。

157．周其仁:《家庭经营的再发现——论联产承包制引起的农业经营组织形式的变革》,《中国社会科学》1985 年第 2 期。

158．周其仁:《中国农村改革:国家和所有权关系的变化(上)——一个经济制度变迁史的回顾》,《管理世界》1995 年第 3 期。

159．朱道林、甘藏春、程建:《论土地制度的公私矛盾》,《中国土地科学》2020 年第 10 期。

160．朱道林:《"三权分置"的理论实质与路径》,《改革》2017 年第 10 期。

161．朱晓哲、刘瑞峰、马恒运:《中国农村土地制度的历史演变、动因及效果:一个文献综述视角》,《农业经济问题》2021 年第 8 期。

162．邹玉川:《当代中国土地管理》(上、下),当代中国出版社 1998 年版。